企业"寻扶持"视角下
研发费用加计扣除政策调整效果研究

贺亚楠◎著

Research on the Effect of Policy Adjustment
on the Super-deduction of Research and Development Expenses
from the Perspective of Enterprises "Seeking Support"

中国财经出版传媒集团

经济科学出版社
Economic Science Press

·北京·

图书在版编目（CIP）数据

企业"寻扶持"视角下研发费用加计扣除政策
调整效果研究／贺亚楠著. -- 北京：经济科学出版社，
2024.9. -- ISBN 978 - 7 - 5218 - 6346 - 8

Ⅰ. F812.422

中国国家版本馆 CIP 数据核字第 2024P01Y18 号

责任编辑：于　源　侯雅琦
责任校对：徐　昕
责任印制：范　艳

企业"寻扶持"视角下研发费用加计扣除政策调整效果研究

QIYE "XUNFUCHI" SHIJIAOXIA YANFA FEIYONG JIAJI KOUCHU
ZHENGCE TIAOZHENG XIAOGUO YANJIU

贺亚楠　著

经济科学出版社出版、发行　新华书店经销
社址：北京市海淀区阜成路甲 28 号　邮编：100142
总编部电话：010 - 88191217　发行部电话：010 - 88191522
网址：www. esp. com. cn
电子邮箱：esp@ esp. com. cn
天猫网店：经济科学出版社旗舰店
网址：http://jjkxcbs. tmall. com
北京季蜂印刷有限公司印装
710 × 1000　16 开　23 印张　365000 字
2024 年 9 月第 1 版　2024 年 9 月第 1 次印刷
ISBN 978 - 7 - 5218 - 6346 - 8　定价：89. 00 元
（图书出现印装问题，本社负责调换。电话：010 - 88191545）
（版权所有　侵权必究　打击盗版　举报热线：010 - 88191661
QQ：2242791300　营销中心电话：010 - 88191537
电子邮箱：dbts@ esp. com. cn）

前　言

　　随着经济全球化程度不断加深，市场竞争日益激烈，研发创新成为企业保持竞争优势、国家实现经济转型的重要途径。为鼓励企业研发活动，我国政府实施了一系列激励政策，其中，研发费用加计扣除政策具有较强的普惠性和影响力，受到学术界和实务界的广泛关注。该政策自1996年出台，经历了多次调整，享受主体不断扩大，优惠力度不断提高。2015年《财政部　国家税务总局　科技部关于完善研究开发费用税前加计扣除政策的通知》（财税〔2015〕119号），首次提出了"负面清单"制度，将政策优惠覆盖到除烟草制造业等"负面清单"行业以外的所有行业企业。2017年《财政部　税务总局　科技部关于提高科技型中小企业研究开发费用税前加计扣除比例的通知》（财税〔2017〕34号），将科技型中小企业所享受的加计扣除幅度由50%提升至75%。随后在2018年，《财政部　国家税务总局　科技部关于提高研究开发费用税前加计扣除比例的通知》（财税〔2018〕99号）提出将享受75%加计扣除幅度的企业范围由科技型中小企业扩大至非"负面清单"行业企业，这一政策对企业的影响进一步扩大。其中，作为优惠幅度首次大规模提升的变革，财税〔2018〕99号文件的政策效果到底如何，亟须系统的评价和研究。

　　从已有结论来看，一方面，国内外大部分研究都支持税收优惠政策对于企业研发投资的积极激励作用；另一方面，作为一种宏观产业政策，税收优惠也导致了微观企业出现迎合政策的逆向选择，如为获得政府的财税支持而进行盈余管理等的"寻扶持"行为，这在一定程度上必然会导致创新激励效果的折损。因此，在学术中多样化研究结论并存、实践中政策优惠范围力度不断扩大的现实情况下，需动态跟踪政策实行对整个创新活动的影响，对企业"寻扶持"行为进行有效监管，才可能充分发挥政策效用。

基于已有政策效果评估的理论与实证研究框架，本书以 2016～2020 年我国沪深 A 股上市公司为初始样本，通过手工查找企业年度财务报告中"会计利润与所得税费用调整过程"明细项目逐个进行判断并精准获取企业研发费用加计扣除享受情况，对 2018 年该政策调整产生的效果进行思辨性分析。具体工作及相关结论如下。

第一，以样本期内持续申请享受加计扣除政策的企业为处理组，符合申请条件但未申请享受的企业作为控制组，采用 PSM - DID 模型探讨了财税〔2018〕99 号文件对持续享受优惠企业的创新活动的影响，并且进一步分析了政策调整的年度效应。得到实证结论如下：（1）该政策调整对持续受惠企业的研发投入、产出和效率有积极作用。（2）考察该政策逐年效果时发现，研发费用加计扣除比例提高后，对企业研发投入的激励作用有一定的持续性，但对于研发产出及效率而言，政策实施第三年并未像前两年一般显现积极作用，表明该政策对企业创新产出的激励持续性较弱，创新产出并未与创新投入同步增长，极有可能反映了企业账面研发投入与企业实际创新行为不符，因而有必要分析研发投入的增长是否由向上研发操纵导致。（3）对于初次享受研发费用加计扣除的企业而言，政策效果并不乐观，该政策仅带来了研发投入的提升，对产出及效率均存在消极作用。这也表明在研发费用加计扣除施行的过程中应注重政策的长期性、靶向性与渐进性。（4）缩小样本进行区域内再检验后，相关结论基本与大样本一致，对于经济欠发达地区，研发费用加计扣除政策也可以对企业创新投入及产出发挥积极的促进作用，再次验证了该政策广泛的普惠性和深刻的影响性。

第二，结合当前政策评价研究中的前沿设计，应用"增量效应"分析框架，聚焦政策调整的短期冲击，将样本期限定于 2017～2018 年，本书从行业特征、产权性质、企业规模、所处地区、市场竞争程度异质性等方面测算并分析了 2018 年研发费用加计扣除政策调整对企业的投入增量，得到的主要结论如下：（1）2018 年研发费用加计扣除政策调整能够产生显著的投入增量效应，受益于 2018 年政策调整，企业研发支出增加了 33.03%，意味着每减少 1 元的税收，就会在研发投资上增加投入 2.2 元，这与已有类似研究的测算结果相似。（2）加计扣除政策的投入增量效应在不同情境下有所差异，具体而言，对于高新技术企业、非国有企业、小规模企业、东部地区企业及处于面临激励市场竞争的企业，其投入增量更为明显，激励作用更为显著。

第三，基于已有盈余管理测度模型及研究设计方式，本书探讨了研发费用加计扣除比例大幅提升是否会刺激我国企业利用真实盈余管理、归类变更盈余管理及应计盈余管理方式下的研发操纵对该税收优惠进行"寻扶持"行为。

以异常性研发支出来测度真实盈余管理、归类变更盈余管理方式下的研发操纵程度后发现：（1）2018年加计扣除优惠力度加大会触发企业更为严重的向上研发操纵，表明企业会对该政策进行"寻扶持"，且政策效应具有一定的持续性。（2）在归类变更盈余管理方式下，企业会通过少计生产成本来虚增账面研发支出数额。（3）在此次加计扣除政策调整下，企业主要因实际享受优惠幅度提高、申请监管环境放松而加大研发操纵程度。（4）进一步考虑研发操纵的方向后发现，对于政策调整前已存在向上研发操纵的企业，此次扣除比例提高对其向上操纵的影响程度更为显著。（5）部分企业受此次优惠幅度加大的吸引而开始申报，与未享受优惠的企业相比，政策调整后首次享受加计扣除税收优惠的企业也会呈现更高的异常性研发支出，表现出"寻扶持"行为。

在应计盈余管理方式下，企业有以下表现：（1）加计扣除政策下，当企业面临资金不足的压力时，选择提高研发支出费用化比例，以当期全部获得加计扣除节税现金流缓解企业短期资金压力；而当企业面临利润较低的压力时，则表现得不明显，同时，过高的利润水平下，也会增加研发支出费用化比例平滑利润。（2）考虑到创新活动的行业异质性，本书区分高新及非高新技术企业，分别对其在加计扣除政策下的研发操纵行为进行了检验。结果显示，当面临资金压力时，高新技术企业更可能选择提高研发支出费用化比例；当企业利润较低时，高新和非高新企业表现无明显差异。（3）考虑到现金与利润的非同步性，本书进一步将企业细分为高现金流＆高利润、高现金流＆低利润、低现金流＆高利润及低现金流＆低利润四组后发现：无论利润水平如何，只要企业面临资金压力，都倾向于选择将研发支出费用化，以快速获取节税现金流。

第四，基于上述研究结果，本书认为在评判这类产业政策的效果时，需要结合企业享受政策动机的复杂性进行分析，同时，企业出于不同动机申请享受激励政策一般会受到经济环境、自身业绩状况等的影响，享受政策的动机可能在不同的时间也有所不同，因而单纯以"某次"享受后的结果来评价政策效果具有偶发性。因此，本书量化企业申请政策的持续性程度，从创新投入与创新绩效两个方面探讨了在加计扣除政策调整前后的期间内，企业在不同申请持续性程度下创新行为的不同表现，得到以下结论：（1）从创新投入层面来看，随着企业享受加计扣除政策的持续性增强，不仅会出于"寻创新"动机增加实质性研发投入，也会出于"寻扶持"动机增加策略性研发投入，政策同时存在激励效应与迎合效应；进一步分析发现，随着享受政策持续性程度的增加，政策带来的激励效应逐渐强于迎合效应；异质性分析发现，上述情况在小规模企业、融资约束程度弱的企业以及高科技行业企业中更为明显。（2）从创新绩效来看，加计扣除政策的申请持续性越强，对创新绩效的积极激励作用也越强，且该结论通过了稳健性检验。机制检验表明：一方面，政策申请持续性越高，企业的研发投入也越高，进而会提高企业的创新绩效；另一方面，加计扣除政策申请持续性的增加会提高企业研发投入资金的稳定性，进而促进创新绩效。异质性分析证明，融资约束、所处地区及企业生命周期不同，企业享受加计扣除政策的持续性对创新绩效的影响效果迥异，具体来看，对融资约束较低、处于东部地区且成熟期的企业的激励作用更强。（3）企业长期享受加计扣除优惠，虽然存在一定的"寻扶持"行为，但总的来看其创新意愿和创新能力均有所提高，能够坚持申请并享受政策优惠的企业，更多出于"寻创新"动机，表现为实质性创新投入的增加，进而促进企业发明专利数量。

第五，结合本书研究结论，提出以下对策建议：（1）坚持研发费用加计扣除政策，优化政策实施效果。具体可以从以下路径进行完善：其一，对于不同享受主体可以探索具有差异化的研发费用加计扣除政策；其二，对于同一主体不同享受期间可以考虑对研发费用加计扣除率设置多个档次，在此基础上逐步提升；其三，构建良好的创新环境，确保企业实现创新的持续发展。（2）缓解企业"寻扶持"行为，保障政策的积极效应得以体现。针对此，其一，政府可以结合当前时代发展特征，创新宣传渠道与方式，加大研发费用加计扣除等创新导向减税政策的宣传力度，减少信息不对称，建立政企信息"桥梁"；其二，需要关注不同享受主体的申请动机，如加强对首次申请享受政策企业的研发项目的审核，助力政策再"加码"；其三，可以完善企业申请政策的审核机制，加强对关键项目的监督与审查，有效识别企业"伪创新"；其四，需要引导企业规范研发成本管理，避免政策大打"折扣"。（3）对政策效果的理解，需要结合企业的申请行为及自身特征。从研发费用加计扣除政策效果评价的角度来看，在政策执行后进行"事后评价"的同时，需要考察企业的不同申请动机来从"事前"进行一定的研判；从税收监管角度来看，申请中断的企业很可能自身创新意愿较弱，相关部门可以基于现有监管规定加强监管力度；从政策效果环境保障角度来看，对于本身创新能力较低、创新平台较弱的企业在通过税收优惠进行资金支持时，需要协同其他手段助力企业增加创新能力。

综上所述，本书并非否定研发费用加计扣除政策的积极效果，而是启示后续研究对这类创新导向政策的效果进行评价时，应兼顾这一政策为企业带来的正面效应——税收成本节约激励下的"寻创新"行为和可能存在的负面"寻扶持"行为，对于研发费用加计扣除的政策效果应进行思辨性评价，而对于这类政策讨论的重点应聚焦于如何"用好用足"。

本书在国家社会科学基金青年项目的研究成果基础上修改完成，研究过程中得到了许多国内外专家及同学的帮助，其中主要包括山西大学张信东教授、刘维奇教授，北京师范大学—香港浸会大学联合国际学院 Weimin Liu 教授、邢红卫副教授，山西财经大学吴秋生教授、袁春生教授、李颖教授以及王晓燕副教授、郝盼盼副教授、薛海燕副教授等，他们对本书的研究开展提供了宝贵的意见，在此深表感谢。另外，感谢我的工作单位——山西财经大学对本书出版的大力支持，感谢经济科学出版社编辑老师们的辛苦付出。

目　录

第1章

绪　　论

1.1　问题的提出与研究意义

1.1.1　问题的提出

知常明变者赢，守正创新者胜。近年来，国际形势风云变幻，大国博弈日趋激烈，"黑天鹅"和"灰犀牛"事件时有发生，为促进经济高质量发展、适应国际形势的复杂变化，我国坚持走自主创新的发展道路，创新在驱动经济发展、将中国打造为创造大国进程中的战略地位越来越明显。从党的十八大明确提出实施创新驱动发展战略到"十四五"规划明确指明将创新驱动作为五大发展方向之一，再到党的二十大对不断培养新动能、新优势的再次强调，创新无疑是中国发展由高速度转向高质量的核心焦点问题。

据国家统计局发布的各年《全国科技经费投入统计公报》，"十三五"期间，我国研究与发展（以下简称"研发"）投入经费逐年递增，从2016年的15676.7亿元增长至2022年的30870亿元，"十四五"开局之年发展态势良好，2020年增长率最高，我国科技创新能力显著增强，各类主体研发热情持续高涨（具体见图1-1）。

为了响应加快建设创新型国家战略，适应经济迅速发展的势头并推动科技创新的发展，我国政府出台了高新技术企业所得税优惠、研发费用加计扣除等一系列创新导向减税降费政策"组合拳"，旨在激励企业加大研发投入，进而提升自主创新能力。作为创新导向减税政策的一类，研发费用加计扣除政策普惠性较高，一直备受关注。研发费用加计扣除是指根据税法的相关规定，企业在准确归集真实发生的研发活动的基础上，可按一定比例抵扣企业应纳税所得额的税基式优惠方式。自1996年实施以来，该政策不断调整和优化，以此推动企业创新，适应我国加快实施创新驱动发展战略的需要。2017年，财政部、税务总局、科技部发布《财政部 税务总局 科技部关于提高科技型中小企业研究开发费用税前加计扣除比例的通知》（以下简称"财税〔2017〕34号文件"），首次对加计扣除比例进行调整。具体而言，将科技型中小企业扣除比例由原来的50%提高到75%；2018年《财政部 税务总局 科技部关于提高研究开发费用税前加计扣除比例的通知》（以下简称"财税〔2018〕99号文件"）将75%扣除比例扩大至"负面清单"行业[①]以外的所有企业。

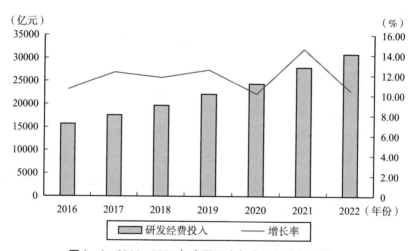

图1-1 2016~2022年我国研究与发展经费投入情况

资料来源：本图由作者根据国家统计局数据绘制。

---

① "负面清单"行业包括烟草制造业、住宿和餐饮业、批发和零售业、房地产业、租赁和商务服务业、娱乐业及财政部和国家税务总局规定的其他行业。

基于此，本书聚焦于 2018 年 75% 这一加计扣除比例全面覆盖的调整，探讨本次政策调整的效应。这是由于：虽然从 2021 年起，财政部联合国家税务总局又陆续发布一系列文件，将加计扣除比例由 75% 提高到 200%，且逐步扩容到所有企业（"负面清单"除外），但本书认为自加计扣除政策实行以来，2018 年是加计扣除比例首次变更（50% ~75%），意义深远。相较于此，企业对于 2021 年及以后的变更可能会产生预期，因此评估 2018 年政策调整对企业创新活动的影响，从经济意义来说可能更有代表性，从研究设计来说更符合准自然实验的要求①。此外，加计扣除政策在我国实施以来不断进行着调整和优化，随着政策优惠力度的提升、适用范围的扩大、申请程序的简化，吸引了越来越多的企业申请政策享受税收优惠。如图 1 - 2 所示，2016 ~ 2021 年，在规模以上工业企业中享受政策优惠的企业逐年提升，由 1. 7 万户增至 9. 9 万户，增长了 4. 8 倍，说明该政策的普适性越来越高，对企业吸引力度加大。同时，加计扣除政策减免税额从 2016 年的 489. 1 亿元增长至 2021 年的 2091. 7 亿元，翻了大概两番，说明我国研发费用加计扣除政策的优惠力度可以落到实处，为企业减轻了税负负担，激励企业加大研发投入。另外，相较于 2018 年之前，2018 年之后无论是加计扣除减免数额还是享受政策优惠的企业数量均显著提升，说明政策调整有效，优惠力度的提升对企业的吸引力加强。

创新激励导向税收优惠政策实施的初衷是缓解因企业研发投入不足所带来的市场失灵问题（Czarnitzki et al., 2011）。作为产业政策的一类，研发税收优惠同样具有产业政策普遍存在的弊端，对于创新活动而言，最为典型的是信息不对称。由于研发支出兼具长期资产投资与短期经营性支出的双重特性（Zhang & He, 2013），对于研发支出费用化或资本化的界定存在很大的模糊性，其会计计价也一直是相关准则制定机构和会计实务界的一个棘手难题。因此，已有研究也指出，企业受减税降费红利的刺激而人为操纵研发支出（杨国超等，2017）。事实上，近年来企业为获取高新技术企业资质认定或其他税收优惠，扩大研发支出归集范围、虚增研发支出账面数额的行为

---

① 此外，由于本书在研究设计时，2021 年及后续政策调整还未发生，因此未纳入考虑中，但正如文中对 2018 年政策调整的经济意义和研究设计的分析，本书认为针对此次调整的研究依然具有重要性。

频频发生。例如，2021 年 11 月 12 日中国证监会对北京蓝山科技股份有限公司的行政处罚决定书中显示，2017～2019 年，蓝山科技股份有限公司存在自身不具备实际研发能力、项目研发人员及验收专家未实际参与研发和验收工作、研发成果未与生产对接、伪造现场应对中介机构走访、编造研发资料应对全国股转公司审查问询等情况；同时，蓝山科技股份有限公司虚构与成都蜀晟、拓普星际的研发合同及付款，虚构研发支出共计 24858.80 万元①。上述问题在其他国家也普遍存在，部分发达国家相继开始重视。由于欺诈性行为，英国生物技术的研发税收抵免政策不得不进行修正，政府表示已经发现并阻止了欺诈性企图申请中小企业计划应付税款抵免总额超过 3 亿英镑。为了阻止这种滥用，将限制合格亏损企业在任何一年内可以获得的应付税收抵免金额的上限。该上限将是该公司当年员工薪资总额的 3 倍，并将于 2020 年 4 月起生效②。

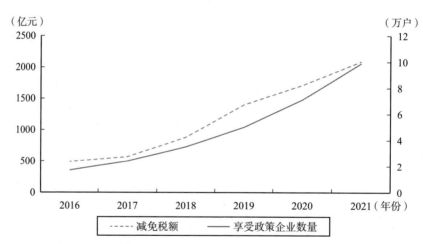

图 1 - 2　规模以上工业企业研发费用加计扣除政策享受情况

资料来源：本图由作者参考国家统计局发布的历年《全国科技经费投入公报》《中国创新指数》及其相关报道整理。

---

① 详见《中国证监会行政处罚决定书（蓝山科技）》：http：//www. csrc. gov. cn/csrc/c101928/c1659089/content. shtml.

② 详见：Tax credit changes could put a 'hard brake' on UK biotech：https：//pmlive. com/pharma_news/tax_credit_changes_could_put_a_hard_brake_on_uk_biotech_1287748.

　　因此，研发费用加计扣除政策下可观的税前扣减额以及研发操纵的隐蔽性为企业迎合政策带来了可乘之机。根据《国家税务总局关于发布修订后的〈企业所得税优惠政策事项办理办法〉的公告》（国家税务总局公告 2018 年第 23 号），是否符合研发费用加计扣除政策规定的条件由企业自行判断，这使得这一政策在操作层面极有可能触发企业"寻扶持"行为。具体表现为，在研发支出的确认上，可能产生真实盈余管理（Roychowdhury，2006；朱红军等，2016；Canace et al.，2018；Bereskin et al.，2018）、归类变更盈余管理行为（Laplante et al.，2019），如安排真实交易增加当期研发支出，或将其已经发生的非研发支出重新标记变身为研发支出，引起企业研发支出的虚假增加，使得投入有限度地增加并不必然地转化为创新成果的增加，进而侵蚀税收优惠政策对创新产出的促进效果（周华伟，2013）；在研发支出的计量上，可能产生应计盈余管理，由于我国现行会计准则下研发支出实行有条件资本化处理，公司随意改变研发费用化与资本化比例的应计盈余行为在企业中本就普遍存在（许罡和朱卫东，2010；李世新和张燕，2011；李莉等，2013；宗文龙等，2009；等），加之加计扣除在研发支出资本化和费用化处理的税收后果方面存在非常显著的差异，企业管理层可能通过调整研发支出的会计政策来调节企业的利润、纳税金额等（王亮亮，2016；刘永涛，2018）。加计扣除比例幅度的提高，使得企业在研发支出的确认、计量中是否进行盈余管理产生的税收后果差异进一步拉大，可能导致企业盈余管理的动机加强，偏离政策调整的初衷。

　　可见，在学术中多样化研究结论并存、实践中政策优惠范围力度不断扩大的现实情况下，需动态跟踪政策实行对整个创新活动的影响，对企业"寻扶持"行为进行有效监管，才可能充分发挥政策效用。基于此，本书基于创新活动的全过程，全面评估了 2018 年加计扣除政策调整对企业研发投入、产出及效率的政策效果，同时考虑了政策变更下企业可能存在的"寻扶持"行为，以此客观分析该政策调整后果，为完善该政策的研究提供新的思路，使其发挥最大效用，助力企业提升自主创新的能力。

1.1.2　研究意义

（1）本书的学术价值。

①为税收政策与会计准则的有效匹配提供经验证据。

研发费用税前加计扣除政策的实施需要相对应的会计政策的配合，现阶段我国会计准则框架下对于研发支出进行有条件资本化处理，加计扣除政策的实施也随企业研发支出费用化、资本化而在具体操作时表现出一次性扣除与分期摊销的差异，这使得企业对研发支出会计政策的选择直接影响当期缴纳税额与利润。虽然这样处理在形式上的匹配性高，但极大地激起了企业盈余管理行为的动机，削弱政策的激励效应，因而有必要从实证层面印证这一可能性。

②为微观企业对宏观政策的适应性行为提供研究思路。

国家作为宏观政策的制定主体，其政策制定是有目的的活动，以期通过强制性干预企业行为实现对企业经济活动的影响，因而宏观政策与微观企业行为关系密切，且两者相互影响甚深。从盈余管理的角度，具体化研究企业针对加计扣除这一宏观政策的适应性行为，在当前由"产业政策之争"引发的各类研究中，是有益的尝试。

（2）本书的应用价值。

①为加计扣除政策的优惠效果提供企业反馈信息。

自 1996 年我国政府开始制定加计扣除政策，经历了多次修订完善，政策的普惠性显著提高。但国家统计局的数据显示，2016 年全社会研发经费投入强度为 2.11%，企业研发支出占全部研发支出比为 77.5%，较 2015 年分别提升 0.04 和 0.7 个百分点，增长率分别为 1.93% 和 0.91%，以往的政策激励效应并不明显。党的十九大报告强调要坚定实施创新驱动发展战略，在财税〔2017〕34 号文件、财税〔2018〕99 号文件将研发费用加计扣除比例由 50% 提高到 75% 这一重大政策调整出台的背景下，深入研究新政的激励效应具有重要的理论价值和现实意义。

②为加计扣除政策的后续调整执行提供参考依据。

根据财税〔2017〕34 号文件、财税〔2018〕99 号文件，目前加计扣除

75%的执行期间均仅为三年，（起止期间分别为 2017 年 1 月 1 日～2019 年
12 月 31 日、2018 年 1 月 1 日～2020 年 12 月 31 日），2022 年《财政部　税
务总局　科技部关于进一步提高科技型中小企业研发费用税前加计扣除比例
的公告》（财政部　税务总局　科技部公告 2022 年第 16 号）将 100% 扣除
比例适用范围扩大至科技型中小企业，《财政部　税务总局关于进一步完善
研发费用税前加计扣除政策的公告》（财政部　税务总局公告 2023 年第 7
号）则将 100% 这一加计扣除比例的适用范围扩容至所有符合条件的企业，
那么未来在继续调整时应该注意哪些方面则成为企业和政策制定部门均要面
临的问题，需要依赖当前政策的执行效果判断决策。

1.2 相关概念界定

1.2.1 创新激励政策

随着熊彼特等学者对创新理论的研究，"创新导向"一词应运而生，
最早对其下定义的是马努（Manu，1992），他认为创新导向是企业的创
新活动和创新战略，此后诸多学者围绕其概念提出了不同见解。由于研
发活动具有高风险和外部性特征，极易导致市场失灵，需要政府介入推
动企业创新（Bozio et al.，2014）。因此，财政政策成为政府发挥作用
的工具，基于不同目的可以将其分为资本积累导向型、就业导向型、创
新导向型等财政政策。作为其中的一种激励政策，创新导向减税旨在鼓
励和支持企业进行创新活动，并通过给予税收减免或优惠来提供经济激
励。这种政策的目的是促进创新、推动经济增长、提升国家或地区的创
新竞争力。当前世界范围内普遍使用的创新导向减税政策主要包括以下
几类（见表 1 - 1）。

表 1-1   不同类型创新导向激励政策

政策类型	具体施行方式
研发费用抵扣	政府可以提供研发费用的税收抵扣或税前扣除,使企业可以在计算纳税额时将一部分或全部研发费用作为扣除项目,降低企业的税负
投资激励和减免	政府可以给予创新型企业或在特定领域进行投资和创新的企业一定比例的投资税收减免或补贴,鼓励其增加投入和承担风险
知识产权保护和优惠	政府可以提供知识产权保护的支持,并给予企业在申请专利、商标或版权等方面的税收优惠,以鼓励企业进行创新和知识产权的保护
创业和初创企业支持	政府可以给予初创企业或创业项目一定时期内的税收优惠,帮助它们更好地发展壮大,并在初期阶段减轻财务压力
技术转让和产业升级	政府可以给予技术转让和产业升级的企业一些税收激励,鼓励技术引进、转化和升级,推动产业结构的优化和升级

资料来源:本表由作者自行整理所得。

改革开放以来,我国创新的脚步不断加快,党的十八大提出要实施创新驱动发展战略,一系列创新导向财政政策在此发展过程中不断涌现,随着我国创新水平的攀升,该政策体系不断完善。通过创新导向减税政策,我国政府可以在税收层面提供激励,激发企业的创新活力,促进研发投入和技术进步,加速经济转型和发展。本书借鉴李香菊和杨欢(2019)、赵婉楠(2022)的研究,将这些政策归纳为创新主体和创新环节两个方面,并根据国家税务总局最新发布的《"大众创业万众创新"税费优惠政策指引汇编》对其进行整理,具体见图 1-3。

1.2.2 企业"寻扶持"行为

一般而言,企业"寻扶持"行为是指企业为了追求自身利益,主动寻求政府或其他机构的支持和扶持,这种行为通常出于企业对外部资源、市场准入、财政优惠、政策支持等方面的需求。企业"寻扶持"行为的原因可以有以下多种。

创新导向减税

- 创新主体
  - 科技人才
    - 职务科技成果转化现金奖励减免个人所得税 自2018年7月1日起，依法批准设立的非营利性研究151开发机构和高等学校从职务科技成果转化收入中给予科技人员的现金奖励，可减按50%计入科技人员当月"工资、薪金所得"，依法缴纳个人所得税
  - 重点行业和新兴行业
    - 高新技术类企业 高新技术企业、技术先进型服务企业减按15%税率征收企业所得税
    - 软件行业 "两免三减半"按照25%的法定税率减半征收企业所得税。"五免"，接续年度减按10%的税率征收企业所得税
    - 集成电路企业 对国家鼓励的集成电路生产企业，区分线宽和经营期，分别适用企业所得税"十免""五免五减半""两免三减半"的优惠政策
    - 动漫企业 "两免三减半"，按25%的法定税率减半征收企业所得税
  - 投资机构
    - 天使投资个人 创业投资企业、有限合伙制创业投资、公司制创业投资企业采取股权投资方式投资于未上市的中小高新技术企业、初创期科技企业满2年（24个月）以上的，可以按照其投资额的70%在股权持有满2年的当年抵扣该创业投资企业的应纳税所得额；当年不足抵扣的，可以在以后纳税年度结转扣除
    - 创投企业 天使投资个人采取股权投资方式直接投资于符合条件的初创科技型企业满2年的，可以按照投资额的70%抵扣转让该初创科技型企业股权取得的应纳税所得额；当期不足抵扣的，可以在以后取得转让该初创科技型企业股权的应纳税所得额时结转抵扣
- 创新环节
  - 创新活动
    - 研发费用加计扣除政策（1）2018年1月1日~2023年12月31日，企业开展研发活动中实际发生的研发费用，形成无形资产的，按照无形资产成本的175%在税前摊销，未形成无形资产计入当期损益的，在按规定据实扣除的基础上，按照实际发生额的75%，在税前加计扣除。（2）自2021年1月1日起，制造业企业开展研发活动中实际发生的研发费用，未形成无形资产计入当期损益的，在按规定据实扣除的基础上，再按照实际发生额的100%在税前加计扣除；形成无形资产的，按照无形资产成本的200%在税前摊销。（3）自2022年1月1日起，科技型中小企业开展研发活动中实际发生的研发费用，未形成无形资产计入当期损益的，在按规定据实扣除的基础上，再按照实际发生额的100%在税前加计扣除；形成无形资产的，按照无形资产成本的200%在税前摊销。（4）委托境外进行研发活动所发生的费用，按照费用实际发生额的80%计入委托方的委托境外研发费用。委托境外研发费用不超过境内符合条件的研发费用2/3的部分，可以按规定在企业所得税前加计扣除
    - 固定资产加速折旧政策 企业在2018年1月1日~2023年12月31日新购进的设备、器具，单位价值不超过500万元的，允许一次性计入当期成本费用在计算应纳税所得额时扣除，不再分年度计算折旧；单位价值超过500万元的，仍按《中华人民共和国企业所得税法实施条例》、《财政部 国家税务总局关于完善固定资产加速折旧企业所得税政策的通知》（财税〔2014〕75号）、《财政部 国家税务总局关于进一步完善固定资产加速折旧企业所得税政策的通知》（财税【2015】106号）等相关规定执行
  - 成果转化
    - 中关村国家自主创新示范区特定区域内居民企业技术转让所得减免 企业所得税自2020年1月1日起，在中关村国家自主创新示范区特定区域内注册的居民企业，符合条件的技术转让所得，在一个纳税年度内不超过2000万元的部分，免征企业所得税；超过2000万元部分，减半征收企业所得税
    - 技术转让所得减免企业所得税 一个纳税年度内，居民企业技术转让所得不超过500万元的部分，免征企业所得税；超过500万元的部分，减半征收企业所得税

图1-3 创新导向减税政策分类

资料来源：本图由作者根据各类相关政策整理所得。

（1）资源需求。企业需要获取特定资源或资金支持，如融资、技术支持、专业知识、市场信息等，以提升竞争力和发展能力。

（2）市场准入。企业可能希望获得政府的支持来进入某个市场，如获得特许经营权、市场准入许可证等，以获取更多商机和经济利益。

（3）产业政策利益。企业可能寻求政府对特定行业或产业的扶持和优惠政策，以获得行业竞争优势和市场份额增长。

（4）市场保护。企业可能面临市场竞争的艰难局面，希望政府采取保护措施，如关税壁垒、贸易限制等，以保护自身利益并提高市场份额。

总体而言，企业"寻扶持"行为常常通过与政府、行业协会、专业机构以及其他利益相关方的沟通和互动来实现，通过游说、申请补贴、参与政策制定、参与行业组织等方式，与相关机构建立合作关系，以获取所需的扶持和利益。

本书关注的"寻扶持"行为，具体表现为企业出于获取产业政策利益，对研发费用加计扣除政策的主动性迎合行为。由于技术创新投入大、周期长，且具有外部性特点，极易导致市场失灵，因此需要政府介入，出台一系列创新导向政策以此促进企业创新，如政府补贴、高新技术企业资质认定、研发费用加计扣除等政策。企业通过申请符合条件的政策来获得一定优惠，以此减轻资金负担，将资金集中于研发创新从而提升其自主创新的能力，但在政策的实行过程中，企业也是政策的主动适应者，可能存在为了得到政府的扶持而迎合政策的"寻扶持"行为。例如，为了获取高新技术企业税收优惠将自己"包装"成高新技术企业，但其创新能力并未显著提升，造成税负的扭曲（杨国超和芮萌，2020）；或者受政策激励在创新产出中重"量"轻"质"，只有非发明专利申请增加，并没有进行实质性创新（黎文靖和郑曼妮，2016）。在这过程中，政企信息的不对称为企业"寻扶持"提供了操纵空间，高扶持收益也导致其"寻扶持"动机加强（Rodrik，2004），违背了政策初衷。

因此，基于以上分析，本书认为企业"寻扶持"行为是为了攫取政策红利而进行策略性创新的行为，具体包括为贴上高新技术企业标签而操纵研发投入比例（万源星和许永斌，2019）、为获取研发补贴而释放虚假创新信号（安同良等，2009）、为获取税收优惠虚增研发支出（万源星等，2020；贺亚楠等，2022）等一系列"伪装"手段。其中，为获取加计扣除政策优惠虚增研发支出，即有目的性地人为调整研发支出进行研发操纵为本书具体分析的"寻扶持"行为。

1.2.3 研发操纵

研发操纵是盈余管理中常见又具体的手段之一，为了清晰阐述本书研发对操纵的界定，有必要结合研发支出会计政策与盈余管理的相关概念进行说明。

（1）研发支出会计政策概述。

目前，世界各国对研发支出进行会计处理的方式有三种：全部资本化、全部费用化、有条件资本化。全部支出资本化是基于企业所有的研发项目都能成功，并且其成果能够给企业带来经济利益的流入，不区分研究阶段和开发阶段，先将当期研发支出全部确认为资产，然后进行后续摊销，摊销时间一般为五年，研发支出全部资本化实质上就是递延费用，比较符合收益费用的匹配性。全部支出费用化是在企业进行研发活动时，无论是研究阶段还是开发阶段所发生的支出，全部直接计入当期损益，虽然进行研发活动的根本目的是形成无形资产，但由于研发活动固有的公共性和风险性，投入回报比率不可预见，从谨慎性原则出发将研发支出全部费用化，这种处理方式的弊端是会导致当期产生大量的费用，并大幅度影响当期收益，研发活动取得成果后最终会形成无形资产，在未来产生收益，导致收支配比不一，进而影响会计信息质量。当前国际会计准则对于研发支出的会计处理是有条件的资本化，将企业的研发活动分为研究阶段和开发阶段，研发支出有条件资本化的会计处理模式符合收支匹配原则、相关性原则、有效性原则，有助于提高企业会计信息质量。

我国企业研发支出的会计处理经历了三个阶段，从1993年的全部资本化处理到2001年的全部费用化，再到2006年进入有条件资本化阶段，符合国际大环境的变化，并与国际会计准则趋于一致。根据我国现行会计准则的要求，研发支出须区分研究阶段与开发阶段，属于研究阶段的基础支出计入当期损益，而开发阶段的支出若同时满足《企业会计准则第6号——无形资产》第九条规定的五个条件，就确认为无形资产，进行资本化处理，若没有同时满足五个条件，则依然按照费用处理。在实际操作中，企业研发支出的会计处理不是静态的，如果对于开发阶段产生的费用进行费用化处理，在期末计算所得税额时按照规定的加计扣除比例对研发费用加计扣除；而对于研发支出资本化处理，则先将资本化金额计入"研发支出—资本化支出"科目，期末根据其余额在财务报告的"研发支出"项目填列。只有在管理层判断研发活动达到预期目标，并同时满足无形资产形成的五个条件时将研发支出资本化金额转入无形资产，后续进行摊销、减值等会计处理，才能在真正意义上完成研发支出资本化处理，若资本化支出最后无法形成无形资产则将其转入损益科目，计入当期损益。因此，"研发支出"余额的值会随不同的情况增加或减少。

（2）盈余管理的定义及动机。

对于盈余管理的概念，会计学界存在着诸多不同意见。根据以往文献中的表述，有关盈余管理的定义，可以归纳为以下四种。

第一，管理层动机观。从管理层对盈余管理的目的或动机出发，认为管理层进行盈余管理是企图给企业或自己谋取私利，这种做法其实是一种欺诈行为（Schipper，1989；Healy & Wahlen，1999）。希利和瓦伦（Healy & Wahlen，1999）认为盈余管理是经营者运用会计手段或者安排交易来改变财务报告以误导利益相关者对公司业绩的理解或者影响以会计报告数字为基础的合约的结果；管理层在一系列的会计政策中选择时，会选择那些使自身效用或公司价值最大化的会计政策，其实质是一种欺诈行为。

第二，报表盈余信息质量观。从报表上盈余信息的质量出发，一种观点认为盈余管理的行为就是使有关盈余数字的报告能够反映出管理层期望的水平，而非企业真实的业绩表现（Goel & Thakor，2003），在这种观点下，所有的盈余管理活动都是欺诈性行为。另一种观点则认为，通过盈余管理所产生的会计报表虽然缺乏一定的真实性但也不是欺诈性报告，盈余管理是一种超越真实性报告与欺诈性报告之间的边界的行为或现象（Martin et al.，2002）。

第三，管理层个人判断是否介入报表制作观。从管理层是否在财务报告的制作过程中介入自己的观点和判断出发，盈余管理就是管理层有限或肆意地将个人的一些观点和判断强加入财务报表的制作过程中，对会计数据进行策略性的调整（Watts & Zimmerman，1990）。这种观点认为，盈余管理是否属于一种欺诈行为无法判断，因为根据会计准则的规定，企业对一些事项有自行判断的权利。

第四，报表制定是否遵守会计准则观。从财务报告的制定是否遵守会计准则出发，这种观点可以分为三种：第一种观点认为，盈余管理是企业随意滥用会计准则的行为（Magrath & Weld，2002）；第二种观点认为，盈余管理是企业在会计准则允许的范围内有意识地把账面盈余数字向各方所期望的水平调整的一个过程（Brown，1999）；第三种观点是把企业有关盈余的做法分成欺诈的会计行为、盈余管理、合法地使用会计选择。第二种和第三种观点均为在会计准则允许的范围内运用个人的观点和判断对盈余进行调整，两者的区别在于管理层的目的不同，如果管理层的目的并非欺骗财务报表使用者，就是"合法地使用会计选择的行为"，否则便被认为是盈余管理（Dechow & Skinner，2000）。

（3）盈余管理的方式与研发操纵的具体表现。

针对盈余管理的方式，目前学者普遍认同存在以下三种：应计盈余管理、真实盈余管理、归类变更盈余管理，研发操纵在三种盈余管理方式下有不同的具体表现形式。

①应计盈余管理下研发操纵的具体表现。

希利和瓦伦（1999）、施博尔（Schipper，1989）认为应计盈余管理主要是指利用会计准则来控制盈余，而真实盈余管理包括改变以后商业活动的时间和规模来达到控制盈余的目的，这类盈余管理仅影响公司账面盈余，既不会增加也不会减少公司价值，因为普遍被认为是低成本的。对于应计盈余管理程度的测度，学界有较为成熟的琼斯系列模型（Jones，1991；Dechow et al.，1995；Kothari et al.，2005）。具体到研发支出项目，若管理者使用应计盈余管理方式，则表现为在既定研发支出数额下，人为调整资本化、费用化的比例。

从应计盈余管理下研发操纵程度的测度来看，目前并没有普适性的模型，学者普遍的做法是通过构建资本化（或费用化）比例与特定企业目标的回归模型，以此来通过回归系数的显著性验证企业研发资本化（或费用化）是否在特定目标下呈现一定的调整规律。

②真实盈余管理下研发操纵的具体表现。

真实盈余管理主要是指通过刻意安排或改变真实业务交易来改变财务报告的行为，通常既影响各期盈余，也影响各期实际的现金流量，并且它通常不会增加公司价值，反而在一些情况下会损害公司价值，因而相对于应计盈余管理，其成本是较高的。对于真实盈余管理程度的计量，罗伊乔德胡里（Roychowdhury，2006）的真实盈余程度估计模型得到了普遍运用。他认为真实盈余管理可以通过提高产量、延迟信贷期限和减少期间费用支出（研发费用、销售费用和管理费用等）这三种途径来达到提高预期利润的目标，以此避免财务报告损失或者满足专家预测。具体到研发支出项目，若管理者使用真实盈余管理方式，则表现为通过调整研发项目投资安排人为调整账目研发支出数额。对于真实盈余管理方式下的研发操纵程度，学者多基于罗伊乔德胡里（2006）的模型来估计"正常性"研发支出，计算出的残差则为"异常性"研发支出，以此来度量该种方式下的研发操纵程度。

③归类变更盈余管理下研发操纵的具体表现。

归类变更盈余管理的定义可分为广义与狭义两个层次，广义可以理解为，在包括但不限于利润表的财务报告范围内，对项目进行方向性的转移。在整理文献过程中本书对广义层面的归类变更盈余管理的分类、目的和手段进行了整理列示，详细见表1-2。其中，第1类和第2类通常发生在会计记账阶段，其余则常发生在报表披露环节。在狭义层次上，归类变更盈余管理仅指与收益性项目相关的目的性划分行为，虽美化了目标科目，但其利润总额并不受到影响，加大了审计师辨别查证的难度，例如表1-2当中的前3类，均是与收益性项目相关。

表1-2　　　　　　　归类变更盈余管理的分类、目的和手段

编号	分类	目的	手段
1	核心损益与非常项目的归类变更	核心收益最大化	将经常性费用计入营业外支出；将营业外收入归入核心收入科目
2	核心损益内部归类变更	提高高评价损益科目数额、获得税收优惠	将正常期间费用归入研发科目

编号	分类	目的	手段
3	非经常性损益表归类变更	扣除非经常性损益后净利润最大化	少归入非经常性收益，多归入非经常性损失；多披露非经常性损失，少披露非经常性的收益
4	现金流量表归类变更	经营性的现金净流量最大化	将经营性现金流出归入筹资及融资现金流出；将筹资及融资现金流入归入经营性现金流入
5	资产负债表归类变更	提高好评价资产数额，降低短期负债数额	将一年内到期的短期负债归入长期负债

资料来源：本表由作者根据以往文献整理所得。

　　在表 1-2 中，第 2 类核心损益内部归类变更最常见的手段便是研发支出归类变更盈余管理。一方面，研发科目作为高评价科目，企业提高该数额可以释放重视创新、具有核心技术的利好消息来吸引财务报告使用者进行投资；另一方面，作为加计扣除政策税前扣除的重要依据，提高数额可以获得更多税收优惠，节约税收成本。因此，企业管理者有可能出于上述动机将普通期间费用计入研发科目。与真实盈余管理类似，归类变更盈余管理方式下的研发操纵程度也以计算残差的方式进行度量，普遍使用斯凯夫等（Skaife et al.，2013）、拉普朗特等（Laplante et al.，2019）提出的估计模型。

　　（4）三种盈余管理方式的比较。

　　综上所述，应计盈余管理是通过会计政策或是会计估计来润色利润表（Healy & Wahlen，1999），真实盈余管理是人为筹划真实经济活动以改变报告中盈余的呈现（Roychowdhury，2006）。前者具有较高的被监管风险，可能会引起应计项目的反转，而后者会干扰企业的正常生产经营决策、改变现金流量。这两类盈余管理方式均会损害企业的潜在价值，而真实盈余管理的负面作用会更加明显（Cohen & Zarowin，2010；王福胜等，2014）。归类变更盈余管理相较于前两种盈余管理方式而言，其主要"优势"表现在发生于损益表内部，仅改变利润总额而不改变利润结构，降低了被审计师发现的风险（Nelson et al.，2002），并且其对企业经营发展的负面影响微乎其微，所产生的回转影响可忽略不计。

诸多文献证明了三种方式之间存在着替代关系。阿伯纳西等（Abernathy et al.，2014）表明，随着会计政策的完善和审计人员关于盈余管理的重视，应计、真实盈余管理的使用范围会受到限制，企业更有可能采取归类变更盈余管理作为替补选项。喻凯和冯敏（2017）也得出类似的结论，认为审计质量提升会使应计盈余管理受限，机构持股集中会使真实盈余管理受限。王松等（2018）发现，管理层出于盈余持续性的考虑，相较于应计、真实盈余管理，会更加倾向于选择归类变更盈余管理方式。

（5）研发操纵的方向性。

盈余管理具有方向性，因而对于企业来讲，有向上和向下两种研发操纵表现。向上的研发操纵将不属于研发活动的支出归类为研发费用或者刻意加大不必要的研发投资，造成研发支出的虚增，以此来增加税前扣除的研发费用达到避税的目的；而向下的研发操纵一般表现为通过减少正常的研发投入，降低费用支出，达到虚增利润的目的。

企业出于不同的动机，其研发操纵方向也会不同。已有研究发现，出于满足分析师预测、达到盈余基准、支持股票回购等动机，企业往往通过降低账面研发支出数额进行向下的研发操纵（Graham & Harvey，2002；Roychowdhury，2006；Gunny，2010）；为获取减税降费的政策红利，企业可能会虚增研发支出或将非研发支出归类为研发支出进行向上的研发操纵（苑泽明等，2020a；贺亚楠等，2021；贺亚楠等，2022），该种行为往往出于企业"寻扶持"动机。

（6）研发操纵的经济后果。

关于研发操纵所带来的经济后果，主要围绕其对创新的影响。在已有关注向下研发操纵的研究中，学者发现企业出于自身利益的考虑，通过真实盈余管理方式削减研发支出导致其创新产出、质量和效率更低（贺亚楠等，2020），不利于企业未来的经营业绩和市场价值（朱红军等，2016）。而聚焦向上研发操纵的相关已有研究发现，企业为攫取政策红利，进行研发"粉饰"后，虽然可以获得更多的税收利益，但由于研发投入是虚增而来，并未投入企业实质性创新行为中，将导致企业创新效率下降（吴秋生和王婉婷，2020）、抑制企业自主创新能力的形成（万源星等，2020）。此外，施行研发操纵的企业占用财政资源过多，也会使政府迫于财政压力从而加强对其他企业的税收征管，使其实际税率提高，造成税负扭曲（史方，2021），企业迎合政策减轻了税负会以降低企业生产率为代价从而不利于企业高质量发展（王昱等，2022）。可见，创新导向减税本是国家"牺牲"税收为促进企业创新的有利之举，研发操纵无疑会让政策大打"折扣"，违背政策的初衷。

（7）研发操纵的治理。

考虑到研发操纵所带来的一系列经济后果，学者们开始关注影响此行为的治理因素。部分学者从企业内部角度进行研究，胡元木和纪端（2017）认为技术非执行董事更具独立性，可以有效监督企业的研发活动，从而抑制企业研发操纵行为。何等（He et al.，2020）认为海归人才加入本土企业高层管理团队后，由于其在创新能力更强的国家获得的海外经验可以促进企业研发活动，从而能够缓解企业研发操纵的倾向。苑泽明等（2020b）认为具有学术经历的高管出于对社会声誉的考虑以及本身从事学术工作所具有的严谨性，更注重企业的长远发展，从而有效抑制企业研发操纵。此外，企业文化作为企业的精神内核，对企业长远发展具有举足轻重的作用，卜美文（2020）研究发现在诚信文化的熏陶下，可以避免管理者"短视"，从而减少其研发操纵行为，此作用在法治环境较差时更为明显。基于我国国情，有学者指出党组织在我国经济社会发展中扮演重要角色，如于未东等（2022）研究发现党组织嵌入公司治理可以更好地约束企业管理者自利行为、监督企业经营活动，从而削弱企业的研发操纵行为。同时，也有学者从外界探讨缓解企业研发操纵行为的有效因素。杨国超和张李娜（2021）研究发现，媒体通过报道有效缓解了政府与企业之间的信息不对称，可以使政府获取企业信息，识别虚假研发行为，并对政府官员和企业高管施加声誉压力，促使企业规范行为，减少研发操纵。上述研究作为对产业政策之争的回应，为其有效实施提供了新的思路。

综上所述，本书主要关注企业"寻扶持"动机下的向上研发操纵，将向上研发操纵定义为企业为了特定目标而虚增研发账面支出或者调整研发支出费用化（或资本化）比例的行为（例如，员工既从事公司日常运营又从事研发项目，企业则有人为调节其工资占研发成本比例的机会，从而获取政策红利），可采用的方式包括应计盈余管理、真实盈余管理与归类变更盈余管理，具体对照关系如图1-4所示。

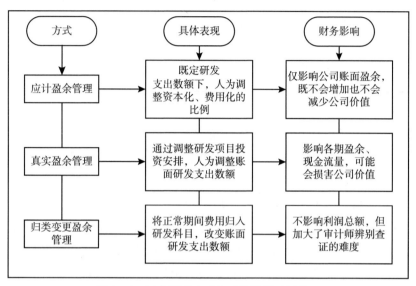

图1-4 盈余管理方式与研发操纵对照关系

资料来源：本图由作者自行绘制。

1.2.4 相关概念内在逻辑关系

在本书中，创新导向减税、企业"寻扶持"行为、研发操纵这三者的内在逻辑关系为：由于研发费用加计扣除这一创新导向减税优惠政策可带来税收红利（诱发原因），在激发企业进行创新行为的同时可能诱发其通过研发操纵（行为渠道）进行"寻扶持"行为（行为特征），表现为他们在投资决策时倾向于人为增加不必要的研发项目投资、在会计信息处理时倾向于调整的研发资本化（或费用化）比例或针对某一特定费用项目进行错误地归集以此来强行"研发化"，增加税前账面可抵扣的研发额（财务表现），以此获取额外的节税收益，具体如图1-5所示。

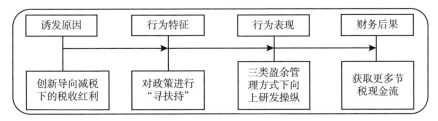

图1-5 本书相关概念逻辑关系

资料来源：本图由作者自行绘制。

1.3 研究内容与研究思路

1.3.1 研究内容

本书的主要研究主体为财税〔2018〕99号文件出台前后享受加计扣除的企业①，分别以这些企业的创新投入、创新产出、创新效率为研究对象，贯穿对企业"寻扶持"行为的考虑，探求研发加计扣除政策可能对企业引起的正、负面影响，以期科学评价上述文件的激励效果、寻求提高加计扣除政策执行有效性的途径，为相关部门制定有关政策提供决策依据。

围绕研究对象，本书基于加计扣除比例提高可能强化企业"寻扶持"的动机，通过加计扣除政策调整效果的事后评价，来揭示企业这一行为可能导致的政策效果弱化——创新效率并未与创新投入同步提升，由此向前延伸检验企业是否利用研发支出进行盈余管理以对加计扣除政策"寻扶持"，验证政策效果弱化的这一基本原因。在此基础上，进一步将企业所处内外部环境因素具体化探索政策效果差异，寻找路径提升关键节点，最终提出提高加计扣除政策执行有效性、实现研发效率与研发投入同步提升的对策。逻辑框

---

① 研究设计之初涵盖了财税〔2017〕34号文件，即拟对科技型中小企业加计扣除比例提高的政策效果进行检验，但经过数据搜集整理后发现样本数量不足，无法得到可靠的结论，因而研究中主要以财税〔2018〕99号的变更作为主要研究对象，对此后面在"11.3 研究不足"部分给予了详细解释与说明。

架如图 1-6 所示。

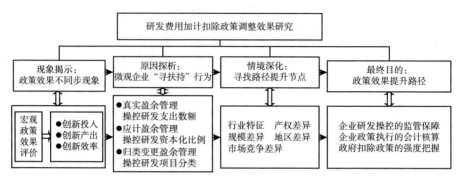

图 1-6　本书逻辑框架

资料来源：本图由作者自行绘制。

作为对总体框架的具体细化，本书主要研究内容如下。

（1）加计扣除政策调整效果总体评价——政策效果不同步现象揭示。

①针对财税〔2018〕99 号文件的出台，以除科技型中小企业、"负面清单"行业以外的其他企业为研究主体，以 2018 年政策干预时点，使用双重差分模型，分析加计扣除比例由 50% 提升到 75% 的变革下，享受政策的企业创新投入、产出、效率是否提高，特别是创新产出与效率的提高幅度是否与投入具有较大差异，从而对这一政策进行总体评价。双重差分模型下政策效果分析原理如图 1-7 所示。

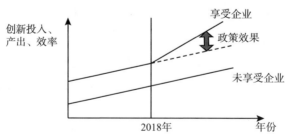

图 1-7　政策效果分析原理

资料来源：本图由作者自行绘制。

（2）政策实行过程中企业"寻扶持"行为研究——政策效果不同步原因探析。

①研发支出的确认阶段企业"寻扶持"行为研究。基于大样本检验财税〔2017〕34号文件实施后，企业是否更倾向于进行基于研发的真实盈余管理、归类变更盈余管理，如出现异常性研发支出增多的现象，并探讨这一行为对创新投入、产出、效率将产生何种影响。

②研发支出的计量阶段企业"寻扶持"行为研究。基于大样本检验财税〔2017〕34号文件实施后，企业是否更倾向于进行基于研发的应计盈余管理，如出现费用化、资本化比例随意调节的现象，并探讨这一行为对创新投入、产出、效率将产生何种影响。

（3）政策效果的差异化研究——寻找路径提升节点。

基于已有研究的普遍发现，同一政策对于不同产权、行业中企业的激励效果并不相同，且企业处于不同规模、地区及市场竞争程度下的治理效率、监管效率、内控效率等均存在差异，这些因素也会制约企业的盈余管理行为。本书在考虑这些因素存在差异的情况下，探讨加计扣除提升75%的实施效果，细化相关结论，以梳理归纳加强政策激励效果的关键节点。

（4）加计扣除政策效果提升路径研究。

探索保障企业享受加计扣除优惠的有效路径，既要通过寻找当前企业享受加计扣除政策时存在的共性问题环节，以构建具有普适性、系统性的完善机制，同时也需要兼顾不同企业所处的不同情境来设计有针对性、差异化的施行方案。基于上述实证分析，拟从企业研发操控的监管保障、企业加计扣除执行的会计核算、政府扣除政策制定的强度把握等方面寻找提高研发费用加计扣除政策执行有效性的途径。

1.3.2 研究思路

本书沿着"揭示问题—分析问题成因—提出问题解决对策"的基本思路展开，首先，在宏观政策评价中使用企业创新投入、产出、效率跟踪加计扣除比例提高到75%这一变更对整个创新活动的效果，以揭示政策实行后其创新效率与创新投入可能存在不同步提升的现象；其次，基于政策力度加大—刺激企业"寻扶持"行为—影响企业创新效果的逻辑,检验企业"寻扶持"行为在政策实行过程中对政策效果的影响,以分析创新效率与创新投入不同步提升的原因;最后,通过具体化研究不同行业特征、产权性质、规模、所处地区、市场竞争程度下的政策效果差异,以监管企业"寻扶持"行为为方向,梳理政策有效执行的关键节点,提出政策效果提升路径。

1.4　主要创新点

本书的创新点体现在以下几个方面。

（1）聚焦加计扣除政策重要调整,符合应急应需要求。

在财税〔2018〕99 号文件将研发费用加计扣除比例由 50% 提高到 75% 这一重大政策调整的背景下,本书动态跟踪政策近几年调整,提供了加计扣除政策效应的较新证据。结合我国相关政策沿革可知,研发费用加计扣除政策虽不是新生事物,但加计扣除比例由 50% 上调到 75% 却属于质的调整,对企业的影响也较为重大和直接,本书紧扣我国创新驱动发展战略下的政策调整,是一项应急应需的研究。同时,以往研究对税收优惠政策效果进行评价时,大多将样本分为"享受"与"未享受"群体,本质上探讨的是政策"从无到有"的经济后果,而本书则重点关注持续享受企业在经历政策调整前后创新活动的差异,提供了政策"从有到强"的效果检验。

（2）解构企业"寻扶持"行为,凸显政策评价独特视角。

以往的研究在对税收优惠政策效果评价时,大多将企业作为政策的"被动接受者"从投入或产出进行事后评价,本书在探讨政策对企业的创新激励效果时,认为企业更是政策的"主动适应者",结合我国企业研发支出会计处理规定,在对加计扣除政策效果评价时贯穿对企业"寻扶持"行为的分析,扩充了加计扣除政策的正、负面影响,考虑了税收政策与会计政策的融合;基于研究设计,本书不仅识别了加计扣除比例由 50% 提高到 75% 对持续享受该政策的企业研发操纵的影响,还探索了加计扣除比例调整为 75% 后对首次申请享受加计扣除政策企业研发操纵的影响。

（3）纵向呈现政策动态效果，横向完善政策评价情境。

从纵向来看，本书从投入、产出、效率三个维度覆盖企业创新活动的整个过程；从横向来看，本书充分考虑了产权、规模等已有研究已证实的影响政策效果的重要因素，是对现有研究的系统性扩展和补充；结合企业研发投入的软约束性特征，本书考虑了加计扣除比例提高促进研发效率的内在机制，揭示了效率提升的关键不仅在于研发投入量的增加，更在于企业研发增加投入是否出于创新动机。

第 2 章

国内外研究现状

2.1 创新激励政策干预的现实需求

研发创新项目作为科技创新活动，除了具有创新活动与生俱来的不确定性、正外部性特征之外，还受许多特有的不确定性因素如市场、技术、环境等的影响。企业研发是一个不断投入、不断试错、不断超越、不断学习的从量变到质变的动态过程，企业研发机构每年极为可观的项目支出数额不一定都能产生新发明等成果。另外，研发成果一般是集多学科、跨领域、边缘性强的集体知识和智慧的集锦，研发成果的集聚是一个不断升华积累的复杂过程，能否最终获取存在时间和资金投入上的极大的不确定性。上述种种因素往往导致企业经营决策的高风险和管理层对研发投资短视倾向，这也是企业创新投资决策中普遍存在的现象。当研发项目的决策人——管理者产生短视行为时，对企业的研发投资决策可能是非效率的，常表现为进行向下的研发操纵，减少研发长期才能获益的投资，导致背离企业或股东价值最大化的财务目标和市场失灵，因而需要政策的干预。这一问题也引发了学者对管理者短视问题不断地进行反思，不少学者开始在此领域进行大量的探索工作。

管理者短视（managerial myopia or managerial short-term orientation）是指管理者以牺牲公司长远利益为代价，满足自身对于当前利益追求的一种次优的行为。它起源于公司的委托代理理论，公司所有者与管理层间代理成本的出现，使所有者为了谋求自身利益最大化而增加对管理层的监督与约束。管理层为了维护自身利益、减少职业威胁会采取防御行为。管理层短视在一定程度上满足了管理层对自身利益的追求，但违背了公司与股东价值最大化的财务目标。

决策学派代表人物赫伯特·西蒙（Herbert A. Simon）认为管理就是决策，而跨期选择问题在决策中无法回避。在日常经营行为中，管理者在采取措施保障公司长期价值的同时，也必须为了确保公司生存而实现短期业绩，否则就可能会面临来自股东利润分配方面的压力、公司被接管的威胁等，进而影响自身利益最大化，因此实现在公司长期价值和短期业绩之间的合理平衡是非常重要的。但是，很多关键的项目在创造长期企业价值的同时会影响短期业绩目标的实现，管理者短视就发生于跨期选择中，典型的跨期选择问题如图2-1所示。

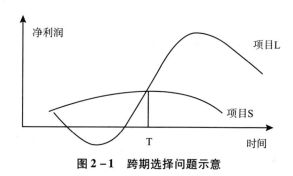

图2-1 跨期选择问题示意

资料来源：本图由作者自行绘制。

图2-1中，项目S为短期性项目（如购买材料、固定资产等），前期投入要求少、盈利快，而项目L为长期性项目（如研发投资），前期投入巨大。在时间T之前，项目S显现较高的盈利能力，但时间T之后，项目L将带来更大的收益。在整个时间区域内看，选择项目L是有利于企业价值最大化的。管理者短视强调管理者在项目抉择时，更倾向于选择项目S而舍弃项目L。

近年来，随着研发投资对企业价值提升的作用凸显，加上各国会计准则对研发投资的计量与披露规定日渐规范，这些外部环境变化为研究管理者在研发投资上的短视行为提供了肥沃的土壤，从而推动了这个领域理论与实践的发展。现有文献对管理者短视与研发投资的探讨，往往结合了管理者短视行为的动机，因而下面对已有研究的梳理和总结也按照不同短视动机来区分。从本质上讲，管理者对研发投资的短视行为是出于对短期业绩的追逐，因而部分学者在企业特定的业绩情境下对管理者的研发投资短视进行了探讨。同时，也有学者指出，管理者对短期业绩的考虑，一方面是出于自身利益如薪酬提升、职业安全等，另一方面则是为了迎合部分股东对企业短期业绩表现的偏好，因而从这两个动机出发探讨管理者研发投资短视的研究也如火如荼，硕果累累。

（1）基于短期业绩目标的分析。

根据经典财务理论的观点，企业的财务目标是实现企业价值最大化或股东财富最大化，这一目标能否实现取决于企业的投资决策，而符合这一目标的即是最佳投资决策，对企业的长期发展是有利的。但由于管理者和股东在项目风险对待和收益获取上存在巨大差异，这两者之间也存在着利益冲突（Jensen & Meckling，1976），致使管理者的投资决策并非总是以企业财务目标为导向的，从而导致非效率的投资短视决策行为。管理者投资短视行为表现为不遵循最佳投资决策，反而因为追求短期利益，延迟甚至放弃投资能够使企业或股东价值最大化的项目，导致了以牺牲长期价值为代价提高短期利润进而提升股票价格的现象（Bebchuk & Stole，1993；Laverty，2004；Asker et al.，2010）。从长远来看，这对企业的经营和发展损害巨大，如出现高的财务杠杆、不正常的利润增长极、较低的客户和员工满意度（Gracia，2003）等，侵害股东利益。麦钱特和布伦斯（Merchant & Bruns，1986）及麦钱特（Merchant，1990）认为企业的财务控制（financial controls）会产生副作用，由于以当期利润等短期财务性指标来评价管理者的能力时，会使得管理者产生各种短视行为以降低当期支出，诸如盲目扩大生产量、暂缓改良甚至忽略产品质量、延迟员工培训、关键工艺的革新等，损害了公司长期竞争力。可以说，以财务绩效为基础的考核方式是管理者短视行为产生的主要原因。财务绩效考评仅在短期内对管理者进行评价，而此时战略性决策的长期结果还没有显现，因而这种考核方式使得管理者过度关注短期业绩，管理者短视行为往往在其面临财务目标的压力时发生。

由此可见，达到企业短期业绩是管理者短视行为的直接动机。大量研究也指出，避免损失和避免利润下降是管理者面临的最为普遍的短期业绩目标

（Burgstahler & Dichev，1997；Baber et al.，1991；Bushee，1998；Roychowdhury，2006；Gunny，2010；Zhao et al.，2012）。为了达到上述利润目标，管理者常常表现出投资短视行为，如通过向下研发操纵减少创新这类长期性项目的投资。事实上，通过降低研发项目投资确实可以有效地达到业绩目标或可以称为利润标杆（income threshold）①，这方面代表性工作包括巴伯等（Baber et al.，1991）、佩里和格林内克（Perry & Grinaker，1994）等。

巴伯等（1991）通过巧妙地将企业分组，找出内部管理者对研发产生投资短视动机强烈的公司并进行验证，发现管理者短视会引起其对研发投资的削减。他们的思路是，基于经营业绩的扭亏和保持增长的动机，根据企业不同的业绩情况，考虑了其在面临避免亏损、避免利润下降的利润目标压力时，对研发项目的预期投资决策行为，由此将企业进行分组，找到接近而未达利润目标边缘的企业。在这些企业中，管理者短视动机最强，且可以通过削减研发投资来提高短期业绩。他们以 1977 ~ 1987 年 438 家美国工业企业为样本，实证检验并得到了支持性的结论，从而有效地识别了管理者对研发投资的短视削减行为，这种研究设计被后续学者广泛借鉴。沿用巴伯等（1991）的分组方法，国内学者张和何（Zhang & He，2013）基于国家级企业技术中心在我国企业创新方面的引领作用，选择 2001 ~ 2006 年拥有国家级企业技术中心的上市公司为样本，发现在研发支出费用化处理下，我国企业管理者也有类似的投资短视行为。

除了分组的方法，还有学者如佩里和格林内克（1994）、班格和德邦德（Bange & De Bondt，1998）等则是通过估计出非预期的研发投资来探讨管理者短视行为对研发投资行为的影响。佩里和格林内克（1994）基于企业迎合财务分析师预期的盈余目标，以 1972 ~ 1990 年 99 家存在研发投资的美国公司为样本，通过时间序列模型估计出预期研发投资水平，用公司实际发生的研发投资减去估计的预期水平以得到未预期研发投资。他们发现，管理者的研发行为受到财务分析师盈余预测水平的影响，当利润达不到（超过）分析预测值的时候，管理者将会削减研发（增加）投资，表现出负（正）

---

① 利润目标往往对于公司的各方利益相关者，如管理者、股东和债权人等是非常重要的，且很多实证结果表明，证券市场对于达到利润目标的公司，往往表现出股票溢价，而对于错失利润目标的公司，则会表现出非预期收益降低的惩罚现象。

的未预期研发投资水平。班格和德帮德（1998）以美国 1977～1986 年 100 家存在巨额研发投资的公司为研究对象，也得出了类似的结论，指出管理者会调节研发投资额，使得报告盈余与分析师预期盈余之间的差距最小化。曼德等（Mande et al.，2000）以 1987～1994 年日本 123 家企业为样本，建立了未预期的研发投资比例 [（实际研发投资 – 预期研发投资）/实际研发投资] 与未扣研发投资前未预期盈余比例 [（实际盈余 – 预期盈余）/实际盈余] 的线性关系，并得出显著的正相关关系。

马卡林等（Markarian et al.，2008）、许罡和朱卫东（2010）通过建立研发投资与企业资产收益率增量的线性关系，关注了管理层对研发投资的决策制定，发现管理层对研发投资是在考虑了当期企业资产收益率的变化后作出的，当期资产收益率降低时，管理者会降低对研发投资。此外，国内学者王燕妮等（2013）以 2007～2010 年沪、深 A 股上市公司为样本，也发现研发投入不稳定且处于扭亏临界和高新技术行业的公司倾向于降低研发投资。这些研究都指出，管理者在面临达不到预期业绩的压力时，往往存在短视问题。

综上所述，管理者短视行为影响了企业正常的研发投资计划，势必产生有利于管理者角度的财务业绩指标或者市场业绩表现，不仅偏离了其他信息使用者所要求的客观、公允性信息质量标准，对企业的经营和发展损害巨大（Gracia，2003），在管理者短视下进行的投资决策降低了企业未来盈利能力和业绩水平（王海明和曾德明，2013），更引起了对长期项目如研发创新上的投资不足。可以说，管理者投资短视最直接的动机源于对短期业绩的过分关注，而对于短期业绩背后的深层次原因，现有研究则从管理者自身利益、管理者迎合外部利益相关者这两个视角展开，以兼并假设、薪酬扭曲假设、敲竹杠假设等理论对其进行了探讨。

（2）基于管理者自身利益的分析。

一些研究认为避免公司被兼并或解雇的自身职位的维持、在位期间获取薪酬最大化是管理者自身利益的主要表现，出于这些自身利益的考虑，管理者有动机选择短期投资项目或者放弃长期性项目。这方面研究的代表性观点包括兼并假设（takeover）、管理防御假设（managerial entrenchment）和薪酬扭曲假设（wage distortion）。

克内贝尔（Knoeber，1986）和斯坦因（Stein，1988）对兼并假设进行了研究，认为在公司被敌意收购的情况下，管理者容易出现投资短视，这是由于此时他们受到被迫解散的威胁。克内贝尔（1986）聚焦于"金色降落伞"（Golden Parachute）[①] 计划，实证得出研发项目支出与这一计划有正相关关系，由于"金色降落伞"计划契约机制的作用，降低了 CEO 对被兼并和解散潜在威胁的担忧，使得他们可以对长期项目作出最佳的决策。斯坦因（1988）基于管理者和投资者之间的信息不对称构建了理论模型，论证了管理者迫于外部的兼并压力会出现短视行为，减少技术创新活动，因为这会导致管理者为了夸大当期利润而牺牲长期利益。

在管理防御假设方面，则是出于管理者对未来留任的考虑来分析。在这方面，伦德斯特鲁姆（Lundstrum，2002）的研究具有代表性。他认为，由于信息不对称，经理人市场和股东在评价管理者的能力时往往以其投资业绩为依据，而管理者为了可以成功被留任，不得不通过提高短期经营结果来证明自己的能力，出于此种考虑，他们利用自身对公司投资机会的信息优势，在面临长、短期两个项目决策时，偏向于选择盈利周期性较短的项目，放弃从长远来说符合企业价值最大化的长期项目。我国学者李秉详和薛思珊（2008）通过构建二期信号博弈模型表明，由于短期项目能够快速产生收益，有助于投资者迅速判断管理者的能力，因而具有防御倾向的管理者都青睐于实施短期性项目。还有一些学者则从面临卸任或者短期任职的高管入手，发现这类高管更青睐于在职收益，从另一个角度提供了管理防御方面的证据。对于面临卸任的高管来说，如何提高当下薪酬似乎更有吸引力，而由于研发投资带给公司、管理者个人的收益往往需要很长时间才能体现出来，自然而然成为他们削减的项目。德肖和斯隆（Dechow & Sloan，1991）以 1974 ~ 1988 年 405 家美国制造类公司为样本，指出 CEO 在接近退休时，普遍存在"时限问题"（the horizon problem），即 CEO 的任期越接近结束，越有可能"以权谋私"。他们分析了临近退休的 CEO 是否在研发投资上做出无效率的削减，从而以研发产生的未来利润为代价来增加现在的报表利润及

[①] "金色降落伞"计划最早产生于美国，具体指当公司控制权变动时给予高管丰厚的补偿，以规避其在这一过程中受到的冲击，从而实现平稳的过渡。

自身的奖金,并得出了肯定结论,但是在持有大量本公司股份的 CEO 中却没有发现这一现象。他们认为,基于财务绩效的奖金、不充分的股份激励都促使接近退休的管理者过于关注短期利润。与临近卸任的高管类似,任期时间较短的高管也因无法享受研发支出带来的预期未来收益而只能着眼当下短期业绩带来的个人利益,因此也具有在研发项目上的短视行为。类似的证据也体现在巴克和穆勒(Barker Ⅲ & Mueller,2002)以及我国学者刘运国和刘雯(2007)的研究中。巴克和穆勒(2002)试图探讨高管特征如何影响研发支出,认为研发支出同高管任期呈显著的正相关关系,任期越短,越容易以提高当期利润为目的而减少研发投资。基于我国上市公司的数据,国内学者刘运国和刘雯(2007)也从高管行为角度来解释影响企业研发支出的重要因素,进一步从影响企业高管激励机制的重要方面,即企业高管任期的情况来分析对企业研发支出的影响,得出了与巴克和穆勒(2002)类似的结论,他们还发现高管在离任前一年有较强的动机削减研发投资。

薪酬扭曲假设与管理防御假设类似,也基于信息不能完全获取,认为管理者的投资短视是由于职业经理人市场上缺乏完全的信息引起的。代表性的研究来自纳拉亚南(Narayanan,1985),他认为由于缺乏管理者真实价值以及投资机会的完全信息,管理者的未来薪酬往往通过职业经理人市场对其经营能力的评价来决定,因而管理者有动机选择次优短期项目,以提高当期业绩,以便在下一期能获得更高薪酬。

(3)基于股东压力的短视。

另一种类型的观点基于股东的角度来考虑,认为管理者短视是迫于股东压力,是由股东短视造成的。

经典财务理论指明公司价值取决于企业投资决策。行为金融学放松了对投资者理性的假设,认为投资者并非总是理性的。因此,投资者对公司价值不一定能做出最为准确的评估,贝克等(Baker et al.,2003)的研究发现,当投资者产生了错误估价时,会反过来影响管理者对公司的投资决策。出于类似的观点,斯坦因(Stein,1996)构建了理论模型,证明了管理者的投资决策是否受到市场中错误估价的影响取决于自身的眼光是否长远,短视的管理者为了迎合那些具有错误估价的投资者,必将作出致力于当前股价最大化的投资决策。鉴于此,一部分学者认为管理者选择短视性项目是为了迎合股东，代表性的观点包括所有权结构假设（ownership structure）、敲竹杠假设（holdup losses）等。

所有权结构假设认为投资者的不同持有策略对管理者短视行为有所影响，坚持"购买并持有"战略（buy and hold strategy）的投资者所持有的股权份额越大，则越有助于管理者投资短视行为的减轻与抑制。布什（Bushee，1998）把机构投资者分为短期投资型（transient）、长期投资型（dedicated）以及准指数型（quasi-indexer），从而发现不同的机构投资者具有不同的投资行为特征和投资偏好，频繁交易和进行动量交易的短期投资型机构投资者偏好于短期盈余，从而促使管理者对研发产生投资短视行为，其他类型的机构投资者则降低了管理者的盈余压力，减缓研发投资短视。

敲竹杠假设认为短视的投资政策的选择来源于股东而非管理者，用以降低股东未来可能遭受的"敲竹杠损失"（Noe & Rebello，1997）。"敲竹杠"问题（hold-up problem）是一种机会主义行为，表现在投资项目上，若管理者薪酬未上涨，他们会倾向于选择长期投资项目（Shleifer & Vishny，1989）。由于管理者在这些项目上的留任对未来现金流的实现非常必要，如果管理者在项目产生的现金流实现之前就威胁离开，股东则将遭受损失，因此通过选择长期项目，管理者与股东讨价还价的能力将会提高。股东为避免此种情况，则通过设计与短期盈余挂钩的薪酬合同来最小化"敲竹杠"损失，同时这也诱使管理者过分追求短期盈余，倾向于选择短视的投资政策。

此外，国内学者刘端和陈收（2006）借鉴斯坦因（1996）的理论模型，基于管理者迎合股东的假设，对我国上市公司的这一问题进行了实证分析，考虑到管理者本身的短视程度难以直接量化，他们的研究用股东的短视程度来替代，分析比较了在不同的管理者短视程度下，非理性估价如何影响公司长、短期以及总投资。王海明和曾德明（2013）则基于上述迎合假设，参照刘端和陈收（2006）的研究，以反映股东交易频繁程度的换手率指标间接度量管理者短视的程度，分析了管理者短视偏差与企业短期投资间的关系及其对企业未来盈利能力、业绩水平和财务困境的影响。由此可见，这些研究或从理论假设，或从研究设计，都认为管理者采取的短视行为是为了迎合股东。

无论是出于管理者自身利益出发，还是来自股东的压力，管理者短视的最直接的动机，是对追求短期利益的追逐，从而表现出延迟甚至放弃使企业或股东价值最大化的投资项目，以牺牲长期价值为代价提高短期利润进而提升股票价格。波特（Porter，1992）认为，在管理者的短视行为影响下，会导致具有长期效益且无形的项目投资不足，如研发支出，广告费及员工培训等。可以说，当管理者存在短视倾向时，往往在短期业绩的驱动下削减研发投资。

综上所述，随着研发创新对企业形成核心竞争力、提升企业价值方面的作用凸显，在研发创新推动企业长期价值提升的同时，巨额的研发投资对企业短期业绩也产生了深远影响，管理者对研发创新项目上的投资短视行为越来越为学界和实务界所关注。创新活动的特有属性导致企业不愿过多投入，管理者普遍存在短视行为，为保障企业研发投入达到预期水平，政府需要通过"有形之手"进行宏观调控，采用政府补贴、税收减免等财政政策工具进行市场干预（朱平芳和徐伟民，2003）。

2.2　创新激励政策干预的积极效果

税收优惠相比财政补贴更具普惠性特征，且其对企业与行业影响呈现出中性，不会导致资源配置过度扭曲（Czarnitzki et al.，2011），因此在理论层面更受推崇，在实证研究中其效果也得到认可（Yang et al.，2012；Rao，2016）。此外，何种形式的税收优惠更为有效仍存在争议。吴祖光等（2017）利用实验平台，通过分析参与者行为发现创新产品优惠抵税方式相比于研发费用加计扣除政策对企业的创新投入和创新努力程度更为有效。现实中，企业往往享受多种税收优惠政策，针对研发费用加计扣除政策，大量研究指出该政策对企业研发活动各维度均存在激励作用（程瑶和闫慧慧，2018；寇明婷等，2022，任海云和宋伟宸，2017）。

（1）研发费用加计扣除政策对创新投入端的激励效果。

政府提供税收优惠可以减轻企业的纳税负担，增加可用的内部资金（Kasahara et al.，2014；万源星等，2020），进而激励企业进行创新活动。从投入端来看，研发投入作为创新活动的上游，是企业创新活动的决定性因素，税收优惠被认为具有市场干预、成本控制、灵活管理等优势（王玺和张嘉怡，2015），且相较于政府财政补贴可能产生的挤出效应，税收优惠政策则更多表现为积极的促进作用（郭炬等，2015），因而国内外学者普遍认为税收优惠可降低企业研发成本，促进企业的研发投入（Bloom et al.，2002；Koga，2003；娄贺统和徐浩萍，2009；王俊，2011；李万福等，2013；江希和和王水娟，2015；张杰等，2015；余明桂等，2016；胡华夏等，2017）。同时，还有学者指出我国企业的激励效果由于产权性质（胡华夏等，2017）、当年应纳税所得额、企业内部资源冗余（江希和和王水娟，2015）、技术创新过程的不同阶段（邓子基和杨志宏，2011）、行业特征（柳光强，2016）等不同而有所差异。因而可以预见，加计扣除幅度的加大强化了其对研发投资的激励作用。

（2）研发费用加计扣除政策对创新产出端的激励效果。

从产出端来看，一方面，一些学者发现税收优惠可以显著促进创新产出（Czarnitzki et al.，2011；Cappelen et al.，2012；张信东等，2014；雷根强和郭玥，2018；唐明和旷文雯，2021；Ivus et al.，2021），并认为由于税收优惠的发力点集中在研发活动的中间转化阶段和后期实现阶段，是针对已经确认为研发费用和成果的资金优惠，会激励企业为获得更多的税费减免而有意识、有目标地提高研发产出（储德银等，2017）；另一方面，加计扣除的激励效果尚存在一些争议，如孙等（Sun et al.，2018）发现我国加计扣除政策实施的程度在不同的省份和行业之间是不同的，且对当地企业的创新产出产生了不同程度的影响。吴祖光等（2017）借鉴欧洲税务分析器仿真方法，发现加计扣除在激励企业创新努力程度方面不及创新产品收入减税更为有效。程曦和蔡秀云（2017）的经验结果也表明所得税优惠与流转税优惠对企业技术创新产出的激励效应不明显。尽管研发费用加计扣除对企业创新产出数量上的积极作用受到了认可，但部分学者也逐渐质疑该政策对创新质量是否能有相同的效果。现实中，企业专利申请行为可能是为了获取相关产业政策的经济利润或满足某些监管（Hall & Harhoff，2012），并且这一现象在我国确实存在（黎文靖和郑曼妮，2016）。一些学者认为研发费用加计扣除政策作为一种享受门槛低的优惠政策，在实际实施中可能表现出"数量优先"的政策导向，对企业创新质量并未起到实质性作用（陈强远等，2020）。

（3）研发费用加计扣除政策对创新效率的激励效果。

税收政策从投入到产出的激励效果，最终还应归结到效率的评价上。在这方面，已有的少数研究发现，税收优惠政策可以显著提升高技术产业的研发效率（卢方元和李彦龙，2016），同时受到东中西地区内部之间差距的影响（李彦龙，2018），对效率的提升通过增加企业研发资金和研发人员来实现（姚林香和冷讷敏，2018）。贺康等（2020）使用专利数与研发投入之比研究发现，研发费用加计扣除政策可以提升该比例。张俊瑞等（2016）使用随机前沿分析方法对我国高技术产业的创新效率进行了测算，随后利用所获得数据进行分析发现该政策对创新效率有着积极作用，同时，王钊和王良虎（2019）使用数据包络分析得出类似结论，但是他们的研究进一步强调了该政策对技术研发和科技转化阶段具有不同的影响效应。

（4）研发费用加计扣除政策对其他方面的激励效果。

此外，部分学者发现，研发费用加计扣除对提高企业经营业绩（Anandarajan et al.，2010）、全要素生产率（刘晔和林陈聘，2021；杜倩倩和李琪琦，2022）、企业绩效（王玺和刘萌，2020；任灿灿等，2021）、市值含金量（王芸和陈蕾，2016；范宝学和周莹，2021）以及降低企业杠杆率（袁业虎和沈立锦，2020）均有积极作用，且有效抑制了企业金融化（乔羽堃，2022）。此外，郑礼明等（2021）基于我国加快实施创新驱动发展战略的实情，从员工这一基本创新要素入手，创造性地探索研发费用加计扣除政策对企业就业结构的影响，结果发现 2018 年研发费用加计扣除政策的调整提高了企业雇佣劳动力中研究生的比例，从人力资源助力企业创新，进一步丰富了加计扣除政策效果的研究视角。

2.3　创新激励政策干预的潜在负面效果

产业政策并非治理市场失灵的灵丹妙药，各类创新导向政策的激励效果是否充分发挥也受到部分学者的质疑。从制度环境来看，其他产业政策、政府透明度、市场化水平和财政能力、税收监管力度都会影响研发税收优惠政策获得的可能性，从而影响企业税收红利的实现（Chen & Yang，2019；万源星等，2020）。此外，创新和专利申请需要时间（Bozio et al.，2014），从实施过程的实践来看，目前存在的问题有：政策相关宣传欠缺且方式普遍传统，企业对其缺乏了解；税务缺乏针对性的跟踪服务，部门各自为政，加大企业办理工作量（徐海峰等，2022）；研发项目的判定是一大难点，企业可能无法准确归集（薛薇和王晓冬，2022），也会影响政策落实。

作为一种宏观产业政策，创新导向减税等税收优惠也导致了微观企业出现迎合政策的逆向选择，如为获得政府的财税支持而进行盈余管理等的"寻扶持"行为（杜瑞和李延喜，2018），这在一定程度上必然会导致创新激励效果的折损。已有研究指出，企业为享受高新技术企业优惠税率而人为虚增研发支出，出现了很多"伪高新"企业（杨国超等，2017），可具体分为为了达到高新技术"门槛"、贴上"高新"标签的"达标型"企业，以及已达到研发比例的门槛而为了减轻税负的"避税型"企业，与前者相比，后者研发操纵的程度更大（万源星和许永斌，2019）。同样，加计扣除政策下，扣除比例提高使企业所获得的税收收益增加，企业可能为获得减税降费红利而虚增研发支出进行研发操纵（贺亚楠等，2021），如安排真实的交易而增加不必要的研发支出，或是出于虚假的研发效率动机和机会主义动机（张丹丽和陈海声，2017）将已经发生的非研发支出归类为研发支出增加当期研发支出（Laplante et al.，2019；贺亚楠等，2021），导致企业创新效率下降（吴秋生和王婉婷，2020），抑制了企业自主创新能力的形成（万源星等，2020），削弱了企业的经营效果（张丹丽和陈海声，2017）。长此以往，加计扣除等创新导向减税政策无法不折不扣地施行，其效果也会大打折扣。

此外，企业也可能通过运用研发支出会计政策进行盈余管理来进行"寻扶持"行为。由于现实中企业的研发支出会计处理是动态过程，在开发阶段产生的费用要进行费用化处理，在加计扣除政策下当期加计扣除。在研发阶段满足会计准则要求的确认无形资产的五个条件时，将其先"暂时性资本化"处理，最终形成无形资产后将其转入"无形资产"科目，按照加计扣除政策逐年摊销。然而，"暂时性资本化"后，最终费用化或资本化会使企业在实施加计扣除政策时进行会计政策选择，企业可能会为了特定目标将本来应该费用化的研发支出资本化，或本应资本化的研发支出费用化。这是因为，按照准则规定，从研究开发阶段到无形资产的形成过程中，管理者可在判断是否满足资本化条件时具有较大的酌量选择权，因而可以通过对研发支出会计处理进行相机抉择，为实现企业特定时期的目标进行研发操纵（刘永涛，2018）。具体来看，开发支出资本化会向外界传递利好信号，体现企业创新能力及发展前景，同时资本化会降低对当期利润的冲击，减轻管理层经营压力；而开发支出费用化可以直接减少当期应纳税额，形成"税收挡板"作用。此外，由于在加计扣除政策下，研发支出资本化的加计摊销和费用化的一次性加计扣除所形成的税收优惠力度不一，金献坤和宋成俭（2016）基于财税差异，通过案例分析探讨了加计扣除政策下企业所得税的会计处理。他们指出，一方面，基于货币的时间价值和企业运营所产生的资金压力视角，研发支出费用化所带来的一次性加计扣除更能激励企业研发投入，且现阶段施行的相关规定由于对研发支出资本化或费用化的范围不明晰，企业会计人员有空间进行研发操纵；另一方面，为了避免亏损和再融资可能，管理层会选择研发支出资本化或减少研发投入，增加当期收益。

综上来看，企业为享受税收优惠而采取的研发操纵手段大致可以概括为三种，第一种是出于节税或弥补亏损的目的从而在研发支出费用化或资本化处理之间进行倾向性选择（高玥和徐勍，2020；王玺和刘萌，2020），即应计盈余管理方式下的研发操纵；第二种是为增加当期的研发费用金额而构造真实的研发活动（如购入不打算投入使用的研发设备或聘请与研发工作无关的"研发人员"等）（安同良等，2009），即真实盈余管理方式下的研发操纵；第三种是将其他与研发活动不相关的支出如设备的折旧归集到研发费用中，从而达到虚增研发费用的效果（Laplante et al.，2019；万源星和许永斌，2019），即归类变更盈余管理方式下的研发操纵。

2.4　创新激励政策干预效果的差异性分析

从研究样本来看，已有研究指出加计扣除政策在不同规模、行业、区域等的实施效果存在差异。

在创新活力较强的行业中，企业在获得相关税收优惠方面更具优势

（Chen & Yang，2019）。因此，部分学者聚焦高新技术企业（张凯和吴松彬，2018；甘小武和曹国庆，2020）、制造业企业（任海云和宋伟宸，2017；李宜航等，2022）等研发税收优惠政策的"宠儿"，立足于研发投入、经营效果等多方面得到了不同结论。例如，陈和古普塔（Chen & Gupta，2017）认为税收优惠仅提高了高科技企业研发投入。杨瑞平等（2021）进一步研究发现相比于非高新技术企业，高新技术企业在 2018 年提高加计扣除比例后的企业研发投入增长率较慢，这可能是因为政策普惠性提高而政策效用却减弱。阿孔恰和坎塔布尼（Acconcia & Cantabene，2018）认为对于创新动机强烈的高新技术企业而言，由于自身创新水平已经接近极限，政策效果并不理想；对于非高新技术企业而言，除非拥有充足现金时政策才能发挥积极作用。同时，企业规模会影响创新政策的发挥效用，加计扣除等税收优惠政策在大型企业和中小企业之间的效果不同。一系列研究表明，在美国、加拿大、西班牙和日本等国家，研发税收减免对中小企业的影响更大（Rao，2016；Baghana & Mohnen，2009；Martínez Ros et al.，2009；Kobayashi，2014）。陈和杨（Chen & Yang，2019）认为加计扣除政策对创新投入和产出的激励效应对大规模企业更为明显。贺康等（2020）基于我国企业样本研究发现加计扣除政策的激励效果对大规模企业更为明显，其创新产出和创新效率显著提高，这与陈和杨（2019）的研究结论相同。与之不同，任海云和宋伟宸（2017）从研发风险和节税效应的角度认为加计扣除政策对小规模企业的研发投入激励效应更明显。基于我国国情，中小企业面大量广，是我国经济和社会发展的中坚力量，党的二十大报告和"十四五"规划均提出支持中小企业创新，激发其创新活力，加计扣除政策在 2017 年和 2022 年也陆续提高了科技型中小企业的扣除比例，中小企业的发展也逐渐受到学者的关注。岳树民和肖春明（2022）以新三板企业为样本进行研究发现加计扣除政策显著提升了中小企业的发展能力，但对中小企业的创新没有显著影响，这可能是由于选取指标的差异。此外，区域因素也影响着研发费用加计扣除政策的发挥效果，部分学者针对某一地域探讨了加计扣除政策的具体实施情况（徐晓和李远勤，2011；胡俊南等，2022），也有学者分析比较不同区域下加计扣除政策的效果。李坤和陈海声（2017）将创业板企业所属区域进行细致的划分后发现，在经济发达、经济较发达、经济欠发达地区加计扣除政策的激励效果不同，区域财政政策起到调节作用。崔也光和王京（2020）探讨了加计扣除政策对我国三大经济区研发投入的影响，发现长三角经济区效果最为明显。江静（2011）在区分内资企业与非内资企业后指出，直接补贴对内资企业研发强度有着提升作用，但是对于非内资企业却存在一定程度的抑制，而税收优惠对非内资企业的研发强度有着积极作用。杰恩（Jieun，2022）认为，与间接激励相比直接激励对企业创新投入激励效果的变异性更大。

从研究方法来看，主要涉及案例研究、问卷调查、双重差分模型等定性、定量分析范式。

有学者采用案例研究的方法，以某个企业为例探讨加计扣除政策的具体实施效果（李宇轩，2023），也有学者采用问卷调查的方法进行研究，这部分研究主要探讨某一区域的政策实施效果，如胡俊南等（2022）以经济欠发达地区——江西省的企业为研究样本，采用问卷调查的方法探讨加计扣除政策的效果及其存在的问题，在政策激励创新活动方面也得到了支持性结论。此外，大部分学者将享受政策企业和未享受政策的企业分别作为处理组和控制组，以此构造双重差分模型，采用这一政策评估的主流方法对我国近几年研发费用加计扣除政策的调整效果进行探讨（李新等，2019；王玺和刘萌，2020；王晓亮和梁丹阳，2023）。还有部分研究则基于财务指标计算企业具体享受的加计扣除数额进行量化分析，如任海云和宋伟宸（2017）、郑榕（2006）的研究中，以加计扣除所减少的研发投资成本除以企业总资产计算加计扣除强度来衡量企业所享受的税收优惠程度；吴秋生和冯艺（2020），乔羽堃（2022）也借鉴了这种方式；贺亚楠等（2021）则以企业实际加计扣除数额除以所得税费用之和构造加计扣除纳税调整率指标来衡量。

2.5　文献评述

综上可见，创新激励政策的效果是学界的普遍性研究论题之一，近几十年来国外相关研究取得了长足的发展，丰富了财务学、公司治理等相关学科的理论和实践。这些研究或是论证了创新激励政策存在的内在需求，或是对于其具体效果进行了充分探讨，形成了当前"产业政策之争"中的一个典型缩影，但本书基于现有文献梳理、分析之后发现：

首先，我国税收优惠政策形式多样，研发费用加计扣除作为普适性强、含金量高、适用面广的税收优惠政策（王再进和方衍，2013），学者们普遍认可其促进企业研发投入的政策效果，但是关于创新产出、效率等指标，却尚未形成统一观点，可能是源于样本选取的不同或是研究方法的差异，对于政策效果更广泛更精确的研究还需建立在严谨的实证证据上。同时，已有大量关于政策效果的研究主要聚焦于 2015 年优惠力度的扩大，本书则是以2018 年提高加计扣除比例的调整为切入点，追踪有代表性的政策变更，在此次政策力度调整的背景下有针对性地单独评价与研究。

其次，从我国实施加计扣除政策过程中频繁出台修订性文件可以看出，研发费用加计扣除政策实施过程中遇到的研发费用界定困难等问题一直没有得到有效解决（吴祖光等，2017），这也导致了企业进行盈余管理等"寻扶持"行为，由此造成研发效率可能无法与研发投入同步提升。此次加计扣除幅度上升加强了企业上述行为的动机，这需要在政策评价中对这一因素进行思辨性研究。

再次，对于企业研发操纵方向的探讨，以往的研究大多聚焦于管理层短视下的向下研发操纵，例如出于自身利益如薪酬提升、职业安全、迎合部分股东对企业短期业绩表现的偏好等动机而减少研发支出，而本书则关注了在税收优惠政策下企业可能出于"寻扶持"动机存在的向上研发操纵，且对应计盈余管理、真实盈余管理及归类变更盈余管理三种方式下的研发操纵进行了全面系统的阐述和实证检验，从而立足于研发操纵的动机及方向完善了本领域的研究。

最后，虽然政策效果因具体企业所在地区、行业等具体情境差异而有所不同（Sun et al.，2018），以往的研究更多是在单一的情境下进行评价，而本书则考虑企业所在行业、地区等的差异对这一问题予以补充和扩展，极有可能产生创新性的结论，丰富相关领域的研究，并能进一步凸显理论研究的应用价值、提高政策研究的针对性。

基于此，本书从上述方面开展相关研究设计和实证检验，以期丰富已有结论，为相关机构提供一定的参考和借鉴。

第3章

制度背景、理论基础与
研究假设

3.1 研发费用加计扣除政策背景

3.1.1 政策沿革

研发费用加计扣除政策是一种由政府实施的激励企业进行研发活动的税收优惠措施。该政策允许企业在计算应纳税所得额时，将一定比例、符合扣除条件的研发支出额外计入费用，从而减少应纳税额，降低企业在税收方面的负担。

我国研发费用加计扣除政策自 1996 年施行以来，经历了以下几个阶段的变迁。

（1）受惠主体仅限于国有、集体工业企业（1996~2002 年）。

1996 年，财政部、国家税务总局联合下发了《财政部　国家税务总局关于促进企业技术进步有关财务税收问题的通知》（财工字〔1996〕41 号），首次就研发费用税前加计扣除问题进行了明确，受惠主体仅限于国有、集体工业企业，且需要满足新产品、新技术、新工艺所发生的各项费用增长幅度在 10% 以上的条件，符合要求的支出可再按实际发生额的 50% 抵扣应税所得额。

（2）享受主体逐步扩大（2003～2007年）。

随着《关于扩大企业技术开发费加计扣除政策适用范围的通知》（财税〔2003〕244号）、《关于企业技术创新有关企业所得税优惠政策的通知》（财税〔2006〕88号）在这一期间的出台，研发费用加计扣除政策的受惠主体经历了两次扩大。一是从国有、集体工业企业扩大到所有财务核算制度健全，实行查账征收企业所得税的各种所有制的工业企业；二是在工业企业基础上，扩大到财务核算制度健全、实行查账征税的内外资企业、科研机构、大专院校等。

（3）政策逐步系统化和体系化（2008～2012年）。

2008年《中华人民共和国企业所得税法》及其实施条例的实施，将研发费用加计扣除优惠政策以法律形式予以确认，提升了这一政策的权威性、强制性与执行力。

（4）扣除范围渐次扩大且核算申报不断简化（2013年至今）。

在这一期间研发费用加计扣除政策经历了多次变化，比较有代表性的是2015年11月《财政部　国家税务总局　科技部关于完善研究开发费用税前加计扣除政策的通知》（财税〔2015〕119号）的出台，放宽了享受优惠的企业研发活动及研发费用的范围，并首次明确了"负面清单"制度。此外，《关于企业研究开发费用税前加计扣除政策有关问题的公告》（国家税务总局公告2015年第97号）简化了研发费用在税务处理中的归集、核算及备案管理，进一步降低了企业享受优惠的门槛。2017年5月，财政部、税务总局、科技部发布财税〔2017〕34号文件，将科技中小型企业扣除比例提高到75%；《关于研发费用税前加计扣除归集范围有关问题的公告》（国家税务总局公告2017年第40号）完善和明确了部分研发费用口径。2018年三部委联合发文（财税〔2018〕99号）将其75%扣除比例扩大至"负面清单"以外的所有企业；2021年《关于进一步完善研发费用税前加计扣除政策的公告》（财政部　税务总局公告2021年第13号）将制造业研发加计扣除比例提高至100%。2022年，《关于进一步提高科技型中小企业研发费用税前加计扣除比例的公告》（财政部　税务总局　科技部公告2022年第16号）将100%扣除比例适用范围扩大至科技型中小企业。2023年，《关于进一步完善研发费用税前加计扣除政策的公告》（财政部　税务总局公告2023年第7号）则将100%

这一加计扣除比例的适用范围扩容至将所有符合条件的企业。

　　综上所述,研发费用加计扣除政策经历多次调整变革,政策范围逐步扩大,政策优惠力度大幅提升,图3-1展示了近期有代表性的历次政策调整。

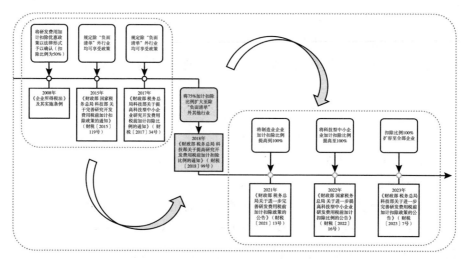

图3-1　研发费用加计扣除政策沿革

资料来源:本图由作者根据各年出台政策整理绘制。

3.1.2　研发费用归集口径对比

　　研发费用归集主要有三类口径,一是会计核算口径,主要由《财政部关于企业加强研发费用财务管理的若干意见》(财企〔2007〕194号)规范;二是高新技术企业认定口径,由《科技部　财政部　国家税务总局关于修订印发〈高新技术企业认定管理工作指引〉的通知》(国科发火〔2016〕195号)规范;三是加计扣除口径,由《财政部　国家税务总局　科技部　关于完善研究开发费用税前加计扣除政策的通知》(财税〔2015〕119号)、《国家税务总局关于企业研究开发费用税前加计扣除政策有关问题的公告》(国家税务总局公告2015年第97号)、《国家税务总局关于研发费用税前加计扣除归集范围有关问题的公告》(国家税务总局公告2017年第40号)等文件规范。三类归集口径存在一定差异,具体如表3-1所示。

表 3－1 研发费用归集口径对比

费用项目	研发费用加计扣除	高新技术企业认定	会计规定	说明
人员人工费用	直接从事研发活动人员的工资薪金、基本养老保险费、基本医疗保险费、失业保险费、工伤保险费、生育保险费和住房公积金以及外聘研发人员的劳务费用	企业科技人员的工资薪金、基本养老保险费、基本医疗保险费、失业保险费、工伤保险费、生育保险费和住房公积金，以及外聘科技人员的劳务费用	企业在职研发人员的工资、奖金、津贴、补贴、社会保险费、住房公积金人工费用以及外聘研发人员的劳务费用	会计核算范围大于税收范围。高新技术企业人员人工费用归集对象是科技人员
直接投入费用	(1) 研发活动直接消耗的材料、燃料和动力费用；(2) 用于中间试验和产品试制的模具、工艺装备开发及制造费，不构成固定资产的样品、样机及一般购置费，试制产品的检验费；(3) 用于研发活动的仪器、设备的运行维护、调整、检验、维修等费用，以及通过经营租赁方式租入的用于研发活动的仪器、设备租赁费	(1) 直接消耗的材料、燃料和动力费用；(2) 用于中间试验和产品试制的模具、工艺装备开发及制造费，不构成固定资产的样品、样机及一般购置费，试制产品的检验费；(3) 用于研发活动的仪器、设备的调整、维护、检验、检测、维修等费用，以及通过经营租赁方式租入的固定资产租赁费	(1) 研发活动直接消耗的材料、燃料和动力费用；(2) 用于中间试验和产品试制的模具、工艺装备开发及制造费，不构成固定资产的样品、样机、试制产品的检验费等；(3) 用于研发活动的仪器、设备、房屋等固定资产的租赁费，以及相关固定资产的运行维护、维修等费用	房屋租赁费不属于加计扣除范围
折旧费与长期待摊费用	用于研发活动的软件、专利权、非专利技术（包括许可证、专有技术、设计和计算方法等）的摊销费用	用于研发活动的软件、知识产权、非专利技术（专有技术、许可证、设计和计算方法等）的摊销费用	用于研发活动的软件、专利权、非专利技术等无形资产的摊销费用	高新技术企业认定口径的研发费用包含"知识产权"摊销，而加计扣除口径的研发费用包含"专利权"摊销，二者存在一定差异

续表

费用项目	研发费用加计扣除	高新技术企业认定	会计规定	说明
无形资产摊销	用于研发活动的软件、专利权、非专利技术（包括许可证、专有技术、设计和计算方法等）的摊销费用	用于研究开发活动的软件、知识产权、非专利技术（专利权、非专利技术、许可证、设计和计算方法等）的摊销费用	用于研发活动的软件、专利权、非专利技术等无形资产的摊销费用	高新技术企业认定口径的研发费用包含"知识产权"摊销，而加计扣除口径的研发费用包含"专利权"摊销，二者存在一定差异
设计试验等费用	新产品设计费、新工艺规程制定费、新药研制的临床试验费、勘探开发技术的现场试验费	符合条件的设计费用、装备费用（包括新药研制的临床试验费、勘探开发试验、田间试验费等）		高新技术企业认定口径将装备费用纳入范围，田间试验费用进行列举；会计虽未对设计试验等费用进行列举，但规定在研发过程中发生的相关费用均可计入研发费用
其他相关费用	与研发活动直接相关的其他费用，如技术图书资料费、资料翻译费、专家咨询费、高新科技研发保险费、研发成果的检索、分析、评议、评估、验收费用、知识产权的申请费、注册费、代理费、差旅费、会议费、职工福利费、补充养老保险费、补充医疗保险费。此项费用总额不得超过可加计扣除研发费用总额的10%	与研究开发活动直接相关的其他费用，包括技术图书资料费、资料翻译费、专家咨询费、高新科技研发保险费、研发成果的检索、论证、评审、鉴定、验收费用、知识产权的申请费、注册费、代理费、会议费、差旅费、通信费等。此项费用一般不得超过研究开发费用总额的20%，另有规定的除外	与研发活动直接相关的其他费用，包括技术图书资料费、资料翻译费、会议费、差旅费、办公费、外事费、研发人员培训费、专家咨询费、高新科技研发保险费用等。验收、评审、论证、知识产权的申请费、注册费、代理费等费用	加计扣除政策及高新技术企业认定研发费用范围中对其他相关费用总额有比例限制

资料来源：本表由作者参考相关规定整理。

3.1.3 申报流程

根据国家《企业所得税优惠政策事项办理办法》（国家税务总局公告 2015 年第 76 号、国家税务总局公告 2018 年第 23 号），对企业优惠政策事项采取"自行判别、申报享受、相关资料留存备查"的办理方式，即企业满足申请条件就可以自行申报享受加计扣除政策，其具体流程如图 3 - 2 所示。

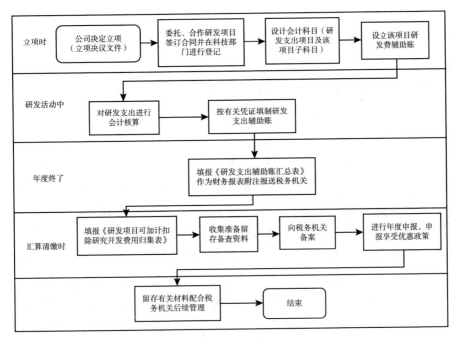

图 3 - 2 研发费用加计扣除政策申请流程

资料来源：本图由作者根据相关规定绘制。

如图 3 - 2 所示，研发费用加计扣除政策申请流程主要包括研发项目立项、研发活动进行、年度终了填报、汇算清缴、清缴后留存资料几个步骤。企业决定立项时，必须设立该项目研发费用辅助账；在研发活动中，对研发支出核算后，要按有关凭证填制到研发支出辅助账中；年度终了，需要填报

《研发支出辅助账汇总表》，将其作为财务报表附注报送税务机关；到汇算清缴时，填报《研发项目可加计扣除研究开发费用归集表》，在收集准备相关的留存备查资料向税务机关备案后，企业就可以申报享受加计扣除优惠政策；在汇算清缴以后，企业需要留存相关资料以便税务机关后续管理。此外，为了降低纳税人的申报负担，《关于进一步落实研发费用加计扣除政策有关问题的公告》（国家税务总局公告2021年第28号）对研发费用辅助账样式进行了简并优化。

3.2 理论基础

3.2.1 创新行为理论阐释

创新为什么如此重要？奥地利经济学家熊彼特（Schumpeter J A）的技术创新理论首次提出了创新的概念。他定义创新是把一种新的生产要素和生产条件的"新结合"引入生产体系，建立新的生产函数，以获取潜在利润，并且这种创新涵盖了新产品、新技术、新市场、新资源配置方式和新管理方式或产业组织方式。但是，熊彼特所强调的创新并非简单的"新"，他更强调创新为企业带来经济利润的提升。如果一项新技术仅停留在实验室，未进行商业化给企业带来新的利润来源或高的利润获取方式，便并不符合该理论中的新技术。超额利润是创新的动力源泉，成功的创新会带来市场结构的转变，并且为企业带来可观的超额利润，为了在市场经济的激烈竞争中获胜，获取技术垄断下的超额利润，企业开始进行冒险性的创新活动，而获取超额利润使得企业有更多的财富进行新的创新，技术扩散使得原有创新变得普通，二者共同作用促使具有企业家精神的人进行持续创新，最终带来社会经济的持续发展，形成循环。企业规模侧面反映了企业资源禀赋，熊彼特强调大规模企业更易于进行创新。

新熊彼特创新理论研究范围则突破了经济系统微观层面的企业和企业家，包含了技术创新经济学和制度创新经济学。前者是熊彼特创新理论与古典经济学的融合，其代表人物德国经济学家门施（Mensch G）指出在经济危机发生时，企业为了确保自身生存会努力寻求新技术，在这一过程中社会创新意愿高涨，企业创新活动规模快速扩张，最终使得社会整体技术水平不断提升，为下一次经济复苏与繁荣奠定了基础。该学派也关注市场竞争、企业规模和垄断力量三者对创新的影响。代表人物卡曼（Kamien M）和施瓦茨（Schwartz N L）认为创新活动实现同时由垄断与竞争推动，垄断推动是指企业为了获取超额利润，而竞争推动是指为了避免丧失正常利润。如果没有垄断带来的超额利润，企业将会缺乏动机，如果没有竞争，企业将满足现状怠于再次创新，二者相辅相成。因此，处于垄断竞争与寡头垄断的企业创新拥有足够动力进行创新。后者是熊彼特创新理论与制度学派的融合，戴维斯（Davis L E）和诺尔斯（North D）不再局限于传统的创新，他们更加强调制度变革与形成带来的经济利益。

熊彼特的创新理论被他的追随者发展成为当代西方众多经济学理论的两个分支：一是新古典经济学家将技术进步纳入新古典经济学的理论框架，主要成果就是新古典经济增长理论和内生经济增长理论；二是侧重研究技术创新的扩散和技术创新的"轨道"和"范式"等理论问题。

为什么一些国家或地区能够长期保持经济增长并改善生活水平，内生增长理论给出了详细的阐释。20世纪80年代经济学家们开始注意到技术的内生性。罗默（Romer P）打破了技术外生假定，将技术进步视为知识积累的结果，指出投资知识带来知识积累从而获得高回报率，之后再次实现该良性循环，并且知识传播和积累带来的外溢效应与边际递增效果会推动行业水平乃至地区经济永久性的提升。卢卡斯（Lucas R）提出增加人力资本结合其知识溢出效应，会缩短企业实现技术进步所需时间，最终实现产出增长与经济效益提升。

与传统的新古典增长理论不同，内生增长理论认为经济增长不仅依赖于外部因素（如劳动力和资本积累），而且受到技术进步、知识创新和制度发展等内部因素的影响。内生增长理论的核心观点主要包括以下几个方面：（1）技术进步和知识创新，内生增长理论认为技术进步和知识创新是经济增长的内部动力。通过研发、创新和知识积累，可以提高生产率、降低成本并推动经济发展。（2）人力资本，内生增长理论强调人力资本的重要性，即通过教育、培训和技能提升，提高劳动力的知识水平和技术能力，从而促进经济增长。(3) 制度环境，内生增长理论认为制度环境对经济增长起着重要作用。良好的制度环境，如健全的法律、产权保护和市场竞争，有利于创新激励和资源配置，从而推动经济增长。(4) 外部性效应，内生增长理论强调经济活动的积极外部性效应，如技术创新和知识传播可以产生溢出效应，为其他企业和产业带来增长机会。

内生增长理论的一个重要观点是经济增长具有累积性和自我强化的特点，当技术进步、人力资本和制度环境相互作用时，可以形成良性循环，促进经济增长的持续性和加速度。内生增长理论的发展为国家和地区实施经济发展战略和政策提供了理论指导。政府在促进教育、研发和技术创新方面扮演重要角色，同时也需要关注制度环境和市场竞争的改善，以创造有利于内生增长的发展条件。

由此可见，技术创新作为企业核心竞争力形成的关键因素，在当今企业的发展中至关重要，因而探讨内、外部创新的驱动，如税收优惠等宏观政策、企业内部决策行为等因素，是揭示创新激励手段的前提。

3.2.2　创新市场失灵论理论阐释

熊彼特特别强调创新在经济增长中的地位和作用，但由于创新活动的特征，企业往往表现为创新动力不足。从企业内外部来看，委托代理问题及信息不对称问题，导致了企业创新动力不足；从企业外部来看，创新活动具有投入大、周期长、创新产出具有正外部性等特征，由此引发了整个社会创新活动中的市场失灵现象。

从企业内部来看，随着社会化大生产的发展，职业经理人开始出现，其较好的专业知识和工作能力受企业所有者的委托对公司进行管理，以此弥补企业所有者能力与精力的不足，所有权和经营权由此分离。在此背景下，委托代理理论随之出现，詹森和迈克林（Jensen & Meckling，1976）定义了委托代理关系，详细阐述了公司内部股东（作为委托人）和公司管理层（作为代理人）之间的关系，主张公司的股东把业务经营委托给职业经理人，但也会产生问题，代理关系的两个令人困扰的特征是信息不对称和目标不一致，股东追求企业价值最大化，而管理层注重实现自己的薪酬等自身利益，以此可能产生利益冲突，且后者的私人行为可能影响双方利益。

同时，高度信息不对称是创新行为中普遍存在的问题。基于信息不对称理论，信息不对称指一方比另一方拥有更多或更好的信息（Akerlof，1970），信息不对称的概念有不同的应用方式：（1）私人信息，这类信息是专有的，是企业的竞争优势；（2）不同的信息，当市场参与者拥有不同且不平等的市场知识存储时，就会出现高度的信息不对称；（3）隐藏的信息，通常与代理理论有关，导致逆向选择和道德风险，当委托人意识到代理人拥有可能允许他采取机会主义行为的隐藏信息时，可以补充合同前保障措施和合同后监督来减少相关的负面影响（Bergh et al.，2019）。

因此，由于代理人直接参与公司管理可以获取更多的信息，而委托人无法获取这些信息，造成了信息不对称，使得管理层获得优势，出于自身利益驱动的管理者会试图以实现公司目标的形式来增加自己的个人利益，因此利益冲突和信息不对称可能促使代理人不向委托人交付实际信息，并可能影响财务报表的列报，产生代理问题。例如，会计准则允许管理层在运用会计方法报告公司业绩时有自由裁量权，当管理者拥有关于公司及其当前和潜在的收益流的隐藏信息，而股东缺乏这些信息时，就会产生信息不对称，股东没有获取足够的信息来监督管理者的行为，管理层出于自身利益的考虑可能选取对自己有利的会计政策，导致盈余管理行为的产生。以研发创新项目为例，由于创新过程复杂，且极具专业性和商业保密性，研发支出界定模糊、准确归集困难，企业管理者与多方存在利益不对称，致使企业操纵空间较大。借助信息优势，管理者可能出于扭转亏损、再融资等动机利用研发支出有条件资本化的会计政策进行应计盈余管理（Landry & Callimaci，2003），人为地提高或者降低研发支出的资本化程度（许罡和朱卫东，2010）。此外，在管理者和外部利益相关者的博弈中，由于管理者和外部投资者的信息不对称，企业可能会释放欺骗性的创新信号，如招聘更多的科研人员、购买不必要的设备，以此吸引投资者，误导其做出错误决策（安同良等，2009）。由于管理者和政府相关部门的信息不对称，企业可能将折旧和资产摊销等非研发活动的项目归类为研发支出以此获得减税优惠，政府由于掌握的信息有限而难以识别企业上述研发操纵行为，致使资源配置效率降低，不利于企业创新能力的提升，同时使政府难以有效监管和检查企业研发活动。当信息不对称程度较高时，相关利益者没有充分的信息来"看穿"这些盈余管理行为（Richardson，2000）。

从企业外部来看，首先，研发创新投入大、周期长，极具复杂性，从研究阶段到开发阶段、从生产到市场，技术创新的每个环节都充满不确定性，企业需要投入高额的研发成本，其收益却难以预测且存在一定的风险，企业可能无法承受；其次，企业的研发成果普遍具有公共产品属性，一旦发布可能引起其他主体以低廉的成本模仿，致使企业收益甚微，使得其高额的研发成本与低微的收益不成正比，挫伤企业的创新热情，降低其研发积极性；最后，研发创新的正外部性使得市场其他主体对企业研发成果进行仿制，这种"搭便车"行为不利于资源的有效配置，弱化了企业研发创新的积极性，不利于社会创新能力的提高。

综上所述，正常情况下市场机制无法使得企业创新投入达到最优水平，会出现投资不足的现象，由此造成创新行为的市场失灵现象（Arrow，1962），因此需要依靠政府通过产业政策介入进行有效调控。

3.2.3　政策干预论理论阐释

政府如何实施产业政策，可以基于产业政策理论来进行阐释。产业政策理论通过对产业政策的研究，为产业政策的制定与选择提供原理、原则和方法，针对国家或地区经济发展中的特定产业，制定和实施相应的政策措施的理论框架。该理论旨在引导和促进特定产业的发展，以增加就业机会、推动经济增长、提高国家竞争力和促进经济结构调整。产业政策理论的核心观点是，政府可以通过干预市场，调动资源和利用政策工具，积极引导特定产业的发展，以促进国家整体经济发展。产业政策理论强调政府与市场之间的协调作用，认为市场机制本身可能无法充分实现资源配置的有效性和产业发展的均衡性。产业政策理论的基本原则和措施包括以下四点。

（1）产业选择。政府应该根据国家或地区的发展需要和比较优势选择特定的产业进行支持和发展。通过确定战略性新兴产业或传统产业的升级和转型方向，推动产业结构升级和增强国家竞争力。

（2）产业支持。政府可以采取各种措施，如提供财政资助、减免税收、优惠贷款等支持和鼓励相关产业的研发创新、技术升级、设备更新、市场推广等活动。

（3）产业集聚。政府可以通过促进产业集群的形成和发展，形成供应链、价值链和技术创新的集聚效应，提高产业的整体效率和竞争力。

（4）产业对外开放。政府可以积极推动产业的对外开放，吸引外国直接投资、引进新技术和管理经验，促进国内产业的国际竞争力提升。

产业政策理论的有效实施需要政府具备科学的产业分析和评估能力，合理制定政策目标和措施，并及时进行监测和评估。此外，政府还需要密切与行业组织、企业和研究机构等相关利益方合作，形成协同效应，确保产业政策的有效实施和持续改进。需要注意的是，产业政策的制定和实施应当遵循市场经济原则，避免政府对市场的过度干预和保护主义倾向，以免出现资源浪费、市场扭曲和产业泡沫等负面效应。因此，产业政策的设计需要平衡政府的引导作用和市场的自主调节，切实考虑到市场需求、产业竞争力和技术发展等因素，为特定产业的健康发展提供有力支持。

作为产业政策的一类，税收优惠政策既有效确保了提供公共品所需的经费的筹措，也扮演着政府对市场经济调控的工具。通过对特定经济活动进行税收调整，可以对该活动产生促进或抑制的效果。其形式主要包含了对初创企业的激励、对企业出口的激励与对企业创新的激励。美国当代著名经济学家乔根森（Jorgenson D W）使用古典最优资本理论研究了税收政策与企业投资活动的关系，创造性地将税收政策纳入模型中，解释了税收激励的作用机理。

收益与成本是一项活动是否开展的决定性因素，对创新而言也是如此。具体过程如图 3-3 所示。横纵坐标分别代表企业创新产出与价格，MRs 代表社会边际效用，MRp 代表私人边际效用。由于创新具有外部性特征，企业（私人）难以获取其所有收益，导致 MRs 始终高于 MRp。MC 为边际成本。不难发现，理想状态下产出应当为 MC 与 MRs 相交于 E_0 时所对应的 Q_0，而实际情况则是 MC 与 MRp 相交与 E_1 时所对应的 Q_1。Q_0 与 Q_1 之间的差异表明供给的短缺，会导致社会整体收益相较于理想状态减少 $\int_{Q_1}^{Q_0} MRsdQ$。考虑到税收激励会降低企业投资成本，因此将 MC 右移得到

MC'新的边际成本曲线。此时产出应当为MC'与MRp相交于E_2时所对应的点Q_2。税收激励的成果表现为从Q_1到Q_2提升,该提升使得社会整体收益改善了$\int_{Q_1}^{Q_0} MRsdQ$。由此可见,税收激励政策实现了企业创新的扩大,提升了社会整体收益。

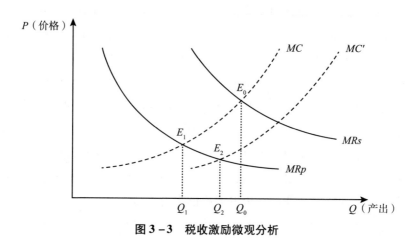

图 3 - 3　税收激励微观分析

资料来源:本图由作者自行绘制。

综上所述,本书研究的理论逻辑基础如图 3 - 4 所示,而最终研究目的则落脚于评价政府干预的效果是否符合其预设目标。

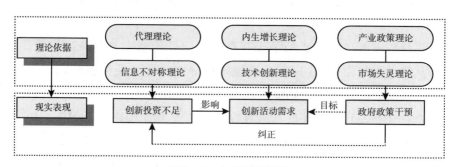

图 3 - 4　本书理论逻辑

资料来源:本图由作者自行绘制。

3.3　研究假设

3.3.1　研发费用加计扣除政策调整与企业创新行为

由前面分析可知，市场失灵理论认为在现实经济社会中，由于理论上的假设前提过于苛刻，市场进行资源配置时无法实现资源配置效率最大化，且企业的研发活动具有信息不对称、周期长、研发投入大、研发结果不确定及存在"搭便车"风险等固有特性，企业研发动力会被削弱，因此需要政府的干预。为了鼓励企业创新，加大研发投入，世界各国出台了不同的创新激励政策，如研发费用加计扣除、现金补贴及研发税收抵免政策等。针对全球税收激励的调查显示，有 30 多个国家提供税收优惠，鼓励企业投资于研发活动。在发达国家中，英国研发支出税收优惠政策主要包括面向中小企业实施的加计扣除政策（SME 计划），以及面向大企业实施的税收抵免政策（RDEC 计划）。采取税收抵免政策的多为 OECD 成员国，如美国、日本、加拿大等。其中，美国对不同发展阶段的企业采用不同的研发税收抵免政策，确定了税收抵扣永久化，并于 2017 年税改中允许部分研发支出当期全额税前扣除。在研究层面，伯格（Berger，1993）、克拉森等（Klassen et al.，2004）、古普塔等（Gupta et al.，2011）、芬利等（Finley et al.，2015）等的研究表明，研发税收抵免的可用性导致企业从事更多的研发活动。我国则主要采用研发费用加计扣除政策。

作为一项普惠性政策，研发费用加计扣除对企业研发投入的影响可以通过以下渠道：第一，创新活动的不确定性使得企业倾向于使用内部税后资金进行研发投入（Brown et al.，2009），而加计扣除政策降低了企业税收成本，改善了企业税后现金流状况，增加了内源融资，因而有利于企业扩大研发活动支出（刘放等，2016）。第二，加计扣除政策影响企业预期收益，进而影响企业研发投入。通过减少企业所得税的税基，加计扣除政策间接降低了企业研发成本、提升了企业收入，使得企业研发活动的预期收益提高，从而吸引企业扩大研发投入（娄贺统和徐恬静，2008）。第三，根据信号理论，企业享受加计扣除政策向市场传达了政府对该企业研发活动的支持，有利于提高金融机构、外部投资者等对企业进行借款与投资，从而缓解企业研发投入面临的融资约束（刘放等，2016；郭玥，2018），因此可以合理预期。财税〔2018〕99 号文件将研发费用加计扣除比例进一步提升，加强了优惠力度，放大了每个渠道中税收政策对研发投入的作用力，会导致该政策效果相比之前更为明显，基于此，提出假设 H_1。

假设 H_1：2018 年研发费用加计扣除政策调整会促进企业研发投入增长。

一般而言，企业研发产出主要受到资金投入与人力资本的制约。从资金投入的角度来看，如前面分析，加计扣除政策优惠力度加大后能够提高企业研发投入，而这一投入的提高，对创新会产生种子效应、引致效应、生长效应及自我增强效应（鲁志国，2005）。对于企业外部，上游知识创新的投资会对下游技术创新提供支持（种子效应），技术会在市场中扩散，企业可以通过模仿原有技术获得更高级的技术（引致效应）；对于企业内部，通过研发活动使得自身吸收能力提升，最终扩大了其创新空间（生长效应），当下研发活动带来的新技术与经济资源也会对未来研发活动提供有力支持（自我增强效应），这些均为企业创新产出提供了良好的环境支持。从人力资本存量来看，加计扣除政策可以向外界释放积极信号，吸引外部有关研发人员进入相关产业，带来企业人力资本提升进而有效推动创新产出（张志昌和任淮秀，2020；钱晓烨等，2010）。因此可以预见，财税〔2018〕99 号文件出台后，优惠力度有了实质性增强，对企业研发产出有一定的积极影响，由此提出本书假设 H_2。

假设 H_2：2018 年研发费用加计扣除政策调整会促进企业研发产出增长。

从已有的研究结论来看，加计扣除政策对企业研发效率的影响较为复杂，同时存在促进作用与抑制作用。加计扣除比例提升后，一方面，更有利于享受政策企业吸引外部投资者（刘放等，2016；郭玥，2018），其中战略投资者可以利用自身拥有的研发资源与管理能力推动企业研发活动并加强对企业研发活动的监督，提高企业研发效率（韩忠雪等，2019）；另一方面，税收红利增加后吸引的大量研发人员会因其具备的异质性人力资本边际收益递增特性促进企业研发效率的提升。

此外，也有一些学者发现，加计扣除税收优惠并不必然导致研发效率的提升。从宏观层面来看，加计扣除政策促进社会整体研发活动增长，对研发要素需求扩大，但是短期内研发要素供给弹性小，可能导致研发要素价格上涨增加了企业研发活动成本，最终使得研发效率的降低（白俊红等，2009）。从微观层面来看，加计扣除政策属于一种后期补助，企业为了享受加计扣除政策带来的利益可能会采取策略性创新，即通过简单的创新来获取加计扣除政策带来的经济利益，从而导致企业创新效率的降低（黎文靖和郑曼妮，2016）。尽管加计扣除政策降低了企业研发成本，但是由于替代效应（David et al.，2000）与市场不确定存性（Czarnitzki & Toole，2011）的存在，使得企业可能将资金投入私人高回报项目中，而非社会高回报的研发活动，导致效率的降低。同时，在加计扣除政策背景下，企业存在避税动机，即通过盈余管理获取经济利益（万源星等，2020；吴秋生和冯艺，2020；贺亚楠等，2021），在此情况下，由于企业资源无效配置，企业研发投入的提升可能并未带来实际产出同步提高，导致企业研发效率降低。因此，针对财税〔2018〕99号文件出台对研发效率的影响，本书提出对立假设 H_{3a}、假设 H_{3b}：

假设 H_{3a}：2018 年研发费用加计扣除政策调整会促进企业研发效率提高。

假设 H_{3b}：2018 年研发费用加计扣除政策调整会导致企业研发效率降低。

3.3.2 研发费用加计扣除政策调整与企业"寻扶持"行为

（1）基于调整账面研发支出额的"寻扶持"行为。

由于研发活动具有高风险和正外部性特征，企业对研发活动的投入往往低于社会期望，最终导致市场失灵。研发费用加计扣除政策是各国政府普遍使用的创新导向财政政策（Bozio et al.，2014）。我国研发费用加计扣除政策自出台以来，经历了多次变更、完善，相比于2017年政策范围限制于科技型中小企业，2018年面向所有非"负面清单"企业将税前加计扣除比例提高到75%，是一次名副其实的范围广、力度大的调整。如前面所述，企业享受研发费用加计扣除政策可以获得税收节约，在一定程度上缓解了其资金压力，增加了可用的内部资金，间接降低了研发成本，从而激励企业加大研发投入（Kasahara et al., 2014；万源星等，2020；任海云和宋伟宸，2017）。据全国科技经费投入统计公报数据显示，2020 年中国全社会的研发投入额为 24393.1 亿元，较上年增长 10.2%，2021 年依旧稳步上升，2022 年突破了 3 万亿元大关。不可否认的是，虽然加计扣除政策可以在一定程度上降低企业研发活动风险，激励全社会研发投入值的持续增长，但企业不仅是政策的被动接受者，更可能是政策的主动适应者，为了获取税收红利，可能表现出通过调整研发支出数额对税收优惠政策进行"寻扶持"的行为，因而税收优惠调整加强很可能进一步触发管理者操纵研发支出以获取税收红利的动机。德赛和海因斯（Desai & Hines，2002）认为越是复杂的交易活动，越是隐蔽的企业结构，企业家实现避税动机的可能性就越高，而研发活动具备专业性、复杂性以及商业机密性的特点，符合这一要求，是企业进行避税操纵的"温床"。

首先，政策优惠力度加大使企业更为有利可图。避税动机是否真的实现，决定因素在于避税收益是否大于避税成本（Chen et al., 2010）。研发费用加计扣除政策下，税收收益体现为按研发支出一定比例增加应纳税额的抵减项，财税〔2018〕99 号文件将研发费用扣除比例由原规定的 50% 提高到了 75%，意味着企业每 1 元研发支出可以产生的税前抵扣额由 1.5 元增加为 1.75 元，企业可获取的税收节约额将提高 16.67%，税收优惠力度进一步扩大，同等水平下税收优惠带来的收益更为显著，因而更可能触发企业虚增研发支出的行为。此外，企业也有可能将其获得的税收扣减用作研发活动以外的其他方面（张丹丽和陈海声，2017），既获得了税收优惠的好处又满足了私利需求。企业以上操作可能导致研发支出仅在账面上呈现大幅增长，与实际投资额产生较大差异，这显然违背了政府调整研发费用加计扣除政策的初衷。

其次，研发支出确认与计量可操纵性较强使企业有机可乘。在并不完备的资本市场中，信息具有不对称性，企业内部的管理层被股东授予一定的自行决定权，在日常工作中进行经济决策，从事具体业务活动，因此对于企业的了解程度远胜于股东、投资人、审计人员及税收监管机构等财务报表外部使用者，后者往往仅能通过查阅企业发布的企业年报或公告来获得关于其经营现状的详细信息，处于信息劣势。这样的信息壁垒构建了管理层进行盈余操纵的条件，换句话说，即使管理层通过各类手段虚增研发支出，外部监管人甚至是大股东都很难对管理者这种利己行为进行判别。同时，企业的研发过程极具独特性和复杂性（Laplante et al.，2019）。虽然我国会计准则对企业研发支出的归集给出了明确规定，但操作层面仍在很大程度上依赖于企业内部人员的主观判断，如员工既从事公司日常运营又从事研发项目，企业则有人为调节其工资占研发成本比例的机会，这种复杂性也为企业实行研发操纵提供了可能性。此外，与应计盈余管理相比，真实盈余管理、归类变更盈余管理具有更加隐蔽的"优势"。真实盈余管理通常表现为对研发投资活动的人为调整，合理与否本就难易评判。归类变更盈余管理仅在损益表中对线上、线下项目进行垂直移动，在不改变利润总额的前提下美化利润结构、虚增研发支出从而利用政策获得更多的税收优惠。因此，这两类盈余管理不仅可以影响账面可抵扣研发支出额，还具有成本低、风险小、操纵负面效果轻以及不易被审计师发现的特点，在一定程度上降低了被审查风险（Nelson et al.，2002）。

最后，申请税收优惠违规成本较低使企业侥幸心理增加。我国针对企业逃税的监管约束力普遍较低。王亮亮（2021）认为不同于西方国家具备较为成熟的资本市场，会在企业避（逃）税发生后设有高额罚款，我国资本市场依旧存在监管环境和法律保护方面的不足，地方税务机关对企业的避（逃）税行为实施柔性执法。从事前来看，为了让税收优惠更好地落地实施，我国加计扣除政策不断简化审批申报手续，按照《企业所得税优惠政策事项办理办法》（国家税务总局公告 2018 年第 23 号）规定，企业享受优惠事项采取"自行判别、申报享受、相关资料留存备查"的办理方式，便捷的申报流程和宽松的事前审查环境在为企业提供高效税收服务的同时，也加大了企业对政策进行"寻扶持"的可能性。从事中来看，由于研发项目的专业性和商业保密性，管理者和其利益相关者之间往往存在较大程度的信息不对称，当管理者人为调节研发支出进行盈余管理时，其他相关利益者很难对其合理性进行判断。因此，代理问题及信息不对称的存在，也为加计扣除政策下企业管理者进行研发操纵提供了可行性。从事后来看，按现行要求，当企业进行申报的研发费用没有正确归集、隐含虚假的费用或者相关资料不完整时，主管税务机关主要对其进行调整，并没有针对性的惩处条例，因此企业即使进行研发操纵，违规成本也较低。

综上所述，无论是从已有文献的相关结论，还是现实执行层面，企业通过研发操纵对加计扣除政策"寻扶持"的行为是有动机和可行性的，财税〔2018〕99号文件将加计扣除比例提高后，可能进一步加大企业"寻扶持"的操作程度，基于此分析，本书提出假设H₄。

H₄：2018年我国研发费用加计扣除政策调整后，企业为了获取更多税收优惠通过虚增研发支出进行研发操纵的程度更高，具体表现为通过研发项目进行真实盈余管理程度更高、归类变更盈余管理程度更高。

（2）基于调整研发计量的"寻扶持"行为。

作为一项重要的税收激励措施，加计扣除政策在具体实施时与我国研发支出会计政策相配合。根据《企业会计准则第6号——无形资产》规定，现阶段我国会计准则框架下对于研发支出进行有条件资本化处理，且是否满足资本化由企业管理者按照准则条款自行判断。按照加计扣除政策，在当期计算应缴纳企业所得税额时对研发支出费用化部分加计50%扣除，对资本化部分则遵循"无形资产"的会计处理办法，即按150%进行摊销。可见，加计扣除政策的实施随企业研发支出费用化、资本化而在具体操作时表现出一次性扣除与分期摊销的差异，使得企业对研发支出会计政策的选择，直接影响当期缴纳税额与利润（马如飞，2012；肖海莲等，2012；Cooperhe & Selto，1991）。具体而言，由于研发支出费用化部分在当期一次性按50%税前加计扣除，该政策的影响"立竿见影"，企业提高费用化比例可以增加当期获得的由加计扣除所得带来的税收收益，这意味着当期现金流将大幅增加，但费用化比例的提高无疑会使得当期利润下降；反之当企业增加资本化比例，虽然可以减缓对利润的冲击，但加计扣除所带来的纳税金额节约需要随无形资产分期摊销，企业需要等待较长时间才可以获得全部税收利益。因此，在既定的研发费用税前加计扣除政策下，管理层可能会结合企业当前发展所需，权衡利润和现金流的"此消彼长"，通过调整研发支出的会计政策来调节企业利润、纳税金额等。虽然这样在处理形式上匹配性高，但有可能刺激企业在对研发支出进行会计处理时实施盈余管理行为，削弱政策的激励效应。近年来，随着研发费用税前加计扣除政策的实施，已有学者注意到这一问题，如刘永涛（2018）认为，在既定加计扣除政策下，企业管理层可能通过对研发支出会计政策的相机抉择来调节企业利润、纳税金额等。

从可操作性来看，一方面，按照《企业会计准则第 6 号——无形资产》等相关制度，研发支出是否符合资本化的五个条件在很大程度上依赖于企业管理层的职业判断，使得表面没有选择空间的会计政策具有了可选择性，进而存在着被企业用来进行盈余管理的较大空间。例如，企业会通过调节资本化时点或限制资本化条件来控制当年的研发支出资本化金额以使得各期的盈利状况更为平滑（Markarian et al.，2008）。因此，企业研发支出的会计处理是一个动态化的过程，企业在税前加计扣除政策中就有了会计政策的选择。另一方面，由于不同行业间业务活动差异显著，且行业内部不同研发项目的管理流程、技术手段各异，造成了外部核查、监督困难。另外，我国现行会计准则中研发支出研究和开发阶段的界定依赖于企业是否具备了形成一项新产品或新技术的基本条件，会计人员对此进行判断本身存在一定的主观因素，调整资本化、费用化比例的研发操纵是企业盈余管理常见的一种具体方式。这一领域的证据颇多，如兰德里和卡利梅茜（Landry & Callimaci，2003）以加拿大高新技术和生物治疗公司为样本，发现运营现金流更高的公司研发支出资本化的可能性较大，高利润的公司对研发支出进行资本化会计处理的可能性较低，以此指出，企业倾向于将研发支出资本化或费用化作为盈余管理工具，以满足债务契约或平滑收入。查诺文和奥斯瓦尔德（Zarowin & Oswald，2005）等研究表明在不同的研发支出会计处理方式下，企业将使用不同的盈余管理手段。当研发支出允许有条件资本化时，企业会调整资本化和费用化的比例以达到利润目标，而当研发支出全部费用化处理时，企业更倾向于调整真实研发投资额。许罡和朱卫东（2010）发现在我国新会计准则下，由于研发支出允许有条件资本化，管理当局出于避免亏损和再融资的需求，会利用这一政策给予的自由裁量权调整研发支出资本化比例进行盈余管理。王艳等（2011）研究表明高新技术企业研发支出资本化选择倾向与债务契约和资本市场动机相关，企业财务杠杆与研发支出资本化成正比，且企业经营状况较差时，更倾向于将研发支出资本化处理。

从动机方面来看，政府通过财政政策、产业政策等主要手段间接影响资源配置，引导资源流动，因此研发投入比例较大的企业会为了获得税收优惠进行盈余管理。基于会计处理层面，我国现行会计准则下研发支出实行有条件资本化处理，公司随意改变研发支出费用化与资本化比例的应计盈余行为在企业中本就普遍存在（李莉等，2013；宗文龙等，2009），加之加计扣除在不同研发支出会计处理的税收后果方面差异较大，企业管理层可能通过调整研发支出的会计政策来调节企业的利润、纳税金额等（王亮亮，2016）。根据企业估值模型，现金流水平决定着企业未来价值。现金作为最具流动性的资产，在企业日常运转中的作用毋庸置疑，现金流是企业赖以生存的基石。在加计扣除政策下，企业若在短期内面临较大的资金压力，企业没有较好的融资渠道，则将研发支出费用化，可以一次性在当期获得加计扣除带来的税收节约，减少由于税收支出而导致的现金流出，缓解企业短期的资金压力。基于上述分析，本书提出以下假设。

H₅：2018 年我国研发费用加计扣除政策调整后，当企业面临资金短缺或不足的压力时，更倾向于选择将研发支出进行费用化处理，承担利润降低的后果，以减少当期应纳所得税额，缓解企业短期资金压力。

利润的本质是企业盈利的表现形式，是企业经营效果的综合反映，其相关指标是企业报表中的重要指标，当企业的利润低于行业平均水平或者分析师预测时，不仅影响管理者的声誉，更会影响投资者对企业的信心，致使股票价格下跌遭到市场的"惩罚"（Bernard et al.，1993）。因此，当企业在近期如果由于债务契约或融资评级等需要保持在一定的利润范围内，而企业面临利润较低的压力时，企业会进行研发支出资本化处理，虽然这样放弃了享受加计扣除带来的当期一次性税收节约，但可以减少当期费用，增加企业利润，而税收节约则在未来期间随无形资产摊销而获得，对于迫切需要提高利润的企业而言，是一种"折中"的做法。基于以上分析，本书提出以下假设。

H₆：2018 年我国研发费用加计扣除政策调整后，当企业面临利润较低的压力时，更倾向于将研发支出资本化，承担节税现金流延迟流入的后果，以减少当期费用，增加企业利润。

第4章

企业研发费用加计扣除
政策覆盖情况概览

4.1 数据来源

《关于完善研究开发费用税前加计扣除政策的通知》（财税〔2015〕119号）规定自2016年1月1日起，除"负面清单"行业外企业均可以享受加计扣除政策，2018年颁布的财税〔2018〕99号则将75%的扣除比例由科技型中小企业覆盖到"负面清单"行业外所有企业。2021年，《关于进一步完善研发费用税前加计扣除政策的公告》（财政部　税务总局公告2021年第13号）将制造业研发加计扣除比例提高至100%。为了全面分析2018年加计扣除政策效果而避开前后不同优惠幅度的影响，本书选取2016～2020年沪深A股上市公司（"负面清单"行业企业、科技型中小企业除外）为初始样本。

企业研发费用加计扣除相关信息的获取是本书的难点，企业对本部分的披露表述并不统一，目前相关文献也未提供详尽的披露关键词词库，因而无法使用Python等文本分析软件来进行快速查找。为精准获取企业研发费用加计扣除享受情况，本书借鉴贺康等（2020）、贺亚楠等（2021）的研究设计，以"加计扣除"等为关键词①，通过手工查找企业年度财务报告中"会

---

① 如"研究开发费加成扣除的纳税影响""税法规定的额外可扣除费用（研发费用——加计扣除）""技术开发费加计扣除影响"等较为清晰明确的项目纳入本书研究数据，"税法规定的额外可扣除费用""研发及残疾人工资加计扣除"等无法准确判断研发费用实际加计扣除纳税调整额的项目则删除。

计利润与所得税费用调整过程"明细项目逐个进行判断①，若企业披露相关信息，则为享受政策，否则即认为企业未享受该政策。表 4 – 1 以东旭蓝天（000040）2018 年报披露形式为例，展示了企业对研发费用加计扣除政策享受情况的披露情况：

表 4 – 1　　　　东旭蓝天会计利润与所得税费用调整过程详细信息
（000040，2018 年）

项目	本期发生额（元）
利润总额	1373596455. 87
按法定/适用税率计算的所得税费用	343399113. 97
子公司适用不同税率的影响	– 56606948. 90
调整以前期间所得税的影响	
非应税收入的影响	– 54679636. 67
研发费加计扣除的影响	– 5964927. 37
不可抵扣的成本、费用和损失的影响	7695281. 05
使用前期未确认递延所得税资产的可抵扣亏损的影响	– 5877312. 90
本期未确认递延所得税资产的可抵扣暂时性差异或可抵扣亏损的影响	19192700. 27
税收优惠	– 0. 19
所得税费用	247158269. 26

资料来源：本表由作者截取该公司 2018 年报所得。

值得说明的是，由表 4 – 1 可以看出，上市公司报表附注中诸如"研发费加计扣除的影响"项目，反映的是加计扣除政策下企业所得税费用的调整额，因而后面将其称为"研发费用加计扣除纳税调整额"，根据加计扣除政策的规定，其理论计算过程为：企业符合加计扣除条件的研发支出 × 加计

---

① 为方便学者后续对这一领域问题的研究，本书研究报告附于附录（见附表 1），以 2020 年为例，展示了样本企业对研发费用加计扣除政策享受披露的具体形式及频数，此处的频数统计方式如下：若 n 家企业使用某同一关键词，则这一数值统计为 n。

扣除比例×企业名义所得税率。

为全面摸清我国上市公司研发费用加计扣除政策的享受情况，本书基于上市公司年报整理、实地调研等相关途径，获取企业对该政策享受的具体情况并进行分年度、分地区、分行业统计。具体而言，划分为三个层次，分别为企业申请享受数量、实际享受到的税收优惠程度、享受的持续性程度，并使用以下指标进行度量。

（1）企业申请享受加计扣除政策数量（*Number*）。其为一定期间内申请享受该政策的企业数，享受与否使用前面所述的判定方法。

（2）实际享受到的税收优惠程度。本书分别使用了年报中直接获取的绝对数指标研发费用加计扣除纳税调整额（*Credit*）、相对数指标研发费用加计扣除纳税调整率（*Creditr*），其中研发费用加计扣除纳税调整率由以下公式计算所得。

$$\frac{研发费用加计扣除}{纳税调整率（Creditr）} = \frac{研发费用加计}{扣除纳税调整额} \bigg/ \left(所得税费用 + \frac{研发费用加计}{扣除纳税调整额}\right)$$

（3）享受的持续性程度（*Persistent*）[①]。持续性表示的是一种连续进行、不间断的过程，由于企业在一定期间内申请的次数不同，中断的时间也有所差异，申请的持续性如何进行科学、合理度量是本书的难点。结合企业具体的享受情况差异，本书创造性地构造了以下持续性指标（*Persistent*）。

$$Persistencet_i = \frac{Y_i}{T_i}\frac{1}{Tny_i} \tag{4.1}$$

其中，在样本期内，将企业开始享受研发费用加计扣除政策的年份作为起始年，Y_i 表示 i 公司在样本期内享受研发费用加计扣除政策优惠的年数合计。T_i 表示 i 公司连续享受研发费用加计扣除政策优惠的次数，Tny_i 表示 i 公司自享受该优惠政策的年度起至样本期最后一年（2020 年）的总年数。对于该指标的计算，本书选取两个享受政策优惠起始年均为 2014 年的企业深桑达 A（000032）、智慧农业（000816）进行实例展示，具体如表 4 - 2 所示。

---

① 该指标基于企业在整个样本期的持续性程度表现计算所得，不属于随年度变动的指标，因而后面仅对此指标进行分行业、地区统计。

表4-2 持续性实例展示

企业	年度	加计扣除享受情况识别（享受=1，未享受=0）	享受政策优惠年数合计（Y_i）	连续享受政策优惠次数（T_i）	总年数（Tny_i）	持续性
深桑达 A	2014	1	3	2	7	0.214
	2015	0				
	2016	1				
	2017	1				
	2018	0				
	2019	0				
	2020	0				
智慧农业	2014	1	6	2	7	0.429
	2015	0				
	2016	1				
	2017	1				
	2018	1				
	2019	1				
	2020	1				

资料来源：本图由作者依据企业披露数据自行整理所得。

4.2　分年度统计

样本企业申请享受加计扣除政策数量（*Number*）的年度统计如图4-1所示。

2016~2020年，申请享受的企业数量呈不断攀升趋势，由960家涨到1801家，表明该政策的普惠性不断扩大。

从税收优惠程度来看，将样本企业研发费用加计扣除纳税调整额（*Credit*）、研发费用加计扣除纳税调整率（*Creditr*）按照年度计算均值后，分年度统计的趋势如图4-2所示①。在样本期内，企业享受的加计扣除纳税调整额

① 分年度具体描述性统计见本书附表2。

（*Credit*）均值由 2016 年的 8138004 元增长到 2020 年的 18674539 元；而样本期内享受的加计扣除纳税调整率（*Creditr*）均值则由 0.16 元上升为 0.26 元，无论是绝对享受数额还是相对纳税节约比率，总体呈现大幅度上升，表明随着加计扣除政策的推广实施，企业申请享受的积极性高涨，实际享受的税收红利也有所提高。特别地，由于 2018 年财税〔2018〕99 号政策的实施，加计扣除比例按 75% 执行，2017～2018 年企业享受到的加计扣除税收优惠涨幅明显。

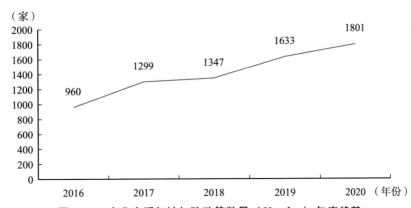

图 4 - 1　企业享受加计扣除政策数量（*Number*）年度趋势

资料来源：本图由作者依据样本数据自行绘制。

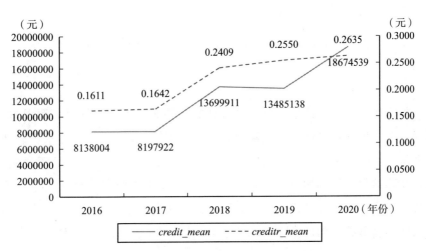

图 4 - 2　税收优惠程度（*Credit*、*Creditr*）均值年度趋势

资料来源：本图由作者依据样本数据自行绘制。

4.3 分地区统计

本部分对样本企业政策享受情况进行了分地区统计。图4-3列示了各地区申请享受研发费用加计扣除政策的企业数量分布,其中,广东省申请享受加计扣除政策的企业数量最多,在样本期内(2016~2020年)为1366家,浙江省、江苏省分别为1251家、961家,位列第二、第三名。此外,上述三个省份内享受政策的企业数量大幅领先于其他地区,这与其强劲的经济实力及较好的营商环境息息相关,北京市、上海市及山东省则处于第二梯队,享受数量分别为504家、448家、414家,宁夏回族自治区内企业享受数量较少,仅为7家。

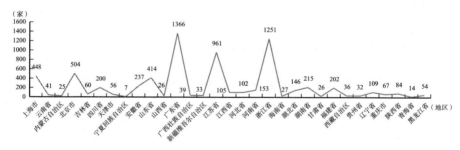

图4-3 企业享受加计扣除政策数量(*Number*)分地区统计

资料来源:本图由作者依据样本数据自行绘制。

税收优惠享受具体情况分地区统计的趋势如图4-4所示[①]。可以看出,在样本期,加计扣除纳税调整额(*Credit*)均值较高的地区为北京市、新疆维吾尔自治区、湖北省,大大领先于其他地区,其中,北京市处于最高位,加计扣除纳税调整额均值为34555668元,享受的税收节约总额度呈现绝对优势。西藏自治区、贵州省、宁夏回族自治区内这一指标则较低,宁夏回族自治区排名最后,加计扣除纳税调整额均值为2302879.5元,其他省份及地

---

① 分地区具体描述性统计见本书附表3。

区处于中位，享受情况各不相同。类似地，本部分将上市公司研发费用加计
扣除纳税调整率（*Creditr*）分地区计算均值后也进行了统计。由图4－4可
见，研发费用加计扣除纳税调整率均值较高的上市公司处于广东省、上海
市、安徽省和天津市，广东省排名第一，这一比率为26%；湖北省、北京
市及河南省紧随其后，研发费用加计扣除纳税调整率均值为24%。贵州省、
青海省、宁夏回族自治区则处于低位，其中宁夏回族自治区这一比率均值仅
为8%，这些地区的政策效应需要进一步推进，也是后续政策落实、红利释
放需要重点关注的地区。总体来看，企业研发费用加计扣除的享受情况在不
同省份及地区呈现较大差异，在广东省这类经济规模庞大的地区，由于企业
数量较多，营商环境优越，研发费用加计扣除政策红利释放充分，整个地区
企业享受到的优惠额度总体较高。同时，从相对指标来看，在广东省、上海
市、安徽省和天津市等地区，研发费用加计扣除构成了企业税收优惠的主要
来源，在企业应交所得税中的比例较高。

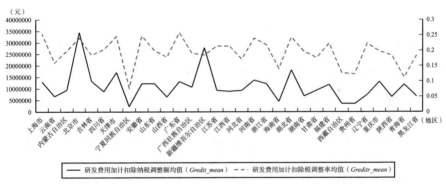

图4－4　税收优惠程度（*Credit*、*Creditr*）均值分地区统计

资料来源：本图由作者依据样本数据自行绘制。

　　按照前面构建的享受持续性（*Persistent*）指标，本部分针对各地区内企业
研发费用加计扣除政策的享受持续性情况也进行了测算，具体如图4－5所示。
其中，对这一政策享受持续较强的企业位于陕西省和江苏省，上海市、吉林
市及福建省紧随其后，持续性较弱的地区则为新疆维吾尔自治区、山西省及天
津市。总体来看，企业享受持续性在各地区之间差异并不大，由于种种原因中
断享受的情况较为普遍，这也是后续政策执行过程中需要关注的方向之一。

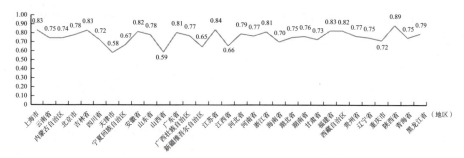

图4-5   税收优惠享受持续性（*Persistent*）均值分地区统计

资料来源：本图由作者依据样本数据自行绘制。

4.4   分行业统计

为了分析企业研发费用加计扣除享受情况是否在行业间也存在差异，此处进一步进行了分行业统计，按照《证监会行业分类指引2012版》，制造业使用"大类"分类标准，其他行业则使用"门类"标准进行分类①。

由图4-6可见，申请享受加计扣除的企业数量较高的行业集中于制造业内，主要为计算机、通信和其他电子设备制造业，信息传输、软件和信息技术服务业，以及医药制造业这三大行业，且大幅领先于其他行业。其中，计算机、通信和其他电子设备制造业内申请享受加计扣除的企业高达894家。电气机械和器材制造业、专用设备制造业、化学原料和化学制品制造业处于次高，申请享受企业为500~600家。居民服务、修理和其他服务业内企业申请数量则最低，仅为2家。

从享受优惠程度来看，图4-7显示，加计扣除纳税调整额（*Credit*）均值最高的行业为建筑业，均值为53949319元，铁路、船舶、航空航天和其他运输设备制造业，以及黑色金属冶炼和压延加工业处于次高，这也与这些行业的投入体量有关，居民服务、修理和其他服务业则为最低。研发加计扣除纳税调整率（*Creditr*）均值最高的行业为信息传输、软件和信息技术服务业，具体为33%，计算机、通信和其他电子设备制造业次之，

——————

①   分行业具体描述性统计见本书附表A4。

这些行业研发支出较高，政策优惠的效果最为明显。研发加计扣除纳税调整率（*Creditr*）均值最低的行业则为酒、饮料和精制茶制造业。对于各行业统计结果也与各类行业的研发支出特征较为相符。总体来看，研发费用加计扣除政策对于创新活力较强行业的优惠更为显著。

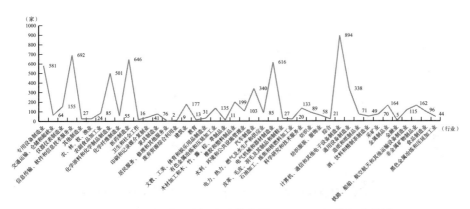

图4-6　企业享受加计扣除政策数量（*Number*）分行业统计

资料来源：本图由作者依据样本数据自行绘制。

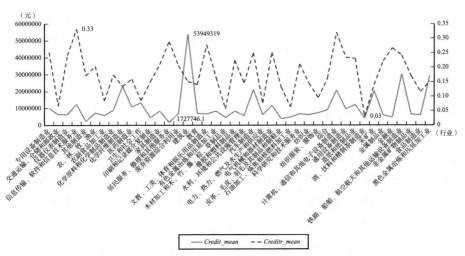

图4-7　税收优惠程度（*Credit*、*Creditr*）均值分行业统计

资料来源：本图由作者依据样本数据自行绘制。

　　图4-8显示,研发费用加计扣除政策享受持续性(Persistent)较高的行业为金融业,科学研究和技术服务业,以及皮革、毛皮、羽毛及其制品和制鞋业,黑色金属冶炼和压延加工业则处于最低,总体来看,持续性程度在各行业间差异较小。

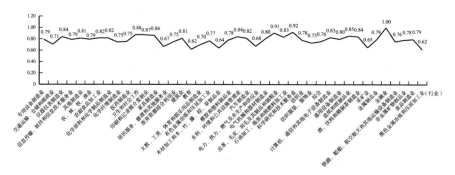

图4-8　税收优惠享受持续性(Persistent)均值分行业统计

资料来源:本图由作者依据样本数据自行绘制。

　　作为在国计民生和国家战略层面发挥举足轻重作用的行业,制造业是我国经济的发展之要,因此本书对制造业内部各行业企业的研发费用加计扣除优惠享受情况进一步进行了统计。

　　图4-9显示,在制造业内部,申请享受企业数量最高的行业为计算机、通信和其他电子设备制造业,医药制造业及电气机械和器材制造业,木材加工和木、竹、藤、棕、草制品业及废弃资源综合利用业行业中申请企业数量则较低。图4-10显示,加计扣除纳税调整额(Credit)较高的行业为铁路、船舶、航空航天和其他运输设备制造业,均值为30289607元,黑色金属冶炼和压延加工业及化学纤维制造业、汽车制造业次之,其他行业则与上述这些行业差距较大。图4-11中,加计扣除纳税调整率(Creditr)较高的行业为计算机、通信和其他电子设备制造业,表明在该行业中加计扣除政策所带来的税收节约程度较高,文教、工美、体育和娱乐用品制造业,专用设备制造业,电气机械和器材制造业,以及汽车制造业次之;酒、饮料和精制茶制造业最低。图4-12中,研发费用加计扣除政策享受持续性(Persistent)较高的行业为皮革、毛皮、羽毛及其制品和

制鞋业，印刷和记录媒介复制业，以及家具制造业；持续性最低的则为黑色金属冶炼和压延加工业。总体来看，制造业内部，各行业企业申请享受政策的持续性差异性亦不大。

由相关统计数据可见，在制造业内部，创新活力较强、高新技术手段使用较为突出的行业企业享受到的加计扣除红利也较高，符合现实情况。

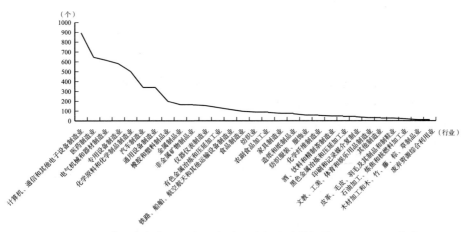

图4-9　制造业内部各行业企业享受加计扣除政策数量（*Number*）分布

资料来源：本图由作者依据样本数据自行绘制。

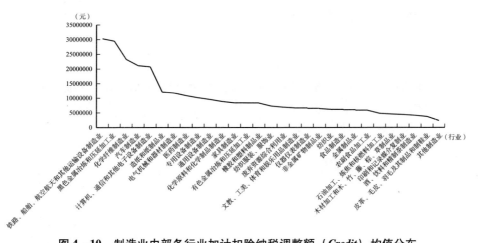

图4-10　制造业内部各行业加计扣除纳税调整额（*Credit*）均值分布

资料来源：本图由作者依据样本数据自行绘制。

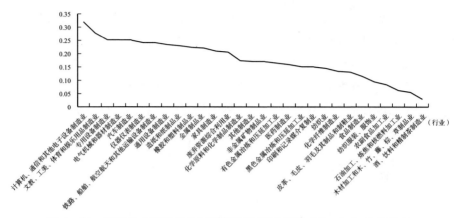

图4-11 制造业内部各行业加计扣除纳税调整率（*Creditr*）均值分布

资料来源：本图由作者依据样本数据自行绘制。

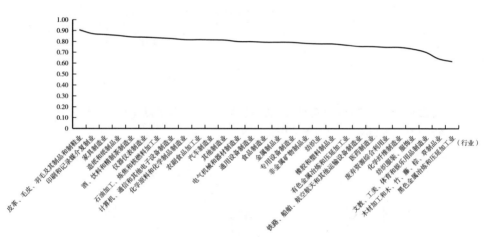

图4-12 制造业内部各行业加计扣除政策享受持续性（*Persistent*）均值分布

资料来源：本图由作者依据样本数据自行绘制。

第 5 章

研发费用加计扣除政策调整
对企业创新行为的影响

2018 年财税〔2018〕99 号文件将 75% 加计扣除优惠力度享受主体扩大至几乎所有企业（"负面清单"行业内企业除外），与以往相比，本次调整是针对优惠力度层面的调整，且具有覆盖面广、普惠性强的特征。对于企业而言，本次调整作为一类外生冲击，为本书对政策调整效果的评价提供了一个较好的研究场景。本部分关注的问题是：如此大幅度的调整是否能产生积极的政策效果？如果可以有效实现预期效果，那么作为一项普惠性政策其效果在不同企业间是否会存在差异？本部分将基于 A 股大样本进行实证分析及测算，并辅以区域样本数据分析来互补支撑。

5.1 研究设计

考虑数据的可获取性，本部分以 2018 年为政策冲击时点，构建双重差分（DID）模型，对加计扣除比例由 50% 提高到 75% 的政策调整效果进行了分析和评价。

5.1.1 样本筛选

本部分主要研究研发费用加计扣除比例变动对企业创新活动带来的边际作用，即关注 2018 年 9 月颁布实施的财税〔2018〕99 号文件。为了确保加计扣除比例变动前后享受企业范围保持一致，如前面所述，以《关于完善研究开发费用税前加计扣除政策的通知》（财税〔2015〕119号）的实施时间为样本期间的起点，最终将2016～2020年A股公司作为原始样本，同时通过查阅企业年报中相关项目及其具体金额，如"研发费用加计扣除数"等作为判断企业是否享受该政策的标准。根据国家税务总局网站公布的享受研发费用加计扣除优惠政策流程，可知政策申请主要有以下关键资料和程序：（1）年度纳税申报前进行优惠备案并准备好留存备查资料；（2）填写并报送《"研发支出"辅助账汇总表》；（3）在年度纳税申报表中填报研发费用加计扣除优惠附表及栏次。一般只要企业申请，很大概率可以享受加计扣除，因此研究认为申请即享受，不作区分。具体而言，若企业在"所得税附注中"披露具体数额，则视为享受；若不披露，则视为未享受。基于此，在第4章原始数据的基础上进行了以下处理：（1）剔除金融保险行业；（2）剔除在样本期内属于财税〔2015〕119号文件规定的不适用于加计扣除政策的"负面清单"行业，包括在样本期内由其他行业调整为"负面清单"行业或"负面清单"行业调整为其他行业的企业；（3）剔除研发支出等其他变量存在缺失值的样本。

其余数据来自万得数据库（WIND）、国泰安（CAMAR）数据库。按照证监会行业标准（2012年版）将制造业细分到次类，且对连续变量进行1%和99%分位数的两端缩尾处理，数据的整理和分析使用Stata 15软件进行处理。

5.1.2　基于政策调整的双重差分模型构建

2018年出台的财税〔2018〕99号文件是对加计扣除政策的重大调整和完善，评估该政策调整对企业具体创新行为的影响最为直观的方法是通过比较该政策调整前后企业创新程度的差异，但存在的问题是除了该政策外企业创新活动可能还会受到很多因素的影响，这严重干扰了政策的评估效果。因此，本书选用双重差分法（DID）这一政策评估主流方法来进行分析。

由于财税〔2015〕119号文件将研发费用加计扣除政策的享受主体覆盖到几乎所有企业（"负面清单"除外），财税〔2018〕99号文件对现有企业而言产生的是政策"调整"而非"出台"效应，本书的主要目标亦在于评价这一"调整"效应，这与传统 DID 的研究场景有所差异。基于此，本书借鉴埃文斯等（Ivus et al.，2021）的研究设计，将在样本期内一直持续享受加计扣除政策的企业作为处理组，符合申请条件但一直未申请享受的企业作为控制组。具体设计思路如下：第一，财税〔2015〕119号文件将研发费用加计扣除政策享受主体扩大到除"负面清单"外的所有行业，且规定该政策适用会计核算健全、实行查账征收并能准确归集研发费用的企业，本书认为上市公司基于其严格的信息披露要求，均可以满足上述会计适用条件，因而可以认为除"负面清单"以外且有研发支出的上市公司即符合申请条件。第二，依据年报查找情况，若这类企业在样本期内均披露享受信息，则将其作为处理组；反之，若企业一直未披露享受信息，则作为控制组。

在平行趋势的假设下，要求处理组和控制组在所有方面尽可能类似，但如前面所述，由于本书的研究场景与传统 DID 有所差异，平行趋势检验结果并不理想，为缓解这一问题，本书进行了以下处理。

首先，借鉴冯泽等（2019）的做法，为避免样本自选择偏差，使用倾向得分匹配（PSM）后再进行双重差分，即 PSM – DID，该方法结合了 PSM 和 DID 各自的优点。PSM 的基本思路是通过反事实结构框架将处理组和与其特征相似或相同的控制组进行配对，分析二者之间差异即政策冲击净影响。换句话说，我们需要为一个接受政策冲击的处理组（$X_i = 1$），找到与其特征完全一致的拒绝政策冲击的控制组（$X_i = 0$），作为假设处理组从未享受政策的无法被观测到的反事实结果，最大程度地降低特征差异，营造出干扰因素可忽略的准随机实验。于是两个组别创新变量之间存在的差异（U_i）便代表了政策作用于企业创新活动的净影响（$U_{1i} - U_{0i}$）。这种处理方法可以缓解样本之间的内生性选择偏差，使得各变量逐步具有同质性，更好地展示政策冲击对核心变量的影响效果。

$$U_i = \begin{cases} U_{1i}, & 若\ X_i = 1\ （始终享受政策） \\ U_{0i}, & 若\ X_i = 0\ （从未享受政策） \end{cases}$$

基于此，本书以企业是否享受加计扣除政策的哑变量为被解释变量对代表企业特征的协变量进行回归，以此得到倾向得分，然后对其进行平行假设检验来判断匹配的效果。为了充分利用初始样本信息，此处使用核匹配。PSM 的核心是在控制组中寻找与处理组相似程度高的个体构造新的控制组，使得处理组企业与控制组企业除享受加计扣除政策上存在差异外，其他方面尽可能一致，从而实现降低选择偏误对估计结果的影响。由于企业可能存在多种特征，特征的多样化导致匹配难度的大幅提升。PSM 先计算企业倾向得分，即利用恰当的连接函数将企业多个特征转化为概率值从而实现降维，一维的概率值降低了之后匹配的难度。本书在这一过程中使用 Probit 模型，将企业特征变为条件概率 P 值，如式（5.1）所示。

$$P = P\{Treat_i = 1 \mid x_{i,t}\} = \phi(x'_{i,t}\beta) \tag{5.1}$$

式（5.1）中，i 表征企业，t 表征时间；$Treat$ 为虚拟变量，若企业属于处理组，则取值为 1，否则为 0；ϕ 为标准正态分布的累积分布函数；x' 为企业主要可观测特征列向量，与后面控制变量选取一致；β 为待估参数列向量；P 为倾向得分，反映了企业享受该政策的概率。

其次，为准确评价财税〔2018〕99 号文件出台效果，克服政策评估中存在的内生性问题，据此本书利用 DID 模型进行后续研究。该模型基本形式如式（5.2）所示。

$$Y_{i,t} = \alpha_0 + \alpha_1 Treat_i + \alpha_2 Time_t + \alpha_3 Treat_i \times Time_t + \mu_{i,t} \tag{5.2}$$

式（5.2）中，$Treat$ 含义与前面一致；$Time$ 为时间虚拟变量，用于区别政策调整前后，在政策调整当年及以后取值为 1，否则为 0；$\mu_{i,t}$ 表示估计误差。

上述模型的含义为：在研究中，即使政策不存在，由于时间的推移也会使得研究对象本身产生变化。因此，在政策实施后处理组样本在受到政策影响的同时也经历时间推移导致自身变化，依据模型则具体表现为 $\alpha_1 + \alpha_2$。然而，政策实施与否对控制组企业并无影响，基于此可以将政策实施后控制组企业情况视为如果处理组企业未享受政策的情况，即一种反事实结果，其政策干预前后的差异 α_2 仅反应了时间推移带来的影响。基于上述分析可以发现，政策干预的净效果为 α_3。上述分析能成立的关键在于 α_2 能够准确反应如果处理组不接受政策干预时所发生的变化。具体各系数的含义如表 5 - 1 所示。

表 5-1　　　　　　　　　　双重差分模型系数含义

	处理组 （已享受政策）	控制组 （未享受政策）	组别差异
政策干预前	$a_0 + a_1$	a_0	a_1
政策干预后	$a_0 + a_1 + a_2 + a_3$	$a_0 + a_2$	$a_1 + a_3$
政策干预差异	$a_2 + a_3$	a_2	a_3

资料来源：本表由作者自行整理所得。

本书所选处理组是期间均享受研发费用加计扣除的企业，这导致在财税〔2018〕99 号文件发布前，处理组企业已经享受既有政策而控制组企业未享受任何政策，因而处理组与控制组可比性下降。对此，本书借鉴安格里斯特和皮舍克（Angrist & Pischk，2014）、埃文斯等（2021）的设计，在 DID 模型中除个体固定效应、时间固定效应外，加入行业时间趋势，刻画了不同行业之间随时间变化趋势的差异，避免行业时变特征所导致的潜在内生性，以此放松平行趋势假设，具体模型如下。

$$Y_{i,t} = \alpha_0 + \varphi_i + \theta_t + \xi_j \times t + \alpha_1 Treat_i \times Time_t + \gamma Control_{i,t} + \mu_{i,t} \quad (5.3)$$

式（5.3）中，φ_i 为个体固定效应，用于刻画不同企业自身特征，并且这一特征并不随时间发生变化，如影响不同个体申请税收优惠意愿的不可观测因素；$\xi_j \times t$ 为行业时间趋势项，反映了时间流逝对不同行业的影响；θ_t 为时间固定效应；$Control_{i,t}$ 为控制变量，控制变量选取与式（5.1）中一致。

最后，为了更细致地研究分析财税〔2018〕99 号文件对企业创新活动的影响，本书借鉴孟庆玺等（2016）的研究，进一步考察 2018 年加计扣除政策调整对企业创新活动的动态边际效应，在式（5.3）基础上将 $Treat_i \times Time_t$ 替换为 $Treat_i \times Time^{2018}$、$Treat_i \times Time^{2019}$ 与 $Treat_i \times Time^{2020}$，其中 $Time^{2018}$、$Time^{2019}$ 与 $Time^{2020}$ 分别表征 2018 ~ 2020 年各年的时间虚拟变量（若属于当年及以后，则取 1，否则为 0）得到模型（5.4）：

$$Y_{i,t} = \alpha_0 + \varphi_i + \theta_t + \xi_j \times t + \alpha_1 Treat_i \times Time^{2018} + \alpha_2 Treat_i \times Time^{2019}$$
$$+ \alpha_3 Treat_i \times Time^{2020} + \gamma Control_{i,t} + \mu_{i,t} \quad (5.4)$$

5.1.3 变量选取及定义

（1）被解释变量。

本书基于创新活动的完整链条，分别选取创新投入（Lnrd）、创新产出（Lnpatent）及创新效率（Efficiency）来衡量企业创新活动。

①创新投入（Lnrd）。已有文献中普遍使用相对指标与绝对指标，前者是将研发费用进行标准化处理，后者通常为其值取对数。为与第6章政策增量效应研究中的设计一致，本书对研发投入对数化处理，出于稳健，后文亦替换为相对指标进行检验。

②创新产出（Lnpatent）。现有研究中多使用企业专利数、企业生产率或新产品销售额衡量。由于从创新投入新产品销售额、企业生产率转化所需时间跨度大且不同企业差异较大，不太适合本书研究需要。鉴于数据的可获得性、可比性等因素，本书选用专利申请数用于衡量企业创新产出；同时，为了避免数据绝对值数额差异过大，将专利数加1后取对数。

③创新效率（Efficiency）。最为简单直观的效率衡量方法是比例法，即单位创新产出所需投入。现实中创新投入通常包含人力与物质两种维度，投入端的多元化导致简单的比例关系不能准确表述该情况。为克服上述问题，现有研究中的效率测度通常使用数据包络分析（DEA）与随机前沿分析（SFA）。这两种方法的关键差异在于对企业无效率的处理，DEA将这种无效率全部归为技术无效率，而SFA则将这种无效率分解为两部分，即技术无效率与随机误差。相比之下，SFA不易受到极端值的影响，所以本书采用SFA计算企业创新效率。

SFA模型以生产函数为基础改进得到，式（5.5）中 $x_{i,t}$ 代表企业投入要素，β 为待估参数，$\xi_{i,t} \in (0, 1]$ 为调整系数。$f(x_{i,t}, \beta)$ 代表理论产出，然而实际中难以达到该产出水平，因此加入调整系数 $\xi_{i,t}$ 用来表示企业实际产出，若 $\xi_{i,t} = 1$，则表示产出达到最有效前沿。

$$y_{i,t} = f(x_{i,t}, \beta) \xi_{i,t} \tag{5.5}$$

在现实中企业产出受到随机冲击，引入 $e^{v_{i,t}}$ 代表随机冲击得到式（5.6）：

$$y_{i,t} = f(x_{i,t}, \beta) \xi_{i,t} e^{v_{i,t}} \tag{5.6}$$

在本书实际估计中，选用柯布道格拉斯生产函数将生产函数具体化，同时两侧取对数得到式（5.7）：

$$\ln y_{i,t} = \alpha + \alpha \ln k_{i,t} + \beta \ln l_{i,t} + \ln \xi_{i,t} + \nu_{i,t} \tag{5.7}$$

式（5.7）中，y 代表产出，本书中为企业创新产出（Lnpatent）；k 代表资本投入，为企业研发投入除以上期总资产；l 代表劳动投入，以企业研发人员数量来测度；α 代表资本产出弹性系数；β 代表劳动产出弹性系数；$\ln \xi_{i,t}$ 代表研发无效率程度，假定服从截断正态分布 $N(M_{i,t}, \sigma^2)$ 且 $\ln \xi_{i,t}$，与 $\nu_{i,t}$ 相互独立。创新效率（Efficiency）可以表示为式（5.8）：

$$Efficiency_{i,t} = \frac{E\left[f(x_{i,t}) \exp(\ln \xi_{i,t} + \nu_{i,t})\right]}{E\left[f(x_{i,t}) \exp(\nu_{i,t}) \mid \ln \xi_{i,t} = 0\right]} = e^{\ln \xi_{i,t}} = \ln \xi_{i,t} \tag{5.8}$$

（2）解释变量。

本部分的解释变量为时间虚拟变量（Time）和处理组虚拟变量（Treat）的交互项（Treat × Time），具体构建方式在 DID 模型论述中已做详细介绍，此处不再赘述。

（3）控制变量。

借鉴冯泽等（2019）、贺康等（2020）、胡元木等（2016）、杨国超等（2017）、王文慧和孙光国（2021）等的研究，本部分控制了以下变量：资产负债率（Lev）、资产规模（Size）、资产收益率（Roa）、营业收入增长率（Growth）、高级管理人员前三名薪酬总额（lnExecutive_3）、董事长和总经理是否两职合一虚拟变量（Dual）、股权集中度（HLD_3）、董事会规模（Bsize）、独立董事比例（Ind）。已有相关结论显示，企业资产规模（Size）达到一定程度时可能存在规模经济或"X 非效率（X – Inefficiency）"① 问题，对研发活动产生重要影响；资产收益率（Roa）能在一定程度上反映其经营状况。从创新投入来源来看，经营业绩好的企业往往资金更为宽裕，抗风险能力更强，从而对创新投入更为充足；股权集中度（HLD_3）与董事会规模（Bsize）、独立董事比例（Ind）作为公司治理中的重要指标，对企业研发活动有着复杂且重要的影响，因此将其纳入控制变量中。各变量具体计

---

① 这一概念由美国哈佛大学教授莱宾斯坦首先提出，所谓 X 非效率是指在垄断企业的大组织内部存在着资源配置的低效率状态（Leibenstein，1966）。

算方式如表 5 - 2 所示。

表 5 - 2   主要变量与计算方法

变量类型	变量名称	变量符号	变量含义
被解释变量	创新投入	Lnrd	Ln（企业研发支出）
	创新产出	Lnpatent	Ln（企业申请专利 + 1）
	创新效率	Efficiency	通过 SFA 计算得出，详见正文
	个体虚拟变量	Treat	若企业在样本期内一直享受加计扣除政策则 Treat 取 1；若一直未享受，则 Treat 取 0
解释变量	时间虚拟变量	Time	若在 2018 年及以后则 Time 取 1，否则 Time 取 0
	资产负债率	Lev	总负债/总资产
	资产规模	Size	总资产的自然对数
	资产收益率	Roa	净利润/平均资产总额，平均资产总额 =（资产合计期末余额 + 资产合计期初余额）/2
控制变量	营业收入增长率	Growth	（营业收入本年本期金额 - 营业收入上年同期金额）/（营业收入上年同期金额）
	高级管理人员前三名薪酬总额	lnExecutive_3	高级管理人员前三名薪酬总额的自然对数
	是否两职合一	Dual	虚拟变量，若董事长和总经理两职合一则 Dual 取 1，否则 Dual 为 0
	股权集中度	Hld_3	公司前三大股东持股比例之和
	董事会规模	Bsize	董事会人数
	独立董事比例	Ind	独立董事人数/董事会人数

资料来源：本表由作者自行整理所得。

5.2   描述性统计结果

5.2.1   变量描述性统计

表 5 - 3 为主要变量的描述性统计结果。

表5-3　　　　　　　　　　　　主要变量描述性统计

变量	观测值	平均值	中位数	标准差	最小值	最大值
Lnrd	5807	8.9269	8.9831	1.5586	4.5270	12.6118
Lnpatent	5807	3.4395	3.5553	2.0626	0.0000	8.5376
Efficiency	5807	0.3252	0.3358	0.1738	0.0178	0.6707
Treat	5807	0.4727	0	0.4993	0	1
Time	5807	0.6000	1	0.4899	0	1
Lev	5807	0.4208	0.4107	0.1973	0.0595	0.9719
Size	5807	22.4371	22.2921	1.2421	19.7058	27.2804
Roa	5807	0.0323	0.0351	0.0775	-0.3823	0.2313
Growth	5807	0.1593	0.0983	0.4091	-0.6894	3.2523
LnExecutive_3	5807	14.5650	14.5233	0.6892	12.9575	16.5479
Dual	5807	0.2594	0	0.4384	0	1
Hld_3	5807	0.4636	0.4556	0.1428	0.1727	0.8693
Bsize	5807	8.3530	9	1.5778	5	15
Ind	5807	0.3797	0.3636	0.0559	0.3333	0.5714

资料来源：本表由作者计算所得。

其中，创新投入（Lnrd）及产出（Lnpatent）的标准差分别为1.5586、2.0626，表明样本企业创新活动差异较大，探讨其创新活动的影响因素具有一定的经济意义；Treat的平均值为0.4727，说明处理组和控制组的数量分布较为均衡，适用于后期的匹配；资产负债率（Lev）的最大值为97.19%，最小值为5.95%，其总体差异较大，且其最大值达到90%以上，表明财务风险较大，企业利益相关者应重点关注；公司规模（Size）平均值为22.4371，中位数为22.2921，相差不大，说明样本中企业规模分布总体呈现正态；资产收益率（Roa）的平均值为0.0323，中位数为0.0351，均为正数，说明大部分企业获利能力较好；营业收入增长率（Growth）的最小值为-0.6894，最大值为3.2523，平均值为0.1593，说明除个别企业外，绝大部分企业发展状况良好；高级管理人员前三名薪酬总额（InExecutive_3）的最小值为12.9575，为42万元左右，最大值为16.5479，约为1500万元，说明不同的企业其薪酬制度不同，极值存在一定差异；前三大股东的持股比例之和（*Hld_3*）的最小值为 17.27%，最大值为 86.93%，其差异较大；董事会规模（*Bsize*）的最小值为 5 人，最大为 15 人，平均值约为 8 人，各企业之间差异并不大，符合《中华人民共和国公司法》对有限责任公司和股份有限公司 3～13 人以及 5～19 人的规定；独立董事比例（*Ind*）的最小值为 33.33%，平均值为 37.97%，说明所有公司都符合相关规定，即上市公司董事会成员中独立董事的比例至少为 1/3，其余变量也均符合客观事实。

5.2.2 单变量分组检验

将样本按照处理组和控制组分组后，各变量的均值及差异如表 5-4 所示。创新投入（Lnrd）及产出（Lnpatent）在两组中差异较为显著，且 t 值分别为 11.7275、6.6654，表明与控制组相比，处理组企业有显著较高的创新投入和产出，这与本书的逻辑一致。其余控制变量的均值基本都在两组中呈现显著差异，这也验证了后面对这些变量控制的必要性。同时，均值的大小表明，与控制组企业相比，处理组企业有显著较低的资产负债率（*Lev*）、资产收益率（*Roa*）、前三大股东的持股比例（*Hld_3*）、董事会人数（*Bsize*）及独立董事比例（*Ind*）。此外，处理组企业的公司规模（*Size*）、营业收入增长率（*Growth*）、高级管理人员前三名薪酬总额（Ln*Executive_3*）略高于控制组企业，处理组企业两职合一（*Dual*）的情况也较高。各变量标准差结果显示处理组企业离散程度与控制组企业相比大小不一，对此将使用 PSM 缓解内生性问题，提高处理组与控制组的可比性。总体来看，各类指标分布与已有研究结论基本一致。

表 5-4 　　　　　　　　单变量（Treat）分组检验结果

变量	处理组（Treat = 1）		控制组（Treat = 0）			
	Mean	*Std. Dev.*	*Mean*	*Std. Dev.*	*Diff*	t
Lnrd	9.2307	0.0278	8.6659	0.0381	0.5648	11.7275 ***
Lnpatent	3.6644	0.0447	3.2378	0.0447	0.4265	6.6654 ***

续表

变量	处理组（Treat = 1）		控制组（Treat = 0）			
	Mean	Std. Dev.	Mean	Std. Dev.	Diff	t
Efficiency	0.3256	0.0039	0.3250	0.0037	0.0006	0.1133
Lev	0.3918	0.0042	0.4458	0.0043	- 0.0540	- 8.9184 ***
Size	0.0415	0.0246	0.0255	0.0285	0.0160	6.9548 ***
Roa	22.2647	0.0016	22.5899	0.0016	- 0.3252	- 8.5499 ***
Growth	0.1658	0.0076	0.1392	0.0078	0.0266	2.4359 **
LnExecutive_3	14.5942	0.0102	14.5388	0.0091	0.0554	2.5821 ***
Dual	0.2856	0.0151	0.2359	0.0152	0.0498	3.6467 ***
Hld_3	0.4594	0.0033	0.4677	0.0030	- 0.0083	- 1.8600 *
Bsize	8.2774	0.0349	8.4207	0.0345	- 0.1433	- 2.9140 ***
Ind	0.3792	0.0012	0.3802	0.0012	- 0.0010	- 0.5962

资料来源：本表由作者计算所得。

5.2.3 研发费用加计扣除优惠程度与企业创新行为

为了更精确刻画研发费用加计扣除政策优惠程度对企业创新行为的影响，本部分以加计扣除纳税调整率（Creditr）度量企业实际享受到的研发费用加计扣除政策优惠程度，对企业每年享受到的加计扣除纳税调整率（Creditr）由低到高排序分为四分位，再计算每一分位点上加计扣除纳税调整率（Creditr）的年度均值、对应的创新投入（Lnrd）、创新产出（Lnpatent）及创新效率（Efficiency）的均值及中位数，对应关系分别如图5-1~图5-3所示。

在加计扣除纳税调整率（Creditr）的四个分位点上，创新投入（Lnrd）、产出（Lnpatent）及效率（Efficiency）逐次递增，相较于第一分位点，在加计扣除纳税调整率（Creditr）第四分位点上，创新投入（Lnrd）的均值（中位数）增加了5.5%（3.3%），创新产出（Lnpatent）的均值（中位数）增加了24%（20%），创新产出（Efficiency）的均值（中位数）增加了9.6%（16%）。

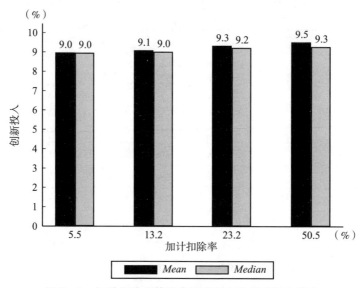

图 5 – 1　加计扣除政策优惠程度与企业创新投入关系

注：此处加计扣除率（*Creditr*）数值为百分比，图 5 – 2、图 5 – 3 同。
资料来源：本图由作者使用 stata 软件计算绘制。

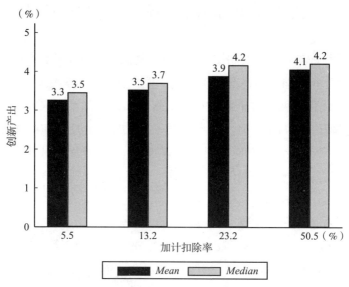

图 5 – 2　加计扣除政策优惠程度与企业创新产出关系

资料来源：本图由作者使用 stata 软件计算绘制。

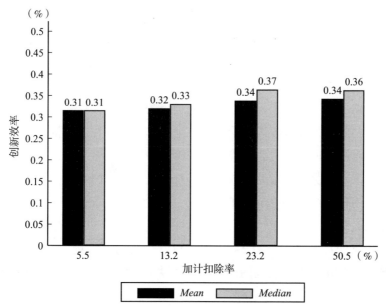

图 5 - 3 加计扣除政策优惠程度与企业创新效率关系

资料来源：本图由作者使用 stata 软件计算绘制。

本部分结果表明，随着企业实际受到的研发费用加计扣除政策优惠力度加大，有效激励了其创新行为，无论是创新投入、产出还是效率，均表现出不同程度的增加，这也为本书后续研究研发费用加计扣除比例的政策调整效果提供了较强的逻辑基础。

5.3 PSM 匹配结果分析

针对原始样本，本部分将从两方面评价 PSM 所得结果的质量。匹配成功的前提是控制组企业可以为处理组企业提供充足的匹配对象，即两组数据拥有充足的重叠部分，对此本书首先进行了共同支撑假设检验。在确保由充足匹配对象后，匹配完成要确保匹配目标实现，即二者差异得到有效削减，对此本书随后进行了平行假设检验。

（1）共同支撑假设检验（common support assumption test）。

根据前面研究设计的具体思路，本部分采用 Logit 模型将虚拟变量 *Treat* 作为被解释变量对协变量进行回归得到倾向得分，协变量选取以上控制变量。为了达到匹配效果，采用核匹配方法对处理组和控制组进行匹配。PSM 首先需要满足共同支撑假设，即对于处理组的企业能够找到与其相似的控制组，其次需要满足平行假设检验，即处理组和控制组在协变量上不存在显著差异，因此还需进行平行假设检验来观测其核匹配是否有效，如果平行假设检验通过，则证明协变量的选取及其匹配方法是有效的。

在使用核匹配的方法进行匹配后，如表 5-5 所示，可以看出在享受加计扣除政策优惠的处理组中，有 2355 个观测值在共同范围内，在未享受政策优惠的控制组中，有 3439 个观测值在共同范围内，对应分别有 11 个、2 个观测值未落在该范围内，表明绝大部分企业都在共同范围内，说明在经过核匹配后，损失样本较少，匹配的效果较好。此外，本部分亦通过图示展示了处理组和控制组的倾向得分共同范围，如图 5-4 所示，处理组和控制组绝大部分样本匹配。

表 5-5 共同支撑假设结果

处理结果分配	共同支撑域		总计
	共同支撑域内	共同支撑域外	
处理组	2355	11	2366
控制组	3439	2	3441
总计	5794	13	5807

资料来源：本表由作者计算所得。

（2）平行假设检验（balancing assumption test）。

PSM 平行假设检验结果具体见表 5-6。根据已有研究，理想的情况是所有协变量在匹配后其标准偏差绝对值不超过 5%，而且 t 检验显示协变量差异不再显著，但一般来说，如果匹配后其标准偏差率不超过 20%，其匹配也是可靠的（Rosenbaum & Rubin，1983）。从本部分 t 检验的结果来看，大部分协变量在匹配前有差异，如资产负债率（*Lev*）、公司规模（*Size*）、资产收益率（Roa）等，但经过匹配后均不显著，即这些协变量在处理组和控制组之间均没有显著差异，说明匹配效果良好。

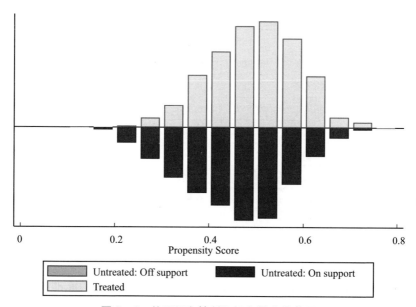

图 5 - 4   处理组和控制组倾向得分值范围

资料来源：本图由作者使用 stata 软件计算绘制。

表 5 - 6   平行假设检验结果

协变量	样本	均值		偏差（%）	偏差减少（%）	t 检验 P 值
		处理组	控制组			
Lev	匹配前	0.392	0.446	-27.9	91.7	0.000
	匹配后	0.392	0.396	-2.3		0.450
Size	匹配前	22.248	22.572	-27.2	95.8	0.000
	匹配后	22.162	22.249	1.1		0.804
Roa	匹配前	0.041	0.027	18.6	76.6	0.000
	匹配后	0.040	0.036	4.3		0.368
Growth	匹配前	0.224	0.191	9.6	80.2	0.052
	匹配后	0.222	0.216	1.9		0.713

续表

| 协变量 | 样本 | 均值 | | 偏差（%） | 偏差减少（%） | t 检验 |
		处理组	控制组			P 值
lnExecutive_3	匹配前	14.538	14.497	6.1	64.5	0.215
	匹配后	14.536	14.521	2.2		0.666
Dual	匹配前	0.286	0.240	10.4	71.3	0.035
	匹配后	0.285	0.272	3.0		0.566
Hld_3	匹配前	46.547	46.950	−2.9	44.0	0.562
	匹配后	46.580	46.000	4.1		0.408
Bsize	匹配前	8.276	8.445	−10.6	89.0	0.031
	匹配后	8.283	8.265	1.2		0.810
Ind	匹配前	0.3799	0.3789	1.90	−118.10	0.670
	匹配后	0.3799	0.3776	4.20		1.450

资料来源：本表由作者计算所得。

可以看出，与匹配前相比，绝大部分协变量在匹配后的标准差绝对值都在 5% 以下，所有协变量匹配后标准差均在 10% 以下，说明匹配是有效的。因此，根据以上的检验结果可以看出本部分的核匹配是有效的，其协变量的选取也是合理的，经过匹配后处理组和控制组特征基本相似，为进一步使用 PSM – DID 方法提供了可行性。倾向得分匹配后，本部分进一步删除了不在共同区域的处理组和控制组企业，后续进行的 DID 模型检验均使用匹配后的数据。为满足后续效率测算，需要将样本调整为平衡面板数据，经过处理后最终得到处理组、控制组各 2063 个公司—年观测值。

5.4 研发费用加计扣除政策调整效果检验与分析

5.4.1 基准检验

表 5 – 7 列示了式（5.3）与模型（5.4）的回归结果。$Treat \times Time$ 的系

数表示加计扣除比例提升对企业创新行为的净作用。$Treat \times Time^{2018}$、$Treat \times Time^{2019}$ 与 $Treat \times Time^{2020}$ 的系数分别代表了这一政策调整在 2018～2020 年各年对创新行为的净作用。

表 5 – 7　　　　　　　　　　　　　基准回归结果

变量	Lnrd		Lnpatent		Efficiency	
	(1)	(2)	(3)	(4)	(5)	(6)
$Treat \times Time$	0.1558 *** (7.5518)		0.4025 *** (5.8255)		0.0362 *** (4.8532)	
$Treat \times Time^{2018}$		0.1544 *** (8.2358)		0.4453 *** (6.9171)		0.0397 *** (5.6120)
$Treat \times Time^{2019}$		0.1657 *** (6.6995)		0.5884 *** (6.9444)		0.0518 *** (5.6106)
$Treat \times Time^{2020}$		0.1646 *** (4.8061)		– 0.4740 *** (– 3.8776)		– 0.0365 *** (– 2.9157)
Lev	– 1.4945 *** (– 2.8499)	– 1.4975 *** (– 2.8536)	– 1.3350 *** (– 4.3570)	– 1.3237 *** (– 4.4071)	– 0.1382 *** (– 4.0884)	– 0.1372 *** (– 4.1326)
Size	– 0.3487 ** (– 2.2358)	– 0.3490 ** (– 2.2501)	– 0.0551 (– 0.4813)	– 0.0429 (– 0.3715)	– 0.0613 *** (– 5.0361)	– 0.0603 *** (– 4.8887)
Roa	8.0051 *** (6.1065)	7.9756 *** (6.0384)	0.9287 ** (2.1419)	1.2299 *** (2.9754)	0.1652 *** (3.5217)	0.1902 *** (4.2024)
Growth	0.3523 *** (2.8037)	0.3550 *** (2.8189)	0.2332 *** (4.0656)	0.2273 *** (4.0433)	0.0201 *** (3.3714)	0.0196 *** (3.3308)
LnExecutive_3	0.7198 *** (6.1417)	0.7175 *** (6.1066)	0.2562 *** (3.0796)	0.2535 *** (3.1208)	0.0184 ** (2.1431)	0.0182 ** (2.1409)
Dual	0.0529 (0.4302)	0.0511 (0.4152)	– 0.0023 (– 0.0247)	– 0.0046 (– 0.0494)	– 0.0016 (– 0.1643)	– 0.0018 (– 0.1853)
Hld_3	– 3.0772 *** (– 3.8544)	– 3.0418 *** (– 3.7649)	– 0.5461 (– 0.9371)	– 1.0408 * (– 1.8174)	– 0.0221 (– 0.3380)	– 0.0632 (– 0.9692)
Bsize	– 0.2535 *** (– 4.0471)	– 0.2534 *** (– 4.0459)	– 0.1043 ** (– 2.4879)	– 0.1040 ** (– 2.5605)	– 0.0089 ** (– 2.3154)	– 0.0088 ** (– 2.3337)

续表

变量	Lnrd		Lnpatent		Efficiency	
	(1)	(2)	(3)	(4)	(5)	(6)
Ind	-3.2301 *** (-2.7240)	-3.2053 *** (-2.7052)	-1.3032 (-1.5087)	-1.6151 * (-1.9194)	-0.1321 (-1.5846)	-0.1580 * (-1.9157)
Cons	10.6232 *** (3.1097)	10.6536 *** (3.1342)	4.0837 (1.5725)	4.0298 (1.5394)	1.7373 *** (6.1134)	1.7329 *** (6.0317)
时间固定效应	控制					
个体固定效应	控制					
行业时间趋势	控制					
观测值	4126	4126	4126	4126	4126	4126
R - squared	0.216	0.216	0.324	0.361	0.386	0.407

注：括号内为 t 值；*** 、** 和 * 分别表示在 1%、5% 和 10% 的水平上显著。
资料来源：本表由作者计算所得。

表 5-7 中列（1）主要关注本次政策调整对企业创新投入（Lnrd）的影响。其中，$Treat \times Time$ 的系数为 0.1558，且在 1% 的水平上正向显著，表明加计扣除比例提升对创新投入带来了净激励效果，支持了假设 H_1。列（3）中 $Treat \times Time$ 这一交互项系数依然在 1% 的水平上正向显著，与列（1）分析相似，即有效激励了企业创新产出（Lnpatent），有力支持了假设 H_2。列（5）中这一交互项系数为 0.0362，亦通过了显著性 1% 的检验，即研发费用加计扣除比例提升有助于企业创新效率（Efficiency）的改善，验证了本书假设 H_{3a}。控制变量中，企业的资产收益率（Roa）、营业收入增长率（Growth）与创新投入、产出及效率均呈现正向显著，说明经营业绩是企业创新行为的有力支撑；资产负债率（Lev）则与各类创新指标均呈现显著负相关关系，表明较高的资产负债率不利于企业创新活动，符合既有结论与企业现实。此外，高级管理人员前三名薪酬总额（LnExecutive_3）这一变量与企业创新行为也呈现显著的正相关关系，表明较高的薪酬有助于激励管理人员进行风险性投资。公司治理方面，董事会规模（Bsize）则与创新投入、产出及效率均呈现负显著，表明董事会人数提高对企业创新行为有抑制作用。

表 5 – 7 中列（2）、列（4）和列（6）为模型（5.4）回归结果，反映了政策实施后各年效果。在列（2）中，$Treat \times Time^{2018}$、$Treat \times Time^{2019}$ 与 $Treat \times Time^{2020}$ 这三个交互项的系数均在 1% 的水平上呈现正向显著，表明加计扣除比例提升在实施后三年里，每年均对企业创新投入有着显著激励效果，反映了加计扣除比例调整的效果有一定的持续性。与此同时，列（2）显示交互项系数 $Treat \times Time^{2019}$ 与 $Treat \times Time^{2020}$ 则相较于 $Treat \times Time^{2018}$ 有所增大，表明随着时间推移，政策对企业创新投入激励效果逐渐提升。这可能是由于财税〔2018〕99 号文件的颁布时间为 2018 年 9 月 20 日，企业在政策颁布当年难以根据政策立刻大幅度重新调整研发计划与资源配置，使得政策效果还未完全反映出来，在后续年度则相对有较为宽裕的时间合理调整创新策略，使得政策效果逐渐显现。在列（4）中仅 $Treat \times Time^{2018}$ 与 $Treat \times Time^{2019}$ 的系数在 1% 水平上正向显著，$Treat \times Time^{2020}$ 的系数则为 – 0.4740，且在 1% 的水平上显著。与这一情况类似，针对创新效率（$Efficiency$）的检验中，$Treat \times Time^{2018}$、$Treat \times Time^{2019}$ 与 $Treat \times Time^{2020}$ 的系数分别为 0.0397、0.0518、– 0.0365，也呈现了这一规律。该结果表明对于创新产出及效率而言，政策实施第三年对创新产出产生并未像前两年一般带来积极作用，该政策对企业创新活动产出激励的持续性较弱。这一现象启发我们，随着时间的推移，创新产出与效率未与创新投入同步增长，极有可能反映了企业账面创新投入是有"水分"的，创新投入的增长可能是由向上研发操纵导致，对此本书将在后续章节进一步展开分析。

5.4.2 稳健性检验

（1）随机生成处理组。

为缓解测量误差导致估计结果可能产生的偏误，本部分通过随机生成"伪"处理组与控制组进行安慰剂检验。将处理组企业的 $Treat^{fake}$ 设定为 1，控制组企业设定为 0，用新设定的 $Treat^{fake}$ 变量与前面所提到的时间虚拟变量 $Time$ 相乘，构建新的交互项 $Treat^{fake} \times Time$。最后将其代入模型（5.3）中重新计算，观察交互项 $Treat^{fake} \times Time$ 的系数显著性。随机指定的"伪"处理组与真实处理组截然不同，因此得到的交互项系数应当不显著，即其系数应当不会显著地偏离0。同时，为避免小概率情况出现对估计结果产生影响，此处将循环上述环节1000次，并且观测与记录交互项系数大小与显著性。

图5-5列示了针对创新投入（Lnrd）、产出（Lnpatent）与效率（Efficiency）回归中 $Treat^{fake} \times Time$ 的系数值与P值分布图。图5-5左侧的创新投入图中，纵向虚线是估计系数为0的情况，横向虚线是P值为0.1的情况。可以看出，大部分P值大于0.1，可以认为交互项系数与0在统计学意义上不存在显著差异，同时交互项系数集中分布在0两侧。这均表明该系数的估计值不存在严重测量误差问题。创新产出与创新效率结果与创新投入类似，不再进行详细说明。

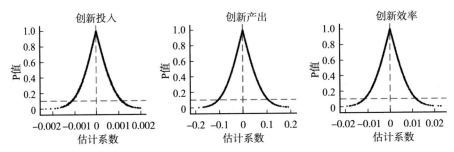

图5-5　随机生成处理组检验结果

资料来源：本图由作者使用 stata 软件计算绘制。

（2）缩小样本范围。

制造业是国之重器，是实体经济的重要组成部分，当前形势下我国制造业脱实向虚的趋势使得实体经济愈加困难，加快制造业的转型升级、壮大实体经济刻不容缓，在此形势下，《财政部　税务总局关于进一步完善研发费用税前加计扣除政策的公告》（财政部　税务总局公告2021年第13号）规定，自2021年1月1日起制造业企业研发费用加计扣除比例由75%提高至100%，可见制造业企业是我国研发费用加计扣除政策的重点扶持对象。因此，本部分借鉴任灿灿等（2021）、贺康等（2020）的做法将样本限定于制造业企业，以排除前述结果由特殊样本企业驱动的可能性。表5-8列（1）、列（3）与列（5）中交互项 $Treat \times Time$ 的系数均在1%水平上正向显著，验证了加计扣除比例提升到75%对制造业企业创新投入（Lnrd）、产出（Lnpatent）与效率（*Efficiency*）的积极影响，符合国家政策调整初衷，与前述结论相互印证。

表 5 - 8　　　　　　　　　缩小样本范围检验结果

变量	Lnrd		Lnpatent		Efficiency	
	（1）	（2）	（3）	（4）	（5）	（6）
$Treat \times Time$	0.1559 *** (6.3793)		0.4624 *** (6.1162)		0.0398 *** (4.8576)	
$Treat \times Time^{2018}$		0.1482 *** (6.9031)		0.4696 *** (6.8192)		0.0410 *** (5.3749)
$Treat \times Time^{2019}$		0.1650 *** (5.9223)		0.6567 *** (6.8910)		0.0555 *** (5.3398)
$Treat \times Time^{2020}$		0.1631 *** (4.1146)		- 0.4131 *** (- 2.9900)		- 0.0362 ** (- 2.5707)
Lev	- 1.8963 *** (- 3.4711)	- 1.9004 *** (- 3.4722)	- 1.2982 *** (- 3.8830)	- 1.3004 *** (- 4.0338)	- 0.1315 *** (- 3.5945)	- 0.1317 *** (- 3.7311)
Size	- 0.2146 (- 1.3066)	- 0.2152 (- 1.3163)	- 0.0519 (- 0.3894)	- 0.0465 (- 0.3618)	- 0.0584 *** (- 4.0618)	- 0.0579 *** (- 4.1152)
Roa	6.3551 *** (7.1391)	6.3201 *** (7.0478)	1.0893 ** (2.0938)	1.4071 *** (2.8499)	0.1669 *** (3.0354)	0.1946 *** (3.6946)
Growth	0.5104 *** (4.4247)	0.5152 *** (4.4682)	0.3031 *** (4.0950)	0.2975 *** (4.1010)	0.0248 *** (3.1755)	0.0243 *** (3.1375)
LnExecutive_3	0.6838 *** (5.0763)	0.6813 *** (5.0412)	0.1641 * (1.7670)	0.1596 * (1.7742)	0.0100 (1.0454)	0.0096 (1.0261)
Dual	- 0.0301 (- 0.2366)	- 0.0348 (- 0.2734)	- 0.1201 (- 1.1137)	- 0.1147 (- 1.0856)	- 0.0112 (- 0.9775)	- 0.0107 (- 0.9445)
Hld_3	- 3.0691 *** (- 3.3469)	- 3.0094 *** (- 3.2362)	- 0.3777 (- 0.5858)	- 0.8901 (- 1.4160)	0.0098 (0.1327)	- 0.0348 (- 0.4745)
Bsize	- 0.2777 *** (- 3.8235)	- 0.2776 *** (- 3.8220)	- 0.0984 ** (- 2.0480)	- 0.1002 ** (- 2.1696)	- 0.0085 * (- 1.9309)	- 0.0086 ** (- 2.0013)

续表

变量	Lnrd		Lnpatent		Efficiency	
	（1）	（2）	（3）	（4）	（5）	（6）
Ind	-2.8887^{**} (-2.1208)	-2.8388^{**} (-2.0848)	-0.8300 (-0.8741)	-1.3191 (-1.4342)	-0.0974 (-1.0571)	-0.1399 (-1.5431)
Cons	8.6751^{**} (2.3616)	8.7066^{**} (2.3796)	5.3134^{*} (1.8118)	5.5225^{*} (1.9373)	1.7821^{***} (5.3757)	1.7998^{***} (5.4990)
时间固定效应	控制					
个体固定效应	控制					
行业时间趋势	控制					
观测值	3245	3245	3245	3245	3245	3245
R - squared	0.197	0.198	0.339	0.377	0.405	0.428

注：括号内为 t 值；***、** 和 * 分别表示在 1%、5% 和 10% 的水平上显著。
资料来源：本表由作者计算所得。

表 5 - 8 列（2）中的 $Treat \times Time^{2018}$、$Treat \times Time^{2019}$ 与 $Treat \times Time^{2020}$ 系数均在 1% 水平上正向显著，并且在后两年有所提高，表明研发费用加计扣除比例提升后对制造业企业创新投入激励效果逐渐增大，与前述结论一致。针对创新产出与效率，表 5 - 8 列（4）与列（6）中各交互项系数与基准检验一致，也是在 2018 年、2019 年呈现正向显著，而在 2020 年为负向显著，再次支持了前述研究。

总体来看，本部分结果表明，前述结论并非由特殊样本企业驱动，具有一定的稳健性。

（3）替换被解释变量。

在前述研究中，创新投入（Lnrd）由企业研发支出取对数衡量，但该指标属于绝对数，在不同企业间缺乏比较性。同时，企业创新产出（Lnpatent）与企业创新效率（*Efficiency*）指标基于企业当期专利获得数计算，由于企业从研发到专利形成与专利审批具有时滞性，可能并不能及时反映政策效果。鉴于此，本部分将前面使用的被解释变量做以下调整：使用研发支出除以总资产进行标准化处理测算创新投入（*Inrd*）；使用企业专利申请数加一取对数测算创新产出（Lnpatents）；创新效率（*Efficiencys*）则基于专利申请数再次使用 SFA 模型计算得到。

表 5 - 9 列（1）、列（3）与列（5）中交互项 *Treat × Time* 的系数方向及显著性与表 5 - 7 中对应结果基本一致，再次验证了本书已有研究结论。同时，表 5 - 9 列（2）、列（4）与列（6）中 $Treat \times Time^{2018}$、$Treat \times Time^{2019}$ 与 $Treat \times Time^{2020}$ 的系数及方向与前面一致，且均通过了不同程度的显著性检验。总体来看与前述研究结果一致，再次论证了前述观点。

表 5 - 9　　　　　　　　替换被解释变量回归结果

变量	*Inrd*		*Lnpatents*		*Efficiencys*	
	（1）	（2）	（3）	（4）	（5）	（6）
$Treat \times Time$	0.0037 *** (6.2024)		0.2944 *** (5.5658)		0.0511 *** (7.8457)	
$Treat \times Time^{2018}$		0.0032 *** (6.3437)		0.3081 *** (6.2161)		0.0468 *** (8.5101)
$Treat \times Time^{2019}$		0.0046 *** (6.0694)		0.4214 *** (6.3020)		0.0572 *** (6.9432)
$Treat \times Time^{2020}$		0.0035 *** (3.4586)		- 0.2143 ** (- 2.5078)		- 0.0551 *** (- 4.9151)
Lev	- 0.0018 (- 0.4742)	- 0.0018 (- 0.4802)	- 0.8455 *** (- 3.3130)	- 0.8395 *** (- 3.3040)	- 0.1387 *** (- 3.0110)	- 0.1389 *** (- 3.0127)
Size	- 0.0060 *** (- 6.5242)	- 0.0060 *** (- 6.5155)	- 0.1213 (- 1.5975)	- 0.1141 (- 1.5110)	- 0.0970 *** (- 6.4387)	- 0.0970 *** (- 6.4784)
Roa	0.0143 (1.6209)	0.0142 (1.6036)	0.6990 ** (2.2341)	0.8709 *** (2.7861)	0.7320 *** (6.9451)	0.7296 *** (6.8629)
Growth	- 0.0002 (- 0.2600)	- 0.0002 (- 0.2315)	0.1437 *** (3.6157)	0.1409 *** (3.5894)	0.0315 *** (3.0442)	0.0317 *** (3.0601)
Ln*Executive_3*	0.0036 *** (5.1585)	0.0036 *** (5.1123)	0.2568 *** (4.1349)	0.2546 *** (4.2050)	0.0545 *** (5.7467)	0.0542 *** (5.7105)

续表

变量	Inrd		Lnpatents		Efficiencys	
	（1）	（2）	（3）	（4）	（5）	（6）
Dual	− 0. 0004 （ − 0. 5199）	− 0. 0005 （ − 0. 5452）	− 0. 0310 （ − 0. 5207）	− 0. 0328 （ − 0. 5563）	0. 0052 （0. 5170）	0. 0050 （0. 5002）
Hld_3	− 0. 0071 （ − 1. 3758）	− 0. 0072 （ − 1. 3892）	− 0. 6107 （ − 1. 3602）	− 0. 8963 ** （ − 2. 0149）	− 0. 2172 *** （ − 3. 0419）	− 0. 2144 *** （ − 2. 9687）
Bsize	− 0. 0003 （ − 0. 7825）	− 0. 0003 （ − 0. 7777）	− 0. 0714 ** （ − 2. 2490）	− 0. 0711 ** （ − 2. 2985）	− 0. 0232 *** （ − 4. 1986）	− 0. 0232 *** （ − 4. 1997）
Ind	− 0. 0011 （ − 0. 1459）	− 0. 0011 （ − 0. 1462）	− 1. 3626 ** （ − 1. 9780）	− 1. 5420 ** （ − 2. 2976）	− 0. 3448 *** （ − 3. 3679）	− 0. 3428 *** （ − 3. 3567）
Cons	0. 1097 *** （4. 8185）	0. 1100 *** （4. 8308）	2. 9590 * （1. 6598）	2. 9345 （1. 6385）	2. 5506 *** （7. 5537）	2. 5533 *** （7. 5993）
时间固定效应	控制					
个体固定效应	控制					
行业时间趋势	控制					
观测值	4126	4126	4126	4126	4126	4126
R − squared	0. 083	0. 084	0. 126	0. 161	0. 250	0. 250

注：括号内为 t 值；*** 、** 和 * 分别表示在 1% 、5% 和 10% 的水平上显著。
资料来源：本表由作者计算所得。

5.4.3　进一步分析

前面以样本期内均享受加计扣除的企业作为处理组进行 DID 设计，可以对此政策的调整效果进行识别，即检验研发费用加计扣除比例提高的净效应。值得注意的是，财税〔2018〕99 号文件出台后，加计扣除比例的提高可能会吸引以往未享受税收优惠的企业进行申请，对于这些企业加计扣除属于"新增"政策，这点在本书数据整理过程中也得以验证。因此，本部分探讨了新增企业的政策效果，即加计扣除 75% 政策的"吸引"效应。具体处理时，将样本期内从 2018 年才开始申请享受加计扣除政策的企业作为处理组，控制组与前面一致①，再次使用 DID 模型进行回归，得到结果如表 5 – 10 所示。

表 5 – 10　　　　　　　　　　政策调整"吸引"效应检验

变量	Lnrd		Lnpatent		Efficiency	
	(1)	(2)	(3)	(4)	(5)	(6)
$Treat \times Time$	– 0.0259 (– 0.3896)		– 0.6301 *** (– 6.0787)		– 0.0805 *** (– 8.6699)	
$Treat \times Time^{2018}$		0.0970 (1.3990)		– 0.0230 (– 0.2127)		– 0.0239 ** (– 2.4061)
$Treat \times Time^{2019}$		0.0353 (0.4283)		– 0.3409 *** (– 2.6095)		– 0.0550 *** (– 4.5995)
$Treat \times Time^{2020}$		– 0.2883 *** (– 3.2038)		– 1.9097 *** (– 11.5846)		– 0.1979 *** (– 13.7685)
Lev	0.7265 *** (3.2056)	0.7291 *** (3.2155)	0.1876 (0.9662)	0.2005 (1.0982)	0.0277 (1.5101)	0.0289 * (1.6889)
Roa	4.7100 *** (12.9250)	4.7751 *** (13.5775)	0.4609 (1.4753)	0.7776 *** (3.2237)	0.1049 *** (3.4926)	0.1338 *** (5.6099)
$Size$	– 0.0441 (– 0.6549)	– 0.0467 (– 0.7021)	0.0450 (0.7064)	0.0317 (0.5198)	– 0.0173 *** (– 2.8703)	– 0.0185 *** (– 3.2644)
$Growth$	0.2364 *** (4.1724)	0.2365 *** (4.1921)	0.1204 *** (3.5592)	0.1209 *** (3.9241)	0.0121 *** (3.3794)	0.0121 *** (3.6938)
$Dual$	0.4906 *** (8.2887)	0.4961 *** (8.4552)	0.0610 (0.8911)	0.0876 (1.4797)	0.0134 ** (2.1423)	0.0159 *** (2.9592)
$LnExecutive\_3$	– 0.0190 (– 0.4138)	– 0.0176 (– 0.3921)	– 0.0009 (– 0.0158)	0.0061 (0.1135)	– 0.0017 (– 0.3054)	– 0.0010 (– 0.1986)
Hld_3	– 1.0763 *** (– 2.9053)	– 1.1581 *** (– 3.1738)	0.0184 (0.0599)	– 0.3816 (– 1.4282)	0.0320 (1.1510)	– 0.0048 (– 0.1988)
$Bsize$	– 0.0946 *** (– 4.7411)	– 0.0957 *** (– 4.8868)	– 0.0477 ** (– 2.3845)	– 0.0528 *** (– 3.4686)	– 0.0050 *** (– 2.9461)	– 0.0055 *** (– 4.0396)

① 此处处理组、控制组的设置则符合传统 DID 场景。

续表

变量	Lnrd		Lnpatent		Efficiency	
	(1)	(2)	(3)	(4)	(5)	(6)
Ind	−3.8976*** (−9.3104)	−3.8222*** (−9.1384)	−2.5242*** (−5.7551)	−2.1552*** (−5.8255)	−0.2611*** (−6.6355)	−0.2271*** (−6.6722)
Cons	5.9081*** (3.8621)	5.9429*** (3.8951)	1.6390 (1.1555)	1.8108 (1.3435)	0.6676*** (4.6323)	0.6836*** (5.0620)
时间固定效应	控制					
个体固定效应	控制					
行业时间趋势	控制					
观测值	2610	2610	2610	2610	2610	2610
R − squared	0.478	0.485	0.197	0.399	0.249	0.430

注：括号内为 t 值；***、** 和 * 分别表示在1%、5%和10%的水平上显著。
资料来源：本表由作者计算所得。

表5-10列（1）中，$Treat \times Time$ 系数为 −0.0259，且并不显著，表明加计扣除比例调整后，对于首次申请的企业，其创新投入（Lnrd）并未呈现显著提高。列（2）中交互项系数仅有 $Treat \times Time^{2020}$ 的系数负向显著，表明对于新申请享受企业，加计扣除对于创新投入的积极政策效果也没有一定的持续性。创新产出（Lnpatent）与效率方面（Efficiency）的结果亦与前面不同，表5-10中列（3）与列（5）交互项 $Treat \times Time$ 的系数均显著为负，表明加计扣除政策调整后，对于首次享受该政策的企业而言，其创新产出与创新效率反而受到了该政策的抑制作用。同时，表5-10列（4）与列（6）中各交互项 $Treat \times Time^{2018}$、$Treat \times Time^{2019}$ 与 $Treat \times Time^{2020}$ 的系数均为负数，绝对值逐渐增大，表明其对创新产出与效率的负面作用不断扩大。出现该结果可能是由于：第一，与一直申请加计扣除比例的企业相比，高加计扣除比例下才进行税收优惠申请的企业可能属于创新意愿较弱、套取相关经济利益动机较强的类型（Labeaga et al., 2021），从而导致了政策效果偏离；第二，长期享受加计扣除的企业对于税收优惠带来的额外经济资源往往拥有充分的管理经验与配置能力，相比之下，首次享受加计扣除政策的企业较为缺乏这些经验与能力，可能导致资源利用效率低下。

5.5　基于区域样本的再检验

本部分选择山西省制造业上市公司作为子样本，再次检验了研发费用加计扣除政策的实施及调整对企业创新行为的影响，原因如下。

首先，作者所在单位处于山西省，多年来紧密关注山西省企业的发展情况，曾多次赴企业对其创新活动及政策享受情况进行调研访谈，因而不仅便于验证实证结果与企业现实表现的一致性，更可以提供区域内有针对性的结论。

其次，我国各地区经济发展极不均衡，根据第4章对企业研发费用加计扣除政策享受情况的梳理可知，在全国范围内，山西省内上市公司数量、享受研发费用加计扣除政策的企业数量均处于低位，那么该政策的实施及调整对于类似山西省这些经济欠发达地区而言是否依然有一定的效果？仅通过前面基于全国大样本的检验无法提供具体信息，选取此区域内样本则可以进行进一步探讨。

最后，作为在国计民生和国家战略层面发挥举足轻重作用的行业，制造业也是山西省经济的发展之要，山西省制造业的创新发展是省域经济综合竞争力的重要体现。多年来，山西省制造业存在规模小、创新弱、传统行业占比大的特点，亟待通过技术创新和转型升级赢得竞争优势。用好用足现有税收优惠政策，尤其是普惠性强、覆盖面广的研发费用加计扣除税收优惠政策，是助推制造业企业核心竞争力提升的有效手段。

基于此，本书拟在对山西省制造业企业加计扣除政策享受情况进行全面统计的基础上，量化分析政策效果，可以以山西省为代表性样本，提供来自经济欠发达地区的相关结论。

5.5.1　样本选取与研究设计

本部分选择2015～2020年山西省A股制造业上市公司为原始样本[①]，

[①]　此处涵盖了2015年样本以增加观测值。

将山西制造业企业研发费用加计扣除政策享受情况划分为三个层次，分别为企业享受与否、实际受到的税收优惠程度、享受的持续性程度，并使用以下指标进行度量[①]。

（1）企业享受与否（*Dummy*）。*Dummy* 为哑变量，若企业享受加计扣除政策，则 *Dummy* 取值为 1，否则为 0。

（2）实际受到的税收优惠程度（Ln*Credit*）。为企业受到的研发费用加计扣除纳税调整额取对数。

（3）享受的持续性程度（*Persistent*）。度量方式与第 4 章一致。

囿于样本数较少，该部分并未使用 PSM – DID 模型，创新活动则分别使用创新投入（Ln*rd*）、创新产出（Ln*patent*）来度量[②]。

5.5.2　区域样本企业研发费用加计扣除享受情况梳理

（1）政策宣传环境分析。

为进一步加强企业研发费用加计扣除税收优惠的全面落实，山西省各地市都进行了大力鼓励宣传举措，本书通过网络平台搜索，对各类代表性新闻予以整理，以此来反映当前该政策在山西省内的宣传环境，具体如表 5 – 11 所示。

表 5 – 11　　　　　　　　　山西省内各地代表性新闻

发布机关	具体新闻
山西省税务等	山西 7 部门联合发文落实研发费用加计扣除政策：2022 年 11 月初，山西省税务、发改、科技、工信、财政、统计、中小企业局 7 部门联合印发《关于进一步落实研发费用加计扣除政策促进科技创新发展的通知》，支持科技创新税收优惠政策特别是研发费用加计扣除政策，鼓励企业加大研发投入，更好发挥科技创新对全方位高质量发展的支撑引领作用

---

①　为了与后面回归模型中变量的设置保持统一，此处对企业享受研发费用加计扣除政策情况的测度与第 4 章稍有不同，但内涵一致。

②　由于将样本转为平衡面板计算创新效率（*Efficiency*）后，观测值较少，无法充分保证回归结果的有效性，因而本部分仅针对创新投入及产出进行实证分析。

发布机关	具体新闻
山西省税务局	为进一步做好研发费用税前加计扣除优惠政策的贯彻落实工作,激励企业加大研发投入,支持科技创新,切实帮助纳税人用足用好政策,山西省税务局分别于 2021 年 5 月 12 日、2021 年 9 月 24 日、2022 年 9 月 29 日举办了《研发费用加计扣除税收优惠政策》《最新研发费用加计扣除政策解读》《科技型中小企业研发费用加计扣除政策解读》在线访谈活动
长治市潞城区税务局	2022 年 11 月,为进一步提升企业研发积极性、激发企业创新活力,国家税务总局长治市潞城区税务局精准落实研发费用加计扣除优惠政策,采取定向宣传、建立政策落实跟踪机制、对政策落实情况及时回访等措施。长治市潞城区实现了全量科技企业享受研发费用加计扣除政策,为企业科技创新、产品升级再赋能
临汾市曲沃县税务局	为深入推进税务精细化、个性化服务,国家税务总局临汾市曲沃县税务局结合党史学习教育和"我为纳税人缴费人办实事"活动,梳理研发费用加计扣除优惠清单,实现政策精准兑现,红利直达快享,推动企业向价值链中高端跃进。 ①2020 年,山西晋南钢铁集团有限公司享受企业所得税加计扣除 5.22 亿元,减免税款将近 1 亿元,该企业财务总监声称将合理利用这笔资金进行环保升级,继续加大研发投入、推动产品研发。 ②曲沃县税务局通过靶向辅导、精确宣传、精准到人,为纳税人提供 24 小时在线服务,打造全方位办税体验。多项措施跟进服务,确保纳税人充分享受真金白银的税费红利。 ③根据企业所得税缴纳数据显示,2020 年,曲沃县全县企业研发费用税前加计扣除户数达 15 户,加计扣除额为 9.32 亿元,同比增长了 35.35%
阳泉市税务局	山西省阳泉市以研发费用加计扣除助推企业创新动力,该地税务局秉持主动服务地方经济发展的理念,利用信息化手段主动提醒纳税人及时享受优惠政策,受惠企业户数及加计扣除金额攀升,有利于增强企业自主创新能力、激发企业创新活力,有力促进企业高质量发展。 ①阳泉市 2021 年享受研发费用税前加计扣除优惠政策的企业户数同比增长 20%,减免税额同比增长 156.52%。从行业来看,受惠企业及行业的集中度偏高,超四成受惠企业集中于制造业。阳泉市 2021 年受惠的制造业占全部受惠企业的 39.86%。从细分行业看,耐火陶瓷制品及其他耐火材料制造业的受惠户数高于石灰和石膏制造业的受惠户数 2 倍。相对于制造业、采矿业以及三大企业集团,阳泉市其他战略性新兴产业以及生产性服务业的研发投入略显不足。交通运输、仓储和邮政业,农、林、牧、渔业,水利、环境和公共设施管理业虽然一直有企业享受加计扣除政策,但总额不高,同比分别下降 37.04%、65.96%、50%。从企业规模来看,受惠企业集中在了中型企业。受惠企业占比仅 10.34% 的中型企业和占比 87.5% 的小微企业减免税额占比均超过了四成,呈现中型企业户数少减免税额高的特点。从企业类型来看,受惠企业类型主要为其他有限责任公司,其减免税额占全部减免税额的 58.20%。从地区分布来看,地区间享受优惠情况差异较大。阳泉市开发区、平定、郊区受惠企业户数位列前三,占比分别为 47.83%、21.01%、10.14%;矿区、平定、郊区减免税额位列前三,占比分别为 20.59%、19.75%、19.75%

发布机关	具体新闻
阳泉市税务局	②2022年，为做好加计扣除政策宣传，简化申报手续，阳泉市税务部门将线下"面对面"与线上"点对点"相结合，积极开展"送政策上门"服务活动。加计扣除政策的实施涉及多个部门，为确保政策"应享尽享"，阳泉市税务局计划形成多部门共同宣传的工作机制，加强税务、科技等部门的沟通与交流，并建立多部门共享的一体化数据平台
朔州市应县税务局	国家税务总局朔州市应县税务局为落实新的组合式税费支持政策，确保"政策红利"转化为"真金白银"，创新实施多项举措，一方面利用税收大数据精准筛选辖区内符合条件的纳税人，明确政策适用范围、实操流程，采取"点对点"精准滴灌，全力确保纳税人及时了解、准确掌握、充分享受政策红利；另一方面建立各税收政策落实工作台账，摸清复工复产企业底数，依托远程帮办服务群、征纳互动平台问需于企，畅通问题反馈渠道，提供"一对一"答疑解难和纾困支持

资料来源：本表由作者根据网站信息整理所得。

　　由表5-11可见，山西省多地对企业研发费用加计扣除政策情况的落实情况高度重视，对其效果进行了媒体宣传，再次印证了该政策的普惠性、影响性较为广泛。

　　（2）区域内分年度统计。

　　图5-6~图5-7分别列示了山西省制造业上市公司享受加计扣除情况分年度统计的趋势。在样本期内，企业享受的数量（*Number*）由2015年的5家增长到2020年的13家；而享受的税收优惠纳税调整额（*Credit*）则大约扩大了4倍，由1570650元上升为2020年的5670977元，无论是享受数量以及优惠程度，总体呈现大幅度上升，表明随着加计扣除政策的推广实施，山西省制造业企业申请享受的积极性高涨，实际享受的税收红利也有所提高，这一趋势和前面全样本的统计情况一致。

　　（3）区域内分地区统计。

　　图5-8~图5-10分别列示了山西省制造业上市公司享受加计扣除情况分地区统计的分布。如图5-8所示，在山西省制造业上市公司中，享受数量（*Number*）较高的地区为太原市，运城市次之，吕梁市则享受数量最低。如图5-9所示，就企业享受的税收优惠程度（*Credit*）来看，晋中市和阳泉市制造业企业受惠程度较高，吕梁市及长治市较低。从图5-10的持续

性指标（*Persistent*）来看，忻州市及太原市企业申请持续性较强，临汾市、长治市及吕梁市企业持续性较弱，其他地区则在不同指标下表现不一。总体来看，晋中市、太原市制造业企业研发费用加计扣除落实情况较好，受惠程度较高，而吕梁市、长治市企业则需要进一步推进。

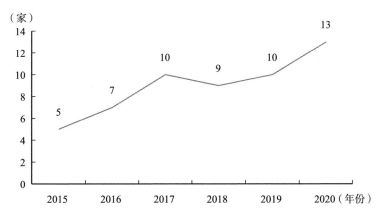

图5-6　山西省制造业企业享受加计扣除政策数量（*Number*）年度趋势

资料来源：本图由作者依据样本数据自行绘制。

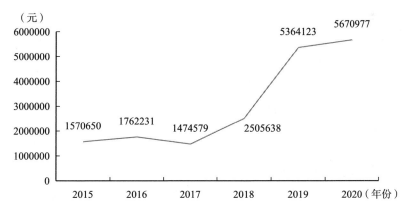

图5-7　山西省制造业企业税收优惠程度（*Credit*）均值年度趋势

资料来源：本图由作者依据样本数据自行绘制。

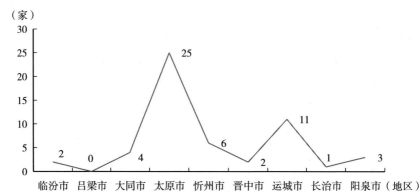

图 5 - 8   山西省制造业企业享受加计扣除政策数量（*Number*）分地区统计

资料来源：本图由作者依据样本数据自行绘制。

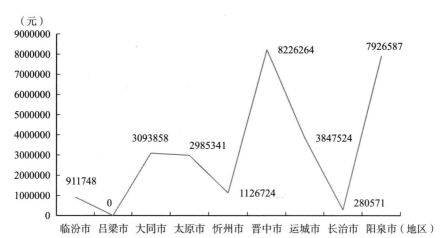

图 5 - 9   山西省制造业企业税收优惠程度（*Credit*）均值分地区统计

资料来源：本图由作者依据样本数据自行绘制。

（4）区域内分行业度统计。

图 5 - 11 ~ 图 5 - 13 分别列示了山西省制造业上市公司享受加计扣除情况分行业统计的分布。如图 5 - 11 所示，在山西省制造业上市公司中，享受数量（*Number*）较高的所属行业为医药制造业、化学原料及化学制品制造业及专用设备制造业，数量较低的为酒、饮料和精制茶制造业，铁路、船舶、航空航天和其他运输设备制造业，以及计算机、通信和其他电子设备制

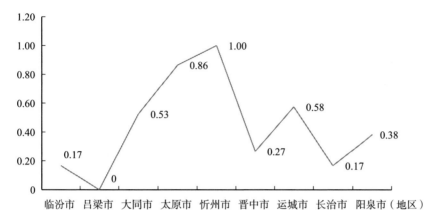

图 5 - 10　山西省制造业企业税收优惠享受持续性（*Persistent*）均值分地区统计

资料来源：本图由作者依据样本数据自行绘制。

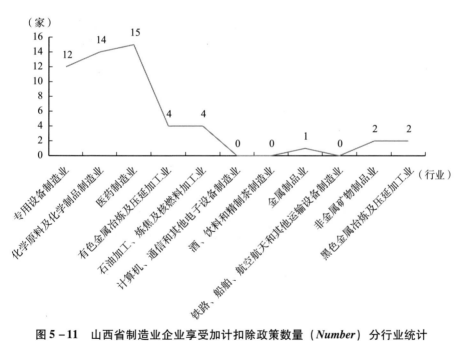

图 5 - 11　山西省制造业企业享受加计扣除政策数量（*Number*）分行业统计

资料来源：本图由作者依据样本数据自行绘制。

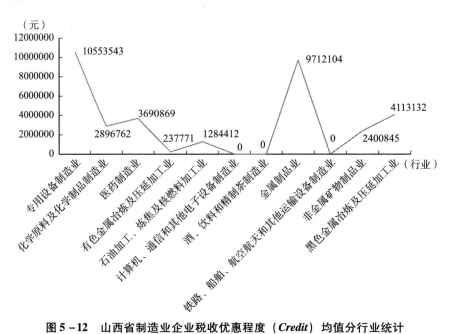

图 5 – 12　山西省制造业企业税收优惠程度（*Credit*）均值分行业统计

资料来源：本图由作者依据样本数据自行绘制。

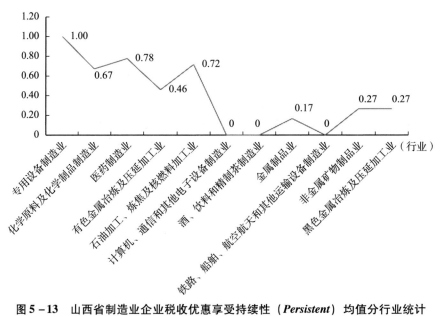

图 5 – 13　山西省制造业企业税收优惠享受持续性（*Persistent*）均值分行业统计

资料来源：本图由作者依据样本数据自行绘制。

造业。从图 5 - 12 中企业享受的税收优惠程度（*Credit*）来看，专用设备制造业、金属制品业依然较为突出，黑色金属冶炼及压延加工业次之，其他行业则与上述行业差距较大。从图 5 - 13 的持续性指标（*Persistent*）统计情况来看，专用设备制造业企业享受的持续性较高，其他行业则在不同持续性指标下表现不一。总体来看，在山西省制造业上市公司中，研发费用计扣除政策落实较好的行业为专用设备制造业，其他行业还有可进一步提升的空间。

5.5.3　区域样本企业研发费用加计扣除政策申请的影响因素分析

基于现行《企业所得税优惠政策事项办理办法》（国家税务总局公告 2018 年第 23 号），企业享受研发费用加计扣除优惠事项采取"自行判别、申报享受、相关资料留存备查"的办理方式，这意味着只要企业认为其符合条件并进行申请，基本都可以获得税收优惠。然而，基于前面分析可见，不同企业间享受的情况依然存在差异。因此，本部分从企业自身特征探讨其研发费用加计扣除享受影响因素，具体模型构建如下：

$$\text{Probit}(Dummy_{i,t}) = \alpha + + \gamma Control_{i,t} + Year + Industry + \mu_{i,t} \qquad (5.9)$$

$$Lncredit_{i,t}(Persistent_i) = \alpha + + \gamma Control_{i,t} + Year + Industry + \mu_{i,t} \qquad (5.10)$$

其中，模型（5.9）使用 Probit 模型估计，模型（5.10）则为普通线性回归模型；被解释变量为企业享受加计扣除情况，分别使用前面设置的 3 个变量：（1）企业享受与否（*Dummy*）；（2）实际受到的税收优惠程度（Lncredit）；（3）享受的持续性程度（*Persistent*）。*Control* 为控制变量，变量选取及度量与前面一致。此外，此处还加入了年份（*Year*）与行业（*Industry*）[①] 虚拟变量以控制时间层面与行业层面无法观测的因素，具体结果见表 5 - 12。

由表 5 - 12 可见，当被解释变量为是否享受（*Dummy*）时，*Roa* 的系数为 9.1810，且在 5% 水平上显著，表明企业的盈利能力与加计扣除政策享受的概率正相关，这也符合现实情况。一般而言，企业盈利能力越强，则需要

---

① 按照证监会行业分类标准，制造业细分到二级分类，其他行业则按一级分类。

缴纳的税款越多，因而越有动机申请享受加计扣除政策以获取税收红利。营业收入增长率（Growth）则在5%的水平负向显著为正，表明企业营业收入增长率越慢，则约有动机申请享受加计扣除政策。从加计扣除税收优惠额（Lncredit）的情况来看，企业杠杆率（Lev）、公司规模（Size）、资产收益率（Roa）、独立董事占比（Ind）则为显著影响因素，且均为正向影响。从享受持续性指标（Persistent）来看，营业收入增长率（Growth）、股权集中度（Hld_3）及独立董事占比（Ind）为影响因素，表明企业公司治理水平在其申请加计扣除政策的持续性方面至关重要。

表5-12 企业特征对加计扣除政策申请的影响分析

变量	Dummy	Lncredit	Persistent
Lev	0.9726 （0.5790）	2.7933 ** （2.2436）	0.2393 （0.7953）
Size	0.1321 （0.4409）	0.3436 * （1.6540）	0.0504 （0.8001）
Roa	9.1810 ** （2.5503）	7.0560 ** （2.0992）	0.2503 （0.5300）
Growth	-0.4196 ** （-2.2664）	-0.0020 （-0.0071）	-0.0746 * （-1.7239）
InExecutive_3	0.1077 （1.4361）	0.0394 （1.0166）	0.0172 （1.1667）
Dual	0.2690 （0.4890）	0.0479 （0.5797）	0.3586 （0.5359）
Hld_3	-0.0188 （-0.9324）	-0.0094 （-0.6539）	-0.0059 * （-1.7796）
Bsize	-0.1233 （-0.5324）	0.0287 （0.3045）	0.0114 （0.4460）
Ind	0.0484 （1.0453）	0.0428 * （1.7353）	0.0138 *** （3.2568）
Cons	-18.0129 *** （-2.6367）	4.590 （1.1280）	-0.5484 （-0.4932）

续表

变量	*Dummy*	*Lncredit*	*Persistent*
Year	控制		
Industry	控制		
观测值	179	83	83
R – squared	0.1738	0.2817	0.3198

注：括号内为 t 值；***、**和*分别表示在 1%、5% 和 10% 的水平上显著。

资料来源：本表由作者计算所得。

总体来看，区域内的检验表明，企业自身特征会影响其申请加计扣除政策情况，特别是公司治理水平、盈利能力及营业收入增长率水平这三个因素，这也在一定程度上论证了本书选用上述控制变量的合理性。

5.5.4　研发费用加计扣除税收政策对区域样本企业创新行为影响分析

为量化分析企业加计扣除政策对其创新行为影响的差异，本书构建模型（5.11）：

$$Inrd_{i,t}(Lnpatent1_{i,t}, \ Lnpatent2_i) = \alpha_0 + \alpha_1 Dummy_{i,t}(\ln Credit_{i,t}, \ Persistent_i)$$
$$+ \gamma Control_{i,t} + Year + Industry + \mu_{i,t} \ (5.11)$$

其中，被解释变量为企业创新行为，包括创新投入（*Inrd*）与产出（*Lnpatent1*、*Lnpatent2*）；创新投入（*Inrd*）使用研发支出除以总资产计算；*Lnpatent1* 通过企业独立申请的专利数加 1 取对数得到；*Lnpatent2* 通过企业独立与联合申请的专利总数加 1 取对数得到；解释变量为企业享受加计扣除情况三个层次的指标，分别使用前面设置的 3 个变量；*Control* 为控制变量，变量选取及度量与前面一致；同样的，此处也控制了年份（*Year*）与行业（*Industry*）虚拟变量。

（1）研发费用加计扣除政策对企业研发投入的影响分析。

由表 5 – 13 可见，*Dummy* 系数为 0.9681，且在 5% 的水平上显著，表明享受加计扣除政策的企业比未享受企业有更高的研发强度；*Lncredit* 的系数也在10%的水平上正向显著，表明企业享受的加计扣除税收优惠额度越高，其研发强度越高。从持续性来看，$Persistent$ 的系数在10%的水平上正向显著，表明持续享受该政策可以显著促进企业创新投入。总体来看，针对山西省区域内制造业企业的检验结果表明，加计扣除政策确实在一定程度上促进了企业创新投资。从控制变量来看，企业在资产收益率（Roa）及级管理人员前三名薪酬总额（$InExecutive\_3$）在一定程度上也会影响企业研发强度。

表 5 – 13　　　　　加计扣除政策对山西省制造业企业创新投入的影响

变量	Inrd		
	(1)	(2)	(3)
Dummy	0.9681 ** (2.6015)		
Lncredit		0.0771 * (1.9345)	
Persistent			3.7937 * (1.9485)
Lev	− 0.9797 (− 0.4685)	− 1.1511 (− 0.5674)	2.1918 (0.5244)
Size	0.1603 (0.4844)	0.1566 (0.4912)	− 0.0630 (− 0.0971)
Roa	− 5.0224 (− 1.6122)	− 5.4480 * (− 1.7501)	− 6.7360 (− 1.4777)
Growth	− 0.2395 (− 0.9811)	− 0.2255 (− 0.9011)	− 0.2538 (− 0.6109)
InExecutive_3	0.7965 * (1.8432)	0.7819 * (1.8235)	1.1734 ** (2.4805)
Dual	0.2716 (0.4122)	0.2475 (0.3887)	0.0132 (0.0170)
Hld_3	− 0.0101 (− 0.5188)	− 0.0088 (− 0.4620)	0.0030 (0.1016)

续表

变量	Inrd		
	(1)	(2)	(3)
Bsize	- 0.0552 (- 0.4431)	- 0.0491 (- 0.4023)	0.1940 (0.4936)
Ind	0.0878 (1.6195)	0.0863 (1.6106)	0.0966 (1.4917)
Cons	- 12.8740* (- 1.9122)	- 12.6023* (- 1.9232)	- 16.1012 (- 1.3522)
Year	控制		
Industry	控制		
观测值	152	54	54
R - squared	0.418	0.432	0.367

注：括号内为 t 值；** 和 * 分别表示在 5% 和 10% 的水平上显著。
资料来源：本表由作者计算所得。

（2）研发费用加计扣除政策对企业创新产出的影响分析。

表 5 - 14 列示了研发费用加计扣除政策对企业专利申请数量影响的检验结果，其中列（1）~列（3）被解释变量为企业独立申请专利数量（Lnpatent1），列（4）~列（6）被解释变量为企业独立和联合申请的专利数量总和（Lnpatent2）。

表 5 - 14 　　　　　　加计扣除政策对专利申请数量的影响

变量	Lnpatent1			Lnpatent2		
	(1)	(2)	(3)	(4)	(5)	(6)
Dummy	0.4238* (1.7324)		0.3413 (1.5034)			
Lncredit		0.0318* (1.9567)			0.0262* (1.7218)	
Persistent			0.8184 (1.0674)			0.7518 (0.9462)

变量	Lnpatent1			Lnpatent2		
	（1）	（2）	（3）	（4）	（5）	（6）
Lev	- 0.2935 (- 0.2726)	- 0.3251 (- 0.3020)	- 0.2544 (- 0.1815)	- 0.5424 (- 0.5117)	- 0.5702 (- 0.5378)	- 0.2351 (- 0.1658)
Size	0.6944 *** (4.8651)	0.6854 *** (4.8642)	0.7682 *** (3.5897)	0.7455 *** (5.6998)	0.7378 *** (5.7258)	0.8056 *** (4.0837)
Roa	- 0.6457 (- 0.2939)	- 0.7757 (- 0.3540)	- 1.5601 (- 0.4917)	- 1.2104 (- 0.5853)	- 1.3288 (- 0.6452)	- 1.4240 (- 0.4600)
Growth	- 0.1555 (- 1.4722)	- 0.1529 (- 1.4336)	- 0.0026 (- 0.0071)	- 0.0182 (- 0.2280)	- 0.0158 (- 0.1983)	0.0715 (0.1818)
InExecutive_3	0.2678 (1.2705)	0.2613 (1.2454)	0.1708 (0.6477)	0.2921 (1.4200)	0.2859 (1.3942)	0.1922 (0.7382)
Dual	- 0.0240 (- 0.0687)	- 0.0398 (- 0.1154)	0.2096 (0.4532)	- 0.0883 (- 0.2420)	- 0.1026 (- 0.2858)	0.1901 (0.3802)
Hld_3	- 0.0085 (- 0.7687)	- 0.0080 (- 0.7201)	- 0.0123 (- 0.7804)	0.0067 (0.6579)	0.0072 (0.6947)	- 0.0086 (- 0.5347)
Bsize	0.0619 (0.8433)	0.0672 (0.9091)	0.0760 (0.2703)	0.0568 (0.6880)	0.0618 (0.7439)	0.1177 (0.4595)
Ind	0.0000	0.0004	0.0267	0.0017	0.0020	0.0313
Cons	- 17.2696 *** (- 5.3560)	- 17.0838 *** (- 5.3279)	- 19.3851 *** (- 4.4452)	- 19.7802 *** (- 6.2358)	- 19.6192 *** (- 6.2318)	- 21.0020 *** (- 4.9293)
Industry	控制					
Year	控制					
观测值	151	54	54	151	54	54
R - squared	0.474	0.478	0.588	0.525	0.527	0.598

注：括号内为 t 值；*** 和 * 分别表示在 1% 和 10% 的水平上显著。
资料来源：本表由作者计算所得。

如表 5 - 14 中列（1）~ 列（3）显示，Dummy 系数为 0.4238，Lncredit 系数为 0.0318，均在 10% 的水平上显著，表明与未享受加计扣除的企业相比，享受的企业独立申请的专利数量更多，加计扣除税收优惠的额度越高，则企业独立申请的专利数量也越多；此外，列（3）中，持续性指标 *Persistent* 的系数并不显著，这可能是由于本书样本企业仅为山西省制造业企业，数量有限，且总体享受的持续性程度也不强，因而持续性对创新产出的影响无法显现。从列（4）~列（6）的情况来看，仅有 *Lncredit* 的系数在 10% 的水平上正向显著。综上可见，加计扣除政策对于企业内部独立的创新产出更有激励作用，由于联合申请专利数量的多少还取决于合作单位的创新水平，因而本企业享受到的加计扣除政策影响并不突出。

综合表 5 – 13、表 5 – 14 的结果可以发现，对于山西省制造业企业而言，研发费用加计扣除政策确实可以促进其创新投入及产出。具体而言，享受企业与未享受企业相比创新活动更为突出，加计扣除税收优惠额度越高，则激励作用越强，但持续性享受的创新激励作用并不稳健，表明如何"用好用足"该政策依然是未来需要关注的重点。

5.6　本 章 小 结

本部分主要以 2016 ~ 2020 年沪深上市公司数据为样本，采用 PSM – DID 方法评价了财税〔2018〕99 号文件将研发费用加计扣除比例由 50% 提高到 75% 对企业创新投入、产出及效率的政策调整效果，得出以下结论。

（1）总体来看，研发费用加计扣除比例提高对企业创新投入、产出及效率均存在积极作用。通过使用安慰剂检验、调整样本规模避免研究结论的偶然性、使用企业专利申请数替换企业专利获得数以减少企业创新产出的时滞性影响等进行稳健性检验，最终所得结果与以上所述类似。

（2）考察该政策逐年效果时发现，研发费用加计扣除比例提高后，对企业创新投入的激励作用有一定的持续性，但对于创新产出及效率而言，政策实施第三年对创新产出并未像前两年一般带来积极作用，该政策对企业创新活动产出激励的持续性较弱，表明创新产出与效率未与创新投入同步增长，极有可能反映了企业账面创新投入与企业实际创新行为不符，因而有必要分析创新投入的增长是否由于向上研发操纵导致。

（3）财税〔2018〕99号文件发布后，有效吸引了企业申报享受该税收优惠。但是研发费用加计扣除对首次享受企业的创新投入、产出及效率效果并不乐观。实证研究显示该政策仅激励了初次享受企业的创新投入，对创新产出和效率均带来消极影响。对于这一现象，本书认为可能是由首次享受加计扣除的企业对税收优惠的额外收益管理能力稍有欠缺、套取经济利益的动机较高导致。

（4）以山西省制造业企业为样本进行区域内再检验后，相关结论基本与大样本一致，对于山西省这类经济欠发达地区，研发费用加计扣除政策亦可以对企业创新投入及产出发挥积极的促进作用，再次验证了该政策广泛的普惠性和深刻的影响性。

总体来看，目前大多数学者主要从企业创新投入和企业创新产出角度分析研发费用加计扣除政策的效果，对于效率的探讨有待进一步挖掘。本部分从企业创新投入、产出和效率三个视角进行研究。此外，诸多文献在研究研发费用加计扣除政策时，主要关注2008年或2015年的政策效果，关注的是企业是否享受加计扣除政策的差异。相比之下，本部分重点关注加计扣除比例由50%上调到75%的变革，即加计扣除力度强弱的差异。此外，本部分的现实意义主要有三个方面。第一，通过实证检验得到了研发费用比例由50%到75%的调整对持续享受企业创新活动的影响，有助于掌握政策更新后的激励效果；第二，考虑政策逐年效果，细化研发费用加计扣除政策的效果，为政府后续政策调整和其他政策搭配提供支持；第三，为企业自我评估研发情况提供了参考。

综上所述，本部分验证了研发费用加计扣除政策调整对企业创新活动的影响，在此基础上，第6章将对政策调整带来的增量效应进行详细测算。

第6章

研发费用加计扣除政策调整对企业创新行为的增量测算

6.1 政策效应评价的方法概述

长期以来，为科学评估科技政策的真实效果，学者们在分析框架、研究方法、衡量指标等方面做了大量研究。目前学者普遍采用五种方法来量化衡量税收优惠对企业研发创新的政策效应。

一是设置企业是否享受税收优惠的虚拟变量。这也是当前大部分学者会采用的方法，可以有效减少样本的内生性问题，从而提高回归结果的准确性。程瑶和闫慧慧（2018）根据2015年A股主板上市公司的面板数据，采用PSM法，将未享受加计扣除的企业作为享受加计扣除企业的"反事实"结果，对比分析税收优惠政策对样本产生的"净效应"，回归结果表明享受政策可以使企业营业总收入中用于研发投入的比例增加0.029，表明该政策对企业研发投入存在正向激励效应。德谢兹莱普雷特等（Dechezleprêtre et al. , 2016）利用2008年英国的一项研发税收制度改革，采用断点回归分析法分析2006~2011年英国中小企业的研发投入数据，结果表明每1英镑的税收补贴，就能刺激1.7英镑的研发支出。

二是价格弹性分析和收益—成本分析方法，通过这两类方法来衡量研发投入对研发成本的弹性，弹性越大，激励效果越好，该类方法能在一定程度上规避回归模型所固有的部分缺陷。古贺（Koga，2003）采用价格弹性法对1989~1998年904家日本制造企业的数据进行了分析，并检验了税收优惠政策的有效性，发现在对所有企业的税收价格弹性进行估计时，研发成本弹性为 -0.68，同时对企业进行规模异质性分析时发现大企业的税收价格弹性为 -1.03，这说明税收优惠能够有效促进研发投入，尤其是在规模较大的企业中。拉奥（Rao，2016）采用收益—成本法对美国国税局公司纳税申报表中的机密数据进行分析，考察了 1981~1991 年美国联邦研发税收优惠政策的影响，研究结果表明研发成本每下降 10%，研发强度（研发支出与销售的比率）可以提高约 19.8%，具体表现为政府每免征 1 美元的税收，就会刺激企业 1.8 美元的额外研发支出。

三是利用沃达（Warda，2006）设计的 B 指数，以企业的研发支出与 1 - B 的乘积来衡量税收优惠强度，B 指数越小，激励效果越好。李万福和杜静（2016）以 2007~2012 年中国高科技上市企业为样本，以 B 指数来衡量研发税收优惠强度，研究结果表明税收优惠强度对企业的研发投资存在正向的激励作用。

四是边际有效税率方法（marginal effective tax credit，METC），主要是在微观层面从企业研发成本的角度出发，测算企业每增加 1 个单位的研发投入所产生的税收优惠而使企业研发成本减少的量。王俊（2011）以中国 1995~2008 年 20 个制造业数据为样本，分别使用边际效率 METC、B 指数以及研发使用成本来测算研发税收优惠强度，结果发现税收优惠政策能够有效促进企业的研发支出，并且在高科技企业中效果更为明显。

五是增量（additionality）效应分析。基于"增量"的分析框架经由昆塔斯和盖伊（Quintas & Guy，1995）提出、布伊塞雷特等（Buisseret et al.，1995）进一步完善，逐步引起了学界的重视与认可。昆塔斯和盖伊（1995）认为增量效应衡量的是享受政策的企业能在多大程度上带动新的研发增量，而不是企业自身原有的研发活动。此后布伊塞雷特等（1995）提出增量旨在将政策诱导效果与其企业自身努力分割开来。乔治奥（Georghiou，1994）认为增量就是因获得政府研发资助而新增的部分。布伊塞雷特等（1995）和乔治奥（1994）分别基于增量的分析框架提出应当对行为增量加以重视，并将其作为与投入增量、产出增量相对应的重要概念。李彰和苏竣（2017）对上述增量效应进行了整理（具体见表 6 - 1）并指出，对于"增量"的分析框架来说，其重点在于判断：研发激励政策是否会引起企业新增研发活动？其程度如何？

表 6 – 1　　　　　　　　　　　　三类"增量"的比较

概念分类	评估问题	核心指标	关注周期
投入增量	科技计划的资助究竟是替代了私人部门的研发投入还是起到了补充作用	研发投入	短期效果
产出增量	科技计划的资助是否提升了企业的创新绩效和创新能力	专利/新产品销售额	中长期效果
行为增量	科技计划的资助是否引起了企业在创新行为上的差异	企业战略与研发管理，产品与过程创新	长期效果

资料来源：本表摘自李彰和苏竣（2017）文章"增量效应与信号功能：理解政府科技计划的两个前沿问题"。

表 6 – 1 三类增量中，由于产出增量与行为增量核心指标的数据无法有效获取，因此后面仅对创新投入增量进行了测算。

6.2　研发费用加计扣除政策投入增量测算模型

在实际中，科学量化评估创新激励政策的增量效应往往是很困难的。首先，从政策效果研究的角度而言，判断政策是否起到了增量效果，本质上是要进行一个反事实的问题研究：在现实中企业已经接受政策干预，那么就无从得知企业在未接受政策的情况下究竟会发生什么，因此就难以判断享受政策状态下产生的研发活动是否为政策激励下新增的。其次，企业创新行为的行业异质性可能会导致量化模型潜在的内生性；相比传统行业，高科技行业企业创新活力更强，研发支出占比也更高，为了降低研发成本，这类企业更有动机积极关注并申请享受各类优惠政策，现有政策也更倾向于向这些行业倾斜，这一现实情况将会使得政策效应评价的结果无法排除反向因果及样本自选择问题。最后，随着近年来我国持续加大对创新的政策激励力度，各类税收优惠政策、补贴项目频繁出台，如高新技术企业所得税优惠税率、固定资产加速折旧、政府直接补贴、研发费用加计扣除等，政策效应可能存在叠加，如高新技术企业既可以以 15% 的优惠税率来缴纳其所得税费，又可以享受研发费用加计扣除，这为准确评估某一政策的增量效应带来了困难。

在近期研究增量效应的文献中，霍尔特等（Holt et al.，2021）以政策调整冲击为契机，基于 DID 模型的系数估计值，有效构建了增量效果测算指标，这与本书前面的研究思路不谋而合。因此，本部分借鉴霍尔特等（2021）的研究设计，在第 5 章实证结果的基础上，以我国研发费用加计扣除政策在 2018 年修订为契机，将样本期限定为 2017～2018 年沪深 A 股上市公司，对该政策调整的投入增量效应进行了测算。

在霍尔特等（2021）的研究中，税收优惠政策对创新投入的增量（*input additionality*）可以理解为企业每节约 1 美元的纳税额（或政府每少 1 美元的税收收入）可以导致其增加的研发投入金额（the amount of additional R&D invested for every dollar of tax revenue forgone），具体计算公式如下：

$$Input\ additionality = \frac{R\&D_{1|1} - R\&D_{1|0}}{T_{1|0} - T_{1|1}} \qquad (6.1)$$

其中，$R\&D_{1|1}$ 表示企业在享受优惠政策情况下的研发投入，$R\&D_{1|0}$ 则为假设该企业同等状态下未享受优惠政策下的研发投入，$T_{1|1}$、$T_{1|0}$ 两种情况下企业应缴纳的所得税，$T_{1|0} - T_{1|1}$ 则反映了由于享受优惠政策而节约的纳税金额[①]。由于企业在享受（或未享受）优惠政策的情况下，无法同时观察其未享受（或享受）的"反事实"结果，因此也无法提取政策的"净效应"，这与 DID 模型的构建初衷类似，因此可以借助于 DID 模型对这一问题进行有效处理。

值得说明的是，式（6.1）对增量效应的构建仍然适用于传统 DID 场景下，与本书的背景类似，在霍尔特等（2021）实证研究中，探讨的也是政策的"调整"效果，因此，$R\&D_{1|1}$ 亦可以理解为享受政策的企业在政策调整后的研发投入，$R\&D_{1|0}$ 则为享受政策的同一企业在假设政策未调整情况下的研发投入，$T_{1|1} - T_{1|0}$ 反映了由于享受优惠政策调整而引起的所得税费用差异。

基于此，借鉴霍尔特等（2021）的研究设计，本书以 2018 年研发费用加

---

① 由于 $T_{1|1} - T_{1|0}$ 为负值，因此为了便于后面的计算及解释，式（6.1）中对其取相反数。

计扣除政策调整作为外生冲击，处理组为 2017 年、2018 年均享受加计扣除的企业，分别记为 $R\&D_{1|2017}$、$R\&D_{1|2018}$；控制组为 2017 年、2018 年均未享受加计扣除的企业，分别记为 $R\&D_{0|2017}$、$R\&D_{0|2018}$，则 DID 估计量可表示为：

$$\delta = (LnR\&D_{1|2018} - LnR\&D_{1|2017}) - (LnR\&D_{0|2018} - LnR\&D_{0|2017})$$

$$(6.2)$$

这一估计量可以使用第 5 章 DID 模型（5.3）估计得出，即为模型（5.3）中的系数 α_1。我国的税收优惠政策繁多，在评估单一政策的效应时难以有效剥离其他政策的影响。因此，本部分所用方法的核心思想在于根据 2018 年享受政策的企业研发投入去估计该企业在假设政策未调整状态下的研发投入真实分布与"反事实"分布之间的差异，即加计扣除政策实施的净效应。对于 2017 年、2018 年均享受研发费用加计扣除政策的企业而言，加计扣除政策调整后，由于政策冲击将增加的研发投入为 $100^{\alpha_1}\%$。基于此，"反事实"情况下 $R\&D_{1|0}$ 可以写为式（6.3）：

$$R\&D_{1|0} = R\&D_{1|1}/(1 + \alpha_1) \qquad (6.3)$$

结合前面给出的企业研发费用加计扣除情况的披露形式（详见第 4 章表 4 – 1），"研发加计扣除纳税调整额"则为由于企业享受该政策而获得的纳税节约额，其理论计算过程为：企业符合加计扣除条件的研发支出×加计扣除比例×企业名义所得税率，因 2018 年加计扣除政策调整引起的纳税节约额则可以表示为：

$$T_{1|0} - T_{1|1} = 75\% \times CIT \times ER\&D_{1|1} - 50\% \times CIT \times ER\&D_{1|0} \qquad (6.4)$$

其中 CIT 为企业名义所得税率，50%、75% 则分别代表加计扣除政策调整前后的研发费用加计扣除比例，$ER\&D$ 则为企业符合扣除条件的研发投入。出于简化霍尔特等（2021）假设企业符合扣除条件的研发投入（$ER\&D$）与其实际研发投入数额相等，本书也沿用这一做法。

基于此，由于我国 2018 年研发费用加计扣除比例政策调整带来的创新投入增量可以写为式（6.5）：

$$\begin{aligned}
input\ additionality &= \frac{R\&D_{1|1} - R\&D_{1|0}}{75\% \times CIT \times ER\&D_{1|1} - 50\% \times CIT \times ER\&D_{1|0}} \\
&= \frac{R\&D_{1|1} - R\&D_{1|1}/(1 + \alpha_1)}{75\% \times CIT \times R\&D_{1|1} - 50\% \times CIT \times R\&D_{1|1}/(1 + \alpha_1)}
\end{aligned}$$

$$(6.5)$$

　　由于企业名义所得税率数据可以获取，根据式（6.5），通过 DID 模型估计出系数 α_1 则可以对加计扣除政策的投入增量进行有效测算。具体计算时，按照霍尔特等（2021）的步骤：首先，针对每个处理组企业，基于 DID 模型中系数 α_1 的估计值逐个计算式（6.5）中的分母 $[R\&D_{1|1} - R\&D_{1|1}/(1 + \alpha_1)]$ 与分子 $[75\% \times CIT \times R\&D_{1|1} - 50\% \times CIT \times R\&D_{1|1}/(1 + \alpha_1)]$ 的值；其次，对处理组所有企业分母与分子值分别求和；最后，按式（6.5）算出比值，即本书最终要求的投入增量值。

6.3　研发费用加计扣除政策投入增量估计结果

6.3.1　基于全样本的测算与分析

　　本部分将样本期限定于 2017～2018 年，变量设置方式与第 5 章一致，使用第 5 章 PSM - DID 模型（5.4）再次进行回归[①]，结果如表 6 - 2 所示。与表 5 - 7 基准检验结果对比，交互项 *Treat × Time* 的系数由 0.1558 提高到 0.3303，且在 1% 的水平上显著，表明我国加计扣除比例由 50% 提升至 75% 对企业研发投入存在积极作用，且在政策调整当年，该政策对研发投入的激励作用尤为明显，结果显示，享受政策的企业研发支出增加 33.03%

表 6 - 2　　　　　　　　　　全样本回归结果[②]

变量	Lnrd
Treat × Time	0.3303 *** (4.8852)
Lev	-0.2627 (-0.1566)

---

① 具体匹配结果见本书附录中的附表 5、附表 6 及附图 1。
② 此外，虽无法计算产出及行为的增量效应，作为补充，本书仍使用 2017～2018 年这一样本估计了研发费用加计扣除政策调整对创新产出及效率的影响，具体见本书附录中的附表 7。

续表

变量	Lnrd
Size	− 2. 2304 *** (− 3. 5742)
Roa	8. 8299 *** (5. 1432)
Growth	0. 9249 *** (3. 8765)
InExecutive_3	0. 5434 * (1. 7722)
Dual	− 0. 1284 (− 0. 4394)
Hld_3	− 0. 0378 (− 1. 0080)
Bsize	− 0. 3252 *** (− 3. 7323)
Ind	− 0. 0087 (− 0. 4418)
Cons	56. 3603 *** (3. 9208)
时间固定效应	控制
个体固定效应	控制
行业时间趋势	控制
观测值	1627
R − squared	0. 305

注：括号内为 t 值； *** 和 * 分别表示在 1% 和 10% 的水平上显著。
资料来源：本表由作者计算所得。

　　基于此，表 6 - 3 列示了全样本情况下政策的投入增量效应测算结果。由表 6 - 3 可以看到，本书估计的全样本投入增量为 2. 2021，这意味着，由于加计扣除比例提高，企业每减少 1 元的纳税，就会刺激研发投入增加约

2. 2021元，表明加计扣除政策调整的效果显著。此处的估计结果非常接近霍尔特等（2021）的估计结果1.9美元。

表6-3　　　　　　　　　全样本研发投入增量估计结果

指标	估计值
α	0. 3303
Input additionality	2. 2021

资料来源：本表由作者计算所得。

6.3.2　基于行业异质性的测算与分析

如前面所述，已有研究指出研发费用加计扣除政策在不同规模、行业、区域中的实施效果存在差异（杨瑞平等，2021；Rao，2016；胡俊南等，2022）。

企业在创新的过程中必然会受到其所属行业特征的影响，行业性质不同，对技术的需求不同，研发投入必然存在差异（刘明慧和王静茹，2020；鲁桐和党印，2014）。不同的行业背景可以为企业提供不同的技术以及市场机会，这在很大程度上影响企业的创新需求和研发活动。与非高新技术企业相比，高新技术企业属于以研发为导向、技术装备程度高、技术要素投入大、劳动人力需要量小的企业，它们是最持久的创新者，研发创新是其开发新技术的主导战略。在税收优惠存在的情况下，该行业中的企业更容易通过建立和扩展以前的研发项目来增加研发投资，因为在此之前他们一般已经制定了具体的研发战略，愿意投入更多相关成本，这种累积机制会刺激技术密集型的企业在未来继续投资于研发创新。因此，在该类行业中，创新活动会更加频繁，这会进一步激励该企业增加研发支出，对税收优惠政策做出反应。基于此，本部分将样本企业分为高新技术企业与非高新技术企业，分别进行DID估计，具体结果见表6-4。

表6-4　　　　　　　　　　不同行业特征下分组回归结果①

变量	Lnrd	
	非高新	高新
Treat × Time	0.1754 (1.4186)	0.3599 *** (4.8531)
Lev	3.5418 (1.3485)	−2.9235 (−1.3946)
Size	−3.1256 *** (−2.6078)	−1.4119 ** (−2.1866)
Roa	12.3943 *** (4.0804)	5.0454 ** (2.5000)
Growth	1.1728 *** (3.0020)	0.9284 *** (3.3078)
InExecutive_3	0.4518 (0.8304)	0.3371 (0.9552)
Dual	0.2505 (0.5276)	−0.0714 (−0.2182)
Hld_3	−0.1040 (−1.4128)	−0.0099 (−0.2380)
Bsize	−0.4490 *** (−3.5975)	−0.1477 (−1.2472)
Ind	−0.0210 (−0.7641)	0.0081 (0.2585)
Cons	80.4249 *** (2.8759)	35.2582 ** (2.3705)
时间固定效应	控制	
个体固定效应	控制	
行业时间趋势	控制	
观测值	712	915
R − squared	0.2875	0.2783

注：括号内为 t 值；*** 和 ** 分别表示在 1% 和 5% 的水平上显著。
资料来源：本表由作者计算所得。

---

① 研发费用加计扣除政策调整对创新产出及效率的影响，具体见本书附录中的附表8。

结果可以看出，在高新技术企业组中，*Treat × Time* 的系数在 1% 水平上显著为正，表明对于享受政策的企业，加计扣除比例提高后研发支出增加了35.99%，增幅巨大，表明加计扣除政策调整对于高新技术企业的激励政策尤为明显，而在非高新组中，该系数并不显著。

由此，本书估计了研发费用加计扣除政策对于高新技术企业的投入增量效应。表 6-5 中可以看到，由于加计扣除比例提高，高新技术企业每减少1 元的纳税，就会刺激研发投入增加约 3.6127 元，高于全样本估计结果，也符合上述分析。

表 6-5 高新技术企业研发投入增量估计结果

指标	估计值
α	0.3599
Input additionality	3.6127

资料来源：本表由作者计算所得。

进一步，考虑到样本中制造业占比较大，本书借鉴董屹宇和郭泽光（2021）对制造业的二次划分结果将涉及的制造业大类归集为 10 类，与其他行业门类共同比较政策效果，具体见表 6-6。

表 6-6 制造业二次划分结果

二次划分代码	证监会行业分类代码	二次划分代码	证监会行业分类代码
C1 食品、饮料	C13、C14、C15	C6 金属、非金属	C30、C31、C32、C33
C2 纺织、服装、皮毛	C17、C18、C19	C7 电子	C38、C39
C3 木材、家具	C20、C21	C8 机械、设备、仪表	C34、C35、C36、C37、C40
C4 造纸、印刷	C22、C23、C24	C9 医药、生物制品	C27
C5 石油、化学、塑胶塑料	C25、C26、C28、C29	C10 其他制造业	C41、C42、C43

资料来源：本表由作者整理所得。

基于上述分组，本书逐一进行组内回归，保留样本数 50 以上并且结果显著的分组,以进一步验证加计扣除政策对不同行业企业创新投入的效果差异。其中,食品、饮料业,医药、生物制品业,以及电力、热力、燃气及水生产和供应业这三个行业中加计扣除政策对研发投入的促进效果更为明显,具体结果见表6-7。投入增量估计结果见表6-8。

表6-7 制造业内细分行业回归结果

变量	Lnrd		
	食品、饮料业	医药、生物制品业	电力、热力、燃气及水生产和供应业
Treat × Time	0.6930 * (1.9078)	1.3224 *** (3.3356)	1.7612 * (1.9679)
Controls	控制	控制	控制
Cons	173.3844 *** (3.2053)	205.6819 *** (4.8074)	-28.0523 (-0.2504)
时间固定效应	控制		
个体固定效应	控制		
行业时间趋势	控制		
观测值	184	338	72
R - squared	0.3431	0.3162	0.6827

注:括号内为t值;*** 和 * 分别表示在1%和10%的水平上显著。
资料来源:本表由作者计算所得。

表6-8 制造业内代表性行业企业研发投入增量估计结果

变量	估计值		
	食品、饮料业	医药、生物制品业	电力、热力、燃气及水生产和供应业
α	0.6930	1.3224	1.7612
Input additionality	5.0223	6.6142	6.1535

资料来源:本表由作者计算所得。

在表6-7中，研发费用加计扣除政策与食品、饮料业研发投入正相关，系数为0.6930且在10%的水平上显著，表明加计扣除政策对该行业的研发投入具有明显的促进作用。随着人们生活质量的提高，消费者在消费过程中会更加追求产品的品质，在保障基本生活要求的同时也注重提高生活质量。食品、饮料业经过几十年的扩张和行业内兼并重组，已经形成了一批规模化食品企业和骨干企业。近些年来食品科技创新意识逐渐加强，产学研用结合紧密，各大企业在各高校联合建设多处工程技术中心、工程实验室等创新平台，从而加强新产品的科技研发，丰富消费者的不同选择。医药、生物制品业的政策净效应系数为1.3224并且在1%的水平上显著。样本数达到338个，高于其他两个行业，投入增量也是三个行业中最高的，即每减少1元的纳税，企业会额外增加6.61元的研发支出。医药、生物制品业作为国民经济的重要组成部分，与人民的生命健康密切相关，随着物质水平的提高，人民的健康意识愈来愈强，并且由于其特殊性，研发投入的成本要高于其他行业，为保持其强大核心竞争力，必须重视提高创新能力，只有这样才能维持其长久发展。电力、热力、燃气及水生产和供应业也是受政策影响比较大的行业，该行业属于中间投入型基础产业，技术与资金对该行业的发展有极大的促进作用，并且随着工业化的进程加速，居民生活水平逐渐提高，私家车和生活取暖、用电等对能源消费需求也逐步增长，这都会刺激该行业技术进步，因而加计扣除政策对电力、热力、燃气及水生产和供应业具有显著的促进作用。

综上所述，研发费用加计扣除政策对企业的研发投入都有一定的影响，由于不同行业的特点及其研发投入情况的不同，政策的实施效果也有所不同。

6.3.3 基于产权异质性的测算与分析

人员晋升机制差异、自身承担责任的差异使得国有企业与非国有企业研发活动将存在差异。从人员晋升机制来看，国有企业管理层通常面临三年期以利润为导向的考核，同时重要岗位人员多以行政任命为主。这种情况导致国有企业领导进行决策时主要考虑各类考核指标而非市场需求，因而可能缺乏企业家精神。他们更符合"企业型政府官员",即更偏好高确定性、短周期的项目,更易否决高风险、长周期的创新项目(唐跃军和左晶晶,2014)。相比之下,非国有企业管理层注重市场变化,因此竞争意识与创新意识更胜一筹。从企业责任承担视角出发,国有企业作为具有鲜明政治属性的市场主体,其经营需要综合考虑经济责任、社会责任和政治责任。因此,在实际经营决策中可能出现"非理性"行为。政府为保障国有企业承担社会责任与政治责任会对其提供必要的支持与保护,这种行为可能会在无形之中提高国有企业在所处行业或地区内的话语权,这些情况使得国有企业能够享受到垄断利润与更为宽松的银行贷款。非国有企业所需承担的社会责任与政治责任远不及前者,往往在市场经济中面临激烈的竞争,难以取得垄断利润,且激烈竞争带来的高风险使得其融资也较为困难。综上所述,非国有企业创新动机一般高于国有企业,但更易于面临融资约束的窘境。基于此,本书认为,当企业所有权为非国有时,加计扣除比例提升对企业创新活动激励效果可能更为突出,并进一步按照企业产权将样本分组进行检验,回归结果见表6-9。

表6-9　　　　　　　　　　不同产权分组回归结果①

变量	Lnrd	
	非国有	国有
Treat × Time	1.0912 *** (5.4233)	0.0643 (0.2693)
Lev	-0.2720 (-0.1885)	-1.7188 (-0.5908)
Size	-2.5238 *** (-3.0651)	-1.2530 (-1.3018)
Roa	7.8292 *** (3.8565)	13.1560 *** (4.0841)

① 研发费用加计扣除政策调整对创新产出及效率的影响,具体见本书附录中的附表9。

续表

变量	Lnrd	
	非国有	国有
Growth	0.6428 ** (2.2824)	1.3678 *** (3.2672)
InExecutive_3	0.0311 (0.0932)	0.8618 * (1.8045)
Dual	0.0059 (0.0209)	-0.2061 (-0.4138)
Hld_3	-0.0441 (-1.1002)	-0.0321 (-0.7100)
Bsize	-0.1161 (-1.2145)	-0.4789 *** (-3.6322)
Ind	0.0186 (0.6108)	-0.0533 ** (-2.0754)
Cons	69.0623 *** (3.6061)	32.7557 (1.4643)
时间固定效应	控制	
个体固定效应	控制	
行业时间趋势	控制	
观测值	1114	513
R - squared	0.4462	0.4263

注：括号内为 t 值；*** 、** 和 * 分别表示在 1%、5% 和 10% 的水平上显著。
资料来源：本表由作者计算所得。

如表 6－9 所示，交互项 *Treat × Time* 的系数仅在非国有企业组中正向显著，表明研发费用加计扣除比例由 50% 提升至 75% 对非国有企业创新投入可以呈现积极作用。在国有企业组中，虽然系数亦为正，但未通过显著性检验，表明该政策在国有企业中对其创新投入的效果并未得到实证支持。

表 6－10 列示了加计扣除政策对非国有企业的投入增量估计结果。由表 6－10 可知，由于加计扣除比例提高，非国有企业每减少 1 元的纳税，就

会刺激研发投入增加约 6.0893 元。

表 6 – 10　　　　　　　　　非国有企业研发投入增量估计结果

指标	估计值
α	1.0912
Input additionality	6.0893

资料来源：本表由作者计算所得。

6.3.4　基于规模异质性的测算与分析

熊彼特创新理论诞生以来，企业规模与企业创新的关系便备受关注。从企业资源禀赋角度出发，小规模企业创新资源总量和种类都可能存在欠缺，由于边际产出递减规律的存在，该政策对大规模企业研发投入、产出和效率的影响往往有限，而对愿意抓住各种机会增加企业创新活动资源的小规模企业激励效果可能更为明显。从企业创新规划来看，由于创新活动的长周期性特征，大规模企业对其创新活动可能拥有更长远的计划，政策变更对其总体计划调整有限，而小规模企业创新活动安排更为灵活，对政策变更会更快地做出反应。从创新意愿角度出发，地方保护主义很有可能使得大规模企业在市场中具有垄断势力，尽管垄断带来的超额利润使得企业拥有更多资源可以用以创新活动，但是带来资源的同时也削弱了企业创新意愿。小企业面临市场激烈竞争，有动机通过创新获取竞争优势，因此小规模企业可能更具有动力创新，加计扣除比例提升对其创新活动激励效果可能更好。基于此，本部分以样本企业总资产中位数为标准对企业规模进行分组检验，具体结果如表 6 – 11 所示。

表 6 – 11 中交互项 *Treat × Time* 在小规模、大规模企业组中的系数分别为 0.3666、0.1283，且分别在 1%、10%的水平上显著，表明研发费用加计扣除政策的调整对两组企业的创新投入均产生一定的激励效果；此外，本书还对此进行了组间系数差异检验，经验 P 值为 0.0000，表明政策效果在两组之间呈现显著差异，且对小规模企业组的激励效果明显强于大规模企业组。

　　在前面分析中可知，加计扣除比例提升对不同规模企业研发投入的作用存在差异，本书按投入增量指标测算后，表 6 – 12 显示，加计扣除对小规模企业的政策效果更为显著，增量效应表现为政策调整后企业每减少1 元的纳税，就会增加研发支出约 2. 8334 元，而在大规模企业中，这一值为 0. 7499 元。

表 6 – 11　　　　　　　　　　不同规模分组回归结果①

变量	Lnrd	
	小规模	大规模
$Treat \times Time$	0. 3666 *** (5. 5576)	0. 1283 * (1. 7162)
Lev	0. 2560 (0. 1733)	0. 5540 (0. 1829)
$Size$	– 3. 6292 *** (– 5. 5664)	– 2. 5653 ** (– 2. 5469)
Roa	8. 8777 *** (4. 7274)	11. 8795 *** (3. 1779)
$Growth$	0. 8333 *** (2. 7389)	0. 9081 ** (2. 5709)
$InExecutive\_3$	– 0. 1219 (– 0. 2661)	1. 1451 *** (2. 8494)
$Dual$	– 0. 3036 (– 0. 8502)	0. 5256 * (1. 7844)
Hld_3	– 0. 1128 * (– 1. 8791)	0. 0097 (0. 2795)
$Bsize$	– 0. 3113 * (– 1. 9451)	– 0. 2846 *** (– 3. 1602)
Ind	– 0. 0019 (– 0. 0648)	– 0. 0193 (– 0. 7994)

---

①　研发费用加计扣除政策调整对创新产出及效率的影响，具体见本书附录中的附表10。

续表

变量	Lnrd	
	小规模	大规模
Cons	95.4991 *** (6.1658)	54.9670 ** (2.2867)
时间固定效应	控制	
个体固定效应	控制	
行业时间趋势	控制	
观测值	813	814
R – squared	0.5464	0.3027

注：括号内为 t 值； *** 、** 和 * 分别表示在1%、5%和10%的水平上显著。
资料来源：本表由作者计算所得。

表6 – 12 不同规模企业研发投入增量估计结果

指标	估计值	
	小规模	大规模
α	0.3666	0.1283
Input additionality	2.8334	0.7499

资料来源：本表由作者计算所得。

6.3.5 基于地区异质性的测算与分析

企业所处地区的融资环境、法治意识、激励机制以及知识产权保护程度不同会导致政策效果差异，良好的市场环境是促进企业绩效的重要条件。企业的创新意愿与其所处的外部环境密切相关（郭珂等，2022），区域创新环境的不同会对加计扣除政策产生差异化的实施效果，地区间的发展不平衡也会对创新投入产生重要影响（刘放等，2016）。企业所处地区越发达，制度也更加健全，创新资源就越充足，企业能够获得更多资源来支持自身的研发活动，从而创新活力也越强（罗锋等，2022）。党晶晶等（2018）从创新意识、创新链接、创新基础和再创新度四个维度来评价区域创新环境的差异性，并得出东部地区创新环境总体较好，中部地区一般，而西部地区较差的结论。

相比于中西部地区，东部地区至少在以下几个方面显著较好：更好的融资环境、更完善的公共服务支撑体系以及更高程度的金融发展水平等。以上这些条件更容易刺激企业进行研发创新，并且也能为企业的创新活动提供更为顺畅的外部融资渠道和更高的研发创新回报，因此加计扣除政策在东部地区的促进效用可能更为显著。相反，中西部地区的企业面临的产业化制度相对来说不如东部完善，且可能会面临较大的商业风险，再加上技术能力与资本流动性的匮乏，企业进行长期研发创新投入的动力不足，因此税收优惠政策对中西部地区企业的效果可能难以像东部地区那么突出。基于此，本书此处对地区异质性下研发费用加计扣除政策的投入增量进行测算和分析。

关于地区划分，基于本书研究目的及实际情况，参考国家统计局的权威做法将所研究企业所属区域划分为东部、中部和西部三大地区。东部地区包括 11 个省份，具体为北京市、天津市、上海市、河北省、辽宁省、江苏省、浙江省、福建省、山东省、广东省和海南省；中部地区包括 8 个省份，具体为山西省、吉林省、黑龙江省、安徽省、江西省、河南省、湖北省、湖南省；西部地区包括 12 个省份，具体为重庆市、四川省、贵州省、云南省、陕西省、甘肃省、青海省、内蒙古自治区、广西壮族自治区、西藏自治区、宁夏回族自治区、新疆维吾尔自治区。不同地区分组回归结果见表 6 – 13。

表 6 – 13　　　　　　　　　不同地区分组回归结果[①]

变量	Lnrd		
	中部地区	东部地区	西部地区
$Treat \times Time$	- 0. 2070 (- 0. 7013)	0. 4742 *** (3. 5415)	- 0. 0774 (- 0. 2493)
Lev	- 0. 1107 (- 0. 0334)	3. 4269 ** (1. 9777)	- 5. 3343 ** (- 2. 0792)

① 研发费用加计扣除政策调整对创新产出及效率的影响，具体见本书附录中的附表 11。

续表

变量	Lnrd		
	中部地区	东部地区	西部地区
Size	−2.5051 * (−1.8437)	−2.1665 *** (−2.9728)	−3.6000 *** (−2.7030)
Roa	5.7395 (1.6090)	10.3147 *** (4.9432)	6.2221 * (1.8408)
Growth	0.8230 (1.2904)	0.5499 ** (2.1776)	1.4396 ** (2.3292)
InExecutive_3	0.9909 (1.3602)	0.0447 (0.1351)	2.5172 *** (4.0784)
Dual	0.5479 (0.7324)	−0.0083 (−0.0267)	−0.7693 (−0.4684)
Hld_3	0.0501 (0.8990)	−0.0072 (−0.2923)	−0.2151 *** (−3.0125)
Bsize	−0.9516 * (−1.8757)	−0.1128 (−1.3498)	−0.8517 *** (−4.2152)
Ind	−0.0876 (−1.1304)	0.0394 (1.4339)	−0.0654 ** (−2.1347)
Cons	56.2368 * (1.7296)	56.6843 *** (3.3689)	75.6927 ** (2.4154)
时间固定效应	控制		
个体固定效应	控制		
行业时间趋势	控制		
观测值	258	1127	242
R − squared	0.4132	0.3376	0.6223

注：括号内为 t 值；*** 、** 和 * 分别表示在 1%、5% 和 10% 的水平上显著。
资料来源：本表由作者计算所得。

从表 6－13 地区分组回归结果可以看出，东部地区组中交互项的 $Treat \times Time$ 系数为正，且在 1% 的水平上显著，结果表明在对其他影响因素进行控制后，加计扣除政策的调整显著提升了东部地区企业的研发投入，享受政策的企业研发支出增加了47.42%，而中部地区和西部地区的政策影响系数为负且并不显著。另外，大部分企业来自东部地区，数量分别是中部地区、西部地区企业的5倍之多，再次说明中部地区和西部地区的企业研发活力与东部地区存在着一定差距。

基于上述结果来看，在我国三大经济区中，中部地区和西部地区的政策效果与东部地区存在着一定差距。对于东部地区企业的投入增量进行估算后，结果见表6-14。对于处于东部地区的企业来说，每减少1元的税收，就会使享受政策的企业研发支出增加约3.9915元。这也与我国现实情况相符，东部地区创新环境总体是最好的，该地区的企业拥有较强的研发能力，具有更好的创新资源，对外开放程度高，交通便利，因此能更好地为加计扣除政策的实施创造条件，发挥协同效应，促进企业的研发投入强度。同时，由于我国经济发展的实际现状是区域发展不均衡，中西部地区的经济发展水平较低、研发创新能力较弱，因此加计扣除政策对该地区的企业促进作用有限。

表6-14　　　　　　　　东部地区企业研发投入增量估计结果

指标	估计值
α	0.4742
Input additionality	3.9915

资料来源：本表由作者计算所得。

进一步，本书针对研发费用加计扣除政策投入增量在不同省份的表现进行了测算，与前面细分行业的做法类似，选择样本数50以上并且结果显著的省份进行具体分析，分别为广东省、浙江省以及福建省，具体结果见表6-15，投入增量的测算结果见表6-16。

由表6-15可知，在广东省、浙江省以及福建省企业组中，*Treat × Time*系数分别为1.0184、1.1656、1.2466，且在1%或5%水平上显著，其中福建省的投入增量最高，为7.73，且其他两个省份的投入增量也大幅高于全样本水平，表明研发费用加计扣除政策能够显著地促进这些省份的企业增加研发投入。对于这三个省份来说，粤港澳大湾区的建设加速了广东省创新驱动发展的道路，并且广东省作为全国经济大省及科技大省，具有成熟的制造业体系，也是全国率先探索建设新型研发机构的省份，对创新的带动要高于大部分地区，这些都有利于加计扣除政策的实施；无论是经济发达程度、科学研究进程还是技术创新研发机制，浙江省均走在了全国前列，对于推进创新高质量发展奠定了坚实的实践基础；福建省作为沿海省份以及自贸试验区，营商环境优越，开放水平也高，这都有利于激发创新创造活力，因此在这种经济发达地区加计扣除优惠政策的执行效果更加显著。

表 6-15　　　　　　　　　　　　代表性省份分组回归结果

变量	Lnrd		
	广东省	浙江省	福建省
Treat × Time	1.0184 ** (2.5313)	1.1656 *** (3.2044)	1.2466 *** (2.9654)
Controls	控制	控制	控制
Cons	118.0326 *** (3.5235)	63.1772 *** (3.1197)	320.3015 *** (5.8355)
时间固定效应	控制		
个体固定效应	控制		
行业时间趋势	控制		
观测值	729	646	176
R - squared	0.1297	0.1885	0.5170

注：括号内为 t 值；*** 和 ** 分别表示在 1% 和 5% 的水平上显著。
资料来源：本表由作者计算所得。

表 6-16　　　　　　　代表性省份企业研发投入增量估计结果

指标	广东省	浙江省	福建省
α	101.84%	116.56%	124.66%
Input additionality	5.59	6.44	7.73

资料来源：本表由作者计算所得。

6.3.6　基于市场竞争程度异质性的测算与分析

市场竞争与政府政策分别作为"看不见的手"和"看得见的手"来共同推动经济社会持续健康发展。长期以来，一直有学者关注行业集中度与创新之间的关系，在这一领域中，存在替代效应和熊彼特效应两种不同的争论。

（1）替代效应。

该观点认为竞争对创新具有正面的促进作用，竞争性企业进行创新的动力要大于垄断企业。垄断企业通常是行业中的龙头，他们常常安于现状，随着垄断利润的减少，创新行为也随之减少。而处于竞争市场当中的企业，由于企业从创新活动中获得的边际收益更高，因而参与创新的经济动机更强。与此相一致的另一种机制是竞争逃避效应。艾金等（Aghion et al.，2005）认为，市场结构和创新之间的关系取决于竞争的类型。处于低行业集中度时，行业间市场竞争激烈，当某一企业想以"循序渐进"的方式进行创新时，竞争可能会增强企业创新行为前后利润的差异，因此竞争对手可能会增快创新速度，与该企业"并驾齐驱"地进行创新、生产创新产品以争夺客户，所以在这种竞争式的环境下，创新活动可能会增强。

（2）熊彼特效应。

该观点认为竞争对创新具有抑制作用。早期的一些研究发现，行业集中度和研发之间存在正相关关系，并认为市场力量的存在是创新的先决条件（Hamberg，1964）。高市场力量能够提供大量的内部资金来资助研发，可以使竞争对手的行为更加稳定和可预测，因此寡头垄断的市场结构有利于更多的创新。集中度、研发和创新之间的这种积极关系确定了所谓的熊彼特效应，该观点认为行业集中度和创新之间是正相关的。在熊彼特看来，创新是一项不确定性的活动，而研发活动又需要大量的资金投入，除非有足够实力去承担风险，否则创新对他们来说是没有吸引力的，而大企业比小企业更有能力，故垄断是创新的先决条件。

研发投入增量的程度取决于市场结构如何影响企业的研发投资倾向。如果存在竞争逃避效应，企业通过投资研发活动获得的利润则可能高于更集中的市场，因此，在低行业集中度的市场中，竞争的激烈程度会刺激更有能力的公司在研发方面投入更多。如果"熊彼特效应"盛行，那就是寡头垄断、高度集中行业的创新者更愿意享受税收优惠，因为他们更容易享受该政策，从而维持其市场领先地位。

因此，如果"竞争逃避效应"盛行，那么在集中度较低的行业，政策的研发投入增量更大；反之，如果"熊彼特效应"盛行，那么在集中度较高的行业，研发投入增量更大。为了验证上述哪类结论适用于样本企业，本部分采用赫芬达尔指数（HHI）来衡量行业集中度，将高于中位数的设定为高行业集中度即低市场竞争程度，低于中位数的则为低行业集中度即高市场竞争程度，并据此进行分组检验，具体结果如表 6 – 17 所示，研发投入增量估计结果如表 6 – 18 所示。

表 6 – 17 不同市场竞争程度分组回归结果①

变量	Lnrd	
	低市场竞争	高市场竞争
$Treat \times Time$	0.1468 (0.9784)	0.4567 *** (2.6165)
Lev	– 0.7429 (– 0.3102)	– 0.8870 (– 0.4423)
$Size$	– 1.5452 * (– 1.7437)	– 2.6989 *** (– 2.6681)
Roa	8.9580 *** (3.3045)	8.5345 *** (4.0579)
$Growth$	0.8980 *** (2.6540)	0.9624 *** (2.6408)
$InExecutive\_3$	0.7354 * (1.6674)	0.3843 (0.8658)
$Dual$	0.2046 (0.5777)	0.1645 (0.4269)

---

① 研发费用加计扣除政策调整对创新产出及效率的影响，具体见本书附录中的附表12。

续表

变量	Lnrd	
	低市场竞争	高市场竞争
Hld_3	-0.0182 (-0.4816)	-0.0879 (-1.3139)
Bsize	-0.2991** (-2.0868)	-0.2665** (-1.9980)
Ind	0.0336 (0.9023)	-0.0197 (-0.6723)
Cons	34.1440* (1.7086)	70.2197*** (2.9102)
个体固定效应	控制	
年度固定效应	控制	
观测值	771	879
R - squared	0.1912	0.2221

注：括号内为 t 值；***、** 和 * 分别表示在 1%、5% 和 10% 的水平上显著。
资料来源：本表由作者计算所得。

表 6 - 18 高市场竞争中企业研发投入增量估计结果

指标	估计值
α	0.4567
Input additionality	4.7815

资料来源：本表由作者计算所得。

从行业集中度分组回归结果可以看出，面临高市场竞争的企业交互项的系数为 0.4567，在 1% 水平上显著为正，表明在竞争激烈的行业中，政策效果更好，说明竞争市场使加计扣除政策能够更有效地促进企业创新，处于低行业集中度的企业创新投入强度显著高于垄断性行业内的投入强度。对于面临高市场竞争的企业来说，每减少 1 元的税收，就会使享受政策的企业研发支出增加约 4.78 元。本部分的研究结果验证了"替代效应"及"竞争逃避效应"在我国市场盛行，市场竞争更有利于加计扣除政策发挥出更好效果。相对来说，在处于低市场竞争程度的企业中，政策并未对企业创新活动形成有效的激励机制，同时这也与张杰等（2014）的实证分析一致，即当前中国情境下行业内竞争结构接近"均势"状态，"竞争逃避效应"及"替代效应"占优，从而在样本观测期内发现竞争市场更有利于政策发挥对我国企业研发投入的促进作用。

6.4 本 章 小 结

本章以2018年的研发费用加计扣除政策变更为契机，将"增量效应"分析框架与PSM – DID方法相结合，从行业特征、产权性质、企业规模、所处地区、市场竞争程度异质性方面测算并分析了加计扣除政策调整对企业的研发投入增量。本部分得到的主要结论如下：第一，2018年的研发费用加计扣除政策调整对企业创新活动有显著的影响，能够有效激励企业增加研发投入，享受研发税收优惠并在2018年前后持续受益政策的企业，其研发支出增加了33.03%，即企业每减少1元的税收，就会在研发增加投入2.2元；第二，加计扣除政策的投入增量效应在不同情境下有所差异，具体而言，对于高新技术企业、非国有企业、小规模企业、东部地区企业及面临高市场竞争的企业，其投入增量更为明显，激励作用更为显著。

上述结论表明，总体而言，研发费用加计扣除政策的调整有力激发了企业创新活力，但由于可获得税收红利的加大，也可能刺激企业利用研发项目通过盈余管理进行"寻扶持"行为，进而导致政策效果弱化，本书将在后续章节对这一议题进行详细讨论。在真实盈余管理、归类变更盈余管理方式下，企业表现为调整账面研发支出额，在应计盈余管理方式下，企业表现为调整研发支出资本化（或费用化）比例，上述三个主题的具体分析见第7章~第9章。

第 7 章

研发费用加计扣除政策调整与企业"寻扶持"行为
——基于真实盈余管理的视角

本部分立足于 2018 年研发费用加计扣除政策将扣除比例从 50% 提高到 75% 这一政策调整，探讨加计扣除比例的大幅提升是否会刺激我国企业利用研发操纵以真实盈余管理的方式对该税收优惠进行"寻扶持"的行为，具体研究内容如下。

（1）以样本期内持续申请享受加计扣除政策的企业作为处理组，符合申请条件但未申请享受的企业作为控制组，基于真实盈余管理方式度量研发操纵程度，采用 PSM – DID 模型探讨 2018 年加计扣除税收优惠力度加大是否会触发企业更为严重的向上研发操纵，表现出对政策的"寻扶持"行为。

（2）根据以上研究，进一步探讨加计扣除政策调整对企业研发操纵的作用机制，分析企业获得的税收优惠程度、加计扣除申请监管环境在其中的中介作用。

（3）进一步考虑研发操纵的方向，对于政策调整前已存在向上研发操纵的企业，此次扣除比例提高对其向上研发操纵的影响程度是否更为显著；此外，基于前面研究结果发现，部分企业受此次优惠幅度加大的吸引而开始申报，因而本部分也探讨了与未享受企业相比，在 75% 比例下首次申请享受加计扣除优惠的企业是否也会呈现更高的异常性研发支出。

7.1 真实盈余管理下研发操纵文献梳理

巴伯等（1991）的研究较早发现美国企业管理层可以通过减少研发投资这种真实盈余管理手段来达到预期业绩，并提出了两个利润目标：（1）正的净利润；（2）与上年相当的净利润。在巴伯等（1991）的研究基础上，佩里和格林内克（1994）、班格和德邦德（1998）的研究指出，管理层会调整研发投资预算进而平滑利润。与之类似，布什（1998），程（2004）等学者的研究也证明美国企业管理层具有这种短视的投资行为，即为了夸大当期业绩而减少研发投资。达鲁和兰根（Darrough & Rangan，2005）的研究表明公司在IPO过程中营业收入的上升伴随着研发费用的降低，预示了管理层在IPO时也存在通过研发项目调节收入的情况。罗伊乔德胡里（2006）系统地研究了企业的真实盈余管理行为，发现当一些可调节费用如广告费用、研发费用等不能为企业带来即期收益时，通常被削减以提高当期利润。此外，曼德等（2000）的研究发现，日本企业的管理层会基于短期业绩而调整研发投资。借鉴罗伊乔德胡里（2006）方法中包含研发费用的酌量性费用期望模型，贝雷斯金等（Bereskin et al.，2018）、盖尼（Gunny，2010）及胡元木等（2016）则构建了异常性研发支出估计模型，针对真实研发活动中的操控程度进行测度。

此外，也有学者将影响管理层调节研发投资的其他因素纳入研究范围，如从管理层角度出发，研究高管特征与减少研发投资的相关性：由于管理层的经营业绩、报酬及任职考核通常与企业业绩挂钩（Smith & Watts，1992），因此当管理层面临达不到既定利润目标的压力时，研发支出常被用作其盈余管理的工具。据此，布什（1998）研究发现当经理人面临减少研发支出以达到利润目标与保持研发投资水平的权衡时，通常会降低研发支出进行盈余管理，并指出这是一种短视的投资行为。德肖和斯隆（1991）的研究也表明在任职的最后几年，管理层为了短期利润增长会忽略对研发的投入，巴克和穆勒（2002）以及我国学者刘运国和刘雯（2007）的研究都证实了高管任期越短，越容易减少研发投资，这些都是由其无法享受研发支出带来的预期未来收益所致。

综上所述，学者们普遍认可了企业可以通过调节研发投入来进行操纵，而动机则不一，但针对避税方面的研究尚需进一步充实。同时，基于我国企业样本，关于研发费用加计扣除政策效果的研究主要集中于 2015 年优惠范围的扩大，本部分则是以 2018 年政策提升加计扣除比例的调整为切入点，及时地考察到 2018 年政策会对企业真实盈余管理带来哪种影响，是研究加计扣除政策效果的有益补充。

7.2　研究设计

7.2.1　样本选择及模型构建

承接前述研究，本部分依然选取 2016～2020 年我国 A 股公司数据，由于基于真实盈余管理的研发操纵程度的测算需要进行分年度、分行业回归，因而沿用当前实证研究中普遍做法，在前面样本筛选结果的基础上，将同一年度、同一行业内观测值小于 15 的样本删除。

依据第 5 章所设计的 PSM - DID 基础回归模型结合真实盈余管理方式下研发操纵的测度，同样加入个体固定效应及行业时间趋势项放松平行趋势假设，构建具体检验模型如下：

$$REm\_R\&D_{i,t} = \alpha_0 + \varphi_i + \theta_t + \xi_j \times t + \alpha_1 Treat_i \times Time_t + \gamma Control_{i,t} + \mu_{i,t}$$

$$(7.1)$$

其中，i 代表不同企业，t 代表不同年份；$REm\_R\&D$ 为企业异常性研发支出；用来衡量其真实盈余管理方式下研发操纵程度。处理组与控制组的设置与前面一致，$Treat$ 为企业个体虚拟变量，若企业在样本期内持续享受加计扣除政策则为处理组，取值为 1，样本期内一直未享受该政策的企业即为控制组，取值为 0；$Time$ 为时间虚拟变量，与前面一致，由于财税〔2018〕99 号文件在 2018 年 1 月 1 日正式实施，则 2018 年及以后取 1，否则为 0；$Control$ 为控制变量，变量度量与选取与前面一致；此外，模型中还包括行业时间趋势（$\xi_j * t$）、个体固定效应（φ_i）和时间固定效应（θ_t），$u_{i,t}$ 为模型残差。在该模型中，α_1 即为本部分重点关注系数，反映了加计扣除政策调整对真实盈余管理方式下研发操纵程度的净影响，若 2018 年政策调整后企业研发操纵程度更高，则 α_1 的系数应该显著为正。

7.2.2 变量选取及定义

（1）基于真实盈余管理的研发操纵。

罗伊乔德胡里（2006）构建了针对真实业务活动操纵的期望模型，并且被学界广泛应用，其中异常性费用指标包含了对研发支出等酌量性费用的考虑。胡元木等（2016）在此基础上进一步估计了我国企业异常性研发支出。因此，本部分借鉴以上两位学者的研究来计算样本异常性研发支出，以此度量企业真实盈余管理方式下的研发操纵程度，以保证异常性研发支出估计模型的合理性和基于我国企业数据的适用性，具体测度模型如下：

$$\frac{R\&D_{i,t}}{Asset_{i,t-1}} = \alpha_0 + \alpha_1 \frac{1}{Asset_{i,t-1}} + \alpha_2 \frac{Sale_{i,t}}{Asset_{i,t-1}} + \varepsilon_{i,t} \tag{7.2}$$

$$RNm\_R\&D_{i,t} = \hat{\alpha}_0 + \hat{\alpha}_1 \frac{1}{Asset_{i,t-1}} + \hat{\alpha}_2 \frac{Sale_{i,t}}{Asset_{i,t-1}} \tag{7.3}$$

$$REm\_R\&D_{i,t} = \frac{R\&D_{i,t}}{Asset_{i,t-1}} - RNm\_R\&D_{i,t} \tag{7.4}$$

其中，$R\&D$ 为企业实际账面研发支出额；$Asset$ 为资产总额，$Sale$ 为营业收入；ε 为残差。使用模型（7.2）可得到企业正常性研发支出额的估计值 $RNm\_R\&D$，模型（7.4）中用企业实际的研发支出减去估计的正常值即为异常性研发支出（$REm\_R\&D$）。若 $REm\_R\&D > 0$，表示企业实际研发支出高于正常值，表明企业有可能为了实现避税目的虚增研发支出进行向上的研发操纵；反之，若 $REm\_R\&D < 0$，则表示企业实际研发支出小于正常值，表现为向下的研发操纵。

（2）其他变量。

其他变量与前面一致。

7.3 描述性统计结果

7.3.1 变量描述性统计

本部分变量描述性统计结果见表 7 – 1。

表 7 – 1   变量描述性统计结果

变量	观测值	平均值	中位数	标准差	最小值	最大值
REm_R&D	4946	0.0143	0.0095	0.0216	– 0.0204	0.1070
Treat	4946	0.4598	0	0.4984	0	1
Time	4946	0.6274	1	0.4836	0	1
Lev	4946	0.4163	0.4066	0.1972	0.0632	0.9246
Size	4946	22.3834	22.2148	1.3161	20.0810	26.3656
Roa	4946	0.0362	0.0375	0.0732	– 0.3084	0.2213
Growth	4946	0.1512	0.1010	0.3433	– 0.5218	2.0079
InExecutive_3	4946	14.5557	14.5201	0.6806	12.9480	16.5679
Dual	4946	0.2812	0	0.4496	0	1
Hld_3	4946	48.0906	46.1437	14.9835	18.4380	87.2406
Bsize	4946	8.3870	9	1.6335	5	15
Ind	4946	37.9202	36.3600	5.5281	33.3300	57.1400

资料来源：本表由作者计算所得。

可以看出，异常性研发支出（REm_R&D）的最小值为 – 0.0204，最大值为 0.1070，说明不同企业研发操纵的方向有所差异，其平均值为 0.0143，中位数为 0.0095，表明在本书样本中大量企业异常性研发支出较高，有较大可能性虚增研发支出进行向上的研发操纵，以此获取政策红利，减轻税负。其他变量情况则与前面基本一致。

7.3.2　单变量分组检验

依据企业是否为处理组（*Treat*）进行分组，本部分对异常性研发支出（*REm_R&D*）进行分组检验后，结果如表 7 - 2 所示。可见，处理组与控制组异常性研发支出均值分别为 0.0197、0.0097，t 检验结果为 16.7537，表明两者的差异在 1% 的水平上显著。这一结果初步证明了本部分的假设，即享受研发费用加计扣除政策的企业更可能会进行向上的研发操纵进行"寻扶持"行为[①]。

表 7 - 2　　　　　　　　　　　　　单变量分组检验结果

| 变量 | 处理组（Treat = 1） | | 控制组（Treat = 0） | | | |
	Mean	*Std. Dev.*	*Mean*	*Std. Dev.*	*Diff*	t
REm_R&D	0.0197	0.0203	0.0097	0.0218	0.0100	16.7537

资料来源：本表由作者计算所得。

7.3.3　研发费用加计扣除优惠程度与真实盈余管理下研发操纵

为了更精确展示研发费用加计扣除政策优惠程度对企业真实盈余管理方式下研发操纵的影响，与前面一致，本部分以加计扣除纳税调整率（*Creditr*）度量企业实际享受到的研发费用加计扣除政策优惠程度，以年度内加计扣除纳税调整率由低到高分为四分位，再计算不同年度每一分位中加计扣除纳税调整率的均值、对应的异常性研发支出的均值及中位数如图 7 - 1 所示。可见，在加计扣除纳税调整率第一分位，异常性研发支出（*REm_R&D*）均值（中位数）最低，在后三个四分位点上逐次递增，相较于第一分位，在加计扣除纳税调整率第四分位上，异常性研发支出的均值（中位数）增加了244%（214%）。本部分结果表明，随着企业实际受到的研发费用加计扣除

---

① 其他变量的均值及差异可见本书附录中的附表14。

政策优惠力度加大，其向上的研发操纵程度将会增加，这也为本书后续研究研发费用加计扣除比例的政策调整提供了有力的逻辑基础。

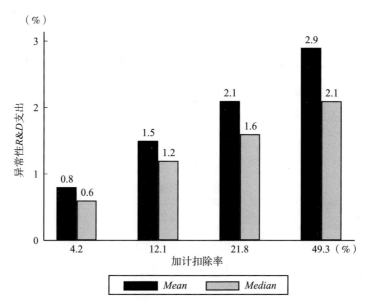

图 7 – 1　加计扣除政策优惠程度与真实盈余管理方式下研发操纵程度关系

资料来源：本图由作者使用 stata 软件计算绘制。

7.4　实证结果分析

7.4.1　基准检验

经过 PSM 的有效匹配后①，本部分以样本期内持续申请享受加计扣除政策的企业作为处理组，符合申请条件但未申请享受的企业作为控制组，采用 DID 模型，即利用式（7.1）来检验 2018 年加计扣除政策调整对持续享受政策企业研发操纵程度的影响。具体结果见表 7 – 3 列（1）~列（3）。

---

① 匹配结果详见本书附录中的附表 13、附图 2、附表 14，本部分不再详细分析。

表 7 – 3 基准回归结果

变量	REm_R&D					
	政策效果检验			动态边际效应		
	(1)	(2)	(3)	(4)	(5)	(6)
$Treat \times Time$	0.0028 *** (2.7867)	0.0024 *** (2.6146)	0.0021 ** (2.1931)			
$Treat \times Time^{2018}$				0.0019 ** (2.0550)	0.0014 (1.6297)	0.0012 (1.3570)
$Treat \times Time^{2019}$				0.0028 ** (2.3216)	0.0028 ** (2.5043)	0.0024 ** (2.1264)
$Treat \times Time^{2020}$				0.0037 ** (2.1064)	0.0032 * (1.9314)	0.0027 * (1.6470)
Lev		0.0026 (0.5108)	0.0018 (0.3521)		0.0025 (0.4973)	0.0018 (0.3492)
$Size$		0.0059 *** (3.1550)	0.0070 *** (3.6919)		0.0059 *** (3.1612)	0.0070 *** (3.7092)
Roa		− 0.0108 * (− 1.6605)	− 0.0105 (− 1.5978)		− 0.0109 * (− 1.6708)	− 0.0107 (− 1.6047)
$Growth$		0.0121 *** (4.9585)	0.0119 *** (4.9609)		0.0121 *** (4.9562)	0.0119 *** (4.9584)
$InExecutive\_3$		− 0.0003 (− 0.2571)	− 0.0005 (− 0.4906)		− 0.0003 (− 0.2819)	− 0.0005 (− 0.5095)
$Dual$		− 0.0011 (− 1.4822)	− 0.0013 * (− 1.7340)		− 0.0011 (− 1.4956)	− 0.0013 * (− 1.7429)
Hld_3		0.0000 (− 0.1422)	0.0000 (0.1927)		0.0000 (− 0.0516)	0.0000 (0.2710)
$Bsize$		0.0005 (1.2650)	0.0005 (1.3906)		0.0005 (1.2596)	0.0005 (1.3863)
Ind		0.0002 * (1.7476)	0.0002 ** (1.9628)		0.0002 * (1.7701)	0.0002 ** (1.9757)

续表

变量	REm_R&D					
	政策效果检验			动态边际效应		
	（1）	（2）	（3）	（4）	（5）	（6）
Cons	0. 0140 *** （33. 3811）	0. 1251 *** （ - 2. 7599）	0. 1466 *** （ - 3. 2336）	0. 0140 *** （33. 5008）	0. 1246 *** （ - 2. 7644）	0. 1460 *** （ - 3. 2465）
时间固定效应	控制	控制	控制	控制	控制	控制
个体固定效应	控制	控制	控制	控制	控制	控制
行业时间趋势			控制			控制
观测值	4926	4926	4926	4926	4926	4926
R – squared	0. 0068	0. 0991	0. 1088	0. 0073	0. 0996	0. 1092

注：括号内为 t 值；*** 、** 和 * 分别表示在 1% 、5% 和 10% 的水平上显著。
资料来源：本表由作者计算所得。

　　列（1）列示了控制时间和企业个体固定效应后加计扣除政策调整对研发操纵程度影响的检验结果，个体虚拟变量和时间虚拟变量交互项 $Treat \times Time$ 的系数在 1% 的水平上显著为正；而列（2）在列（1）基础上加入控制变量后的结果基本不变；列（3）继续加入行业时间趋势项后，$Treat \times Time$ 系数的显著性水平有所下降，但仍在 5% 的水平上显著为正，说明对于持续享受该政策的企业来说，2018 年提高扣除比例后，企业真实盈余管理方式下的异常性研发支出会显著增加，其通过虚增研发支出进行向上研发操纵的程度更高，表明此次税收优惠力度的加大会触发企业更多的"寻扶持"行为，反映出此次政策调整所带来更多的抵税收益让企业有利可图，进一步刺激企业操纵研发以减轻税负。从研发项目来看，具体操纵依赖于企业自主判断，且关于资本化和费用化界定模糊，为企业研发操纵留有一定的空间。从政策层面来看，加计扣除政策审批程序不断简化，审查环境宽松，违法成本较低，企业可能为获取政策红利而存在侥幸心理。因此，此次政策调整会导致更为严重的"寻扶持"行为，验证了假设 H_4。

　　由表 7 - 3 中列（1）~列（3）的基准回归结果可以看出 2018 年研发费用加计扣除政策对企业研发操纵程度具有正向影响，但该结果只能反映政策的平均影响却不能体现该政策在不同年份的效果。由于政策有时效性和滞后性，此次政策调整对企业研发操纵程度的影响是否愈演愈烈尚未可知。因此，本部分借鉴孟庆玺等（2016）的研究，进一步考察 2018 年加计扣除政策调整对企业研发操纵程度的动态边际效应，具体回归结果见表 7 - 3 列（4）~列（6）。在进一步加入控制变量及时间趋势后，$Treat_i \times Time_t^{2018}$ 的系数虽不再显著，但 $Treat_i \times Time_t^{2019}$ 的系数始终在 5% 的水平上显著为正，表明 2018 年加计扣除比例调整对企业研发操纵的影响具有一定时滞性；进一步地，从 $Treat_i \times Time_t^{2020}$ 的系数来看，列（4）~列（6）中均呈现正向显著，系数分别为 0.0037、0.0032 及 0.0027，且在加入控制变量和时间趋势后，其系数在 5% 和 10% 的水平上显著为正，反映了此次政策调整对企业真实盈余管理方式下研发操纵的影响可能有一定的持续性。

7.4.2 稳健性检验

（1）随机生成处理组。

为了缓解潜在的样本选择性偏差导致的内生性问题，此处通过随机化生成处理组来进行安慰剂检验。具体执行过程如下：使用计算机在全部初始样本中随机抽取 475 家企业形成新的处理组[1]，并对其进行重复 1000 次回归，将回归中的 t 值进行统计形成核密度图并与政策效应中真实的 t 值比对，具体结果如图 7 - 2 所示。与表 7 - 3 中列（3）$Treat \times Time$ 变量回归的 t 值 2.1931 相比，大部分的 t 值都小于 2.1931，从侧面证明了该政策对企业研发操纵程度的影响是稳健的，佐证了本部分结果的可靠性。

（2）放宽处理组享受期间要求。

在前述研究中，处理组为样本期内一直享受研发费用加计扣除政策的企业，但在实际中，部分企业并非样本期初始就享受优惠，也有企业可能并非连续享受，考虑到这一现实情况，此处将处理组选择条件放宽为：①除"负面清单"行业及科技型中小企业以外的样本；②处理组不限制整个样本期连续，即在 2018 年之前享受且持续享受到 2020 年即可，控制组保持不

---

① 本部分处理组有 2272 个观测值，475 家企业。

变。再次进行 DID 检验，具体结果如表 7 - 4 所示。

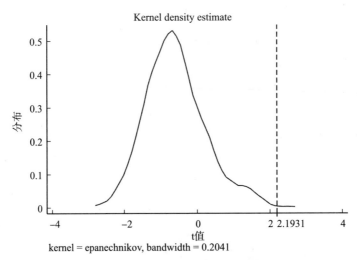

图 7 - 2　随机生成处理组检验结果

资料来源：本图由作者使用 stata 软件计算绘制。

表 7 - 4　　　　　　　　放宽处理组享受期要求回归结果

变量	REm_R&D					
	政策效果检验			动态边际效应		
	(1)	(2)	(3)	(4)	(5)	(6)
$Treat \times Time$	0.0020 ** (2.3298)	0.0018 ** (2.1054)	0.0018 * (1.9355)			
$Treat \times Time^{2018}$				0.0016 * (1.7000)	0.0016 * (1.7254)	0.0016 * (1.7041)
$Treat \times Time^{2019}$				0.0016 (1.4840)	0.0016 (1.5401)	0.0016 (1.4570)
$Treat \times Time^{2020}$				0.0029 ** (2.5681)	0.0023 ** (2.0551)	0.0023 * (1.8518)
Lev		0.0034 (0.8111)	0.0030 (0.7082)		0.0034 (0.8024)	0.0030 (0.7030)

续表

变量	REm_R&D					
	政策效果检验			动态边际效应		
	(1)	(2)	(3)	(4)	(5)	(6)
Size		0.0055 *** (4.0201)	0.0063 *** (4.5205)		0.0055 *** (3.9975)	0.0063 *** (4.4865)
Roa		− 0.0011 (− 0.1857)	− 0.0005 (− 0.0755)		− 0.00120 (− 0.1948)	− 0.0005 (− 0.0841)
Growth		0.0105 *** (7.5741)	0.0104 *** (7.6099)		0.0105 *** (7.5618)	0.0104 *** (7.5967)
InExecutive_3		0.0000 (0.0015)	− 0.0002 (− 0.1937)		0.0000 (− 0.0061)	− 0.0002 (− 0.1995)
Dual		− 0.0003 (− 0.4288)	− 0.0004 (− 0.5792)		− 0.0003 (− 0.4412)	− 0.0004 (− 0.5916)
Hld_3		0.0000 (− 0.5911)	0.0000 (− 0.4673)		0.0000 (− 0.5391)	0.0000 (− 0.4193)
Bsize		0.0000 (0.0508)	0.0001 (0.1308)		0.0000 (0.0515)	0.0001 (0.1339)
Ind		0.0001 (1.2881)	0.0001 (1.4161)		0.0001 (1.2927)	0.0001 (1.4209)
Cons	0.0139 *** (31.6967)	− 0.1144 *** (− 3.4637)	− 0.1268 *** (− 3.8261)	0.0139 *** (31.7249)	− 0.1140 *** (− 3.4494)	− 0.1264 *** (− 3.8070)
时间固定效应	控制	控制	控制	控制	控制	控制
个体固定效应	控制	控制	控制	控制	控制	控制
行业时间趋势			控制			控制
观测值	5814	5814	5814	5814	5814	5814
R − squared	0.0057	0.1044	0.1140	0.0062	0.1046	0.1141

注：括号内为 t 值；*** 、** 和 * 分别表示在 1% 、5% 和 10% 的水平上显著。
资料来源：本表由作者计算所得。

可以看出，列（1）在未加入控制变量时，$Treat \times Time$ 的系数在 5% 水平上显著为正，列（2）~列（3）中，随着各项控制变量的逐步加入，$Treat \times Time$ 的系数始终保持正向显著，进一步支持了加计扣除比例的提高激化了企业向上的研发操纵；列（4）~列（6）为政策的动态边际效应检验，在各项回归中，$Treat \times Time^{2018}$ 的系数在 10% 水平上显著为正，$Treat \times Time^{2019}$ 的系数则稳健性较弱，$Treat \times Time^{2020}$ 的系数在同时加入行业时间趋势后也在 10% 水平上显著为正。总体来看，结果与前面基本相符。

（3）缩小样本范围。

与第 5 章一致，本部分将样本限定于制造业企业，以验证前面结果并非由特殊样本企业驱动。具体结果如表 7-5 列（1）~列（6）所示。在逐步加入控制变量和时间趋势后，$Treat \times Time$ 的系数在 5% 水平上显著为正，与前面结论一致；在动态边际效应检验中，$Treat \times Time^{2018}$、$Treat \times Time^{2019}$、$Treat \times Time^{2020}$ 的系数均呈现正向显著，佐证了前述结论。这一结果值得注意，在对制造业的创新活动使用政策手段加大力度进行干预时，也需关注企业对政策的潜在反应。

表 7-5　　　　　　　　　　　　　缩小样本范围检验结果

变量	REm_R&D					
	政策效果检验			动态边际效应		
	（1）	（2）	（3）	（4）	（5）	（6）
$Treat \times Time$	0.0026 *** (3.0995)	0.0022 *** (2.6563)	0.0021 ** (2.4794)			
$Treat \times Time^{2018}$				0.0018 * (1.8381)	0.0016 * (1.7435)	0.0015 * (1.6969)
$Treat \times Time^{2019}$				0.0025 ** (2.3949)	0.0022 ** (2.1874)	0.0021 ** (2.0449)
$Treat \times Time^{2020}$				0.0036 *** (3.2281)	0.0030 *** (2.7703)	0.0029 ** (2.5592)
Lev		0.0062 (0.9589)	0.0064 (0.9768)		0.0061 (0.9524)	0.0063 (0.9718)

续表

变量	REm_R&D					
	政策效果检验			动态边际效应		
	(1)	(2)	(3)	(4)	(5)	(6)
Size		0.0056 ***	0.0055 ***		0.0056 ***	0.0055 ***
		(3.9280)	(3.9083)		(3.9071)	(3.8835)
Roa		− 0.0101 *	− 0.0096 *		− 0.0102 *	− 0.0096 *
		(− 1.8123)	(− 1.7224)		(− 1.8216)	(− 1.7316)
Growth		0.0111 ***	0.0112 ***		0.0111 ***	0.0112 ***
		(8.9543)	(9.0377)		(8.9602)	(9.0435)
InExecutive_3		0.0017	0.0016		0.0017	0.0016
		(1.3984)	(1.3375)		(1.3846)	(1.3256)
Dual		− 0.0011	− 0.0011		− 0.0011	− 0.0011
		(− 1.2159)	(− 1.2403)		(− 1.2193)	(− 1.2421)
Hld_3		0.0000	0.0000		0.0000	0.0000
		(0.4687)	(0.4591)		(0.5344)	(0.5199)
Bsize		0.0004	0.0004		0.0004	0.0004
		(0.7512)	(0.7374)		(0.7534)	(0.7392)
Ind		0.0001	0.0001		0.0001	0.0001
		(1.4377)	(1.4931)		(1.4726)	(1.5238)
Cons	0.0146 ***	− 0.1452 ***	− 0.1431 ***	0.0146 ***	− 0.1447 ***	− 0.1426 ***
	(33.8051)	(− 3.8751)	(− 3.8596)	(33.8309)	(− 3.8606)	(− 3.8439)
时间固定效应	控制	控制	控制	控制	控制	控制
个体固定效应	控制	控制	控制	控制	控制	控制
行业时间趋势			控制			控制
观测值	3822	3822	3822	3822	3822	3822
R − squared	0.0144	0.1670	0.1712	0.0155	0.1676	0.1717

注：括号内为 t 值；*** 、** 和 * 分别表示在1%、5%和10%的水平上显著。
资料来源：本表由作者计算所得。

（4）改变控制变量。

高质量的内部审计以及聘请国际四大、前十大事务所提供的较高外部审计质量可以有效抑制企业的盈余管理行为（Prawitt et al.，2009；陈朝龙和李军辉，2013；蔡春等，2005）。此外，相比于国有企业，民营企业融资受限、逐利动机较强（马晶梅等，2020），其研发操纵动机更强（杨国超等，2017），且在加计扣除政策的影响下，其研发归类操控行为更严重（贺亚楠等，2021）。因此，本部分参考胡元木等（2016）、杨国超等（2017）的研究，进一步增加审计质量（*Big4*）和产权性质（*State*）这两方面的变量来验证结果的可靠性。审计质量为虚拟变量（*Big4*），若企业聘请的事务所来自境内四大会计师事务则取值为1，否则为0。产权性质（*State*）以是否为国有企业的虚拟变量来衡量，产权为国有取值为1，否则为0。同时，本部分也对控制变量进行了替换，用权益报酬率（*Roe*）来替代资本回报率（*Roa*），用第一大股东持股比例（*Top*）代替前三位大股东持股比例之和（*Hld_3*），回归结果具体如表7-6所示。各项回归中变量系数及显著性基本与前面保持一致，再次验证了前述结果的可靠性。

表7-6　　　　　　　　　改变控制变量检验结果

变量	REm_R&D					
	政策效果检验			动态边际效应		
	（1）	（2）	（3）	（4）	（5）	（6）
$Treat \times Time$	0.0029*** (2.8375)	0.0023** (2.5028)	0.0018* (1.8629)			
$Treat \times Time^{2018}$				0.0010 (1.4568)	0.0010 (1.0412)	0.0008 (0.7788)
$Treat \times Time^{2019}$				0.0028** (2.1668)	0.0027** (2.3125)	0.0022* (1.7985)
$Treat \times Time^{2020}$				0.0044*** (2.0466)	0.0034** (2.0326)	0.0028* (1.6069)
Lev		−0.0001 (−0.0172)	−0.0004 (−0.0685)		−0.0001 (−0.0169)	−0.0004 (−0.0678)
$Size$		0.0080** (2.2616)	0.0087** (2.5650)		0.0080** (2.2614)	0.0087** (2.5638)

续表

变量	REm_R&D					
	政策效果检验			动态边际效应		
	(1)	(2)	(3)	(4)	(5)	(6)
Roe		− 0.0003 (− 0.1212)	− 0.0006 (− 0.2584)		− 0.0003 (− 0.1189)	− 0.0006 (− 0.2514)
Growth		0.0107 *** (9.3235)	0.0106 *** (9.3585)		0.0107 *** (9.3173)	0.0106 *** (9.3527)
InExecutive_3		0.0000 (− 0.0384)	− 0.0002 (− 0.1673)		0.0000 (− 0.0381)	− 0.0002 (− 0.1662)
Dual		0.0015 (1.6273)	0.0015 * (1.6524)		0.0015 (1.6253)	0.0015 * (1.6482)
Top		− 0.0093 (− 0.7591)	− 0.0092 (− 0.7746)		− 0.0093 (− 0.7595)	− 0.0092 (− 0.7754)
Bsize		0.0000 (− 0.0926)	− 0.0001 (− 0.1742)		0.0000 (− 0.0913)	− 0.0001 (− 0.1704)
Ind		0.0052 (0.5949)	0.005 (0.6812)		0.0052 (0.5939)	0.0058 (0.6784)
Big4		− 0.0048 (− 1.2808)	− 0.0050 (− 1.3183)		− 0.0048 (− 1.2808)	− 0.0050 (− 1.3186)
State		0.0058 (0.8332)	0.0057 (0.9870)		0.0028 (0.8343)	0.0034 (0.9888)
Cons	0.0140 *** (32.6729)	− 0.1152 ** (− 2.5411)	− 0.1470 *** (− 3.4458)	0.0140 *** (32.7206)	− 0.1147 ** (− 2.5379)	− 0.1463 *** (− 3.4456)
时间固定效应	控制	控制	控制	控制	控制	控制
个体固定效应	控制	控制	控制	控制	控制	控制
行业时间趋势			控制			控制
观测值	4788	4788	4788	4788	4788	4788
R − squared	0.0101	0.1206	0.1370	0.0115	0.1217	0.1377

注：括号内为 t 值；*** 、** 和 * 分别表示在 1%、5% 和 10% 的水平上显著。
资料来源：本表由作者计算所得。

（5）申请享受企业组内政策效应。

由于申请享受研发费用加计扣除的企业应纳税额及当期符合扣减条件的研发支出不同，实际享受到的加计扣除税收收益也有所差异，一般而言，企业实际扣减额越大，则潜在的税收收益越高，其研发操纵的动机也越强烈。因此本部分借鉴冯泽等（2019）的做法，使用企业加计扣除纳税调整额（取对数）（Lncredit）这一连续变量来度量研发费用加计扣除的税收优惠，对享受政策的企业组内进行检验。如表 7 - 7 所示，各列中 Lncredit 的系数均在 1% 的水平上正向显著，其结果未发生实质性变化，进一步证明了本部分结果的可靠性。

表 7 - 7　　　　　　　　　　申请享受企业组内政策效应表

变量	REm_R&D		
	（1）	（2）	（3）
Lncredit	0.0052 *** (6.2634)	0.0039 *** (5.0818)	0.0038 *** (4.9665)
Lev		0.0105 (1.4173)	0.0101 (1.3490)
Size		− 0.0002 (− 0.1307)	0.0015 (1.0032)
Roa		0.0049 (0.8105)	0.0044 (0.7213)
Growth		0.0125 *** (7.4703)	0.0122 *** (7.6358)
InExecutive_3		0.0007 (0.6214)	0.0004 (0.4254)
Dual		− 0.0012 (− 1.1903)	− 0.0013 (− 1.3791)
Hld_3		0.0000 (− 0.3670)	0.0000 (0.3710)
Bsize		0.0009 * (1.8442)	0.0010 ** (2.0963)

续表

变量	REm_R&D		
	(1)	(2)	(3)
Ind		0.0001 (0.9504)	0.0001 (1.3364)
Cons	-0.0592*** (-4.7308)	-0.0581 (-1.3419)	-0.0976*** (-2.9155)
时间固定效应	控制	控制	控制
个体固定效应	控制	控制	控制
行业时间趋势			控制
观测值	2274	2274	2274
R-squared	0.0762	0.2434	0.2683

注：括号内为 t 值；***、** 和 * 分别表示在 1%、5% 和 10% 的水平上显著。
资料来源：本表由作者计算所得。

7.5 机 制 检 验

结合前述理论分析，2018 年加计扣除政策调整后，对企业而言最大的变化有两方面，其一是加计扣除比例提高使得优惠幅度增大；其二是同年发布的《企业所得税优惠政策事项办理办法》（国家税务总局公告 2018 年第 23 号）简化了企业申报流程，规定企业享受优惠事项采取"自行判别、申报享受、相关资料留存备查"的办理方式，放松了对企业加计扣除申报的监管环境，可能进一步导致其虚增研发支出。基于此，本部分分别从这两方面探讨研发费用加计扣除政策调整对企业真实盈余管理方式下研发操纵的影响机制。

7.5.1 税收优惠程度

此次加计扣除政策调整将研发费用扣除比例从 50% 提高到 75%，税收优惠力度进一步加大，企业在同等研发支出水平下由税收优惠带来的收益更为可观，实际所获得的税收优惠程度更大。企业作为政策的主动适应者，面对诱人的政策红利，更有可能进行研发操纵，表现出更高的异常性研发支出，以此获得税收优惠的好处。因此，本书参考贺亚楠等（2021）的研究以研发费用加计扣除纳税调整率（LnCreditr）、加计扣除纳税调整额（LnCredit）来衡量企业实际所获得的税收优惠程度，验证加计扣除政策调整对企业研发操纵的影响是否与企业实际所获得的税收优惠程度有关。借鉴温忠麟等（2004）的研究，使用以下模型对这一机制进行验证。

$$M_{i,t} = \alpha_0 + \varphi_i + \theta_t + \xi_j \times t + \alpha_1 Treat_i \times Time_t + \gamma Control_{i,t} + \mu_{i,t} \quad (7.5)$$

$$REm\_R\&D_{i,t} = \alpha_0 + \varphi_i + \theta_t + \xi_j \times t + \alpha_1 Treat_i \times Time_t$$
$$+ \alpha_2 M_{i,t} + \gamma Control_{i,t} + \omega_{i,t} \quad (7.6)$$

其中，$M_{i,t}$ 为中介变量，此处为企业实际享受的加计扣除纳税调整率（LnCreditr）[①]、加计扣除纳税调整额（LnCredit），计算方式如下：

$$LnCreditr = \ln\left(\frac{研发费用加计扣除纳税调整额}{研发费用加计扣除纳税调整额 + 所得税费用} + 1\right)$$
$$(7.7)$$

$$LnCredit = \ln(研发费用加计扣除纳税调整额 + 1) \quad (7.8)$$

其余变量含义与前面一致。

表7-8列示了"加计扣除政策调整—企业获得税收优惠程度—研发操纵"这一影响机制的检验结果。列（1）~列（2）为加计扣除纳税调整率中介效应检验，列（1）显示，加计扣除政策调整（$Treat \times Time$）在1%水平上显著提升了企业的实际研发加计扣除纳税调整率（LnCreditr）；列（2）在纳入中介变量后，LnCreditr 的系数为 0.0031，在5%水平上显著为正，验证了企业实际研发加计扣除纳税调整率的部分中介效应；同时，本部分也进行了 Sobel 检验以此来保证结果的稳健性，Sobel 检验的统计量为 0.0014，在1%水平上显著；列（3）~列（4）中以加计扣除纳税调整额（LnCredit）来衡量企业获得的税收优惠程度时，结果基本保持一致。综上表明，此次加计扣除政策调整提高了企业享受的实际税收优惠幅度，在同等研发支出水平

---

① 前述对加计扣除纳税调整额直接取对数标记为 Lncreditr，此处计算方式不同，为了区别，标记为 LnCreditr.

下，税收优惠为企业带来了更多的利益，进一步刺激了其虚增研发支出的动机。

表 7-8　　　　　　　影响机制检验一：企业获得税收优惠程度

变量名称	LnCreditr	REm_R&D	lnCredit	REm_R&D
	(1)	(2)	(3)	(4)
Treat × Time	0.0828 *** (7.3417)	0.0017 * (1.8906)	0.7609 *** (29.1623)	-0.0014 (-1.2420)
LnCreditr		0.0031 ** (2.1025)		
lnCredit				0.0046 *** (3.8268)
Lev	0.0137 (0.3048)	0.0019 (0.3639)	-0.0883 (-0.8184)	0.0022 (0.4457)
Size	-0.0039 (-0.3029)	0.0073 *** (3.6282)	0.3306 *** (4.9792)	0.0055 *** (3.1650)
Roa	-0.0962 (-1.3324)	-0.0090 (-1.3345)	-0.1923 * (-1.7934)	-0.0096 (-1.4967)
Growth	-0.0046 (-0.5432)	0.0120 *** (4.8917)	0.0201 (1.1611)	0.0118 *** (4.9353)
InExecutive_3	-0.0072 (-0.6350)	-0.0004 (-0.3555)	0.0585 ** (2.2058)	-0.0008 (-0.7666)
Dual	-0.0131 (-0.8888)	-0.0012 * (-1.6563)	0.0072 (0.3002)	-0.0013 * (-1.8523)
Hld_3	0.0009 (1.4865)	0.0000 (0.4701)	-0.0016 (-0.6073)	0.0000 (0.3039)
Bsize	0.0033 (0.5677)	0.0005 (1.3249)	0.0152 (1.4517)	0.0004 (1.2401)
Ind	-0.0004 (-0.3217)	0.0002 * (1.9593)	-0.0003 (-0.1207)	0.0002 ** (2.0077)

变量名称	Ln*Creditr*	*REm_R&D*	ln*Credit*	*REm_R&D*
	（1）	（2）	（3）	（4）
Cons	0.2020 （0.6990）	−0.1554 *** （−3.2279）	−1.2900 （−0.8517）	−0.1407 *** （−3.2419）
时间固定效应	控制			
个体固定效应	控制			
行业时间趋势	控制			
观测值	4926	4926	4926	4926
R − squared	0.0335	0.1113	0.4844	0.1188
Sobel 检验	0.0014 （*Z* = 11.1800，*P* = 0.0000）		0.0081 （*Z* = 10.5300，*P* = 0.0000）	

注：括号内为 *t* 值；*** 、 ** 和 * 分别表示在 1% 、5% 和 10% 的水平上显著。
资料来源：本表由作者计算所得。

7.5.2 申请监管环境

为了进一步优化税收环境，有效落实企业所得税各项优惠政策，《企业所得税优惠政策事项办理办法》（国家税务总局公告 2018 年第 23 号）出台，相比之前企业申报所得税优惠事项所实行的备案管理方式，该文件将其简化为"自行判别、申报享受、相关资料留存备查"的办理方式，进一步简化了企业申请税收优惠的审批申报流程，放松了对企业申请税收优惠的监管。更为便捷的申请流程，加之诱人的政策红利，导致更多企业有可能为了获得税收优惠而虚增研发支出。因此，本书以所在行业每年申请企业数占同行业企业总数的比例（Ln*Number_ratio*）、申请企业总数（Ln*Number*）作为中介变量来度量研发加计扣除税收优惠监管环境，探讨 2018 年加计扣除政策调整是否因税收优惠申请监管环境放松而进一步刺激企业研发操纵行为。申请企业总数及其占比越高，在一定程度上反映了研发费用加计扣除政策申请监管环境越宽松，具体计算方式如下：

$$\text{Ln}Number\_ratio = \ln\left(\frac{\text{所在行业每年申请企业总数}}{\text{所在行业企业总数}} + 1\right) \qquad (7.9)$$

$$\text{Ln}Number = \ln(每年申请企业总数 + 1) \tag{7.10}$$

将模型（7.5）~模型（7.6）的中介变量替换为申请企业比例（Ln$Number\_ratio$）、申请企业总数（Ln$Number$）再次进行回归，具体结果如表7-9所示。列（1）中，$Treat \times Time$的系数在1%水平上正向显著，表明2018年后申请企业占比明显增加，与本部分分析一致；在列（2）中加入中介变量后，$Treat \times Time$的系数在5%水平上正向显著，中介变量申请企业比例（Ln$Number\_ratio$）并不显著，根据Sobel检验结果，Z值为7.9150，在1%水平上显著，表明在加计扣除政策调整与企业研发操纵之间，申请企业比例（Ln$Number\_ratio$）起到了中介效应。列（3）和列（4）中，将中介变量替换为申请企业总数（Ln$Number$），Sobel检验结果亦呈现显著。总体来看，支持了前述推测，即2018年加计扣除政策调整后，企业因税收优惠监管环境放松而呈现更为严重的研发操纵行为。

表7-9 研发费用加计扣除申请监管环境

变量名称	Ln$Number\_ratio$	REm_R&D	Ln$Number$	REm_R&D
	(1)	(2)	(3)	(4)
$Treat \times Time$	0.0007 ***	0.0021 **	0.0018 ***	0.0021 **
	(3.3636)	(2.2075)	(3.1680)	(2.3483)
Ln$Number\_ratio$		0.0015		
		(0.1553)		
Ln$Number$				0.0018
				(1.1971)
Lev	0.0002	0.0018	0.0009	0.0018
	(0.3501)	(0.3504)	(0.5467)	(0.3528)
$Size$	-0.0001	0.0070 ***	-0.0004	0.0072 ***
	(-1.3332)	(3.7039)	(-1.2004)	(3.8448)
Roa	-0.0014	-0.0105	0.0005	-0.0106
	(-0.7931)	(-1.5999)	(0.0847)	(-1.6044)
$Growth$	0.0003	0.0119 ***	0.002	0.0118 ***
	(0.6311)	(4.9682)	(1.1476)	(4.9381)
$lnExecutive\_3$	0.0002	-0.0005	-0.0004	-0.0005
	(1.0828)	(-0.4901)	(-0.5162)	(-0.4633)

续表

变量名称	LnNumber_ratio	REm_R&D	LnNumber	REm_R&D
	（1）	（2）	（3）	（4）
Dual	0.0002 (1.0064)	− 0.0013 * （− 1.7302）	0.0002 (0.2606)	− 0.0013 * （− 1.7256）
Hld_3	0.0000 ** (2.0001)	0.0000 (0.1972)	0.0000 (1.6041)	0.0000 (0.1769)
Bsize	0.0000 (0.6380)	0.0005 (1.3913)	− 0.0002 （− 0.7740）	0.0005 (1.3588)
Ind	0.0000 (0.4074)	0.0002 ** (1.9628)	0.0000 (0.0671)	0.0002 * (1.9124)
Cons	0.0311 *** (12.5691)	− 0.1458 *** （− 3.2822）	0.6257 *** (48.5009)	− 0.1573 *** （− 3.6370）
时间固定效应	控制	控制	控制	控制
个体固定效应		控制		控制
行业固定效应	控制		控制	
行业时间趋势	控制	控制	控制	控制
观测值	4926	4926	4926	4926
R − squared	0.8108	0.1088	0.9579	0.1096
Sobel 检验	0.0040 （Z = 7.9150，P = 0.0000）		0.0012 （Z = 7.2650，P = 0.0000）	

注：括号内为 t 值；***、** 和 * 分别表示在 1%、5% 和 10% 的水平上显著。
资料来源：本表由作者计算所得。

7.6　进一步分析

7.6.1　基于异常性研发支出方向的检验

根据罗伊乔德胡里（2006）、胡元木等（2016）的模型设计思路，当 $REm\_R\&D_{i,t} > 0$ 时，表示企业实际的研发支出大于正常值，企业可能存在虚增研发支出进行向上研发操纵的行为；当 $REm\_R\&D_{i,t}<0$ 时，则表示实际的研发支出小于正常值，企业可能人为削减了研发支出进行向下的研发操纵。本书基于此分组再次进行检验，具体逻辑如下：从检验效果来看，当 $REm\_R\&D_{i,t}>0$ 时，表示企业已经存在虚增研发支出的行为，若可验证 2018 年加计扣除比例提高后异常性研发支出增加，则表示企业虚增研发支出的程度更大，偏离正常值的程度亦更大，充分佐证了其"寻扶持"行为；反之，$REm\_R\&D_{i,t}<0$ 的样本为研发投入不足的企业，若 2018 年后异常性研发支出增加，则表示研发支出偏离正常值的程度减小，无法判断研发支出增加是出于企业寻求税收红利动机或是出于与政策初衷相符的创新动机。从企业现实表现来看，业绩表现较好、盈利性较高的企业一般而言能支持大规模的研发活动，也无需通过削减研发支出以增加账面利润（Zhang & He，2013），因此，被分入 $REm\_R\&D_{i,t}<0$ 组的概率较小；同时，相对于亏损企业来说，营利性企业避税动机更强（万源星和许永斌，2020）。因此，虚增研发支出进行减少应纳税额的可能性更大。具体检验结果如表 7 – 10 所示。在 $REm\_R\&D_{i,t}>0$ 组中，交互项 $Treat \times Time$ 的系数均在 1% 的水平上显著为正，而当 $REm\_R\&D_{i,t}<0$ 时，其系数并不显著，说明对于已虚增研发支出的企业来说，政策优惠力度的加大使其向上的研发操纵程度更为严重，表现出对政策的"寻扶持"行为。此外，变量 $Treat \times Time^{2018}$、$Treat \times Time^{2019}$、$Treat \times Time^{2020}$ 的系数亦均只在 $REm\_R\&D_{i,t}>0$ 的组内呈现正向显著，与前面的逻辑一致，佐证了本书的观点。

表 7 – 10　　　　　区分异常性研发支出方向的检验结果

变量	政策效果检验		动态边际效应	
	$REm\_R\&D >0$	$REm\_R\&D <0$	$REm\_R\&D >0$	$REm\_R\&D <0$
	（1）	（2）	（3）	（4）
$Treat \times Time$	0.0033*** (3.1092)	−0.0008 (−0.7411)		
$Treat \times Time^{2018}$			0.0018* (1.7194)	−0.0011 (−0.9821)

续表

变量	政策效果检验		动态边际效应	
	REm_R&D > 0	REm_R&D < 0	REm_R&D > 0	REm_R&D < 0
	(1)	(2)	(3)	(4)
$Treat \times Time^{2019}$			0.0030 *** (2.6338)	− 0.0023 (− 1.1040)
$Treat \times Time^{2020}$			0.0052 *** (2.8611)	0.0012 (0.6550)
Lev	0.0050 (0.6923)	0.0016 (0.6345)	0.0051 (0.7102)	0.0014 (0.5558)
Size	0.0121 *** (3.0250)	0.002 (1.5169)	0.0121 *** (3.0309)	0.0021 (1.5807)
Roa	− 0.0156 (− 1.6094)	− 0.0049 (− 0.8664)	− 0.016 (− 1.6267)	− 0.0054 (− 1.0140)
Growth	0.0123 *** (4.2442)	0.0011 * (1.9538)	0.0124 *** (4.2500)	0.0011 * (1.9232)
InExecutive_3	− 0.0018 (− 1.1666)	0.0002 (0.3392)	− 0.0018 (− 1.1894)	0.0002 (0.2459)
Dual	− 0.0009 (− 0.8972)	− 0.0004 (− 0.7535)	− 0.0009 (− 0.9035)	− 0.0004 (− 0.6610)
Hld_3	0.0001 (1.0826)	0.0001 (0.7998)	0.0001 (1.2323)	0.0001 (0.8615)
Bsize	0.0003 (0.6296)	0.0001 (0.3720)	0.0003 (0.6008)	0.0001 (0.5136)
Ind	0.0002 * (1.8959)	0.0000 (0.7925)	0.0002 * (1.9227)	0.0000 (0.8680)
Cons	− 0.2415 *** (− 2.7710)	− 0.0580 ** (− 2.4769)	− 0.2408 *** (− 2.7761)	− 0.0577 ** (− 2.5177)
时间固定效应	控制			
个体固定效应	控制			

续表

变量	政策效果检验		动态边际效应	
	$REm\_R\&D > 0$	$REm\_R\&D < 0$	$REm\_R\&D > 0$	$REm\_R\&D < 0$
	(1)	(2)	(3)	(4)
行业时间趋势	控制			
观测值	3771	1155	3771	1155
$R-squared$	0.1435	0.0749	0.1450	0.0872

注：括号内为 t 值；***、** 和 * 分别表示在 1%、5% 和 10% 的水平上显著。
资料来源：本表由作者计算所得。

7.6.2 调整后首次政策的检验

如前面所述，2018 年加计扣除比例提高后吸引了部分以往未申请的企业申请享受税收优惠，该政策是否也会触发其虚增研发支出的真实盈余管理行为？本部分将对这一问题进行进一步探讨。

与第 5 章一致，本部分再次使用 PSM - DID 方法对样本进行检验①，处理组为在 2018 年及以后首次申请享受研发费用加计扣除政策的企业，控制组未变②，结果如表 7 - 11 所示。列（1）~ 列（3）中，在逐步加入各项控制变量后，$Treat \times Time$ 的系数为 0.0100 左右，均在 5% 水平上显著，表明对于首次申请享受加计扣除的企业而言，这一政策同样会触发其向上的研发操纵，表现出对政策的"寻扶持"行为，这与拉贝加等（Labeaga et al.，2021）的研究结论相符，即与一直申请加计扣除的企业相比，高加计扣除比例下才进行税收优惠申请的企业可能属于创新意愿较弱、套取相关经济利益动机较强的类型，因此这一检验结果也较为合理。列（4）~ 列（6）对于动态边际效应的检验中，$Treat \times Time^{2019}$ 及 $Treat \times Time^{2020}$ 的系数亦均为正向显著，且后者的显著性更强，可能是由于这类企业在 2018 年首次申请税收

① 经过匹配，各协变量的偏差基本都在 5% 以下，说明匹配是有效的，处理组和对照组之间特征基本相似没有系统差异，具体结果见本书附录中的附表 15。
② 前面样本衡量的是加计扣除比例从 50% 增至 75% 对研发操纵程度的影响，是聚焦于政策效应"增量"的探索，而本部分重新定义的处理组样本衡量的是加计扣除从无到 75% 对企业研发操纵程度的影响，是对于政策效应"从无到有"的分析。

优惠,对政策的主动性适应处于摸索状态,到 2019 年以及 2020 年已经深谙操纵处理方法,表现出研发操纵的程度进一步加深[①]。

表 7-11　　　　　　　政策调整后首次享受优惠企业研发操纵检验

变量	REm_R&D					
	政策效果检验			动态边际效应		
	(1)	(2)	(3)	(4)	(5)	(6)
$Treat \times Time$	0.0110 ** (2.1954)	0.0105 ** (2.1203)	0.0101 ** (2.0523)			
$Treat \times Time^{2018}$				0.0048 (0.9970)	0.0046 (0.9927)	0.0044 (0.9280)
$Treat \times Time^{2019}$				0.0119 ** (1.9790)	0.0112 * (1.9109)	0.0109 * (1.8653)
$Treat \times Time^{2020}$				0.0168 *** (2.7026)	0.0159 *** (2.6390)	0.0155 *** (2.5966)
Lev		-0.0082 (-1.3870)	-0.0080 (-1.3100)		-0.0081 (-1.3694)	-0.0077 (-1.2833)
$Size$		0.0063 ** (2.4071)	0.0067 ** (2.4690)		0.0061 ** (2.3613)	0.0064 ** (2.4207)
Roa		-0.0287 *** (-3.0743)	-0.0284 *** (-3.0176)		-0.0286 *** (-3.0615)	-0.0283 *** (-3.0045)
$Growth$		0.0060 *** (3.3623)	0.0060 *** (3.3527)		0.0060 *** (3.3368)	0.0060 *** (3.3261)
$InExecutive\_3$		0.0004 (0.2798)	0.0001 (0.0740)		0.0003 (0.2330)	0.0000 (0.0366)
$Dual$		-0.0046 ** (-2.1535)	-0.0047 ** (-2.1668)		-0.0046 ** (-2.1312)	-0.0047 ** (-2.1434)

[①] 此外,本书进一步区分异常性研发支出方向,即对于 $Em\_R\&D_{i,t} > 0$ 与 $Em\_R\&D_{i,t} < 0$ 的样本进行分组检验,相关结论与前面一致,具体见本书附录中的附表 16。政策效应检验中,$Treat \times Time$ 的系数仅在 $Em\_R\&D_{i,t} > 0$ 组内表现为正向显著,动态效应检验中,$Treat \times Time^{2019}$ 及 $Treat \times Time^{2020}$ 也仅在 $Em\_R\&D_{i,t} > 0$ 的样本组内呈正向显著,有力支持了本部分的核心观点和思路。

续表

变量	REm_R&D					
	政策效果检验			动态边际效应		
	(1)	(2)	(3)	(4)	(5)	(6)
Hld_3		-0.0001 (-0.7320)	-0.0001 (-0.7831)		-0.0001 (-0.5348)	-0.0001 (-0.5987)
Bsize		0.0012 (1.4316)	0.0014 (1.4179)		0.0011 (1.4307)	0.0010 (1.4192)
Ind		0.0003* (1.6758)	0.0003* (1.7577)		0.00030 (1.5301)	0.0003 (1.6170)
Cons	0.0128*** (12.4999)	-0.1434*** (-2.6708)	-0.1833*** (-3.2953)	0.0128*** (12.3841)	-0.1384*** (-2.6058)	-0.1777*** (-3.2287)
时间固定效应	控制	控制	控制	控制	控制	控制
个体固定效应	控制	控制	控制	控制	控制	控制
行业时间趋势			控制			控制
观测值	3322	3322	3322	3322	3322	3322
R-squared	0.0181	0.0500	0.0568	0.0270	0.0578	0.0644

注：括号内为 t 值；***、** 和 * 分别表示在 1%、5% 和 10% 的水平上显著。
资料来源：本表由作者计算所得。

7.7 本章小结

本部分以 2016～2020 年我国沪深 A 股上市公司为样本，以 2018 年财税〔2018〕99 号文件将研发费用加计扣除比例由 50% 提高到 75% 这一调整作为一次准自然实验，采用 PSM-DID 的方法，探讨该政策调整对企业真实盈余管理方式下研发操纵的影响，具体结论如下。

（1）对于持续享受加计扣除政策的企业而言，2018 年加计扣除比例的提高将触发其更大程度虚增研发支出进行向上的研发操纵，表现出对政策的"寻扶持"行为。

（2）此次加计扣除政策调整主要因提高企业实际享受优惠幅度、放松企业申请监管环境而导致其研发操纵程度加大。

（3）进一步区分企业研发操纵的方向进行分组检验后，本部分发现政策调整对异常性研发支出的影响仅在原本就存在虚增研发支出的企业内较为明显，根据以往的研究结论，这类企业大都盈利性较高，避税动机较强。

（4）基于前面的数据统计发现，本部分还验证了2018年加计扣除比例提高后首次申请享受该政策的企业是否也存在虚增研发支出的"寻扶持"行为，并得到了支持性结论，且动态边际效应检验结果表明，上述影响随着政策的执行在后续期间越发凸显，反映了企业对政策的主动适应性逐渐增强。

总体来看，首先，本部分的研究丰富了企业研发操纵的动机研究。以往研究大多关注于企业真实盈余管理方式下向下的研发操纵，如出于满足分析师的预测（Graham & Harvey，2002）、达到盈余基准（Roychowdhury，2006）、支持股票回购（Bens et al.，2003）等动机而削减研发支出进行向下的研发操纵，本书则重点关注企业为了获取税收优惠而虚增研发支出进行向上的研发操纵行为，扩展了学界对研发操纵这一研究的认识，进一步丰富了企业研发操纵动机的相关结论。

其次，完善了研发费用加计扣除政策效果研究。以往的研究在对税收优惠政策效果评价时，大多将企业作为政策的被动接受者从投入或产出进行事后评价；本书从企业研发操纵的视角认为，企业更是政策的主动适应者，结合我国研发费用加计扣除政策调整，在对加计扣除政策效果评价时贯穿对企业"寻扶持"行为的分析，扩充了加计扣除政策的正、负面影响，进一步完善了现有加计扣除政策的相关研究。

此外，不同于学者们利用双重差分模型探讨"从无到有"的政策实施效果，本书借鉴相关学者模型设定，试图厘清加计扣除政策作用于企业真实盈余管理方式下研发操纵"从弱到强"的调整效果。本部分的研究结论丰富了政策的评价角度，同时有助于启示政府相关部门对于政策效果进行思辨性评价。

第 8 章

研发费用加计扣除政策调整与企业"寻扶持"行为
——基于归类变更盈余管理的视角

前面验证了研发费用加计扣除政策调整后，将进一步诱发企业以真实盈余管理方式调整账面研发支出，进行向上的研发操纵，表现出对加计扣除税收优惠的"寻扶持"行为。如第 1 章所述，企业调整账面研发支出额不仅可以通过真实盈余管理方式，还可以通过归类变更盈余管理。研发支出科目既是加计扣除政策发挥抵税作用的重要依据，又具有比其他正常期间费用更高评价的特点，是核心损益内部归类变更中的主要项目。研发支出科目与期间费用同属于成本类损益科目，二者界限存在一些模棱两可的标准，因而可能存在混淆归类，已有研究将这类操纵定义为研发支出归类变更盈余管理，这种方式一方面可以虚增研发支出科目，获得税收优惠，还可以保证损益总额不发生变化，提高了外部监管者的判别难度，降低企业涉税成本，受到管理层"青睐"。

不少学者证明了在我国企业中这种盈余管理方式的存在，如许丽和黄国俊（2017）、万源星等（2020）认为企业会将外聘人员业务招待费、非研发用固定资产折旧、生产车间员工福利或公积金等与生产项目有关的期间费用计入研发支出项目，周夏飞（2017）研究发现企业会将生产成本计入研发支出科目，以获得外界投资者的高评价。基于此，本章将探讨研发费用加计扣除政策调整是否会同时诱发企业归类变更盈余管理方式下的研发操纵行为。

8.1   归类变更盈余管理下研发操纵文献梳理

对于归类变更盈余管理最早的研究是针对第 1 类核心收益最大化归类变更展开的，最早由巴尼等（Barnea et al.，1976）开始进行，他们发现一些企业会利用财务信息使用者对不同财报项目关注程度的差异性，在经常性费用项目和非经常性损失项目之间进行费用归集操纵，以此平滑损益。麦克维（McVay，2006）首次构建预期核心收益模型，用实证分析的方式找到了美国上市企业进行核心利润最大化归类变更盈余管理的证据。在我国，对于这类盈余管理方式的研究起步较晚，吴溪（2006）发现试图"摘帽"的 ST 企业在制度化实施前会通过做大非经常性利得来满足盈余水平的要求，之后张子余和张天西（2012）以我国上市公司为研究样本，采用麦克维（2006）所提出的模型研究发现，我国资本市场上也存在将"核心费用"计入"营业外支出"的归类变更盈余管理行为，这是国内学者对这种盈余管理方式较早的认识。

从归类变更盈余管理的动机来看，第一，相比于盈余总体，财务报告使用者更关心企业的盈余结构，即对于各项盈余的评价具有差异性。财报使用者会分辨出哪些盈余项目具有持续性，哪些只是暂时的，而往往只有永久性盈余才会得到投资者更高的定价（Bradshaw & Sloan，2002；Daivs，2002），管理者因此具有了人为"摆布"核心费用以做大永久性盈余的动机。不仅如此，学者们还发现当企业需满足外界期待时也会发生归类变更盈余管理，如迎合分析师预测（王松等，2018）、获得配股资格（Haw et al.，2005）等。第二，满足政策要求也会成为企业进行归类变更盈余管理的原因。周夏飞和魏炜（2015）认为，强调扣除非经常性损益后净利润的指标地位会滋生企业进行损益表内部操纵从而做大扣除非经常性损失（以下简称扣非）后净利润的动机。这样的政策还包括回避退市机制（蒋义宏和王丽琨，2003）、ST 企业达到"摘帽"要求的盈余水平（吴溪，2006）等。第三，企业也会出于避税动机、获得投资人高评价的动机，针对某一特定费用项目进行错误地归集，如研发支出科目（贺亚楠等，2021；周夏飞，2017）。

　　归类变更盈余管理的主要手段根据具体动机的不同而存在差异。国内外的此类研究主要集中在以提高核心收益为动机的盈余管理上，认为无论是亏损企业还是盈利企业，这类操纵行为的主要手段往往与非经常性项目挂钩（魏涛等，2007）。麦克维（2006）首次构建了预期核心收益模型，发现企业会将生产经营中产生的正常费用向下转移至非经常性成本中，以此抬高核心收益，巴鲁阿（Barua et al.，2010）也得到了类似结论。周夏飞（2017）认为，提高扣非后的净利润在本质上等同于提高核心收益，不仅可以在会计实务阶段操纵，还可以通过多披露营业外费用、少披露营业外收入达到虚增扣非后净利润的目的。而对于特殊项目的操纵，许丽和黄国俊（2017）提出加计扣除政策关于研发费用范围的划分，会使别有用心的企业钻政策的空子，如将非研发活动负责人的工资报酬、社会保险费等强行 "研发化"，或是将非研发用固定资产的折旧费用明知故犯地挤入研发支出。斯凯夫等（2013）发现企业会将一般期间费用纳入研发支出范畴，以创新活动高风险为借口合理化任职期内的业绩失误。贺亚楠等（2021）得到企业将生产成本归类至研发支出以获得税收优惠的结论。

　　在宏观层面，高雨和闫绪奇（2014）、周夏飞和魏炜（2015）研究认为，证监局加强对企业 "扣非后净利润" 的监管力度，反而会触发企业进行归类变更盈余管理。叶康涛和臧文佼（2016）以 "中共八项规定" 的实施作为切入点研究发现，政策会引起国企内的费用归类操纵行为，将敏感性费用如业务招待费计入非敏感费用科目中，如存货项目、生产项目等，这不仅没达到减少公款吃喝的目的，还损害了会计信息质量。

　　在微观层面，谢德仁等（2019）研究发现企业进行业绩型股权激励会促使管理层对经常性与非经常性损益进行归类变更，具体表现为将经常性费用计入营业外支出科目，并且如果企业审计质量更差、管理层现金底薪更低，那么这种盈余操纵行为会更加明显。喻凯和谢卓瞻（2018）将归类变更盈余管理与企业的生命周期阶段相结合，认为各个阶段均伴随着归类变更行为，尤其是成熟期。除此之外，CEO 个人社会关系丰富度（Malikov & Gaia，2022）以及业绩期望落差的扩大（宋璐和李端生，2020）等因素也得到了实证检验，均会对归类变更盈余管理有促进作用。同时，缓解此行为的因素包括较高的投资者保护程度（Behn et al.，2013）、内部控制（Zalata & Roberts，

2016)、审计费用比例、审计会议的频率（Usman et al.，2022）等。

也有学者注意到研发税收政策对于归类变更盈余管理的影响，拉普朗特等（Laplante et al.，2019）在享受研发税收政策的美国企业中发现了管理层会将一般费用归类成为研发费用的行为，认为这种操纵方式会将普通的税收减免扭曲为具有风险的税收规避。吴秋生和冯艺（2020）认为在2015年加计扣除政策优惠范围加大之后，部分企业管理层会基于税收减免红利、税收监管力度不足、操纵研发费用被发现的风险较低的考虑，"机会主义"地操控研发费用科目，将创新激励型政策变成逃避税收的"税盾"，这会损伤企业的研发效率。

关于企业归类变更盈余管理，作为最近几年学者关注度逐渐增长的新兴研究热点，以核心盈余最大化、扣非后净利润最大化为目标的归类变更盈余管理的相关研究占据较大比例，并对其具体操纵手段有较完整的结论，但是对于研发支出归类变更这种形式的研究依旧不足。本部分则将归类变更盈余管理中的特殊科目操纵具体化，探讨高加计扣除比例是否会引起研发支出项目的归类操纵行为，在实践中会启示企业外部财报使用者对于这类盈余操纵予以重视，辅助其建立新的投资考察角度，同时丰富关于该种盈余管理方式下研发操纵手段的理论内容。

8.2　研究设计

8.2.1　样本选择及模型构建

与前面保持一致，本部分依然选取2016～2020年我国A股公司数据，使用PSM–DID模型进行分析。类似地，由于基于归类变更盈余管理的研发操纵程度的测算需要进行分年度、分行业回归，因而此处依然沿用当前实证研究中的普遍做法，在前面样本筛选结果的基础上，将同一年度、同一行业内观测值小于15的样本删除。

模型设置与第7章类似，仅将被解释变量替换为归类变更盈余管理操纵程度（$CEm\_R\&D$）：

$$CEm\_R\&D_{i,t} = \alpha_0 + \varphi_i + \theta_t + \xi_j \times t + \alpha_1 Treat_i \times Time_t + \gamma Control_{i,t} + \mu_{i,t}$$

(8.1)

其中，$CEm\_R\&D_{i,t}$ 为企业 i 在第 t 年的异常性研发支出，用来衡量其基于归类变更盈余管理方式下的研发操纵程度，其他变量与第 7 章一致。在该模型中，α_1 依然为本部分重点关注系数，反映了加计扣除政策调整对研发操纵程度的净影响，若 2018 年政策调整后企业研发操纵程度更高，则 α_1 的系数应该显著为正。

8.2.2 变量选取及定义

（1）基于归类变更盈余管理的研发操纵。

斯凯夫等（2013）率先构建了未预期研发支出模型，包含研发支出、现金流、净利润、投资程度等变量，并以模型残差来表示管理层将日常的运营费用分类为研发费用的程度，从影响投资者投资倾向的角度证明了管理层在重复的运营费用与研发费用之间的划分上，存在着自由裁量权。之后拉普朗特等（2019）在原模型的基础上添加了对于企业成长性的考量，引入收入增长率这一变量，精确衡量了研发支出归类变更盈余管理的程度。因此，本书借鉴拉普朗特等（2019）的研究设计，利用模型（8.2）进行分行业、分年度回归，基于系数的回归值则可以估计出正常性研发支出（$CNm\_R\&D$），见模型（8.3）。模型（8.4）则通过使用企业实际账面研发支出减去正常性研发支出得到其异常性研发支出（$CEm\_R\&D$），用以测度归类变更盈余管理方式下研发操纵程度：

$$\frac{R\&D_{i,t}}{Sale_{i,t}} = \alpha_0 + \alpha_1 \frac{R\&D_{i,t-1}}{Sale_{i,t-1}} + \alpha_2 Growth_{i,t-1} + \alpha_3 \frac{Cash_{i,t-1}}{Sale_{i,t-1}} + \alpha_4 \frac{Profit_{i,t-1}}{Sale_{i,t-1}}$$

$$+ \alpha_5 Overi_{i,t-1} + \alpha_6 Size_{i,t-1} + \alpha_7 \frac{Nonop_{i,t}}{Sale_{i,t-1}} + \mu_{i,t}$$

(8.2)

$$CNm\_R\&D_{i,t} = \hat{\alpha}_0 + \hat{\alpha}_1 \frac{R\&D_{i,t-1}}{Sale_{i,t-1}} + \hat{\alpha}_2 Growth_{i,t-1} + \hat{\alpha}_3 \frac{Cash_{i,t-1}}{Sale_{i,t-1}} + \hat{\alpha}_4 \frac{Profit_{i,t-1}}{Sale_{i,t-1}}$$

$$+ \hat{\alpha}_5 Overi_{i,t-1} + \hat{\alpha}_6 Size_{i,t-1} + \hat{\alpha}_7 \frac{Nonop_{i,t}}{Sale_{i,t-1}}$$

(8.3)

$$CEm\_R\&D_{i.t} = \frac{R\&D_{i,t}}{Sale_{i,t-1}} - CNm\_R\&D_{i,t} \qquad (8.4)$$

其中，$R\&D_{i,t}$、$R\&D_{i,t-1}$ 分别表示企业 i 在 t 年、$t-1$ 年的账面研发支出，正常情况下研发预算具有一定的稳定性，在相邻的会计期间内不会产生太大波动（Baber et al.，1991；Berger，1993；Perry & Grinaker，1994；Eberhart et al.，2008）；$Growth_{i,t-1}$ 代表企业 i 在 $t-1$ 年中的营业收入增长率，需用到 $t-1$ 年与 $t-2$ 年的相关财务数据，引入对企业成长性的考虑，提高了异常性研发支出的量化精确度，正常情况下成长性较高的企业会具有更多的研发投入额；$Cash_{i,t-1}$ 表示企业 i 在 $t-1$ 年的自由现金流，内部资金充足可以在一定程度上避免投资不足的问题，因此可以支撑较高的研发投入；$Profit_{i,t-1}$ 表示企业 i 在 $t-1$ 年扣非后的净利润，通常情况下，内部留存收益与研发投入正相关；$Size_{i,t-1}$ 由 $t-1$ 年营业收入加 1 取自然对数计算得来，基于熊彼特"创新假说"及以往经典研究结论，企业规模对研发投入额的影响较为重要（Scherer，1965；Jaffe，1988）；$Overi_{i,t-1}$ 表示企业的投资程度，如果企业过度投资，自然会产生较高的研发投入额，其计算方式如下：首先对上一年行业一年度内企业的现金余额和负债率的负数由低往高分别排名，排名最前为 0 最后为 1，其余样本均在 0 ~ 1 按排名次序分布，最后取两个排名的平均数；$Nonop_{i,t}$ 意为 t 年投资筹资活动净现金流，资金充沛有助于研发活动的开展，预期会对研发支出形成正向影响。另外，为了结果不受企业规模的影响，变量 $R\&D_{i,t}$、$R\&D_{i,t-1}$、$Cash_{i,t-1}$、$Profit_{i,t-1}$ 以及 $Nonop_{i,t}$ 均除以同年度营业收入（$Sale$）进行平减处理。

（2）其他变量。

其他变量与前面一致。

8.3　描述性统计结果

8.3.1　变量描述性统计

本部分样本描述性统计结果见表 8-1。

表 8 - 1 　　　　　　　　　　　　变量描述性统计结果

变量	观测值	平均值	中位数	标准差	最小值	最大值
CEm_R&D	3216	0.0282	0.0465	0.3332	− 0.1566	0.2684
Treat	3216	0.5230	1	0.4995	0	1
Time	3216	0.6247	1	0.4843	0	1
Lev	3216	0.3782	0.3588	0.1967	0.0269	2.8487
Size	3216	21.9995	21.9037	1.0954	17.8787	26.6104
Roa	3216	0.0417	0.0467	0.1034	− 1.333	1.5315
Growth	3216	0.3515	0.1164	4.1763	− 0.9702	168.4985
InExecutive_3	3216	14.5492	14.5098	0.6894	12.1367	17.3169
Dual	3216	0.3756	0	0.4843	0	1
Hld_3	3216	47.1493	46.5473	14.277	8.804	90.1204
Bsize	3216	8.1087	9	1.4207	4	14
Ind	3216	37.9463	36.36	5.3986	20.0000	66.6700

资料来源：本表由作者计算所得。

如表 8 - 1 所示，归类变更盈余管理方式下异常性研发支出（CEm_R&D）最大值和最小值分别为 0.2684 和 − 0.1566，CEm_R&D 为负数，可以理解成管理层对研发支出科目进行转出方向的操纵，反之亦然。因此，CEm_R&D 平均值 0.0282 表明样本中大部分企业会虚增研发支出，将其他类成本转入研发科目。

8.3.2　单变量分组检验

依据企业是否为处理组（Treat）进行分组，表 8 - 2 列示了归类变更盈余管理下异常性研发支出（CEm_R&D）的分组检验结果。处理组与控制组异常性研发支出均值分别为 0.0369、0.0177，t 检验结果为 1.6402，此处，未能验证处理组与控制组之间研发操纵程度有显著差异，还需后续进一步检验。

表 8-2   单变量分组检验结果

变量	处理组（Treat=1）		控制组（Treat=0）			
	Mean	Std. Dev.	Mean	Std. Dev.	Diff	t
CEm_R&D	0.0369	0.2503	0.0177	0.4101	0.0192	1.6402

资料来源：本表由作者计算所得。

8.3.3   研发费用加计扣除优惠程度与归类变更盈余管理下研发操纵

与前面一致，以加计扣除纳税调整率（Creditr）度量企业实际享受到的研发费用加计扣除政策优惠程度，以异常性研发支出（CEm_R&D）度量归类变更盈余管理方式下的研发操纵程度，本部分按分位数再次统计了企业实际享受到的研发费用加计扣除政策优惠程度与归类变更盈余管理方式下研发操纵程度的关系，横轴中加计扣除纳税调整率由低到高按四分位排序，具体结果如图 8-1 所示。从异常性研发支出的中位数来看，随着加计扣除纳税

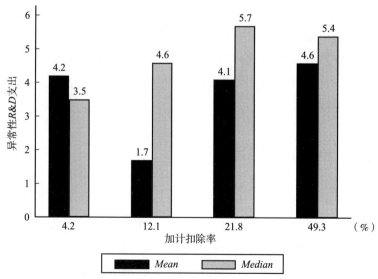

图 8-1   加计扣除政策优惠程度与真实盈余管理方式下研发操纵程度关系

资料来源：本图由作者使用 stata 软件计算绘制。

调整率的增加，异常性研发支出水平呈现增加趋势；同时，其均值规律并不明显，在加计扣除纳税调整率的第二分位点，异常性研发支出最低，在加计扣除纳税调整率的第四分位点，异常性研发支出则最高。总体来看，随着企业实际受到的研发费用加计扣除政策优惠力度加大，其向上的研发操纵程度也基本表现出增加的趋势。

8.4　实证结果分析

8.4.1　基准检验

将样本进行 PSM 配对后①，使用 DID 模型回归结果如表 8 - 3 所示。表 8 - 3 列（1）为不控制其他变量的回归结果，交互项 $Treat \times Time$ 的系数为 0.0056，未通过显著性检验；列（2）显示不控制行业时间趋势项的回归结果，$Treat \times Time$ 系数为 0.0058，且亦不显著；在控制相关变量及企业、年份与行业时间趋势效应后，回归结果见列（3），其中 $Treat \times Time$ 系数为 0.0084，在 5% 水平上显著为正。总体来看，2018 年税收优惠力度的加码会进一步引起企业通过归类变更盈余管理方式虚增账面研发支出。实证结果与前面的分析推断基本相契合，结合第 7 章结果可见假设 H_4 成立。

表 8 - 3　　基准回归结果

变量	CEm_R&D					
	政策效果检验			动态边际效应		
	（1）	（2）	（3）	（4）	（5）	（6）
$Treat \times Time$	0.0056 (1.0567)	0.0058 (1.1282)	0.0084 ** (2.0231)			

① 具体配对结果见本书附录中的附表 17、附表 18、附图 3。

续表

变量	CEm_R&D					
	政策效果检验			动态边际效应		
	(1)	(2)	(3)	(4)	(5)	(6)
$Treat \times Time^{2018}$				0.0189 **	0.0195 **	0.0212 ***
				(2.4133)	(2.5095)	(2.7832)
$Treat \times Time^{2019}$				−0.0025	−0.0030	0.0000
				(−0.3011)	(−0.3573)	(0.0002)
$Treat \times Time^{2020}$				0.0004	0.0007	0.0024
				(0.0578)	(0.1108)	(0.4503)
Lev		−0.0243	−0.0443 **		−0.0257	−0.0462 ***
		(−1.1228)	(−2.5221)		(−1.1773)	(−2.6078)
Size		−0.00200	0.00750		−0.0014	0.0083 *
		(−0.3791)	(1.5158)		(−0.2591)	(1.6756)
Roa		−0.0480	−0.0425		−0.0483	−0.0430
		(−1.3241)	(−1.2220)		(−1.3378)	(−1.2417)
Growth		−0.0146 **	−0.0154 **		−0.0150 **	−0.0157 **
		(−2.3110)	(−2.4408)		(−2.3752)	(−2.4996)
InExecutive_3		0.0057	0.0050		0.0059	0.0053
		(1.0196)	(0.9763)		(1.0574)	(1.0309)
Dual		−0.0086	−0.0088 *		−0.0089	−0.0090 *
		(−1.4803)	(−1.7520)		(−1.5116)	(−1.7869)
Hld_3		0.0005	0.0004		0.0005	0.0004
		(0.9670)	(0.8464)		(0.8815)	(0.7702)
Bsize		0.0038	0.0034		0.0039	0.0035
		(1.4319)	(1.2528)		(1.4673)	(1.2806)
Ind		−0.0243	−0.0443 **		0.0002	0.0003
		(−1.1228)	(−2.5221)		(0.2434)	(0.4603)
Cons	0.0456 ***	−0.0359	−0.2427 *	0.0456 ***	−0.0502	−0.2625 *
	(18.6330)	(−0.2720)	(−1.7963)	(18.6184)	(−0.3813)	(−1.9365)

续表

变量	CEm_R&D					
	政策效果检验			动态边际效应		
	(1)	(2)	(3)	(4)	(5)	(6)
时间固定效应	控制	控制	控制	控制	控制	控制
个体固定效应	控制	控制	控制	控制	控制	控制
行业时间趋势			控制			控制
观测值	3211	3211	3211	3211	3211	3211
$R-squared$	0.2619	0.2686	0.3164	0.2640	0.2708	0.3184

注：括号内为 t 值；$***$、$**$ 和 $*$ 分别表示在 1%、5% 和 10% 的水平上显著。
资料来源：本表由作者计算所得。

　　考虑到产业政策一般具有滞后性和时效性，长期效果会更加明显（Bloom et al.，2002），这可能会导致企业内部的研发支出归类变更盈余管理程度随着时间变化而有所差异。财税〔2018〕99 号文件提出除"负面清单"以外的所有企业以 75% 加计扣除比例对研发支出进行税前扣除，从 2018 年 1 月 1 日起开始实行直至 2020 年底。在这三年执行期间内，始终受惠企业无论是熟悉政策具体调整内容，还是以此为依据将普通期间费用伪造成研发支出，都需要付出一定的时间成本。在调整初期管理层可能会较为保守，仅进行小幅度的研发支出操纵，但是在实打实地尝到避税收益"甜头"之后，随着企业寻求政策扶持的熟练度逐渐提高，虚增研发支出的力度也可能逐年上升，进而获得更多的节税现金流。因此，本部分依然检验了政策的动态边际效用，具体结果见表 8 – 3 列（4）~ 列（6）。

　　可以看到，在加入相关变量及个体、时间固定效应、行业时间趋势效应后，列（6）中 $Treat \times Time^{2018}$ 的系数为 0.0212，在 1% 水平上显著；而 $Treat \times Time^{2019}$、$Treat \times Time^{2020}$ 的系数则并不显著，此处未能验证政策调整对归类变更盈余管理方式下研发操纵影响的滞后性，这可能是由于三类盈余管理方式具有替代性，因而政策调整对于该类研发操纵的影响无法显著显现。

　　在上述回归中本书已验证受惠企业会将普通成本费用人为地计入研发

支出科目, 在此基础上将进一步探讨哪些普通成本费用会成为管理层进行研发支出归类变更盈余管理的"目标"。许丽和黄国俊（2017）、万源星等（2020）认为, 企业会将其他部门人员设定成研发项目负责人, 将所产生的工资薪金、"五险一金"等与生产经营相关的费用改头换面成为研发支出费用; 或者将生产车间固定资产所发生的折旧费用计入研发车间成本, 以此来扩大研发投入基数。另外, 周夏飞（2017）研究发现生产成本与未预期研发支出具有负相关关系, 认为管理层会少计生产成本, 多计研发费用。基于此, 本部分参考周夏飞（2017）的研究设计, 构建模型（8.5）以分析具体操纵手段:

$$CEm\_R\&D_{i,t} = \alpha_0 + \varphi_i + \theta_t + \xi_j * t + \alpha_1 Prod_{i,t} + \alpha_2 Treat_i \times Time_t$$
$$+ \alpha_3 Prod \times Treat_i \times Time_t + \gamma Control_{i,t} + \mu_{i,t} \qquad (8.5)$$

模型（8.5）中, $Prod$ 表示本期生产成本, 计算公式为: 生产成本 =（营业成本 + 期末存货 – 期初存货）/总资产。其余变量与前面相同, 同样在已控制个体、时间固定效应基础上, 还控制了行业时间趋势项。三者交互项（$Prod \times Treat \times Time$）的回归系数是模型（8.5）关注的重点, 表示享受政策的企业在 2018 年前后, 其生产成本水平与研发支出归类变更盈余管理程度的关系, 回归结果显示于表 8 – 4。列（1）和列（3）中, $Time \times Treat$ 系数均在 1% 水平上显著为正, 与 PSM – DID 结果接近。列（3）中, $Prod \times Treat \times Time$ 的系数为 – 0.0201, 在 10% 水平上显著, 表明生产成本与异常性研发支出数额存在显著负相关关系, 意味着企业会压缩生产成本而将其归类至研发支出科目。

表 8 – 4 操纵手段检验结果

变量	CEm_R&D		
	（1）	（2）	（3）
$Prod$	0.0025 (0.4468)	0.0001 (0.0246)	0.0033 (0.6895)
$Time \times Treat$	0.0235 *** (2.964)	0.0146 (1.7790)	0.0279 *** (3.3690)

续表

变量	CEm_R&D		
	（1）	（2）	（3）
Prod × Treat × Time	- 0.0294 ** (- 2.3905)	0.0001 (0.1113)	- 0.0201 * (- 1.7098)
Lev		- 0.0511 (- 1.0182)	- 0.0465 (- 0.9452)
Size		- 0.0435 (- 0.8928)	- 0.0403 (- 0.8434)
Roa		- 0.0235 *** (- 3.7112)	- 0.0321 *** (- 3.8684)
Growth		- 0.0436 (- 0.9022)	- 0.0350 (- 0.7344)
InExecutive_3		- 0.0432 (- 0.8636)	- 0.0359 (- 0.7308)
Dual		- 0.0365 (- 0.7437)	- 0.0297 (- 0.6148)
Hld_3		- 0.0369 (- 0.7547)	- 0.0295 (- 0.6167)
Bsize		- 0.0563 (- 1.1033)	- 0.0532 (- 1.0742)
Ind		0.0108 * (1.7883)	0.0183 ** (2.5805)
Cons	- 0.0539 (- 1.1175)	- 0.0030 (- 0.0661)	0.0059 (0.1349)
时间固定效应	控制		
个体固定效应	控制		
行业时间趋势	控制		
观测值	3211	3211	3211
R - squared	0.101	0.094	0.182

注： *、**和***分别表示 10%、5% 和 1% 水平上显著，括号内表示 t 值。

8.4.2　稳健性检验

（1）随机生成处理组。

沿用第7章做法，为了缓解潜在的样本选择性偏差导致的内生性问题，本部分通过随机生成处理组来进行安慰剂检验。将回归中的 t 值进行统计形成核密度图并与政策效应中真实的 t 值比对，具体如图8－2所示。与表8－3中列（3）的 t 值2.0231相比，大部分的 t 值都小于2.0231，印证了该政策对企业研发操纵程度的影响是稳健的，佐证了本部分结果的可靠性。

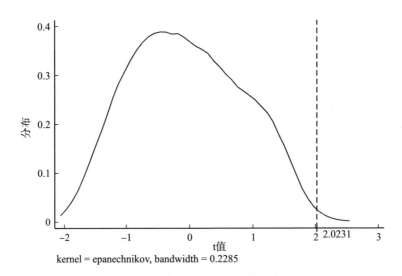

kernel = epanechnikov, bandwidth = 0.2285

图8－2　随机生成处理组检验结果

资料来源：本图由作者使用 stata 软件计算绘制。

（2）放宽处理组享受期间要求。

与第7章类似，将处理组条件放宽后再次进行 DID 检验，具体结果如表8－5所示。相关结果与前面基准检验基本一致，可以看出，列（1）～列（3）中，随着各项控制变量的逐步加入，*Treat × Time* 的系数在10%的水平上显著，支持了加计扣除比例的提高激化了企业归类变更盈余管理方式下向上的研发操纵；列（4）～列（6）为政策的动态边际效应检验，在各项回归中，$Treat \times Time^{2019}$ 的系数在 1% 水平上显著为正，$Treat \times Time^{2020}$ 的系数也在三项回归中均呈现正向显著，表明在该样本的设定下，研发费用加计扣除政策对于该类研发操纵的影响具有显著的滞后性和持续性。总体来看，结果与前面基本相符。

表 8-5　　　　　　　放宽处理组享受期要求回归结果

变量	CEm_R&D					
	政策效果检验			动态边际效应		
	(1)	(2)	(3)	(4)	(5)	(6)
$Treat \times Time$	0.0022 (0.2145)	0.0002 (0.0183)	0.0066 * (1.8504)			
$Treat \times Time^{2018}$				0.0071 (0.5770)	0.0085 (0.7061)	0.0128 (1.1327)
$Treat \times Time^{2019}$				0.0531 *** (2.8021)	0.0542 *** (3.0002)	0.0613 *** (3.6460)
$Treat \times Time^{2020}$				0.0671 *** (5.8613)	0.0643 *** (5.7656)	0.0595 *** (5.5885)
Lev		0.0397 (0.4490)	0.0200 (0.2163)		0.0421 (0.4837)	0.0205 (0.2252)
$Size$		-0.0177 (-1.2402)	-0.0069 (-0.4311)		-0.0168 (-1.1770)	-0.0049 (-0.3065)
Roa		-0.0824 (-1.3487)	-0.0449 (-0.7604)		-0.0778 (-1.3125)	-0.0409 (-0.7124)
$Growth$		-0.0269 (-1.5411)	-0.0257 (-1.4471)		-0.0261 (-1.4680)	-0.0248 (-1.3680)
$InExecutive\_3$		0.0055 (0.5645)	0.0047 (0.5146)		0.0069 (0.7048)	0.0062 (0.6827)
$Dual$		-0.0025 (-0.1792)	-0.0028 (-0.2147)		-0.0021 (-0.1508)	-0.0022 (-0.1714)

续表

变量	CEm_R&D					
	政策效果检验			动态边际效应		
	（1）	（2）	（3）	（4）	（5）	（6）
Hld_3		0.0012 (0.8883)	0.0012 (0.8645)		0.0010 (0.7767)	0.0010 (0.7576)
Bsize		0.0038 (0.9884)	0.0033 (0.8526)		0.0035 (0.9086)	0.0029 (0.7597)
Ind		−0.0001 （−0.1159）	0.0003 (0.2839)		−0.0004 （−0.3696）	0.0001 (0.0051)
Cons	0.0488 *** （13.2794）	0.2742 (0.8190)	0.1575 (0.4095)	0.0486 *** （13.2222）	0.252 (0.7556)	0.113 (0.2922)
时间固定效应	控制	控制	控制	控制	控制	控制
个体固定效应	控制	控制	控制	控制	控制	控制
行业时间趋势			控制			控制
观测值	4028	4028	4028	4028	4028	4028
R − squared	0.122	0.132	0.166	0.146	0.155	0.189

注：括号内为 t 值；*** 和 * 分别表示在 1% 和 10% 的水平上显著。
资料来源：本表由作者计算所得。

（3）缩小样本范围。

与前面一致，本部分将再次将样本限定于制造业企业，以验证前面结果并非由特殊样本企业驱动。具体结果如表 8 − 6 列（1）~ 列（6）所示，无论是否加入控制变量、固定效应及行业时间趋势，$Treat \times Time$ 的系数始终保持在 1% 水平上显著为正，与前面结论一致；在动态边际效应检验中，$Treat \times Time^{2018}$ 的系数并不显著，但 $Treat \times Time^{2019}$、$Treat \times Time^{2020}$ 的系数均呈现正向显著，列（6）加入所有变量后，二者的系数分别为 0.0593、0.0141，表明在制造业企业中，政策调整对该类研发操纵的影响也存在一定的滞后性。

表 8 - 6 缩小样本范围检验结果

变量	CEm_R&D					
	政策效果检验			动态边际效应		
	(1)	(2)	(3)	(4)	(5)	(6)
$Treat \times Time$	0.0170 *** (4.3533)	0.0151 *** (3.7553)	0.0160 *** (3.9095)			
$Treat \times Time^{2018}$				0.0029 (0.3248)	0.0019 (0.2097)	0.0025 (0.2650)
$Treat \times Time^{2019}$				0.0606 *** (6.7932)	0.0584 *** (6.5848)	0.0593 *** (7.0092)
$Treat \times Time^{2020}$				0.0127 ** (2.3057)	0.0151 *** (2.8104)	0.0141 ** (2.4898)
Lev		- 0.0172 (- 0.8972)	- 0.0200 (- 1.0387)		- 0.0107 (- 0.5554)	- 0.0136 (- 0.6994)
$Size$		0.0139 ** (2.0911)	0.0130 ** (2.0548)		0.0132 ** (1.9992)	0.0124 * (1.9606)
Roa		- 0.0555 (- 1.2068)	- 0.0506 (- 1.1096)		- 0.0510 (- 1.1032)	- 0.0462 (- 1.0057)
$Growth$		- 0.0309 *** (- 4.4813)	- 0.0302 *** (- 4.3534)		- 0.0314 *** (- 4.6025)	- 0.0306 *** (- 4.4706)
$InExecutive\_3$		0.0088 * (1.7260)	0.0076 (1.5461)		0.0100 * (1.9271)	0.0089 * (1.7543)
$Dual$		- 0.0109 * (- 1.8740)	- 0.0097 * (- 1.7253)		- 0.0100 * (- 1.7317)	- 0.0089 (- 1.5817)
Hld_3		0.0006 (0.9066)	0.0006 (0.9247)		0.0005 (0.8958)	0.0005 (0.9159)
$Bsize$		0.0044 (1.6051)	0.0041 (1.4820)		0.0038 (1.3851)	0.0034 (1.2601)
Ind		0.0006 (0.8673)	0.0006 (0.8185)		0.0005 (0.7464)	0.0005 (0.6976)
$Cons$	0.0482 *** (29.8984)	- 0.4476 *** (- 2.7767)	- 0.4050 *** (- 2.6264)	0.0483 *** (29.8882)	- 0.4443 *** (- 2.7644)	- 0.4015 *** (- 2.6144)

续表

变量	CEm_R&D					
	政策效果检验			动态边际效应		
	(1)	(2)	(3)	(4)	(5)	(6)
时间固定效应	控制	控制	控制	控制	控制	控制
个体固定效应	控制	控制	控制	控制	控制	控制
行业时间趋势			控制			控制
观测值	2590	2590	2590	2590	2590	2590
$R-squared$	0.3443	0.3597	0.3647	0.3681	0.3835	0.3870

注：括号内为 t 值；***、** 和 * 分别表示在 1%、5% 和 10% 的水平上显著。
资料来源：本表由作者计算所得。

（4）改变控制变量。

如第 7 章所述，审计质量与企业产权性质是影响其盈余管理行为的重要因素，因此本部分增加审计质量（Big4）、产权性质（State）两个变量，度量方式与前面相同。此外，本部分依然对控制变量进行了以下替换：用权益报酬率（Roe）来替代资本回报率（Roa）；用第一大股东持股比例（Top）代替前 3 位大股东持股比例之和（Hld_3），再次检验研发费用加计扣除政策调整对归类变更盈余管理方式下研发操纵的影响，回归结果具体如表 8 - 7 所示。各项回归中变量系数及显著性基本与基准回归保持一致，再次验证了前面结果的可靠性。

表 8 - 7　　　　　　　　　　　改变控制变量检验结果

变量	CEm_R&D					
	政策效果检验			动态边际效应		
	(1)	(2)	(3)	(4)	(5)	(6)
$Treat \times Time$	0.0006 (0.0838)	0.0008 (0.1234)	0.0027 ** (2.1063)			
$Treat \times Time^{2018}$				0.0097 * (1.8946)	0.0109 (1.2850)	0.0126 (1.5407)

续表

变量	CEm_R&D					
	政策效果检验			动态边际效应		
	(1)	(2)	(3)	(4)	(5)	(6)
$Treat \times Time^{2019}$				0.0171 *** (4.1165)	0.0160 *** (2.8905)	0.0130 (1.3609)
$Treat \times Time^{2020}$				0.0056 *** (6.2748)	0.0074 (0.9370)	0.0082 * (1.9546)
Lev		0.0610 (1.0222)	0.0388 (0.6237)		0.0592 (1.0004)	0.0370 (0.5994)
Size		−0.0161 * (−1.8541)	−0.0057 (−0.6678)		−0.0157 * (−1.8273)	−0.0054 (−0.6275)
Roe		−0.0274 (−1.0708)	−0.0226 (−0.8885)		−0.0279 (−1.0873)	−0.0230 (−0.9071)
Growth		−0.0133 * (−1.8297)	−0.0123 * (−1.6715)		−0.0138 * (−1.9035)	−0.0128 * (−1.7410)
InExecutive_3		0.0086 (1.0730)	0.0089 (1.1489)		0.0085 (1.0698)	0.0088 (1.1484)
Dual		−0.0057 (−0.5410)	−0.0038 (−0.3789)		−0.0060 (−0.5693)	−0.0041 (−0.4103)
Top		−0.0002 (−0.2996)	−0.0005 (−0.9037)		−0.0001 (−0.2426)	−0.0004 (−0.8414)
Bsize		0.0077 ** (2.3877)	0.0075 ** (2.3294)		0.0078 ** (2.4196)	0.0075 ** (2.3572)
Ind		0.0004 (0.5725)	0.0007 (0.9976)		0.0005 (0.6023)	0.0007 (1.0214)
Big4		0.0118 (0.7091)	0.0146 (1.0399)		0.0114 (0.6911)	0.0142 (1.0156)
State		0.0105 (0.4007)	0.0165 (0.5829)		0.0108 (0.4185)	0.0169 (0.6050)

续表

变量	CEm_R&D					
	政策效果检验			动态边际效应		
	(1)	(2)	(3)	(4)	(5)	(6)
cons	0.0427 *** (16.2676)	0.1853 (0.8361)	0.0158 (0.0719)	0.0426 *** (16.2319)	0.177 (0.8047)	0.0067 (0.0305)
时间固定效应	控制	控制	控制	控制	控制	控制
个体固定效应	控制	控制	控制	控制	控制	控制
行业时间趋势			控制			控制
观测值	3092	3092	3092	3092	3092	3092
R - squared	0.235	0.247	0.276	0.238	0.250	0.279

注：括号内为 t 值；*** 、** 和 * 分别表示在 1% 、5% 和 10% 的水平上显著。
资料来源：本表由作者计算所得。

(5) 申请享受企业组内政策效应。

本部分将样本限定于申请享受加计扣除优惠政策的企业，使用企业加计扣除纳税调整额（取对数）（Lncredit）这一连续变量来度量研发费用加计扣除的税收优惠，对享受政策的企业组内进行检验。如表 8 - 8 所示，逐步加入控制变量及行业时间趋势后，Lncredit 的系数分别为 0.0075、0.0107、0.0079，且在 1% 和 5% 的水平上正向显著，进一步证明了前面结果的可靠性。

表 8 - 8　　　　　　　　　　申请享受企业组内政策效应

变量	CEm_R&D		
	(1)	(2)	(3)
Lncredit	0.0075 ** (2.2250)	0.0107 *** (3.2191)	0.0079 ** (2.5688)
Lev		0.0265 (1.0989)	0.0021 (0.1051)
Size		0.0104 (-1.4251)	0.0049 (0.8337)

续表

变量	CEm_R&D		
	（1）	（2）	（3）
Roa		0.0202 (0.4983)	0.0156 (0.3942)
Growth		−0.0277 *** (−3.4228)	−0.0294 *** (−3.7566)
InExecutive_3		0.0062 (0.9813)	0.0061 (1.0772)
Dual		0.0045 (−0.7118)	0.0069 (−1.2831)
Hld_3		0.0002 (−0.3864)	0.0004 (1.1627)
Bsize		0.0048 (1.3031)	0.0058 (1.5794)
Ind		0.0018 ** (2.2017)	0.0018 ** (2.3049)
cons	−0.0592 *** (−4.7308)	−0.0581 (−1.3419)	−0.0976 *** (−2.9155)
时间固定效应	控制	控制	控制
个体固定效应	控制	控制	控制
行业时间趋势			控制
观测值	1724	1724	1724
R − squared	0.4104	0.4223	0.4542

注：括号内为 t 值；*** 和 ** 分别表示在1%和5%的水平上显著。
资料来源：本表由作者计算所得。

8.5 机制检验

由第7章验证得到，由于研发费用加计扣除政策调整后，企业获得税收优惠程度大为提高，同时，随着《企业所得税优惠政策事项办理办法》（国家税务总局公告 2018 年第 23 号）的出台，政策申请的监管环境也在 2018 年更为宽松，因而导致了企业真实盈余管理方式下研发操纵程度的大幅增加，那么是否会导致归类变更盈余管理方式下研发操纵程度的变化呢？本部分继续对这两个方面的影响渠道进行探讨。模型构建及变量定义均与第 7 章一致，具体可见第 7 章 7.5 部分。

8.5.1　税收优惠程度

以研发费用加计扣除纳税调整率（$LnCreditr$）、加计扣除纳税调整额（$LnCredit$）来衡量企业实际所获得的税收优惠程度，并作为中介变量进行回归检验，具体结果如表 8 - 9 所示，列（1）~列（2）为加计扣除纳税调整率（$LnCreditr$）中介效应检验结果，其中，列（1）中 $Treat \times Time$ 的系数为 0.0852，且在 1% 的水平上显著，表明加计扣除政策调整显著提升了企业的实际研发加计扣除纳税调整率；列（2）在纳入中介变量后，$LnCreditr$ 的系数为 0.0226，且在 10% 水平上显著为正，支持了前面推测，即在政策调整对归类变更盈余管理下研发操纵的影响中，企业实际研发加计扣除纳税调整率充当了中介效应；同时，本部分也进行了 Sobel 检验以此来保证结果的稳健性，Sobel 检验的统计量为 0.0071，在 1% 水平上显著。列（3）~列（4）中以加计扣除纳税调整额来衡量企业获得的税收优惠程度时，结果基本保持一致，其中列（4）显示，$LnCredit$ 的系数在 1% 的水平上正向显著，Sobel 检验结果依然显著。结合上述结果可见，研发费用加计扣除政策调整后，企业获得的税收优惠程度大为提高，导致其归类变更盈余管理下研发操纵程度也会增加。

表 8 - 9　　　　　影响机制检验一：企业获得税收优惠程度

变量	$LnCreditr$	$CEm\_R\&D$	$lnCredit$	$CEm\_R\&D$
	（1）	（2）	（3）	（4）
$Treat \times Time$	0.0852 *** （6.5733）	0.0019 （0.3734）	0.7434 *** （25.1009）	0.0125 * （1.6964）
$LnCreditr$		0.0226 * （1.7900）		

续表

变量	LnCreditr	CEm_R&D	lnCredit	CEm_R&D
	（1）	（2）	（3）	（4）
lnCredit				0.0207 *** （3.0738）
Lev	0.0380 （0.6561）	0.0271 （0.5142）	− 0.152 （− 1.1794）	0.0314 （0.6010）
Size	− 0.0022 （− 0.1303）	0.0043 （0.4683）	0.3981 *** （5.0621）	− 0.0034 （− 0.3565）
Roa	− 0.122 （− 1.4597）	− 0.0300 （− 0.5100）	− 0.2813 ** （− 2.2942）	− 0.0259 （− 0.4567）
Growth	0.0023 （0.2109）	− 0.0252 ** （− 2.3864）	0.0154 （0.7033）	− 0.0249 ** （− 2.3976）
InExecutive_3	− 0.0048 （− 0.3088）	0.0027 （0.3774）	0.0615 * （1.8100）	0.0016 （0.2312）
Dual	− 0.0076 （− 0.4180）	− 0.0115 （− 1.3248）	− 0.0003 （− 0.0094）	− 0.0111 （− 1.3113）
Hld_3	0.0012 （1.4742）	0.0003 （0.4640）	0.0001 （0.0006）	0.0004 （0.5710）
Bsize	0.0038 （0.4305）	0.0041 （1.2989）	0.0279 ** （1.9701）	0.00330 （1.0707）
Ind	− 0.0008 （− 0.3983）	0.0008 （1.1339）	− 0.0016 （− 0.4692）	0.0009 （1.2242）
cons	0.134 （0.3429）	− 0.114 （− 0.4789）	− 1.592 （− 0.8592）	− 0.0955 （− 0.4270）
时间固定效应	控制	控制	控制	控制
个体固定效应	控制	控制	控制	控制
行业时间趋势	控制	控制	控制	控制
观测值	3211	3211	3211	3211
R − squared	0.0394	0.2572	0.4871	0.2612
Sobel 检验	0.0071 （Z = 4.205，P = 0.0000）		0.0158 （Z = 4.022，P = 0.0000）	

注：括号内为 t 值；*** 、** 和 * 分别表示在 1% 、5% 和 10% 的水平上显著。

资料来源：本表由作者计算所得。

8.5.2　申请监管环境

以企业所在行业中每年申请企业数占同行业企业总数的比例（Ln*Number_ratio*）、申请企业总数（Ln*Number*）来度量研发加计扣除税收优惠监管环境，具体结果如表 8 - 10 所示。列（1）中，*Treat × Time* 的系数为 0.0015，在 1% 水平上正向显著，表明 2018 年后申请企业占比明显增加；在列（2）中加入中介变量后，*Treat × Time* 的系数在此时并不显著，中介变量申请企业比例（Ln*Number_ratio*）的系数在 1% 的水平上正向显著；同时，根据 Sobel 检验结果，Z 值为 5.030，在 1% 水平上显著，表明在加计扣除政策调整与企业研发操纵之间，申请企业比例（Ln*Number_ratio*）起到了中介效应。列（3）和列（4）中，将中介变量替换为申请企业总数（Ln*Number*）进行回归后，列（3）中 *Treat × Time* 的系数为 0.0261 且在 5% 的水平上显著，同时列（4）中 Ln*Number* 的系数在 5% 的水平上正向显著，Sobel 检验结果亦呈现显著。总体来看，支持了前面推测，当研发操纵行为以归类变更盈余管理方式进行时，2018 年加计扣除政策调整后，企业因税收优惠监管环境放松亦会呈现更为严重的研发操纵行为。

表 8 - 10　　　　　　　　研发费用加计扣除申请监管环境

变量	Ln*Number_ratio*	CEm_R&D	Ln*Number*	CEm_R&D
	（1）	（2）	（3）	（4）
Treat × Time	0. 0015 ***	0. 0031	0. 0261 **	0. 0035
	（3. 3770）	（0. 6057）	（2. 0074）	（0. 7096）
Ln*Number_ratio*		0. 0367 ***		
		（3. 6528）		
Ln*Number*				0. 0038 **
				（2. 0937）
Lev	0. 0002	0. 0298	− 0. 0121	0. 0323
	（0. 2035）	（0. 5742）	（− 0. 1223）	（0. 6215）

续表

变量	LnNumber_ratio	CEm_R&D	LnNumber	CEm_R&D
	(1)	(2)	(3)	(4)
Size	− 0.0002	0.0045	− 0.0353	0.0060
	(− 0.8129)	(0.5004)	(− 1.0898)	(0.6716)
Roa	0.0003	− 0.0306	0.0280	− 0.0324
	(0.1099)	(− 0.5349)	(0.3403)	(− 0.5651)
Growth	− 0.0004	− 0.0246**	0.0068	− 0.0247**
	(− 0.5195)	(− 2.3642)	(0.2730)	(− 2.3784)
InExecutive_3	0.0000	0.0029	− 0.0216	0.0036
	(− 0.0401)	(0.4169)	(− 1.1520)	(0.5192)
Dual	0.0003	− 0.0110	− 0.0052	− 0.0107
	(1.0544)	(− 1.2862)	(− 0.2920)	(− 1.2658)
Hld_3	0.0000	0.000400	0.0010	0.0003
	(0.9163)	(0.5370)	(0.4033)	(0.5087)
Bsize	− 0.0000	0.00390	0.0046	0.0037
	(− 0.1875)	(1.2420)	(0.6561)	(1.1886)
Ind	0.0000	0.0008	0.0013	0.0008
	(0.1781)	(1.1984)	(0.6637)	(1.1611)
cons	0.0580***	− 0.139	5.5362***	− 0.316
	(6.9293)	(− 0.6025)	(7.1733)	(− 1.3982)
时间固定效应	控制	控制	控制	控制
个体固定效应		控制		控制
行业固定效应	控制		控制	
行业时间趋势	控制	控制	控制	控制
观测值	3211	3211	3211	3211
R − squared	0.2564	0.2500	0.3154	0.2602
Sobel 检验	0.0035 (Z = 5.030, P = 0.0000)		0.0063 (Z = 6.6432, P = 0.0000)	

注：括号内为 t 值； *** 和 ** 分别表示在 1% 和 5% 的水平上显著。
资料来源：本表由作者计算所得。

8.6　进一步分析

8.6.1　基于异常性研发方向的检验

基于第 7 章的分析，本部分依然考虑了研发操纵的方向，按归类变更盈余管理方式下异常性研发支出（$CEm\_R\&D$）是否大于 0 进行分组，并再次进行分组回归，具体检验结果如表 8 - 11 所示。在列（1）~列（2）中，交互项 $Treat \times Time$ 的系数均不显著，此处结果并不稳健，未能有效识别出两组的差异；在动态边际效应的检验中，$Treat \times Time^{2018}$、$Treat \times Time^{2019}$、$Treat \times Time^{2020}$ 的系数均只在 $REm\_R\&D_{i,t} > 0$ 的组内呈现正显著，分别为 0.0234、0.0328、0.0192，与前面的逻辑一致，说明对于已虚增研发支出的企业来说，政策优惠力度的加大使其向上的研发操纵程度更为严重，表现出对政策的"寻扶持"行为，且具有一定的滞后效应，佐证了本书的观点。

表 8 - 11　　　　　　　　区分异常性研发支出方向的检验结果

变量	政策效果检验		动态边际效应	
	$CEm\_R\&D > 0$	$CEm\_R\&D < 0$	$CEm\_R\&D > 0$	$CEm\_R\&D < 0$
	（1）	（2）	（3）	（4）
$Treat \times Time$	0.0039 (0.6544)	-0.0038 (-0.2210)		
$Treat \times Time^{2018}$			0.0234 ** (2.2896)	0.0138 (0.5981)
$Treat \times Time^{2019}$			0.0328 *** (2.8395)	-0.0310 (-0.7483)
$Treat \times Time^{2020}$			0.0192 ** (2.5091)	-0.0010 (-0.0383)

续表

变量	政策效果检验		动态边际效应	
	CEm_R&D > 0	CEm_R&D < 0	CEm_R&D > 0	CEm_R&D < 0
	(1)	(2)	(3)	(4)
Lev	0.0356 (0.5194)	−0.0807 (−1.4354)	0.0310 (0.4573)	−0.0797 (−1.4454)
Size	0.0045 (0.4035)	0.0109 (1.1153)	0.00550 (0.4983)	0.0100 (1.0359)
Roa	−0.0876 (−1.3111)	0.162 (1.2754)	−0.0893 (−1.3492)	0.161 (1.2778)
Growth	−0.0328 ** (−2.5077)	0.0172 (1.4312)	−0.0337 *** (−2.6020)	0.0158 (1.3294)
lnExecutive_3	0.0070 (1.0364)	−0.0251 (−1.5134)	0.0068 (1.0157)	−0.0226 (−1.5208)
Dual	−0.00460 (−0.4832)	−0.0356 (−1.5504)	−0.00550 (−0.5900)	−0.0362 (−1.5570)
Hld_3	−0.0001 (−0.2193)	0.0023 (1.6018)	−0.0001 (−0.2477)	0.0023 (1.5542)
Bsize	0.0025 (0.7263)	0.0022 (0.3551)	0.0026 (0.7761)	0.0033 (0.5053)
Ind	0.0008 (0.9217)	−0.0012 (−0.8782)	0.0008 (0.9351)	−0.0010 (−0.7064)
Cons	−0.1406 (−0.5133)	0.1434 (0.4776)	−0.1587 (−0.5804)	0.1133 (0.4023)
时间固定效应	控制			
个体固定效应	控制			
行业时间趋势	控制			
观测值	2621	590	2621	590
R − squared	0.2872	0.2634	0.2981	0.2703

注：括号内为 t 值；*** 和 ** 分别表示在 1% 和 5% 的水平上显著。
资料来源：本表由作者计算所得。

8.6.2 调整后首次政策的检验

2018 年加计扣除比例提高后吸引了部分以往未申请的企业申请享受税收优惠，该政策是否也会触发其归类变更盈余管理方式下的研发操纵行为？本部分将对这一问题进行进一步探讨。与前面一致，本部分再次使用 PSM – DID 方法对样本进行检验，处理组为在 2018 年及以后首次申请享受研发费用加计扣除政策的企业，控制组未变，结果如表 8 – 12 所示。列（1）~列（3）中，在逐步加入各项控制变量后，$Treat \times Time$ 的系数分别为 0. 1640、0. 0599、0. 0562，且在不同程度上显著，表明对于首次申请享受加计扣除的企业而言，这一政策同样会触发其通过归类变更盈余管理的方式进行向上的研发操纵，再次验证了企业对政策的"寻扶持"行为；列（4）~列（6）中对于动态边际效应的检验中，$Treat \times Time^{2018}$、$Treat \times Time^{2019}$ 及 $Treat \times Time^{2020}$ 的系数亦均为正向显著，再次验证了随着政策调整，企业在后续年间已经深谙操纵处理方法，归类变更盈余管理下的研发操纵存在一定的滞后效应。

表 8 – 12　　　　　政策调整后首次享受优惠企业研发操纵检验

变量	CEm_R&D					
	政策效果检验			动态边际效应		
	（1）	（2）	（3）	（4）	（5）	（6）
$Treat \times Time$	0. 1640 *** (7. 1771)	0. 0599 * (1. 8617)	0. 0562 * (1. 7522)			
$Treat \times Time^{2018}$				0. 1372 ** (2. 2750)	0. 1358 ** (2. 2980)	0. 1334 ** (2. 2618)
$Treat \times Time^{2019}$				0. 2244 *** (3. 1814)	0. 2255 *** (3. 2816)	0. 2276 *** (3. 3777)
$Treat \times Time^{2020}$				0. 2699 *** (4. 3431)	0. 2719 *** (4. 4920)	0. 2666 *** (4. 6596)

续表

变量	CEm_R&D					
	政策效果检验			动态边际效应		
	(1)	(2)	(3)	(4)	(5)	(6)
Lev		−0.0667 (−1.1717)	−0.0900 (−1.4783)		−0.0773 (−1.4101)	−0.0990* (−1.6900)
Size		−0.0001 (−0.0121)	0.0105 (0.8931)		−0.0010 (−0.0946)	0.0090 (0.7919)
Roa		−0.0128 (−0.1053)	0.0252 (0.2095)		−0.0952 (−0.9535)	−0.0605 (−0.6105)
Growth		−0.0375** (−2.5337)	−0.0344** (−2.3732)		−0.0345** (−2.5194)	−0.0316** (−2.3513)
InExecutive_3		0.0302** (2.0394)	0.0300** (1.9866)		0.0236* (1.7192)	0.0232* (1.6524)
Dual		0.0008 (0.0611)	0.0021 (0.1524)		−0.0015 (−0.1197)	−0.0003 (−0.0254)
Hld_3		0.0000 (0.0030)	−0.0004 (−0.3016)		0.0009 (0.8150)	0.0005 (0.4533)
Bsize		−0.0095 (−1.4379)	−0.0097 (−1.4213)		−0.0061 (−1.0236)	−0.0062 (−1.0033)
Ind		−0.0018 (−0.7677)	−0.0010 (−0.4267)		−0.0020 (−1.0060)	−0.0012 (−0.6073)
Cons	0.0404*** (5.8091)	−0.206 (−0.6363)	−0.407 (−1.1717)	0.0430*** (5.3254)	−0.145 (−0.4639)	−0.325 (−0.9669)
时间固定效应	控制	控制	控制	控制	控制	控制
个体固定效应	控制	控制	控制	控制	控制	控制
行业时间趋势			控制			控制
观测值	1838	1838	1838	1838	1838	1838
R − squared	0.0796	0.0938	0.0806	0.2296	0.2383	0.2504

注：括号内为 t 值；***、** 和 * 分别表示在 1%、5% 和 10% 的水平上显著。
资料来源：本表由作者计算所得。

8.7　本　章　小　结

沿用第7章设计方法，本章采用同时控制个体、时间固定效应以及行业时间趋势项的 PSM – DID 模型，探究 2018 年研发费用加计扣除政策调整是否会加剧企业归类变更盈余管理方式下研发操纵的程度；同时，本书还关注到了政策时滞性，检验政策调整体现在时间上的动态边际效果。另外，加计扣除政策优惠力度的不断加码必然会吸引一部分企业在政策调整之后开始享受优惠，可能存在利用政策获取经济利益的动机，因此对于这类企业，本部分同样对其是否存在研发支出归类变更盈余管理进行了实证检验。相关结论总结如下。

（1）2018 年加计扣除比例的提高，会加剧企业归类变更盈余管理下研发操纵的程度。经过具体手段分析发现，企业会故意少计生产成本而将其计入研发类成本，以此来虚增账面研发支出值。

（2）在进一步研究中，考虑到政策调整具有滞后性，将平均效应分解至每一个执行年份中，但并未发现这种更加隐蔽的研发支出操纵行为有持续性。

（3）2018 年首次享受加计扣除政策的企业同样会进行归类变更盈余管理下的研发操纵，具有更加明显的寻求政策避税动机。另外，这类企业存在将生产成本"研发化"的手段，政策的动态边际效果呈现愈演愈烈的发展规律，这与在政策调整前就申请该政策的企业不同。

本部分扩充了基于避税动机的研发支出归类变更盈余管理的相关研究。现有与盈余管理相关的研究多数集中于应计盈余管理或是真实盈余管理，本部分则是以避税导向型的归类变更盈余管理作为研究焦点，不仅如此，还进一步细化至研发支出科目，结合产业政策讨论实施效果，在一定程度上补充了研发支出归类变更盈余管理形成动机及表现形式的相关结论。

第9章

研发费用加计扣除政策调整与
企业"寻扶持"行为
——基于应计盈余管理的视角

我国研发费用加计扣除政策的实施随企业研发支出费用化、资本化而在具体操作时表现出一次性扣除与分期摊销的差异，使得企业对研发支出会计政策的选择，直接影响当期缴纳税额与利润。本部分通过构建企业研发实际加计扣除比例，探讨加计扣除政策是否会导致企业通过研发会计政策相机抉择进行应计盈余管理行为，以平衡现金流和利润水平。

9.1 应计盈余管理下研发操纵文献梳理

在研发支出会计处理方式的选择上，各国目前主要存在三种方式——全部资本化、全部费用化及有条件资本化，有条件资本化这种处理方式被大多数国家采用。我国自 2006 年新会计准则执行以来，研发支出会计处理方式发生变化，由研发支出的全部费用化转为有条件资本化，并列明了资本化处理满足的五个原则性条件。有条件地对研发支出进行资本化处理的会计处理方式结合了其他两种方式优点，能够使达到预定用途的资产入账反映实际成本，实现成本和收益的合理配比，也能够降低企业完全费用化处理使得利润降低的经营压力。但是从准则目前的适用性上来说，资本化的条件在满足上存在一定的主观性，一是在研究阶段和开发阶段的划分上存在一定的主观判断；二是当研发活动大体上具备形成一项新产品或新技术的基本条件时，满足五大条件的则可以进行资本化处理，但准则仅列出五大要求，并没有对企业在实际中如何判断给予量化指标和客观说明。因此，企业对于研发支出如何进行会计处理存在较大的主观随意性，而选择资本化和费用化会对企业的利润情况、现金流的盈余、税收缴纳、企业价值等方面产生一定的影响。

已有大量研究为此提供了证据，如查诺文和奥斯瓦尔德（2005）以英国企业为样本，对比了管理层在对研发支出在全部费用化和部分资本化这两种会计处理模式进行选择下，随后利用研发进行盈余管理的不同表现，结果表明英国企业管理层也有避免利润下降、减少的倾向；不同的是，当采纳研发支出全部费用化的会计标准时，管理层一般通过真实交易，即减少研发支出来达到盈余管理目的；当采纳研发支出部分资本化的会计标准时，管理层则通过调节研发支出资本化与费用化的比例，进行应计盈余管理。奥斯马和杨（Osma & Young，2009）只关注了那些选择研发支出费用化处理的英国企业，发现管理层削减研发支出不仅受到当期业绩目标的影响，还会受到上期业绩压力的影响，上期利润亏损或者下降也迫使管理层减少研发这种酌量性支出。马卡林等（2008）从管理层的自主选择权出发，认为意大利上市公司管理层对符合条件的研发支出选择资本化的动机是减少当期费用，从而为意大利企业管理层利用研发支出的会计处理进行盈余管理提供了证据。李世新和张燕（2011）年采用2007～2008两年研发支出资本化不为零的我国上市公司为样本，分析了盈余管理对研发支出资本化金额的影响，发现研发支出资本化不仅受到盈余管理动机的影响，还受到盈余管理程度的影响，只有在高盈余管理程度公司中，盈余管理动机才显著影响研发支出资本化金额。王艳（2019）认为研发支出会计处理方式与企业的价值相关，资本化会使得企业自研与外购所形成的无形资产价值一致，企业的经济利益不会"缩水"，企业利润处于平稳状态，企业不会出于获利动机减少研发支出；而费用化会导致企业本期收益减少，体现了谨慎性原则，更能提高企业费用配比的合理性，减少企业经营风险。王姝禧（2018）针对高研发行业——软件开发类企业，分别选用上市公司和非上市公司进行案例分析，研究发现无论是否上市，企业都会利用现行的研发支出会计政策，从自身利益考量来实施盈余管理行为进行研发操纵。例如，上市公司会抬高研发支出资本化比例以提升企业当期利润水平，而没有上市的公司会因为想要减少税负、企业内部控制不完善等因素持续将研发支出全部费用化。

基于税收动机视角，从研发支出全部费用化调整为同时满足五个要求才能资本化后，研发支出资本化与否直接与税前可抵扣的费用相关，因此，税负成为企业进行研发支出会计处理方式选择的重要动因。王亮亮（2016）以中小板上市公司为样本，实证检验发现高税率公司出于避税动机研发支出资本化率较低，以获取更高的税收收益，且与国有企业相比，非国有企业利用研发支出资本化或费用化进行税收筹划的动机更强，此外，企业进行税收筹划时会考虑税收征管所付出代价的高低。胡兰和胡轩于（2018）也得出了类似的结论，并进一步发现企业盈余水平的高低会影响企业的避税动机，高盈余企业由于不良避税代价过大，其避税动机较弱，而低盈余企业出于对现金流的需求利用税收政策使研发支出费用化进而达到避税的动机更为强烈。从企业避税视角来说，罗迎和吴秋生（2018）发现在加计扣除政策下，创业板上市公司利用研发支出获取避税收益的积极性极高，研发支出费用化比例越高，企业避税动机越强，并且由于企业避税将产生机会成本，低利润企业通过研发支出进行避税的可能性高于高利润企业。在加计扣除政策下，企业研发支出的会计处理存在较大的税收收益差别，企业合理进行利用则存在一定的税收筹划的空间（蔡小平，2011）。例如，刘永涛（2018）认为企业可能会为了特定的利润目标或是现金流目标将本来应该费用化的研发支出资本化，或反之将本应资本化的研发支出费用化。

基于此，本部分主要研究研发费用加计扣除政策对企业应计盈余管理方式下研发操纵行为的影响，探讨企业利用政策对其现金流与利润的权衡行为。随着加计扣除比例提升，优惠对象逐渐扩大，企业易对研发支出的会计处理做出调整，以满足自身企业发展的需要，实现企业利益的最大化。在这种情况下，实证研究加计扣除政策对研发操纵行为的影响具有一定的必要性，本部分探讨加计扣除政策是否会导致企业通过研发会计政策相机抉择进行应计盈余管理行为，以平衡现金流和利润水平，丰富加计扣除政策实施效果与会计方式选择相关的文献研究。

9.2　研究设计

为保证前后结论的可比性，本部分依然选取 2016～2020 年我国 A 股公司数据为样本。如前面所述，基于已有文献，从应计盈余管理下的研发操纵程度测度来看，目前并没有普适性的模型，由于企业将研发支出计入资本化（或费用化）的比例受其自身具体情况影响，且与其资产、销售收入等情况的高低并不存在规律性特征，因而无法像前两类盈余管理方式一样，通过估计异常性研发支出来度量研发操纵程度。学者普遍的做法是构建资本化（或费用化）的比例与特定企业目标的回归模型，以此来通过回归系数的显著性验证研发资本化（或费用化）是否在特定目标下呈现一定的调整规律。因此，本部分未继续使用 PSM - DID 模型提取 2018 年政策调整的净效益，借鉴已有普遍做法，通过构建连续变量进行线性回归，希望能从一定程度上说明问题。

为了检验研发费用加计扣除政策执行与调整对应计盈余管理下研发操纵之间的关系，本部分参考胡元木等（2016）、寇明婷等（2019）、郑飞等（2021）等的研究设计构造以下模型：

$$AEm\_R\&D_{i,t} = \alpha_0 + \alpha_1 Creditr_{i,t} + \gamma Control_{i,t} + Year + Industry + \mu_{i,t}$$

$$(9.1)$$

其中，下标 i 代表企业，t 代表年份。$AEm\_R\&D$ 为企业研发支出费用化部分占总支出的比值，用来衡量企业应计盈余管理方式下研发操纵的动机；在加计扣除政策下，若企业提高费用化比例，则其减少当期应纳所得税额，缓解企业资金压力的动机较大；反之，则增加当期利润的动机较大。$Creditr$ 为加计扣除纳税调整率，度量方式与前面一致；$Control$ 为控制变量，选取与前面一致；此外，模型中还加入了年度（$Year$）与行业虚拟变量（$Industry$）。为了衡量企业的现金流及利润水平，本部分分别从横向、纵向两个维度对其进行衡量：横向指标以营业利润现金净含量（经营活动现金净含量与净利润比值）、成本费用利润率作为指标并计算其均值，若企业指标小于均值,则认为其现金流或利润水平较低,面临现金流或利润不足的压力;反之,则认为现金流或利润水平较高,这方面的压力较小;纵向指标以营业利润现金净含量、成本费用利润率本期与上期差值进行衡量,差值小于 0,则认为其现金流或利润水平较低,面临现金流或利润不足的压力;反之,则认为其现金流或利润水平较高,这方面的压力较小。基于此,本书使用上述模型将样本进行分组回归,分组方式具体可见表 9 – 1。

表 9 – 1 企业分组方式

分组标准		小于均值	大于均值	小于 0	大于 0
横向指标	营业利润现金净含量	现金流水平较低	现金流水平较高		
	成本费用利润率	利润水平较低	利润水平较高		
纵向指标	营业利润现金净含量本期与上期差值			现金流水平较低	现金流水平较高
	成本费用利润率本期与上期差值			利润水平较低	利润水平较高

资料来源:本表由作者整理所得。

9.3 描述性统计结果

9.3.1 变量描述性统计

表 9 – 2 列示了变量的描述性统计。可以看出,研发支出费用化占比(*AEm_R&D*)的平均值和中位数分别为 0.9453 和 1.0000,说明大多数公司在研发支出分类时多采用研发支出费用化;研发费用加计扣除纳税调整率(*Creditr*)的平均数和中位数分别为 0.2236、0.1612,说明公司对税收加计

扣除政策利用较为普遍，该政策约可以节约其15%的纳税额，其他变量的分布总体与已有文献相关结论一致。

表9-2　　　　　　　　　　变量描述性统计结果

变量	观测值	平均值	中位数	标准差	最小值	最大值
AEm_R&D	6526	0.9453	1.0000	0.1359	0.0000	1.0073
Creditr	6526	0.2236	0.1612	0.2023	0.0000	0.9974
Lev	6526	0.3919	0.3770	0.2504	0.0143	10.4953
Size	6526	22.1192	21.9964	1.1726	18.3345	28.4159
Roa	6526	0.0481	0.0485	0.0941	-1.8591	0.8541
Growth	6526	0.2763	0.1223	2.1874	-0.9485	96.0237
InExecutive_3	6526	14.5799	14.5382	0.6473	11.8501	18.0490
Dual	6526	0.3316	0	0.4708	0	1
Hld_3	6526	47.8948	47.5550	14.6867	5.6512	93.6344
Bsize	6526	8.2720	9.0000	1.5543	4	17
Ind	6526	37.8665	36.3600	5.4914	20.0000	75.0000

资料来源：本表由作者计算所得。

9.3.2　变量相关性分析

表9-3报告了变量之间的相关性检验结果。企业研发操纵（即研发支出费用化部分占总支出的比值，$AEm\_R\&D$）与加计扣除纳税调整率（$Creditr$）的相关性系数为0.020，在5%的水平上显著正相关，表明企业因研发费用加计扣除政策受到的优惠越多，企业越倾向于研发支出费用化以获取当期节税现金流；同时，表9-4显示，变量的方差膨胀因子即VIF的平均值为1.32，可以认为变量之间均不存在多重共线性问题。

表 9 - 3

变量相关性检验结果

变量名称	AEm_R&D	Creditr	Lev	Size	Roa	Growth	lnExecutive_3	Dual	Hld3	Bsize	Ind
AEm_R&D	1.000										
Creditr	0.020** (0.023)	1.000									
Lev	-0.040*** (0.001)	0.061*** (0.000)	1.000								
Size	-0.120*** (0.000)	-0.182*** (0.000)	0.349*** (0.000)	1.000							
Roa	0.063*** (0.000)	-0.182*** (0.000)	-0.451*** (0.000)	0.008 (0.531)	1.000						
Growth	0.010 (0.406)	-0.039*** (0.002)	0.038*** (0.002)	0.038*** (0.002)	0.056*** (0.000)	1.000					
lnExecutive_3	-0.059*** (0.000)	-0.036*** (0.004)	0.075*** (0.000)	0.419*** (0.000)	0.131*** (0.000)	-0.033*** (0.008)	1.000				
Dual	0.009 (0.490)	0.067*** (0.000)	-0.106*** (0.000)	-0.197*** (0.000)	0.042*** (0.001)	0.032*** (0.010)	-0.032*** (0.010)	1.000			
Hld3	0.129*** (0.000)	-0.136*** (0.000)	-0.043*** (0.001)	0.047*** (0.000)	0.177*** (0.000)	0.046*** (0.000)	0.019 (0.124)	0.048*** (0.000)	1.000		
Bsize	-0.040*** (0.001)	-0.071*** (0.000)	0.066*** (0.000)	0.264*** (0.000)	0.012 (0.350)	-0.017 (0.166)	0.132*** (0.000)	-0.194*** (0.000)	-0.042*** (0.001)	1.000	
Ind	0.001 (0.928)	0.027** (0.029)	0.002 (0.845)	-0.043*** (0.001)	-0.009 (0.465)	0.019 (0.119)	-0.038*** (0.002)	0.131*** (0.000)	0.084*** (0.000)	-0.579*** (0.000)	1.000

注：括号内为 p 值；*** 和 ** 分别表示在 1% 和 5% 的水平上显著。

资料来源：本表由作者计算所得。

表 9 – 4　　　　　　　　　变量多重共线性检验结果

变量	VIF	1/VIF
Bsize	1. 66	0. 6014
Size	1. 6	0. 6250
Ind	1. 54	0. 6478
Lev	1. 5	0. 6657
Roa	1. 39	0. 7177
lnExecutiv ~ 3	1. 25	0. 7973
Creditr	1. 09	0. 9143
Dual	1. 08	0. 9275
Hld_3	1. 06	0. 9450
Growth	1. 02	0. 9846
Mean VIF	1. 32	

资料来源：本表由作者计算所得。

9.4　实证结果分析

9.4.1　以利润现金指标平均值分组回归分析

表 9 – 5 为基于利润现金指标平均值进行分组，加计扣除政策对企业应计盈余管理方式下研发操纵影响的回归结果。如表 9 – 5 所示，对样本总体进行回归时，*Creditr* 回归系数为 0. 0076，在 10% 的水平上显著为正，表明企业实际加计扣除率越高，越倾向于研发支出费用化以获取当期节税现金流；*Size* 和 *Roa* 的回归系数为 – 0. 0177 和 0. 0734，且均在 1% 的水平上显著，表明企业规模越小、盈利能力越高，企业将研发计入费用以获取现金流的动机越强；*Hld_3* 的回归系数为 0. 0010，在 1% 水平上显著为正，表明企业股权集中度越高，企业以上述形式进行盈余操纵的可能性越大。

表 9 – 5   以平均值分组回归结果

变量	全样本	现金流水平		利润水平	
		较低	较高	较低	较高
Creditr	0. 0076 * (1. 8536)	0. 0032 * (1. 9147)	− 0. 0008 (0. 0186)	0. 0023 (0. 0170)	0. 0004 * (1. 7178)
Lev	0. 0055 (0. 5866)	0. 0168 (0. 9439)	− 0. 0017 (− 0. 1814)	− 0. 0037 (− 0. 3465)	0. 0267 (1. 3856)
Size	− 0. 0177 *** (− 6. 0883)	− 0. 0142 *** (− 4. 7198)	− 0. 0242 *** (− 4. 5726)	− 0. 0216 *** (− 4. 5606)	− 0. 0135 *** (− 3. 7951)
Roa	0. 0734 *** (2. 9131)	0. 2025 *** (3. 7986)	0. 0284 (0. 9057)	0. 0242 (0. 7468)	0. 1847 *** (3. 4922)
Growth	0. 0003 (0. 7171)	0. 0001 (0. 2769)	− 0. 0015 (− 1. 0102)	0. 0008 (1. 1622)	− 0. 0000 (− 0. 0894)
InExecutive_3	− 0. 0031 (− 0. 6827)	− 0. 0065 (− 1. 3462)	− 0. 0018 (− 0. 2368)	− 0. 0002 (− 0. 0267)	− 0. 0092 * (− 1. 8301)
Dual	− 0. 0054 (− 1. 0227)	− 0. 0036 (− 0. 6615)	− 0. 0118 (− 1. 2796)	− 0. 0041 (− 0. 4590)	− 0. 0065 (− 1. 0963)
Hld_3	0. 0010 *** (5. 6130)	0. 0008 *** (4. 6255)	0. 0014 *** (4. 3166)	0. 0015 *** (5. 2763)	0. 0008 *** (3. 6811)
Bsize	− 0. 0015 (− 0. 6032)	− 0. 0009 (− 0. 3235)	− 0. 0022 (− 0. 6089)	− 0. 0037 (− 0. 8286)	0. 0001 (0. 0479)
Ind	− 0. 0006 (− 1. 0177)	− 0. 0004 (− 0. 5705)	− 0. 0010 (− 1. 0530)	− 0. 0012 (− 1. 1550)	− 0. 0002 (− 0. 2757)
Cons	1. 2849 *** (10. 5005)	1. 2724 *** (10. 4261)	1. 3608 *** (9. 0003)	1. 3178 *** (8. 1802)	1. 2737 *** (7. 9395)
Year	控制				
Industry	控制				
观测值	6526	4686	1840	2455	4071
R – squared	0. 0689	0. 0713	0. 0657	0. 0613	0. 0780

注：括号内为 t 值；*** 和 * 分别表示在 1% 和 10% 的水平上显著。
资料来源：本表由作者计算所得。

为了区分企业对现金流及利润的需求程度,后面将进一步按照这两类指标的均值对企业进行分组回归,具体见表9-5。

在现金流水平较低的组中,$Creditr$ 回归系数为 0.0032,在 10% 的水平上正向显著,实证结果与假设 H_5 一致,即当企业面临资金短缺的压力时,在加计扣除政策的实施下,更倾向于将研发支出费用化,虽然这样会降低当期利润,但可以减少当期应纳所得税额,在本期一次性获得节税现金流,缓解企业短期资金压力;此外,Roa、Hld_3 的系数均在 1% 水平上显著为正,说明企业在现金短缺时,资产收益率越大、股权集中度越强,研发支出费用化的比例越高,进行应计盈余管理行为的可能性越大;而 $Size$ 的系数在 1% 水平上显著为负,说明在现金短缺企业,规模越小越有动机增加研发费用化比例;而在现金流较高的组中,$Creditr$ 的回归系数为 -0.0008,且不显著,验证了该类企业无需通过调整研发会计处理应对现金不足的压力。

当利润水平较低时,$Creditr$ 的回归系数虽为正但并不显著,结合前述研究可以看出,企业只有在现金流不足的情况下,才倾向于加大研发费用化比例,表明在利润较低时,以保持利润水平为首要任务;当利润水平较高时,$Creditr$ 的回归系数为 0.0004,在 10% 水平上显著为正;$Size$ 在 1% 水平上显著为负,表明公司规模越小,企业越可能增加研发支出费用化部分;Roa 和 Hld_3 在 1% 水平上显著为正,说明企业没有利润压力时,资产收益率越大、股权集中度越强,增加研发支出费用化部分进行研发操纵的可能性越大。这一结果反映了高利润组企业通过增加研发支出费用化部分平滑利润的现状,虽未直接验证 H_6,但整体逻辑一致。

由于 2018 年起,企业加计扣除比例由之前的 50% 提高到 75%,为了观察政策调整前后企业研发操纵的变化,同时排除上述结论由 2017 年前大量样本驱动的可能性,下面对 2018 年前后样本分别进行回归,结果如表9-6所示。由表9-6可知,2018 年前后,实证结果并未发生显著变化,在现金流水平较低时,$Creditr$ 的回归系数分别为 0.0522 和 0.0058,在 10% 水平上显著为正;在利润水平较高时,$Creditr$ 分别在 5% 和 1% 水平上显著为正。因此,总体来看,企业可能在加计扣除政策下持续性地进行这一权衡行为。

表 9 – 6　　　　　　　　　以平均值分组回归结果（2018 年前后）

变量	2018 年前				2018 年后			
	现金流水平		利润水平		现金流水平		利润水平	
	较低	较高	较低	较高	较低	较高	较低	较高
Creditr	0.0522 * (1.8466)	0.0071 (0.1863)	0.0128 (0.4261)	0.0660 ** (1.8268)	0.0058 * (1.7779)	0.0014 (0.0652)	0.0025 (0.1299)	0.0061 *** (3.3391)
Lev	0.0250 (0.8740)	0.0132 (0.3031)	−0.0066 (−0.1814)	0.0817 ** (2.0986)	0.0108 (0.5824)	−0.0042 (−0.4539)	−0.0070 (−0.7465)	0.0153 (0.7908)
Size	−0.0106 ** (−2.0631)	−0.0255 *** (−2.7815)	−0.0201 *** (−2.9621)	−0.0090 (−1.1709)	−0.0156 *** (−5.0526)	−0.0238 *** (−4.0701)	−0.0222 *** (−4.1364)	−0.0145 *** (−4.2265)
Roa	0.2911 *** (2.6006)	0.1131 (1.4072)	0.1728 (1.5957)	0.2195 * (1.8567)	0.1760 *** (3.5969)	0.0111 (0.3130)	−0.0061 (−0.1677)	0.1739 *** (3.5827)
Growth	−0.0002 (−0.2586)	0.0083 (1.0012)	0.0017 (1.0537)	0.0001 (0.2045)	0.0004 (0.6865)	−0.0028 * (−1.7190)	0.0007 * (1.7272)	−0.0004 (−0.3779)
InExecutive_3	−0.0093 (−1.1432)	0.0009 (0.0807)	0.0012 (0.1215)	−0.0141 (−1.3753)	−0.0053 (−1.0443)	−0.0056 (−0.6321)	−0.0032 (−0.3108)	−0.0081 * (−1.6460)
Dual	0.0073 (0.8105)	−0.0338 ** (−2.3424)	−0.0038 (−0.3365)	−0.0111 (−0.9666)	−0.0072 (−1.2592)	0.0003 (0.0231)	−0.0059 (−0.5021)	−0.0059 (−1.0171)
Hld_3	0.0011 *** (3.7782)	0.0018 *** (3.5374)	0.0019 *** (5.4611)	0.0009 * (1.9323)	0.0007 *** (3.9148)	0.0012 *** (3.3921)	0.0011 *** (2.9253)	0.0008 *** (3.9407)
Bsize	0.0009 (0.1234)	−0.0063 (−1.0213)	−0.0040 (−0.5321)	0.0013 (0.2343)	−0.0019 (−0.8424)	−0.0001 (−0.0272)	−0.0032 (−0.7674)	−0.0005 (−0.1967)
Ind	−0.0008 (−0.5902)	−0.0026 (−1.5892)	−0.0018 (−1.1806)	−0.0012 (−0.8265)	−0.0003 (−0.4656)	−0.0000 (−0.0524)	−0.0006 (−0.5660)	0.0000 (0.0739)
Cons	1.3180 *** (8.4040)	1.7284 *** (7.4062)	1.4601 *** (7.9587)	1.3832 *** (6.7848)	1.2566 *** (8.7228)	1.3513 *** (8.4078)	1.3156 *** (7.3107)	1.2525 *** (7.5101)
Year	控制							
Industry	控制							
观测值	1321	682	1139	864	3365	1158	1316	3207
R − squared	0.0530	0.0595	0.0542	0.0844	0.0825	0.0664	0.0660	0.0811

注：括号内为 t 值；*** 、** 和 * 分别表示在 1%、5% 和 10% 的水平上显著。
资料来源：本表由作者计算所得。

9.4.2　以利润现金指标差值分组回归

出于分组的稳健性，基于利润现金指标本期与上期差值进行分组后，加计扣除政策对研发操纵影响的回归结果如表 9 - 7 所示。本部分利用现金流指标和利润指标本期与上期的差值作为分组标准，差值大于 0，则认为其现金流（或利润）水平较高，这方面的压力较小；反之，则认为其现金流（或利润）水平较低，面临现金流（或利润）不足的压力。如表 9 - 7 所示，在现金流水平较低时，$Creditr$ 的系数为 0.0369，在 5% 水平上显著为正，佐证了前面结论，即当现金差值小于 0 时，企业面临资金短缺的压力，倾向通过增加研发支出费用化部分进行研发操纵，从而获得节税现金流，缓解资金压力；同时，Roa 和 Hld_3 的系数亦均在 1% 水平上显著为正，与表 9 - 5 结果一致；而 $Size$、$InExecutive\_3$ 的回归系数分别为 - 0.0129 和 - 0.0103，分别在 1%、10% 的水平上显著，说明在现金短缺企业，公司规模越小、高管薪酬越低，企业越有动机增加研发费用化比例，进行应计盈余管理下的研发操纵。反之，在现金流较高的组中，$Creditr$ 的回归系数为 - 0.0206，且不显著，表明企业在现金流充足时无需通过调整研发会计处理应对现金不足的压力。

表 9 - 7　　　　　　　　　　　　以两期差值分组回归结果

变量	现金差值		利润差值	
	小于 0	大于 0	小于 0	大于 0
$Creditr$	0.0369 ** (2.1392)	- 0.0206 (- 1.4669)	0.0001 (0.0080)	0.0091 ** (2.5388)
Lev	0.0383 * (1.6611)	- 0.0010 (- 0.0967)	- 0.0091 (- 0.4401)	0.0195 ** (1.9941)
$Size$	- 0.0129 *** (- 3.3710)	- 0.0206 *** (- 6.0804)	- 0.0192 *** (- 4.6706)	- 0.0160 *** (- 5.0737)
Roa	0.2380 *** (3.4668)	0.0474 * (1.9000)	0.0407 (1.3689)	0.1590 *** (3.5447)

续表

变量	现金差值		利润差值	
	小于 0	大于 0	小于 0	大于 0
Growth	− 0. 0002 (− 0. 5268)	0. 0004 (0. 5830)	0. 0007 (1. 4805)	− 0. 0003 (− 0. 5084)
InExecutive_3	− 0. 0103 * (− 1. 8122)	− 0. 0002 (− 0. 0483)	− 0. 0028 (− 0. 4381)	− 0. 0042 (− 0. 8579)
Dual	0. 0004 (0. 0659)	− 0. 0095 (− 1. 6304)	− 0. 0097 (− 1. 4276)	− 0. 0019 (− 0. 3230)
Hld_3	0. 0009 *** (3. 6451)	0. 0011 *** (5. 6846)	0. 0011 *** (4. 5135)	0. 0010 *** (5. 0158)
Bsize	− 0. 0022 (− 0. 6533)	− 0. 0013 (− 0. 4659)	− 0. 0032 (− 1. 1395)	0. 0000 (0. 0128)
Ind	− 0. 0003 (− 0. 4453)	− 0. 0007 (− 1. 1787)	− 0. 0006 (− 0. 8088)	− 0. 0006 (− 0. 9099)
Cons	1. 3178 *** (9. 0026)	1. 2851 *** (10. 0027)	1. 3206 *** (8. 4986)	1. 2576 *** (11. 0084)
Year	控制			
Industry	控制			
观测值	2321	4205	2986	3540
R − squared	0. 0702	0. 0699	0. 0721	0. 0679

注：括号内为 t 值； *** 、 ** 和 * 分别表示在 1% 、 5% 和 10% 的水平上显著。
资料来源：本表由作者计算所得。

当本期与上期利润指标差值小于 0，即利润水平较低时，*Creditr* 的回归系数虽为正但不显著，表明企业在利润较低时，以保持利润水平为首要任务，不会进行研发操纵增加研发支出费用化比例；与之相比，当利润差值大于 0，即企业利润水平较高时，*Creditr* 的回归系数为 0. 0091，在 5% 水平上显著为正；类似地，*Size* 的系数在 1% 水平上显著为负；*Hld_3* 的系数在 1% 水平上显著为正。这一结果再次反映了高利润组企业通过增加研发支出费用化部分平滑利润的现状。

从上述分析可以看出，无论以平均值分组还是以两期差值分组，基于现金流和利润衡量时，在加计扣除政策下，企业有动机进行研发操纵。在考虑现金流水平时，当企业现金流不足时会增加研发支出费用化部分，缓解企业资金压力；在考虑利润水平时，相关结论并未直接通过验证。但总体来看，在加计扣除政策下，当企业可以通过调整研发会计处理以牺牲其中一项指标来提高现金流或者利润时，在现金流与利润的权衡中，更侧重于选择前者。

同样地，此处考虑研发费用加计扣除政策在 2018 年的调整，将样本区分 2018 年前后再次进行检验，如表 9 - 8 所示。相关结果与前面基本一致，无论在 2018 年前后，*Creditr* 的回归系数在现金流水平较低和利润水平较高时显著为正，再次验证了随着加计扣除优惠程度的提高，企业会权衡现金流与利润情况，通过应计盈余管理方式下的研发操纵充分获取最大利益，而在 2018 年前后均会持续这一应计盈余管理行为。

表 9 - 8　　　　　　　　　以两期差值分组回归结果（2018 年前后）

| 变量 | 2018 年前 | | | | 2018 年后 | | | |
| | 现金差值 | | 利润差值 | | 现金差值 | | 利润差值 | |
	小于 0	大于 0	小于 0	大于 0	小于 0	大于 0	小于 0	大于 0
Creditr	0.1132 *** (3.2475)	0.0029 (0.1040)	0.0493 (1.3803)	0.0150 ** (2.4806)	0.0263 *** (3.4072)	- 0.0251 (- 1.6398)	- 0.0064 (- 0.4016)	0.0170 *** (3.9308)
Lev	0.0560 (1.4325)	0.0057 (0.1993)	0.0345 (0.8789)	0.0114 (0.3997)	0.0264 (1.0358)	- 0.0035 (- 0.3603)	- 0.0205 (- 0.9123)	0.0179 * (1.9412)
Size	- 0.0109 ** (- 1.9907)	- 0.0197 *** (- 3.1870)	- 0.0217 *** (- 2.9893)	- 0.0132 ** (- 2.2447)	- 0.0133 *** (- 3.0497)	- 0.0208 *** (- 6.2755)	- 0.0185 *** (- 4.3051)	- 0.0170 *** (- 5.2356)
Roa	0.2123 (1.4534)	0.1499 * (1.8989)	0.1457 (1.5641)	0.2481 *** (2.6653)	0.2489 *** (3.6529)	0.0280 (1.0811)	0.0222 (0.7365)	0.1324 *** (2.8853)
Growth	0.0176 * (1.7656)	0.0002 (0.2073)	0.0216 *** (3.4551)	- 0.0002 (- 0.2636)	- 0.0004 (- 0.6460)	0.0010 (0.9732)	0.0006 (1.1701)	- 0.0036 (- 1.2382)
InExecutive_3	- 0.0054 (- 0.5935)	- 0.0043 (- 0.5095)	- 0.0006 (- 0.0516)	- 0.0081 (- 1.0137)	- 0.0121 * (- 1.9084)	0.0008 (0.1447)	- 0.0045 (- 0.6719)	- 0.0028 (- 0.5064)
Dual	0.0017 (0.1551)	- 0.0107 (- 1.1345)	- 0.0047 (- 0.3966)	- 0.0085 (- 0.8926)	- 0.0002 (- 0.0362)	- 0.0095 (- 1.4730)	- 0.0116 (- 1.5491)	0.0017 (0.2808)

续表

变量	2018 年前				2018 年后			
	现金差值		利润差值		现金差值		利润差值	
	小于0	大于0	小于0	大于0	小于0	大于0	小于0	大于0
Hld_3	0.0012 *** (3.3261)	0.0014 *** (4.5549)	0.0018 *** (4.3660)	0.0011 *** (3.5762)	0.0007 *** (2.7858)	0.0009 *** (4.6305)	0.0009 *** (3.5208)	0.0009 *** (4.0984)
Bsize	0.0014 (0.2608)	−0.0028 (−0.4077)	−0.0026 (−0.4696)	−0.0014 (−0.2107)	−0.0037 (−1.1363)	−0.0007 (−0.3038)	−0.0031 (−1.0456)	0.0006 (0.2569)
Ind	0.0005 (0.3653)	−0.0025 * (−1.8375)	−0.0012 (−0.8622)	−0.0019 (−1.4430)	−0.0008 (−0.9807)	0.0000 (0.0724)	−0.0004 (−0.5213)	0.0000 (0.0283)
Cons	1.2086 *** (7.9544)	1.5984 *** (8.9925)	1.4913 *** (7.9388)	1.4328 *** (8.6554)	1.3179 *** (6.1673)	1.2334 *** (9.6844)	1.2596 *** (7.0461)	1.2385 *** (10.8181)
Year	控制							
Industry	控制							
观测值	628	1375	612	1391	1693	2830	2374	2149
R − squared	0.0543	0.0587	0.0711	0.0503	0.0912	0.0736	0.0788	0.0800

注：括号内为 t 值；*** 、** 和 * 分别表示在 1% 、5% 和 10% 的水平上显著。
资料来源：本表由作者计算所得。

　　值得说明的是，此处虽然无法直接通过计量手段来测算 2018 年研发费用政策调整后企业应计盈余管理方式下的研发操纵程度是否"显著"增加，但可以基于既有结论来做出肯定的推断：第一，本部分实证结果表明企业受到的实际优惠程度越高，在不同现金流及利润水平下则越倾向于通过调整研发支出计入费用的比例进行研发操纵；第二，同等条件下，2018 年研发费用政策调整后，企业受到的实际优惠程度大幅提高①，因而根据上述理由，合理预期研发操纵程度加强；第三，将样本按照 2018 年前后分组后，相关结论未受到样本组的影响，回归结果在 2018 年后的样本中依然稳健，因而可以认为，假设 H_5 、假设 H_6 是合理的。

---

　①　对此问题，第 7 章 7.5.1 部分已做了详细的量化说明。

9.5　稳健性检验

9.5.1　改变分组标准变量

为了验证前述结论的可靠性和准确性，避免分组标准的选择对研究结果产生影响，本部分分别以营业利润现金净含量、成本费用利润率的样本中位数作为标准，小于中值则认为企业现金流（或利润）水平较低，面临现金流（或利润）不足的压力，否则将认为企业经营状况较好，回归结果如表9-9所示。

表9-9　　　　　　　　　　　以中位数分组回归结果

变量	现金流水平		利润水平	
	较低	较高	较低	较高
$Creditr$	0.0232 ** (2.3774)	0.0181 (1.1709)	0.0077 (0.5251)	0.0140 ** (2.2048)
Lev	0.0134 * (1.7895)	-0.0169 (-0.7589)	-0.0036 (-0.3239)	0.0348 (1.5343)
$Size$	-0.0150 *** (-5.0635)	-0.0172 *** (-4.1028)	-0.0195 *** (-5.0504)	-0.0139 *** (-3.0971)
Roa	0.0600 ** (2.3169)	0.2465 *** (3.4235)	0.0364 (1.2051)	0.1912 *** (3.3203)
$Growth$	0.0003 (0.8405)	-0.0002 (-0.1950)	0.0009 (1.4297)	-0.0004 (-1.0146)
$InExecutive\_3$	-0.0047 (-0.9287)	-0.0049 (-0.7857)	0.0004 (0.0536)	-0.0097 * (-1.6640)
$Dual$	0.0031 (0.5180)	-0.0151 ** (-2.0790)	-0.0065 (-0.9144)	-0.0047 (-0.6671)

续表

变量	现金流水平		利润水平	
	较低	较高	较低	较高
Hld_3	0.0010 ***	0.0010 ***	0.0014 ***	0.0007 ***
	(4.7234)	(4.3954)	(5.5371)	(2.7189)
Bsize	0.0013	-0.0031	-0.0040	0.0023
	(0.3444)	(-1.0372)	(-1.1542)	(0.6971)
Ind	0.0002	-0.0011	-0.0009	-0.0001
	(0.2748)	(-1.5468)	(-1.0987)	(-0.1612)
Constant	1.0643 ***	1.4097 ***	1.2964 ***	1.2361 ***
	(6.3122)	(11.3906)	(9.5712)	(6.0833)
Year	控制			
Industry	控制			
变量	3205	3321	3456	3070
R - squared	0.0662	0.0808	0.0706	0.0739

注：括号内为 t 值；*** 、** 和 * 分别表示在 1%、5% 和 10% 的水平上显著。
资料来源：本表由作者计算所得。

如表 9 - 9 所示，当现金指标小于样本中值，即在现金流水平较低的组中，Creditr 系数为 0.0232，在 5% 水平上显著为正，与前述结果一致，表明在加计扣除政策实施下，企业在缺乏现金流时会进行研发操纵，将研发支出费用化，虽然这样会降低当期利润，但可以减少当期应纳所得税额，在本期一次性获得节税现金流，缓解企业短期资金压力；同时，控制变量的回归结果与前述研究结果高度相似，Roa、Hld_3 的系数显著为正，Size 的系数在 1% 水平上显著为负。而在现金流较高的组中，Creditr 的回归系数为 0.0181，且不显著，表明其无需通过调整研发会计处理应对现金不足的压力。以利润水平中位数为标准进行分组回归后的结果显示，当利润水平较低时，Creditr 的回归系数虽为正但不显著，而当利润水平较高时，Creditr 的回归系数为 0.0140，在 5% 水平上显著；类似地，变量 Size 在 1% 水平上显著为负，变量 Roa、Hld_3 的系数在 1% 水平上显著为正。总体而言，表 9 - 8 的结果与表 9 - 5 及表 9 - 7 相符，Creditr 的回归系数仅在现金流较低、利润水平较高的样本中显著，再次验证了前述结论。

9.5.2　内生性检验

在企业的实际经营中，企业受到加计扣除税收优惠的程度有可能会诱发其研发操纵行为，同时后者又将导致未来实际受惠水平发生变化，为避免互为因果的内生性问题，本部分将解释变量滞后一期再次进行检验，相关结果见表9－10。可以看出，在以现金利润指标平均值分组进行回归时，当企业面临现金短缺压力时，$Creditr$ 的系数在1%水平上显著为正；$Size$ 的回归系数为－0.0137，在1%水平上显著；Roa 和 Hld_3 的回归系数分别为0.1674、0.0009，且分别在5%和1%水平上显著为正。上述回归结果显示在实际加计扣除政策下，企业在缺乏现金时会增加研发支出费用化比例。当以利润水平为标准进行分组回归时，相关结果显示，当利润水平较低时，$Creditr$ 的回归系数虽为正但不显著；当利润水平较高时，$Creditr$ 的回归系数为0.0085，在5%水平上显著为正，有力支撑了前述结论。

表9－10　　　　　　　　　　　被解释变量滞后一期回归结果

变量	以平均值分组				以两期差值分组			
	现金流水平		利润水平		现金差值		利润差值	
	较低	较高	较低	较高	小于0	大于0	小于0	大于0
$Creditr$	0.0060 *** (3.3229)	0.0175 (0.9413)	0.0042 (0.2205)	0.0085 ** (2.3742)	0.0500 ** (2.2998)	－0.0226 (－1.3945)	0.0102 (0.6045)	0.0177 *** (2.8547)
Lev	0.0090 (0.3840)	－0.0094 (－0.8327)	－0.0182 (－1.1937)	0.0326 (1.2972)	0.0697 ** (2.2963)	－0.0190 (－1.3847)	0.0068 (0.2905)	0.0044 (0.2691)
$Size$	－0.0137 *** (－3.6939)	－0.0180 *** (－3.5657)	－0.0174 *** (－3.6623)	－0.0141 *** (－3.1105)	－0.0183 *** (－4.0079)	－0.0152 *** (－4.2048)	－0.0215 *** (－4.5106)	－0.0120 *** (－3.5621)
Roa	0.1674 ** (2.3436)	－0.0567 ** (－2.2832)	－0.0480 * (－1.9416)	0.1874 ** (2.5322)	0.2331 ** (2.5559)	－0.0410 * (－1.9100)	－0.0511 ** (－2.1074)	0.0877 (1.4225)
$Growth$	0.0003 (0.7783)	－0.0010 (－0.7202)	0.0007 (1.0608)	0.0003 (0.5438)	0.0003 (0.7276)	0.0004 (0.7463)	0.0010 ** (2.0308)	0.0002 (0.3117)

续表

变量	以平均值分组				以两期差值分组			
	现金流水平		利润水平		现金差值		利润差值	
	较低	较高	较低	较高	小于0	大于0	小于0	大于0
InExecutive_3	− 0. 0069	− 0. 0046	− 0. 0009	− 0. 0099	− 0. 0070	− 0. 0028	0. 0040	− 0. 0102 *
	(− 1. 1785)	(− 0. 5879)	(− 0. 1067)	(− 1. 6306)	(− 1. 0222)	(− 0. 5011)	(0. 5331)	(− 1. 8954)
Dual	− 0. 0047	− 0. 0135	− 0. 0054	− 0. 0078	− 0. 0041	− 0. 0087	− 0. 0085	− 0. 0057
	(− 0. 7049)	(− 1. 3233)	(− 0. 5596)	(− 1. 0537)	(− 0. 4573)	(− 1. 3317)	(− 1. 1301)	(− 0. 7874)
Hld_3	0. 0009 ***	0. 0013 ***	0. 0015 ***	0. 0007 ***	0. 0008 ***	0. 0011 ***	0. 0010 ***	0. 0011 ***
	(3. 9750)	(3. 7219)	(5. 0736)	(2. 7406)	(2. 7530)	(5. 1439)	(3. 7511)	(4. 7046)
Bsize	0. 0003	− 0. 0067	− 0. 0038	− 0. 0005	0. 0025	− 0. 0044	− 0. 0032	− 0. 0003
	(0. 0931)	(− 1. 5708)	(− 0. 8479)	(− 0. 1778)	(0. 7508)	(− 1. 3928)	(− 1. 0608)	(− 0. 0956)
Ind	− 0. 0006	− 0. 0014	− 0. 0013	− 0. 0005	0. 0001	− 0. 0014 *	− 0. 0005	− 0. 0012
	(− 0. 8281)	(− 1. 2099)	(− 1. 2490)	(− 0. 6818)	(0. 1633)	(− 1. 8111)	(− 0. 5871)	(− 1. 4334)
Constant	1. 2444 ***	1. 3471 ***	1. 2327 ***	1. 3407 ***	1. 3077 ***	1. 2597 ***	1. 2266 ***	1. 3272 ***
	(8. 9660)	(8. 0653)	(7. 2130)	(7. 4281)	(8. 2321)	(8. 2281)	(6. 7943)	(10. 5054)
Year	控制							
Industry	控制							
观测值	3488	1438	2004	2922	1669	3257	2274	2652
R − squared	0. 0612	0. 0599	0. 0564	0. 0725	0. 0660	0. 0606	0. 0677	0. 0553

注：括号内为 t 值；*** 、** 和 * 分别表示在 1% 、5% 和 10% 的水平上显著。
资料来源：本表由作者计算所得。

当以现金利润指标两期差值分组回归时，相关结果显示：当现金流水平较低时，Creditr 在 5% 水平上显著为正，回归结果再次表明在实际加计扣除政策下，企业会基于现金流的权衡以应计盈余管理方式进行研发操纵，面临现金压力时增加研发支出费用化比例。而当利润水平较低时，Creditr 的回归系数虽为正但不显著，当利润水平较高时，Creditr 的回归系数为 0. 0177，在 1% 水平上显著为正。总体来看，各项回归中解释变量 Creditr 的符号及显著性与前面保持一致，在一定程度上验证了实证结果的稳健性。

9.5.3　剔除样本特殊情况

为了验证前述结论是否可靠，避免因特殊性样本对研究结论产生影响，本部分对样本重新进行处理：在前面选取的样本中，企业存在将当期研发支出全部费用化（*AEm_R&D* 为1）或全部资本化（*AEm_R&D* 为0）的特殊情况，考虑到特殊值可能会对研究结论产生一定的影响，下面剔除了 *AEm_R&D* 为1和0的观测值，分别以平均值和两期差值作为分组指标再次进行回归，相关结果如表9-11所示。由表9-11可知，在剔除特殊值后，无论采用哪种分组方式，当现金流水平较低或现金差值小于0时，*Creditr* 的回归系数均在1%水平上显著为正，系数值分别为0.0923、0.2169；与此相比，当现金流水平较高或现金差值大于0时，*Creditr* 的回归系数虽为正但不显著。同时，当利润水平较低或利润差值小于0时，*Creditr* 的回归系数均不显著，表明企业在利润较低时，以保持利润水平为首要任务，并未表现出明显的调高研发支出费用化比例的行为；而当利润水平较高或利润差值大于0时，*Creditr* 的回归系数为0.0879和0.0737，分别在5%和10%水平上显著。可见，无论是否剔除样本特殊情况，实证结果并未发生显著变化，再次论证了本书相关结论。

表9-11　　　　　　　　　　　剔除样本特殊情况回归结果

变量	以平均值分组				以两期差值分组			
	现金流水平		利润水平		现金差值		利润差值	
	较低	较高	较低	较高	小于0	大于0	小于0	大于0
Creditr	0.0923 *** (2.6427)	0.0916 (1.0098)	0.0951 (1.4489)	0.0879 ** (1.9769)	0.2169 *** (4.4522)	0.0373 (1.1310)	0.0962 (1.5466)	0.0737 * (1.7223)
Lev	0.0591 (1.1688)	−0.1061 * (−1.6819)	−0.1124 * (−1.8486)	0.0975 * (1.7903)	0.0387 (0.5607)	−0.0294 (−0.6302)	−0.0160 (−0.2791)	0.0184 (0.3441)
Size	−0.0060 (−0.6940)	−0.0057 (−0.5134)	−0.0027 (−0.2597)	−0.0079 (−0.7254)	0.0047 (0.4426)	−0.0120 (−1.4289)	−0.0043 (−0.4323)	−0.0092 (−1.0214)
Roa	0.5095 *** (2.7406)	0.0032 (0.0364)	0.0459 (0.5184)	0.3822 ** (2.0544)	0.4399 (1.4887)	0.1287 * (1.7846)	0.1109 (1.2838)	0.3729 ** (2.2783)

续表

变量	以平均值分组				以两期差值分组			
	现金流水平		利润水平		现金差值		利润差值	
	较低	较高	较低	较高	小于0	大于0	小于0	大于0
Growth	0.0049 ** (2.3650)	− 0.0066 (− 0.3470)	0.0040 (0.6351)	0.0060 *** (3.7329)	0.0143 (1.4156)	0.0048 *** (2.8281)	0.0065 *** (4.2633)	− 0.0013 (− 0.2104)
InExecutive_3	0.0050 (0.3918)	0.0274 * (1.7214)	0.0184 (1.0186)	0.0069 (0.5200)	− 0.0012 (− 0.0757)	0.0238 ** (2.0328)	0.0148 (0.9642)	0.0136 (1.0470)
Dual	− 0.0371 ** (− 2.2801)	− 0.0286 (− 1.1601)	− 0.0366 * (− 1.6658)	− 0.0371 ** (− 2.0862)	− 0.0250 (− 1.1691)	− 0.0397 ** (− 2.4844)	− 0.0354 * (− 1.8239)	− 0.0305 * (− 1.7659)
Hld_3	0.0005 (0.9115)	0.0014 * (1.9286)	0.0015 ** (2.3129)	0.0004 (0.7042)	0.0007 (0.8946)	0.0009 * (1.8642)	0.0006 (1.0090)	0.0009 * (1.7139)
Bsize	− 0.0009 (− 0.1319)	0.0026 (0.3011)	− 0.0002 (− 0.0222)	− 0.0006 (− 0.0907)	− 0.0026 (− 0.2735)	− 0.0005 (− 0.0674)	− 0.0015 (− 0.2288)	− 0.0006 (− 0.0747)
Ind	− 0.0005 (− 0.2810)	0.0000 (0.0110)	− 0.0008 (− 0.3748)	− 0.0001 (− 0.0470)	− 0.0009 (− 0.4027)	− 0.0003 (− 0.1973)	− 0.0006 (− 0.2871)	− 0.0006 (− 0.3145)
Constant	0.3857 * (1.8069)	0.0606 (0.2393)	0.2205 (0.9202)	0.3649 (1.5083)	0.1197 (0.4778)	0.3320 * (1.7811)	0.2675 (1.1844)	0.4451 ** (2.0702)
Year	控制							
Industry	控制							
观测值	1137	543	739	941	542	1138	776	904
R − squared	0.0816	0.0545	0.0814	0.0693	0.0761	0.0684	0.0677	0.0659

注：括号内为 t 值；***、** 和 * 分别表示在 1%、5% 和 10% 的水平上显著。
资料来源：本表由作者计算所得。

9.6　进一步分析

9.6.1　基于行业异质性的检验

由于创新行为有较强的行业异质性，高新技术企业是技术密集、知识密集的经济实体，与创新有关的经营活动是其收入的主要来源，不断进行研发投入是其经营发展的必然要求。因此，一般而言，高新技术企业的研发投入占比要远远大于非高新技术企业，研发投入对于其财务状况的影响也更为重大。因而本书认为，在加计扣除政策下，高新技术企业通过研发支出会计处理选择权衡现金与利润的行为更为突出。基于此，本部分进一步区分高新与非高新技术企业进行检验，以利润现金指标平均值、两期差值为标准进行分组，回归结果如表9-12、表9-13所示。

表9-12　　　　　　　　考虑行业异质性回归结果（以平均值分组）

| 变量 | 高新技术企业 | | | | 非高新技术企业 | | | |
| | 现金流水平 | | 利润水平 | | 现金流水平 | | 利润水平 | |
	较低	较高	较低	较高	较低	较高	较低	较高
Creditr	0.0070 ** (2.4358)	0.0147 (0.6750)	0.0035 (0.1785)	0.0228 ** (2.1890)	0.0136 (0.4120)	0.0282 (0.7165)	0.0088 (0.2636)	0.0384 (0.9713)
Lev	0.0168 (0.9182)	-0.0237 (-0.8611)	-0.0329 (-1.1833)	0.0299 (1.6350)	0.0182 (0.4516)	0.0027 (0.2315)	0.0013 (0.1096)	0.0078 (0.1413)
Size	-0.0158 *** (-4.4917)	-0.0211 *** (-3.0290)	-0.0197 *** (-3.1503)	-0.0143 *** (-3.5073)	-0.0096 * (-1.6480)	-0.0309 *** (-3.2855)	-0.0253 *** (-3.3671)	-0.0068 (-0.9291)
Roa	0.1652 *** (2.7361)	0.0341 (0.9680)	0.0383 (1.0143)	0.1375 ** (2.3657)	0.2847 *** (2.7503)	0.0134 (0.2380)	-0.0028 (-0.0460)	0.3037 *** (2.9803)
Growth	0.0001 (0.0788)	-0.0072 (-1.3321)	-0.0002 (-0.0443)	0.0001 (0.1743)	0.0004 (0.7911)	0.0012 (0.5713)	0.0013 ** (1.9988)	0.0003 (0.3039)
InExecutir_3	-0.0038 (-0.7122)	-0.0073 (-0.8321)	-0.0044 (-0.4630)	-0.0066 (-1.2020)	-0.0106 (-1.0873)	0.0138 (1.0021)	0.0129 (0.9099)	-0.0163 (-1.6111)
Dual	-0.0004 (-0.0790)	-0.0056 (-0.5629)	0.0028 (0.2932)	-0.0038 (-0.6238)	-0.0139 (-1.1168)	-0.0339 * (-1.6910)	-0.0252 (-1.3661)	-0.0145 (-1.0518)
Hld_3	0.0007 *** (3.5614)	0.0012 *** (3.2532)	0.0013 *** (4.1312)	0.0006 *** (2.8180)	0.0011 *** (2.9458)	0.0020 *** (3.2361)	0.0018 *** (3.7456)	0.0014 *** (2.7435)
Bsize	-0.0021 (-0.6097)	-0.0049 (-1.1353)	-0.0069 (-1.2215)	-0.0004 (-0.1238)	0.0033 (0.8339)	0.0055 (1.0775)	0.0047 (0.8743)	0.0032 (0.7622)
Ind	-0.0004 (-0.4860)	-0.0013 (-1.2165)	-0.0018 (-1.4996)	0.0001 (0.1117)	-0.0007 (-0.7095)	0.0000 (0.0046)	0.0006 (0.4346)	-0.0014 (-1.2120)

续表

变量	高新技术企业				非高新技术企业			
	现金流水平		利润水平		现金流水平		利润水平	
	较低	较高	较低	较高	较低	较高	较低	较高
$Constant$	1.1983 *** (6.5661)	1.2706 *** (6.3109)	1.3314 *** (6.4972)	1.0773 *** (3.9648)	1.2749 *** (8.7379)	1.3671 *** (7.0526)	1.2391 *** (6.2356)	1.3264 *** (7.8994)
$Year$	控制							
$Industry$	控制							
观测值	3640	1365	1788	3217	1045	474	666	853
$R-squared$	0.0748	0.0833	0.0680	0.0875	0.0643	0.0496	0.0485	0.0695

注：括号内为 t 值；***、** 和 * 分别表示在 1%、5% 和 10% 的水平上显著。
资料来源：本表由作者计算所得。

表 9 – 13　　　　考虑行业异质性回归结果（以两期差值分组）

变量	高新技术企业				非高新技术企业			
	现金差值		利润差值		现金差值		利润差值	
	小于 0	大于 0	小于 0	大于 0	小于 0	大于 0	小于 0	大于 0
$Creditr$	0.0251 ** (2.4329)	0.0285 * (1.7771)	0.0021 (0.1319)	0.0294 ** (2.5305)	0.0436 (0.9489)	0.0037 (0.1279)	– 0.0191 (– 0.4738)	0.0513 (1.6432)
Lev	0.0612 *** (2.7176)	– 0.0216 (– 1.1624)	– 0.0130 (– 0.5395)	0.0112 (0.6490)	0.0079 (0.1299)	0.0055 (0.5562)	– 0.0063 (– 0.1514)	0.0210 (1.4534)
$Size$	– 0.0167 *** (– 3.8300)	– 0.0181 *** (– 4.3602)	– 0.0180 *** (– 3.5132)	– 0.0164 *** (– 4.4182)	– 0.0070 (– 0.7948)	– 0.0232 *** (– 3.8228)	– 0.0222 *** (– 3.1396)	– 0.0132 ** (– 2.0036)
Roa	0.2476 *** (2.9785)	0.0520 * (1.9390)	0.0446 (1.2866)	0.1546 *** (3.0308)	0.2233 * (1.6734)	0.0194 (0.3983)	0.0212 (0.3236)	0.1175 (1.3017)
$Growth$	– 0.0091 (– 1.3094)	0.0002 (0.3155)	0.0025 ** (2.2323)	– 0.0009 (– 1.2270)	0.0002 (0.2991)	0.0017 (1.3319)	0.0008 (1.3934)	0.0011 (0.8749)
$lnExecutive\_3$	– 0.0085 (– 1.3227)	– 0.0015 (– 0.2645)	– 0.0048 (– 0.6486)	– 0.0021 (– 0.3957)	– 0.0127 (– 1.1115)	0.0048 (0.4647)	0.0031 (0.2608)	– 0.0077 (– 0.6865)
$Dual$	0.0053 (0.7632)	– 0.0060 (– 1.0145)	– 0.0028 (– 0.3818)	– 0.0003 (– 0.0591)	– 0.0162 (– 0.9866)	– 0.0223 (– 1.6444)	– 0.0336 ** (– 2.0352)	– 0.0026 (– 0.1822)
Hld_3	0.0006 ** (2.2680)	0.0010 *** (4.6290)	0.0009 *** (3.2092)	0.0008 *** (3.9262)	0.0016 *** (2.8417)	0.0014 *** (3.3529)	0.0016 *** (3.4858)	0.0013 *** (2.8902)

续表

变量	高新技术企业				非高新技术企业			
	现金差值		利润差值		现金差值		利润差值	
	小于0	大于0	小于0	大于0	小于0	大于0	小于0	大于0
Bsize	−0.0043 (−1.0094)	−0.0029 (−0.8397)	−0.0026 (−0.7775)	−0.0041 (−0.9940)	0.0042 (0.8798)	0.0036 (0.8562)	−0.0025 (−0.5153)	0.0103 ** (2.3713)
Ind	−0.0008 (−0.9677)	−0.0007 (−0.9266)	−0.0004 (−0.4395)	−0.0012 (−1.4018)	0.0013 (0.8561)	−0.0009 (−0.7974)	−0.0009 (−0.6461)	0.0003 (0.3413)
Constant	1.2746 *** (5.2735)	1.1685 *** (7.2803)	1.2153 *** (5.9797)	1.1650 *** (6.9833)	1.1780 *** (6.2538)	1.3880 *** (9.1869)	1.4629 *** (7.7068)	1.2228 *** (8.9256)
Year	控制							
Industry	控制							
观测值	1774	3231	2310	2695	546	973	676	843
R − squared	0.0852	0.0816	0.0769	0.0835	0.0694	0.0416	0.0598	0.0499

注：括号内为 t 值；***、** 和 * 分别表示在 1%、5% 和 10% 的水平上显著。
资料来源：本表由作者计算所得。

由表 9 – 12、表 9 – 13 的实证结果能够看出，无论是以平均值分组还是以两期差值分组，在现金流水平较低时，*Creditr* 的系数仅在高新技术企业样本组中显著为正，表明当面临资金不足的压力时，高新技术企业提高研发支出费用化比例以缓解短期资金压力的行为更为显著，这与前面的分析一致；在利润较高时，*Creditr* 的系数亦仅在高新技术企业样本组中显著为正，表明该样本企业会提高研发支出费用化比例，以平滑利润。总体来看，本部分实证结果与理论分析基本一致，表明在研发费用加计扣除政策下，高新技术企业对于该政策的影响更为敏感，因而结合其自身状况对利润与现金流的权衡行为更为突出。

9.6.2　基于现金与利润非同步性的检验

虽然企业的利润取得与现金流获取紧密相关，但由于收付实现制与权责发生制的差异，现金流与利润水平的高低不可能完全同步。因此，本部分以营业利润现金净含量、成本费用利润率的均值及两期差值为基准，进一步将样本细分为高现金流 & 高利润、高现金流 & 低利润、低现金流 & 高利润及低现金流 & 低利润四个组，具体分组示意图如图 9 - 1、图 9 - 2 所示。

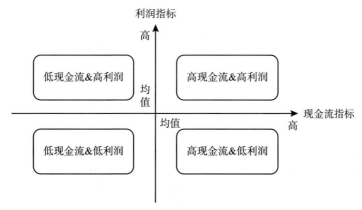

图 9 - 1　以利润现金平均值分组示意

资料来源：本图由作者绘制所得。

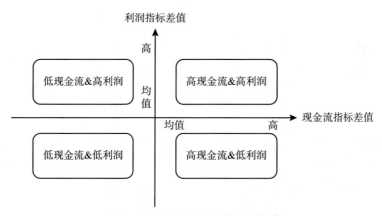

图 9 - 2　以利润现金差值分组示意

资料来源：本图由作者绘制所得。

基于上述样本组，表 9 - 14、表 9 - 15 分别显示了以利润现金平均值及两期差值为指标分组时各组的回归结果。在低现金流 & 低利润的情况下，*Creditr* 的系数分别为 0.0267 和 0.0523，且均在 5% 水平上显著为正；在低

现金流 & 高利润的情况下，*Creditr* 的系数为 0.0003、0.0279，分别在 5% 和 10% 水平上显著为正；而在高现金流 & 低利润组和高现金流 & 高利润组，*Creditr* 的系数不显著。可见，*Creditr* 的系数仅在低现金流样本组中正向显著，进一步印证了本部分的结论，即对于低现金流 & 高利润的组，提高研发支出费用化比例不仅可以快速获取节税现金流，更可以平滑利润；而对于低现金流 & 低利润的组，企业更关注于其现金流的充足性，提高研发支出费用化比例虽然使得利润进一步降低，但缓解了资金不足的压力。总体来看，无论企业利润水平如何，当企业现金流不足时，在现金流与利润的权衡中，更侧重于选择前者。

表 9-14　　　　　以平均值分组：考虑现金流与利润非同步性

变量	低现金流 & 低利润	低现金流 & 高利润	高现金流 & 低利润	高现金流 & 高利润
Creditr	0.0267 ** (2.0154)	0.0003 ** (2.0004)	-0.0016 (-0.0792)	-0.0010 (-0.0189)
Lev	-0.0077 (-0.2194)	0.0349 * (1.7846)	-0.0007 (-0.0714)	-0.0302 (-0.6195)
Size	-0.0126 ** (-2.2931)	-0.0143 *** (-4.1757)	-0.0299 *** (-4.5246)	-0.0095 (-0.9206)
Roa	0.9119 *** (4.4091)	0.1402 *** (2.6033)	0.0326 (0.9247)	0.5478 *** (3.7955)
Growth	0.0005 (0.6084)	0.0001 (0.2292)	0.0032 (0.5268)	-0.0029 (-1.5100)
InExecutive_3	-0.0083 (-0.6862)	-0.0082 * (-1.6630)	0.0020 (0.2102)	-0.0142 (-1.1265)
Dual	0.0005 (0.0464)	-0.0054 (-0.9157)	-0.0107 (-0.9030)	-0.0110 (-0.7882)
Hld_3	0.0012 *** (3.4270)	0.0007 *** (3.4527)	0.0015 *** (3.9236)	0.0013 *** (2.5905)
Bsize	-0.0073 (-1.0961)	0.0021 (0.7934)	0.0010 (0.2310)	-0.0069 (-1.3263)

续表

变量	低现金流 & 低利润	低现金流 & 高利润	高现金流 & 低利润	高现金流 & 高利润
Ind	−0.0018 (−1.2137)	0.0003 (0.5090)	−0.0004 (−0.3612)	−0.0020 (−1.4082)
Constant	1.3228 *** (6.1774)	1.2607 *** (8.1712)	1.3478 *** (7.5627)	1.3443 *** (5.1099)
Year	Yes	Yes	Yes	Yes
Industry	Yes	Yes	Yes	Yes
观测值	1225	3461	1230	610
R − squared	0.0695	0.0792	0.0635	0.0652

注：括号内为 t 值；*** 、** 和 * 分别表示在 1%、5% 和 10% 的水平上显著。
资料来源：本表由作者计算所得。

表 9−15　　　　以两期差值分组：考虑现金流与利润非同步性

变量	低现金流 & 低利润	低现金流 & 高利润	高现金流 & 低利润	高现金流 & 高利润
Creditr	0.0523 ** (2.2271)	0.0279 * (1.7119)	−0.0118 (−0.6629)	−0.0187 (−0.8972)
Lev	0.0831 *** (2.6774)	0.0130 (0.4424)	−0.0396 * (−1.6775)	0.0211 ** (2.0992)
Size	−0.0169 *** (−3.0748)	−0.0098 * (−1.9307)	−0.0202 *** (−4.1152)	−0.0194 *** (−5.1567)
Roa	0.4794 *** (4.0417)	0.1427 * (1.8650)	0.0002 (0.0070)	0.1622 *** (3.2297)
Growth	−0.0002 (−0.5050)	−0.0013 (−0.2207)	0.0023 ** (2.2351)	−0.0004 (−0.6551)
InExecutive_3	−0.0145 * (−1.7768)	−0.0099 (−1.3852)	0.0001 (0.0069)	−0.0019 (−0.3295)
Dual	−0.0058 (−0.6477)	0.0074 (0.8773)	−0.0127 (−1.5466)	−0.0074 (−1.0877)

续表

变量	低现金流 & 低利润	低现金流 & 高利润	高现金流 & 低利润	高现金流 & 高利润
Hld_3	0.0010 *** (2.7609)	0.0008 *** (2.7877)	0.0011 *** (4.0951)	0.0011 *** (4.9764)
Bsize	-0.0083 * (-1.8005)	0.0028 (0.7090)	-0.0009 (-0.3171)	-0.0013 (-0.2943)
Ind	-0.0021 * (-1.7798)	0.0007 (0.8084)	0.0000 (0.0259)	-0.0012 (-1.4120)
Constant	1.5496 *** (7.9231)	1.2871 *** (10.6983)	1.2175 *** (7.3585)	1.3004 *** (9.3024)
Year	Yes	Yes	Yes	Yes
Industry	Yes	Yes	Yes	Yes
观测值	1080	1241	1906	2299
Adj. R^2	0.0805	0.0703	0.0761	0.0657

注：括号内为 t 值；*** 、** 和 * 分别表示在 1%、5% 和 10% 的水平上显著。
资料来源：本表由作者计算所得。

9.7　本章小结

本章构建研发实际加计扣除比例来度量这一政策给企业带来的税收优惠程度，并验证了企业实际享受的优惠程度对其应计盈余管理方式下研发操纵的潜在影响。实证结果表明：

（1）在加计扣除政策下，企业在面临资金不足的压力时会选择提高研发支出费用化比例，以当期全部获得加计扣除节税现金流，缓解企业短期资金压力。

（2）当企业面临利润较低的压力时，则表现得不明显；同时，过高的利润水平也会增加研发支出费用化比例平滑利润。

（3）考虑到创新的行业异质性，本章区分高新及非高新技术企业，分别对其在加计扣除政策下的研发操纵行为进行了检验。结果显示，当面临资金压力时，高新技术企业更可能选择提高研发支出费用化比例。在企业利润较低时，高新和非高新企业表现一致。

（4）考虑到现金流与利润的非同步性，本章进一步将企业细分为高现金流 & 高利润、高现金流 & 低利润、低现金流 & 高利润及低现金流 & 低利润四组后发现：无论利润水平如何，只要企业面临资金压力，则其倾向于选择将研发支出费用化，以快速获取节税现金。

在既有研究基础上，本章立足于企业会计信息这一新视角对研发税收优惠政策效果进行评价。已有研究大多基于研发投入或者产出层面，且普遍支持政策的积极效果。但作为一类宏观产业政策，这种激励措施也存在潜在弊端，可能导致企业出于"寻扶持"而进行策略性创新活动（黎文靖和郑曼妮，2016），进而影响管理者对研发会计处理的考虑。当前针对这一问题的系统性证据较为缺乏，因此，本章以管理者对研发费用化的倾向性选择为出发点，揭示了加计扣除政策对企业财务信息造成的影响，基于研发支出在报表中的损益类及资产类具体科目，将研发税收优惠政策效果由研发"支出"层面的探讨，细化到其会计处理层面。同时，本章提供了企业调整研发支出会计处理的新动机。我国自 2007 年起允许企业研发支出有条件资本化处理以来，研发支出计入资产或是费用绝大多数情况下依赖于企业的主观判断，基于此，已有研究发现在债务契约、扭亏为盈、利润平滑、股票增发等不同动机下，企业会通过研发支出会计处理来进行操纵（Zarowin & Oswald，2005；Cazavan-Jeny et al.，2010；李世新和张燕，2011；许罡和朱卫东，2010）。本部分则丰富了上述研发操纵的动机研究，发现在加计扣除政策下，企业会调整研发支出的会计处理以寻求最大化税收优惠收益。

第10章

企业持续性申请政策的效果检验

——兼论"寻创新"与"寻扶持"

基于前述研究，本书证实了研发费用加计扣除政策优惠力度加大后，更能够激发企业创新意愿，激励企业研发活动，包括提高研发投入、促进创新产出、提升创新效率等；同时，本书也发现该税收优惠可能刺激企业操纵研发投入用以"寻扶持"。这启发我们，第一，在评判这类产业政策的效果时，需要结合企业享受政策动机的复杂性进行思辨性分析。第二，企业出于不同动机申请享受激励政策一般会受到经济环境、自身业绩状况等的影响，享受政策的动机可能在不同的时间也有所不同，因而单纯以"某次"享受后的结果来评价政策效果具有偶发性，在政策持续推行的背景下，若能考虑企业申请的持续性差异，可能会对政策长期效果得出更为科学的结论。第三，纵观已有文献，无论哪类观点，从研究设计来看，研究的时间起点大多为"企业享受政策"这一事实成立之后，重在检验政策的事后效果，即将企业"享受政策"这一行为与享受之后相关指标如研发投入、研发操纵水平建立联系。然而，计划行为理论将个人的信念与行为联系在一起，认为行为可以反映意愿，加计扣除政策的实施完整链条是企业申请、填报备案[①]、政策享受。因此，该政策展现的实际效果与企业申请动机必然息息相关，对政策效果的评价需结合企业申请动机通盘考量。第四，从申请享受时间的刻画方式来说，变量设置大多基于样本期内的年度层面，即企业在某一年是否申请享受或者受到的优惠程度（贺康，2020；吴秋生和冯艺，2020），而企

---

① 如前面所述，2018 年 4 月 25 日，国家税务总局发布修订后的《企业所得税优惠政策事项办理办法》（国家税务总局公告 2018 年第 23 号），相比之前企业申报所得税优惠事项所实行的备案管理的方式，该文件将其简化为"自行判别、申报享受、相关资料留存备查"的办理方式。

业在一定时间段内的申请行为可能具有不同特征，目前鲜有文献对此予以揭
示。基于此，本部分借鉴拉贝加等（2021）的研究，认为企业享受政策的
持续性不同，在一定程度上反映了其创新动机可能有所差异，基于此构造研
发费用加计扣除申请持续性指标，探讨在本次加计扣除政策调整的前后年度
内，企业在申请持续性差异下，申请动机及政策效果表现的动态变化规律。

10.1　研　究　假　设

10.1.1　政策申请持续性与创新投入

关于创新导向激励政策对企业创新动机的影响，已有文献分别呈现了激
励效应与迎合效应两种结论。

一方面，创新导向激励政策能够有效激发企业实质性创新动机[①]，推动
企业创新步伐，保障研发活动的顺利进行。研发创新是技术进步的关键引擎
（Howitt & Aghion，1998），研发成果能够为企业带来高额利润并提高企业核
心竞争力，但企业在开展研发活动时会因高度不确定的回报以及研发成本高
等面临融资约束的压力，缺乏充足的资金支持成为研发过程的主要障碍
（David et al.，2000）。国内外大量研究发现，税收优惠政策对研发创新活动
有着积极的促进作用，可以有效激励企业提高研发支出水平（李新等，
2019；Olena et al.，2021；Finley et al.，2015；Chen & Yang，2019）。企业
通过申请研发费用加计扣除等优惠政策，可以降低应纳税所得额，增加内部
资金留存（Kasahara et al.，2014；袁业虎和沈立锦，2020），提高对研发风
险的应对能力，并向外部投资者传递关于企业利好发展的信号（Laplante et
al.，2019），在间接增加资本供给量的同时缓解融资约束压力、降低研发成
本（任海云和宋伟宸，2017；贺康等，2020；Olena et al.，2021）。得到政

---

① 黎文靖和郑曼妮（2016）认为，实质性创新指的是以推动企业技术进步和获取竞争优势为
目的的"高质量"的创新行为；策略性创新指的是以谋求其他利益为目的，通过追求创新"数量"
和"速度"来迎合监管与政府的创新策略。

策激励的企业会扩大研发投入，企业的创新动力与创新绩效得到提升（杨国超等，2017；李维安等，2016；贺康等，2020；Kasahara et al.，2014），并进一步提高总体生产率、增强企业核心竞争力（郭健等，2020；von Brasch et al.，2021）。

研发费用加计扣除指的是企业在研发过程中产生的符合扣除规定的费用支出，可以在税前按一定比例加计扣除。从获益性来看，企业通过申请税收优惠可以降低其应纳税所得额，这部分节省下来的资金可以增加企业内部资金留存（Kasahara et al.，2014；袁业虎和沈立锦，2020），增强企业对研发风险的应对能力，保障研发过程的顺利进行和创新成果的产生，从而进一步助力企业继续开展研发创新活动，久而久之，可以形成一个持续的过程。虽然开展研发活动存在高风险、长周期等困难，但是核心技术的掌握以及新专利、新产品的研发成功能够给企业带来高额收益回报，提高企业的市场地位和融资能力，在此期间，税收优惠提供的额外现金流以及向外界传递出企业利好投资的信号，能够缓解资金压力并激励企业继续开展研发活动，扩大研发投资。从创新活动的要求来看，创新是一个长期的过程，企业只有持续地享受政策带来的红利，才能保证资金源源不断地投入研发创新项目。同时，申请研发税收优惠政策的过程可能会产生一些沉没成本，这使得企业一旦开始申请该政策，则会倾向于在下一年继续参与（Labeaga et al.，2021）。因而可以合理推测，企业会出于"寻创新"的动机申请研发费用加计扣除政策，享受政策优惠的持续性越强，其实质性研发投入越高，即政策的激励效应越强，由此提出假设 H_7。

H_7：企业享受研发费用加计扣除政策优惠的持续性程度越高，实质性研发投入水平越高，表现出"寻创新"行为。

另一方面，由于加计扣除政策是对研发费用税前按一定比例加计扣除，意味着企业账面研发支出数额越高，可以享受的税前扣除额越多。在政策优惠下，一些企业也出现了"寻扶持"行为，当公司预期将获得更多的政府补贴和税收优惠时，其专利申请特别是非发明专利申请显著增加，仅追求创新产出"数量"而忽略"质量"（黎文靖和郑曼妮，2016），表现出策略性创新行为。由于政策执行过程中存在固有的信息不对称，许多企业为了规避税收、提高利润，会在进行投资决策时将可能获得的政策优惠纳入考虑范围内（Duguet，2012）。管理层在满足这些政策的条件方面具有较多的自由裁量权，可以通过研发操纵等手段来增加所谓的研发投入并释放虚假创新的信号，以迎合政策的要求从而套取税收红利（杨国超等，2017；Laplante et al.，2019）。这些举措虽然有助于企业享受更多的政策红利，但这种重投入轻产出的不平衡行为容易造成研发资源的错误配置和浪费（孙自愿等，2020），导致研发效率与创新产出降低（Seru，2014；吴秋生和冯艺，2020），削弱政策的激励效果，最终不仅对企业的长期发展造成消极影响，也会导致市场失灵及国家资源流失（万源星等，2020；杨国超和芮萌，2020）。此外，也有研究兼顾了创新激励政策的双重影响，如粟立钟等（2022）发现，研发费用加计扣除政策既存在积极的激励效应，也存在消极的迎合效应，并且消极效应可能会削弱积极效应；李真和李茂林（2021）通过研究地方政府减税降费力度的激励机制初步发现，相较于激励实质性创新行为，减税降费政策更多地激发了策略性创新动机，但随着政策在2015年进行修订后，其更为显著地提高了企业实质性创新动机。

截至目前，研发费用加计扣除政策已经历多次重大调整，加计扣除比例由25%逐次调整到75%、100%，随着近年来优惠力度的加大，不仅在更大程度上激励了企业创新，也进一步刺激了企业为"达标""避税"等（万源星和许永斌，2019）进行虚增研发投入的迎合行为（杨国超等，2017；贺亚楠等，2022）。同时，由于研发过程风险高，结果具有不确定性，导致管理层在研发投资决策、战略风险选择以及会计确认、计量和披露时存在较大的可操纵空间。此外，由于开展研发活动有一定的复杂性和专业性（楚有为，2018；胡元木等，2016），加之企业出于保护自身商业机密的目的会对研发信息进行选择性披露（粟立钟等，2022），增加了信息不透明度，进一步为管理层操纵研发费用提供了便利和机会。因此，在政策不断加码的背景下，从获益性来看，企业也有可能出于"寻扶持"动机持续申请加计扣除政策，提升策略性研发投入来获取税收红利；从申请后果来看，一旦企业开始通过盈余管理行为来粉饰研发活动并成功获取税收优惠，就需要更多的措施来弥补甚至掩盖这些行为，提高策略性研发投入无疑可以向税收监管单位展现一个较为"合理"的政策效果。基于上述分析可以合理推断：随着企业享受加计扣除政策持续性的提高，其策略性研发投入也会有所增加，表现出迎合效应，基于此，本书提出假设 H_8。

H_8：企业享受研发费用加计扣除政策优惠的持续性程度越高，策略性研发投入水平越高，表现出"寻扶持"行为。

无论是实质性研发投入，还是策略性研发投入，最终都会反映在企业的账面上，形成账面研发投入，这意味着随着企业申请享受政策优惠持续性的提高，企业账面研发投入也会随之增加。因此基于上述分析，提出假设 H_9。

H_9：企业享受研发费用加计扣除政策优惠的持续性程度越高，账面研发投入水平越高。

10.1.2　政策申请持续性与创新绩效

从申请加计扣除政策的收益成本来看，由于创新是一项高成本、高风险性的活动，从投入到实际得到成果需要一个漫长的过程。创新成果有公共产品的特征，意味着会面临其他企业的"搭便车"行为，与高昂的创新投入相比，企业的收益可能无法达到预期，最终会造成市场失灵，付出与回报的相悖也会严重打击到企业参与创新活动的积极性，导致研发投入不足。对符合条件的企业提供加计扣除优惠，能够有效矫正企业研发外部性（彭华涛和吴瑶，2021）。享受该政策的企业，可以根据研发支出的发生额在税前进行加计扣除，减轻企业税负，降低创新活动的投入成本，也可以向外界传递有关技术研发、产品升级等有效的创新导向信号，减少企业的研发投资信息不对称，吸引外部投资者，在一定程度上缓解了企业的内外部融资约束，为企业提供进行研发创新活动的资金，分担企业进行研发活动的风险（贺康等，2020）。

从申请的成本来看，根据国家的《企业所得税优惠政策事项办理办法》，对优惠政策事项企业采取"自行判别、申报享受、相关资料留存备查"的办理方式，即企业满足申请条件就可以自行申报享受加计扣除政策①。尽管为了降低纳税人的申报负担，近年来国家在相关规定中对申报程序、资料准备等不断简化②，但申报这一行为本身存在不可避免的成本，如

---

① 具体申报流程可见第 3 章 3.1.3。
② 如《关于进一步落实研发费用加计扣除政策有关问题的公告》（国家税务总局公告 2021 年第 28 号）对研发费用辅助账样式进行了简并优化。

辅助账的设立需要工作人员准确归集整理符合加计扣除条件的六类研发费用会计信息，辅助账中"经限额调整后的委托境外机构进行研发活动所发生的费用"列次的增加要求企业在填报时准确计算每一资本化项目允许加计扣除的委托境外研发费用等，这些都需要企业花费一定的时间、人力来处理相关信息。除此之外，申请享受加计扣除政策意味着企业需要接受税务机关的后续管理。按照《关于完善研究开发费用税前加计扣除政策的通知》（财税〔2015〕119 号）中的规定，若税务机关对企业相关项目的真实性或合理性存在争议，则会委托科技部门核实具体的项目，该企业也会定期受到所处地区税务部门的稽查，这可能导致企业信誉受损、接受处罚等潜在成本。综上所述，申请过程准备以及事后受到监管所带来的各项成本，可能会促使一部分企业退出申报，在企业申请享受加计扣除的时间分布上表现出间断性的现象。

因此，从申请动机来看，是否申请享受税收优惠在很大程度上取决于企业对这一行为所带来的收益与成本的权衡，而这一权衡的结果可能在企业不同创新意愿下有所差异。企业的创新意愿是指一种衡量企业家对创新的接受程度及为创新投入的时间、精力和行为的心理状态（苏敬勤和耿艳，2014）。具有强烈创新意愿的企业可能更积极、持久地申请该政策，从而促进其创新表现。例如，拉贝加等（2021）认为，持续性享受税收优惠的企业不仅为了某种商业目的或降低企业税负，更可能是致力于提高自身的竞争力，或者为了获得重要的创新成果。因此，这类企业更重视依靠创新促进企业长期核心竞争力的形成，最终获取高额利润，因而在创新意愿强的企业权衡视角下，申请政策的收益远远高于其成本，势必表现出较高的申请积极性。

对于持续性申请的这类企业，从申请政策的后果来看，一方面，创新活动的高收益性往往伴随着高成本，特别是在研发初期，需要进行大量的资金投入，税收优惠政策带来的税收补贴会增加企业创新所需的资金，而持续性申请享受优惠政策的企业通常具有较强的创新意愿，会更倾向于将资金用于研发，真实有效的研发投入增加会高效率提高企业研发活动的效果，促进创新产出；另一方面，企业持续性地享受加计扣除会不断减少税收支付，相当于持续增加企业的现金流。申请加计扣除政策的持续性还可以向外界释放积极的信号，让外部投资者对企业的长期创新战略及可能的成果有及时充分的了解，这些在很大程度上减轻了企业创新面临的资金压力，保障企业可以持续性获取资金进行研发投入。因此，在持续性申请并享受税收优惠的条件下，企业有能力增加其研发投入总量，保障各年研发投入资金及时到位，有力支撑其创新绩效。基于此，本书提出假设 H_{10}。

H_{10}：企业对加计扣除政策申请的持续性越强，其可以通过提升研发投入量、保障其各年研发投入资金稳定，进而提升创新绩效。

如前所述，在税收政策下，企业也可能通过研发操纵进行"寻扶持"行为，该行为并非以财务目标为导向，其目的更多是出于获取自身税收利益，特别是与应计盈余管理、归类变更盈余管理方式相比，真实盈余管理是通过对企业各项实际活动的提前调整安排来实现，一般其后果需要在年度终了会计核算时才能体现出来（Zang，2012），这也加大了管理者在实行这一操纵行为时选择那些低效率的创新项目进行操纵的难度，企业"寻扶持"行为可能导致政策激励效果的折损，致使创新产出乃至效率未能得到应有的提高。

依据创新的新颖性，创新可以分为渐进式创新与突破式创新。渐进式创新是在现有需求的基础上对现有产品或技术进行的微小改进或过程创新，是较低层次的创新，也容易被企业用来迎合政策，形成策略性创新产出。突破式创新包括寻找新的技术、业务和流程的规律和方法（March，1991），是与现有的技术、产品、服务、市场和顾客差距较大的创新，是一种高层次的创新活动，从事此类活动依靠新知识或者脱离既有知识来为企业提供新的设计、创造新的市场，需要投入相当多的资源与时间（Lassen et al.，2006；李云鹤和王文婷，2014），成果属于实质性创新产出。除此之外，突破式创新在组织和资源方面均存在高度的风险（Leifer，2000），其回报率具有高度不确定性，在一定程度上加剧了股东和管理者的信息不对称，刺激了管理者的机会主义行为。因而企业对税收优惠的"寻扶持"行为，可能会侵蚀政策对突破式创新成果的激励效果。基于此，提出假设 H_{11}。

H_{11}：加计扣除政策下，企业对税收优惠的"寻扶持"行为将引起政策激励效果的折损，即实质性创新产出仅是实质性创新投入的结果，与策略性创新投入无关。

10.2　研究设计

10.2.1　样本选择

本部分样本与前述一致，为 2016～2020 年我国 A 股上市公司，以此覆盖研发费用加计扣除政策调整前后的期间，企业是否申请享受研发费用加计扣除判别方法如前，值得说明的是，根据国家税务总局网站公布的享受研发费用加计扣除优惠政策流程，可知政策申请主要有以下关键资料和程序：（1）年度纳税申报前进行优惠备案并准备好留存备查资料；（2）填写并报送《"研发支出"辅助账汇总表》；（3）在年度纳税申报表中填报研发费用加计扣除优惠附表及栏次。因此一般只要企业申请，很大概率可以享受加计扣除。所以本书认为申请即享受，不作区分，并没有考虑申请但无法享受的例外情况。其他所需数据来自国泰安数据库（CSMAR）及万得数据库（WIND）。

10.2.2　变量选取及定义

（1）被解释变量。

①不同类型创新投入。

借鉴黎文靖和郑曼妮（2016）对实质性创新的定义，本部分认为企业实质性研发投入的高低很大程度上取决于其经营成果、财务能力等，是与企业自身状况相匹配的、体现企业开展实质性创新活动的研发投入，因而是企业正常经营状态下"应该"投入的正常性研发资金。与实质性研发投入相对，策略性研发投入则反映了企业"预期"之外的投资行为，可能由其研发操纵活动而形成。如前述所呈现的，基于研发操纵模型可以将企业实际研发投入分解为正常性研发投入与异常性研发投入，这便可以合理度量企业实质性创新投入与策略性研发投入。因此，本部分先使用真实盈余管理方式下的研发操纵模型对二者进行估计,即分别使用第 7 章中的 *RNm_R&D* 与 *REm_R&D* 变量来量化上述两类创新投入,出于稳健性后面使用归类变更盈余管理方式下的研发操纵模型再次估计并进行检验,即分别使用第 8 章中的 *CNm_R&D* 与 *CEm_R&D* 变量来再次进行量化。账面研发投入则使用企业当期研发支出除以总资产进行标准化处理测算(*Inrd*)。

②不同类型创新产出。

根据我国现行《中华人民共和国专利法》的规定,专利可以分为发明、实用新型和外观设计三种,鉴于发明专利代表着企业技术创新活动创造性、原创性程度最高的成果(张信东和吴静,2016),本书借鉴张信东和吴静(2016)、贺亚楠等(2020)、黎文靖和郑曼妮(2016)等的研究,认为企业发明专利最能够反映企业突破式创新成果。因而设定以下创新变量:Ln*patent*、Ln*patenti*、Ln*patentn* 分别代表企业创新产出、实质性创新产出、策略性创新产出,通过企业总专利、发明专利及非发明专利申请数量加 1 取对数计算所得。

(2)解释变量。

Persistent 为企业在样本期对研发费用加计扣除政策申请的持续性程度,度量方式与前述一致,具体见第 4 章 4.2。

(3)控制变量。

控制变量选取及度量与前述一致,具体见第 5 章 5.1.3。

10.3 政策申请持续性对创新投入的实证结果分析

10.3.1 政策申请持续性与实质性研发投入

表 10 - 1 列示了企业研发费用加计扣除政策享受持续性对实质性研发投入(*RNm_R&D*)的影响。由表 10 - 1 可见,在逐渐加入控制变量后,变量 *Persistent* 的系数分别为 0.0068、0.0033、0.0029,且均在 1% 水平上显著为正,有力地说明了在加计扣除政策调整前后期间内,随着企业享受政策优惠

持续性程度的加深，其实质性研发投入在不断增加。实质性研发投入代表了企业真正用于研发创新的投资，坚持享受政策优惠的企业，用实际行动表明了其致力于研发创新的态度，政策的激励效应在长期享受加计扣除的企业中起到了显著的积极效果，企业表现出"寻创新"的行为，假设 H_7 得到了验证。

表 10-1　　　政策享受持续性与实质性研发投入回归结果

变量	RNm_R&D		
	(1)	(2)	(3)
Persistent	0.0068 *** (9.5456)	0.0033 *** (5.0530)	0.0029 *** (4.8976)
Lev		-0.0019 (-1.3551)	0.0018 (1.4471)
Size		-0.0046 *** (-19.7572)	-0.0035 *** (-16.4192)
Roa		0.0609 *** (19.9406)	0.0666 *** (24.0524)
Growth		-0.0003 (-0.5192)	-0.0009 * (-1.9084)
InExecutive_3		0.0089 *** (23.9776)	0.0077 *** (22.5030)
Dual		0.0016 *** (3.5346)	0.0009 ** (2.2336)
Hld_3		-0.0001 *** (-6.3797)	-0.0000 (-0.3066)
Bsize		-0.0003 * (-1.7078)	-0.0001 (-0.7123)
Ind		0.0001 *** (2.8782)	0.0001 ** (2.3772)

续表

变量	RNm_R&D		
	(1)	(2)	(3)
Cons	0.0255 *** (45.6971)	0.0001 (0.0244)	-0.0292 *** (-4.6609)
Year			控制
Industry			控制
观测值	8949	8949	8949
R-squared	0.0100	0.1662	0.3318

注：括号内为 t 值；*** 、** 和 * 分别表示在 1%、5% 和 10% 的水平上显著。
资料来源：本表由作者计算所得。

10.3.2　政策申请持续性与策略性研发投入

表 10-2 列示了企业研发费用加计扣除政策享受持续性对策略性研发投入（REm_R&D）的影响。各列回归中，持续性指标的系数均在 1% 水平上正向显著，加入所有控制变量后，Persistent 的系数为 0.0008。由上述结果可以看出，随着企业享受政策优惠持续性程度的增加，其策略性研发投入也在增加。策略性研发投入代表了企业为"寻扶持"而投入的金额，说明企业坚持长期申请加计扣除优惠，一定程度上是为了获取更多的税收红利，长期享受加计扣除的企业对政策表现出了迎合效应，假设 H_8 得到验证。这也初步证实了本书的猜测，即那些长期申请加计扣除的企业，不仅是为促进研发创新活动的有序进行，同时也会为谋取更多的税收优惠而操纵研发投入。总体来看，政策可以激发企业"寻创新"，表现出激励效应，同时也不可避免地刺激企业表现出"寻扶持"的迎合效应。

10.3.3　政策申请持续性与账面研发投入

表 10-3 汇报了企业研发费用加计扣除政策享受持续性对企业账面研发投入（Inrd）的影响。可以看到，无论是不加入任何控制变量、加入控制变

量或是控制年份与行业固定效应，*Persistent* 的系数均在 1% 水平上显著为正，这意味着随着企业享受加计扣除持续性程度的提高，其账面研发投入在逐渐增加，与假设 H$_9$ 一致。这一结果也再次验证了加计扣除政策可以促进企业研发投入的提高，但是结合前面的两个实证结果可以看出，账面研发投入的增加并不必然就是企业的实质性研发投入，其中可能包含着虚增的部分策略性研发投入，即企业可能同时存在"寻创新"与"寻扶持"行为，二者共同导致企业的账面研发投资的增加。

表 10 – 2　　　　　　政策享受持续性与策略性研发投入回归结果

变量	REm_R&D		
	（1）	（2）	（3）
Persistent	0. 0009 *** (3. 2807)	0. 0009 *** (3. 3814)	0. 0008 *** (3. 0531)
Lev		0. 0020 *** (3. 4867)	0. 0020 *** (3. 3134)
Size		− 0. 0003 *** (− 2. 7512)	− 0. 0003 *** (− 3. 0429)
Roa		− 0. 0112 *** (− 8. 7284)	− 0. 0115 *** (− 8. 8581)
Growth		0. 0069 *** (30. 9286)	0. 0070 *** (31. 1692)
lnExecutive_3		0. 0005 *** (3. 5520)	0. 0005 *** (3. 3962)
Dual		0. 0011 *** (5. 5712)	0. 0011 *** (5. 6097)
Hld_3		− 0. 0000 (− 0. 9689)	− 0. 0000 (− 1. 4697)
Bsize		− 0. 0000 (− 0. 6017)	− 0. 0000 (− 0. 5963)
Ind		− 0. 0000 (− 1. 0459)	− 0. 0000 (− 0. 9829)

续表

变量	REm_R&D		
	（1）	（2）	（3）
Cons	−0.0007 *** （−3.0010）	−0.0031 （−1.2562）	−0.0017 （−0.5852）
Year			控制
Industry			控制
观测值	8949	8949	8949
R − squared	0.0011	0.1065	0.1075

注：括号内为 t 值；***、** 和 * 分别表示在 1%、5% 和 10% 的水平上显著。
资料来源：本表由作者计算所得。

表 10 – 3　　　　　　　　政策享受持续性与账面研发投入回归结果

变量	Inrd		
	（1）	（2）	（3）
Persistent	0.0079 *** （9.7986）	0.0044 *** （5.8137）	0.0040 *** （5.6495）
Lev		−0.0008 （−0.5089）	0.0032 ** （2.1651）
Size		−0.0049 *** （−18.2225）	−0.0038 *** （−14.9562）
Roa		0.0499 *** （14.2090）	0.0556 *** （16.9349）
Growth		0.0077 *** （12.8770）	0.0073 *** （13.0950）
InExecutive_3		0.0097 *** （22.8214）	0.0084 *** （20.7764）
Dual		0.0027 *** （5.0762）	0.0019 *** （3.9254）
Hld_3		−0.0001 *** （−6.4845）	−0.0000 （−1.0123）

续表

变量	Inrd		
	（1）	（2）	（3）
Bsize		− 0.0003 （− 1.3755）	− 0.0001 （− 0.4226）
Ind		0.0001 ** （2.1613）	0.0001 * （1.6686）
Cons	0.0249 *** （39.0789）	− 0.0065 （− 0.9512）	− 0.0350 *** （− 4.7439）
Year			控制
Industry			控制
观测值	8949	8949	8949
R − squared	0.0104	0.1534	0.2819

注：括号内为 t 值；***、** 和 * 分别表示在 1%、5% 和 10% 的水平上显著。
资料来源：本表由作者计算所得。

10.3.4　稳健性检验

（1）更换不同动机下研发投入估计模型。

如前面所述，基于研发操纵模型可以将企业实际研发投入分解为正常性研发投入与异常性研发投入，以此区分其实质性、策略性创新动机，出于稳健性，本部分使用第 8 章 8.2.2 中归类变更盈余管理方式下研发操纵模型再次估计实质性研发投入（CNm_R&D）、策略性研发投入（CEm_R&D）并进行检验，相关结果见表 10 - 4。表 10 - 4 显示，三个层次的研发投入在不同水平上呈现正向显著，系数分别为 0.0018、0.0018、0.0044，总体来看，相关结论得到有效验证。

（2）更换研发投入变量度量方式。

考虑到相较于开发性阶段，处于研究阶段的探索性创新更具原创性，在一定程度上更能够反映企业的核心创新能力。因此本部分使用企业研发活动中研究阶段的支出来量化研发投入水平（Inrde），并再次使用真实盈余管理方式下研发操纵模型来估计实质性及策略性创新投入，具体见表 10 - 5。对于实质性研发投入（$RNm\_R\&D$），持续性指标（$Persistent$）的系数为 0.0018，且在10%水平上显著为正，策略性研发投入（$REm\_R\&D$）与账面研发投入（$Inrde$）的系数则均在1%水平上显著为正，再次验证了前面结果的可靠性，表明对于长期申请加计扣除优惠的企业，政策既产生了激励效应，也产生了迎合效应。

表 10 - 4　　　　　　　　更换研发投入估计模型回归结果

变量	$CNm\_R\&D$	$CEm\_R\&D$	$Inrd$
	(1)	(2)	(3)
$Persistent$	0.0018 * (1.6515)	0.0018 *** (2.8222)	0.0044 *** (3.3267)
Lev	- 0.0425 *** (- 17.9189)	- 0.0103 *** (- 7.4900)	- 0.0552 *** (- 19.4557)
$Size$	- 0.0050 *** (- 12.5672)	- 0.0001 (- 0.4272)	- 0.0050 *** (- 10.3795)
Roa	- 0.0336 *** (- 6.5915)	- 0.0462 *** (- 15.5548)	- 0.0854 *** (- 13.9922)
$Growth$	0.0177 *** (19.5814)	- 0.0175 *** (- 33.2889)	- 0.0038 *** (- 3.5505)
$InExecutive\_3$	0.0079 *** (12.2912)	0.0035 *** (9.2946)	0.0118 *** (15.3539)
$Dual$	0.0047 *** (6.0659)	0.0014 *** (3.0667)	0.0067 *** (7.2168)
Hld_3	- 0.0001 *** (- 5.8632)	- 0.0000 ** (- 1.9868)	- 0.0002 *** (- 5.7267)
$Bsize$	- 0.0001 (- 0.2242)	0.0002 (1.3654)	0.0002 (0.4975)
Ind	0.0003 *** (3.2914)	0.0002 *** (3.2445)	0.0004 *** (4.5080)
$Cons$	0.0321 *** (2.7510)	- 0.0427 *** (- 6.2815)	- 0.0201 (- 1.4351)

续表

变量	CNm_R&D	CEm_R&D	Inrd
	（1）	（2）	（3）
Year		控制	
Industry		控制	
观测值	8949	8949	8949
R – squared	0.3780	0.1761	0.3109

注：括号内为 t 值；***、** 和 * 分别表示在 1%、5% 和 10% 的水平上显著。
资料来源：本表由作者计算所得。

表 10 – 5　　　　　　　更换研发投入变量度量方式回归结果

变量	RNm_R&D	REm_R&D	Inrde
	（1）	（2）	（3）
Persistent	0.0018 * （1.6515）	0.0018 *** （2.8222）	0.0044 *** （3.3267）
Lev	– 0.0425 *** （– 17.9189）	– 0.0103 *** （– 7.4900）	– 0.0552 *** （– 19.4557）
Size	– 0.0050 *** （– 12.5672）	– 0.0001 （– 0.4272）	– 0.0050 *** （– 10.3795）
Roa	– 0.0336 *** （– 6.5915）	– 0.0462 *** （– 15.5548）	– 0.0854 *** （– 13.9922）
Growth	0.0177 *** （19.5814）	– 0.0175 *** （– 33.2889）	– 0.0038 *** （– 3.5505）
InExecutive_3	0.0079 *** （12.2912）	0.0035 *** （9.2946）	0.0118 *** （15.3539）
Dual	0.0047 *** （6.0659）	0.0014 *** （3.0667）	0.0067 *** （7.2168）
Hld_3	– 0.0001 *** （– 5.8632）	– 0.0000 ** （– 1.9868）	– 0.0002 *** （– 5.7267）
Bsize	– 0.0001 （– 0.2242）	0.0002 （1.3654）	0.0002 （0.4975）

续表

变量	RNm_R&D	REm_R&D	Inrde
	（1）	（2）	（3）
Ind	0.0003 *** （3.2914）	0.0002 *** （3.2445）	0.0004 *** （4.5080）
Cons	0.0321 *** （2.7510）	− 0.0427 *** （ − 6.2815）	− 0.0201 （ − 1.4351）
Year	控制		
Industry	控制		
观测值	4633①	4633	4633
R − squared	0.3780	0.1761	0.3109

注：括号内为 t 值；*** 、** 和 * 分别表示在 1% 、5% 和 10% 的水平上显著。
资料来源：本表由作者计算所得。

（3）控制地区差异性。

郭健等（2020）、杨国超和芮萌（2020）等的研究指出，企业因受当地政策及经济发展水平等影响，其创新积极性可能存在地区差异，因此本书进一步控制省份固定效应进行回归，结果如表 10 − 6 所示。当被解释变量为实质性研发投入（RNm_R&D）、策略性研发投入（REm_R&D）及账面研发投入（Inrd）时，Persistent 的系数分别为 0.0030、0.0009、0.0044，且均在 1% 水平上显著为正，再次验证了前述相关结论。

表 10 − 6　　　　　　　　控制地区差异性回归结果

变量	RNm_R&D	REm_R&D	Inrd
	（1）	（2）	（3）
Persistent	0.0030 *** （5.0302）	0.0009 *** （3.3193）	0.0044 *** （6.1531）
Lev	0.0031 ** （2.4403）	0.0022 *** （3.6538）	0.0047 *** （3.1179）

---

① 此处回归将研究阶段的支出为 0 的样本删除，因此观测值有一定的减少。

变量	RNm_R&D	REm_R&D	Inrd
	（1）	（2）	（3）
Size	-0.0036*** (-16.4246)	-0.0003*** (-3.0682)	-0.0038*** (-14.9552)
Roa	0.0673*** (24.2830)	-0.0114*** (-8.7746)	0.0561*** (17.1257)
Growth	-0.0009* (-1.9579)	0.0071*** (31.1387)	0.0075*** (13.1622)
InExecutive_3	0.0072*** (20.4171)	0.0005*** (2.7206)	0.0078*** (18.6194)
Dual	0.0005 (1.3160)	0.0010*** (5.1857)	0.0015*** (3.0234)
Hld_3	-0.0000 (-0.1975)	-0.0000 (-1.3214)	-0.0000 (-0.9175)
Bsize	-0.0000 (-0.2938)	-0.0000 (-0.4997)	-0.0000 (-0.0795)
Ind	0.0001** (2.4036)	-0.0000 (-0.9973)	0.0001* (1.7771)
Cons	-0.0208*** (-3.2632)	-0.0002 (-0.0507)	-0.0241*** (-3.1965)
Year	控制		
Industry	控制		
Province	控制		
观测值	8949	8949	8949
R-squared	0.3448	0.1084	0.2949

注：括号内为 t 值；***、** 和 * 分别表示在 1%、5% 和 10% 的水平上显著。
资料来源：本表由作者计算所得。

（4）缩小样本范围。

与前面一致，本部分将样本范围缩小至制造业企业，再次进行检验，回归结果如表 10 - 7 所示。结果显示，在制造业中，企业享受政策优惠持续性（Persistent）与实质性研发投入（RNm_R&D）的回归系数为 0.0021，且在 1% 水平上显著正相关；与策略性研发投入（REm_R&D）的回归系数为

0.0009，在1%水平上显著正相关；与账面研发投入（Inrd）的系数为0.0034，也在1%水平上显著正相关，依然得到了与前面一致的结论。

表 10 - 7　　　　　　　　　制造业样本回归结果

变量	RNm_R&D	REm_R&D	Inrd
	(1)	(2)	(3)
Persistent	0.0021 *** (3.2783)	0.0009 *** (2.9856)	0.0034 *** (4.3730)
Lev	0.0036 ** (2.5420)	0.0026 *** (3.7429)	0.0047 *** (2.7852)
Size	- 0.0033 *** (- 13.6711)	- 0.0006 *** (- 4.6026)	- 0.0037 *** (- 12.8173)
Roa	0.0678 *** (20.9669)	- 0.0137 *** (- 8.5725)	0.0520 *** (13.4692)
Growth	- 0.0005 (- 0.8317)	0.0084 *** (30.0671)	0.0100 *** (14.8709)
InExecutive_3	0.0076 *** (20.5849)	0.0006 *** (3.4830)	0.0084 *** (18.9979)
Dual	0.0013 *** (2.8615)	0.0008 *** (3.8439)	0.0021 *** (4.0627)
Hld_3	0.0000 (0.1694)	- 0.0000 (- 1.4067)	- 0.0000 (- 0.4364)
Bsize	- 0.0001 (- 0.7635)	- 0.0000 (- 0.3094)	- 0.0001 (- 0.5412)
Ind	0.0001 *** (2.6159)	- 0.0000 (- 0.7315)	0.0001 ** (2.0844)
Cons	- 0.0154 (- 1.6248)	0.0053 (1.1323)	- 0.0157 (- 1.3867)
Year	控制		
Industry	控制		
观测值	6835	6835	6835
R - squared	0.2194	0.1292	0.1944

注：括号内为 t 值；***、** 和 * 分别表示在1%、5%和10%的水平上显著。
资料来源：本表由作者计算所得。

（5）解释变量滞后一期。

企业的创新投入水平在一定程度上会影响其对激励政策申请的倾向性和积极性，因而可能存在一定的反向因果关系。基于此，本部分将解释变量滞后一期进行回归，结果如表 10 - 8 所示，在各类研发投入下，持续性指标（Persistent）对应的系数均在 1% 水平上显著为正，有力支持了前述结论。

表 10 - 8　　　　　　　　　　解释变量滞后一期回归结果

变量	RNm_R&D	REm_R&D	Inrd
	（1）	（2）	（3）
Persistent	0.0030 *** (4.3985)	0.0007 ** (2.2456)	0.0041 *** (5.1735)
Lev	0.0030 ** (2.0634)	0.0013 ** (2.1159)	0.0039 ** (2.2962)
Size	- 0.0035 *** (- 14.2203)	- 0.0002 * (- 1.9046)	- 0.0037 *** (- 12.8387)
Roa	0.0646 *** (20.6162)	- 0.0126 *** (- 9.3663)	0.0528 *** (14.6325)
Growth	- 0.0015 *** (- 2.6093)	0.0074 *** (29.6494)	0.0074 *** (10.9253)
InExecutive_3	0.0082 *** (20.5593)	0.0003 (1.6079)	0.0085 *** (18.4830)
Dual	0.0010 ** (1.9997)	0.0011 *** (5.5954)	0.0021 *** (3.7861)
Hld_3	- 0.0000 (- 0.7598)	- 0.0000 (- 0.7808)	- 0.0000 (- 1.2711)
Bsize	- 0.0000 (- 0.2112)	0.0000 (0.1674)	0.0001 (0.3590)
Ind	0.0001 ** (2.2331)	- 0.0000 (- 1.4263)	0.0001 (1.5630)
Cons	- 0.0360 *** (- 4.8233)	- 0.0008 (- 0.2656)	- 0.0401 *** (- 4.6600)

续表

变量	RNm_R&D	REm_R&D	Inrd
	(1)	(2)	(3)
Year	控制		
Industry	控制		
观测值	6872	6872	6872
R − squared	0.3175	0.1217	0.2743

注：括号内为 t 值；***、** 和 * 分别表示在 1%、5% 和 10% 的水平上显著。
资料来源：本表由作者计算所得。

（6）更换控制变量。

为控制其他可能影响实证结果的影响因素，借鉴胡元木等（2016）、杨国超等（2017）、王文慧和孙光国（2021）的研究，本部分更换了部分控制变量：将衡量盈利能力的总资产收益率（Roa）更换为平均资产收益率（Roaa），使用净利润与平均资产的比值来衡量；将衡量公司成长性的营业收入增长率（Growth）更换为总市值与总资产的比值（Mtb）；使用前十大股东持股比例之和（Hld_10）与两职合一虚拟变量（Dual）来衡量公司治理水平；此外，控制了经营现金流水平（Ocf）与产权性质（Soe）①，回归结果见表 10 - 9。相关结果显示，持续性指标（Persistent）的系数均在 1%水平上显著为正，与前面基准回归结果保持一致。

（7）倾向得分匹配法。

为了缓解潜在的选择性偏误问题，本部分使用倾向得分匹配方法（PSM）再次进行稳健性检验。首先，将企业当年享受政策的持续性指标（Persistent）与当年所有企业持续性的中位数进行对比，建立处理变量 Mper，若持续性高于中位数，则为处理组，此时 Mper = 1；若持续性低于中位数，则为控制组，此时 Mper = 0。其次，使用 Logit 模型估计倾向性得分，匹配方法选择 1∶1 有放回的最近邻匹配，并根据观测值出现频次进行加权回归。表 10 - 10 列示了匹配后的回归结果，其中，在持续性指标（Persistent）下，

————————

① 经营现金流（Ocf）使用经营活动产生的现金流净额与期末总资产的比值来表示；产权性质（Soe）为虚拟变量，若样本为国有企业取值为 1，否则为 0。

实质性研发投入（*RNm_R&D*）、策略性研发投入（*REm_R&D*）以及账面研发投入（*Inrd*）的系数均在1%水平上显著为正，总体来看，依然能够得到与前面一致的结论。

表 10 – 9　　　　　　　　　　　　更换控制变量回归结果

变量	RNm_R&D	REm_R&D	Inrd
	(1)	(2)	(3)
Persistent	0.0033 *** (5.4691)	0.0011 *** (3.5497)	0.0047 *** (6.5636)
Lev	0.0072 *** (5.5047)	0.0042 *** (6.5400)	0.0119 *** (7.5467)
Size	0.0001 (0.6518)	−0.0000 (−0.0551)	0.0003 (1.3511)
Roaa	0.0558 *** (17.7546)	−0.0024 (−1.5656)	0.0544 *** (14.3545)
Mtb	0.0036 *** (27.3086)	0.0002 *** (3.2612)	0.0040 *** (25.6086)
Dual	0.0007 * (1.7237)	0.0011 *** (5.0866)	0.0017 *** (3.3419)
Hld_10	−0.0034 ** (−2.3634)	−0.0020 *** (−2.8205)	−0.0062 *** (−3.5766)
Ocf	0.0217 *** (6.4817)	−0.0046 *** (−2.7768)	0.0157 *** (3.8829)
Soe	−0.0006 (−1.1654)	−0.0003 (−1.3414)	−0.0010 * (−1.6664)
Cons	−0.0105 * (−1.8845)	−0.0018 (−0.6391)	−0.0178 *** (−2.6385)
Year	控制		
Industry	控制		
观测值	8556	8556	8556
R – squared	0.3555	0.0127	0.2846

注：括号内为 t 值；*** 、** 和 * 分别表示在 1%、5% 和 10% 的水平上显著。
资料来源：本表由作者计算所得。

表 10 – 10 样本匹配后回归结果

变量	RNm_R&D	REm_R&D	Inrd
	(1)	(2)	(3)
Persistent	0. 0021 *** (3. 5717)	0. 0011 *** (4. 1090)	0. 0038 *** (5. 4212)
Lev	− 0. 0014 (− 1. 0605)	0. 0011 * (1. 8675)	− 0. 0022 (− 1. 4685)
Size	− 0. 0036 *** (− 16. 4100)	− 0. 0003 *** (− 3. 1543)	− 0. 0037 *** (− 14. 6116)
Roa	0. 0647 *** (23. 5036)	− 0. 0131 *** (− 10. 4044)	0. 0479 *** (14. 8932)
Growth	0. 0007 (1. 3847)	0. 0074 *** (32. 3142)	0. 0106 *** (18. 2505)
InExecutive_3	0. 0075 *** (21. 3630)	0. 0005 *** (3. 1594)	0. 0080 *** (19. 5138)
Dual	− 0. 0002 (− 0. 5866)	0. 0009 *** (4. 8778)	0. 0008 (1. 5460)
Hld_3	0. 0000 (1. 1252)	− 0. 0000 (− 1. 1466)	0. 0000 (0. 7107)
Bsize	− 0. 0002 (− 1. 5205)	0. 0000 (0. 4468)	− 0. 0002 (− 0. 8029)
Ind	0. 0001 (1. 2868)	0. 0000 (1. 3559)	0. 0001 (1. 5296)
Cons	− 0. 0269 *** (− 4. 0984)	− 0. 0045 (− 1. 5011)	− 0. 0356 *** (− 4. 6256)
Year	控制		
Industry	控制		
观测值	8949	8949	8949
R – squared	0. 3179	0. 1143	0. 2769

注:括号内为 t 值;*** 、** 和 * 分别表示在 1%、5% 和 10% 的水平上显著。
资料来源:本表由作者计算所得。

10.3.5　异质性分析

由于企业的规模、融资约束程度、行业特征等会影响其对研发创新的重视程度，研发费用加计扣除政策的激励效果也可能因这些差异而有所不同，因此本部分主要结合潜在的异质性因素对企业持续性申请享受政策的效果进行探讨。

（1）基于企业规模异质性的分析。

已有研究证明不同规模的企业，研发创新积极性有所不同，因而创新导向政策对企业的激励效果也存在差异。一般而言，相较于大规模企业，小规模企业风险承受能力较低（许国艺等，2014），开展创新活动时更需要加计扣除政策的扶持；同时，小规模企业在创新活动中往往缺乏充足的资金支撑，且面临的信息监管相对较弱（Zhang & He，2013），可能会存在为获得更多的可抵扣份额而虚增研发投入的行为（程玲等，2019；胡善成等，2022），因此，无论是"寻创新"还是"寻扶持"，小规模企业对于政策的需求更为迫切。

基于此，本部分将探讨规模异质性下企业持续性享受加计扣除政策与其创新投资行为之间的关系。本书根据企业规模是否高于当年样本中位数，将总样本进行划分，并构建虚拟变量 $Msize$，小于等于中位数的样本属于小规模企业，此时 $Msize = 1$，否则为 0，基于此加入交互项 $Persistent \times Msize$ 进行回归，结果如表 10－11 所示。其中，对于实质性研发投入（$RNm\_R\&D$），交互项 $Persistence1 \times Msize$ 为 0.0018 且在 5% 水平上显著，表明相较于大规模企业，持续性申请享受研发费用加计扣除政策对于小规模企业实质性创新投入的激励效果更强；对于策略性研发投入（$REm\_R\&D$），交互项 $Persistence \times Msize$ 的系数为 0.0002，在 5% 水平上显著，说明小规模企业持续性申请享受加计扣除政策也表现出较强的迎合效应，"寻扶持"行为强于大规模企业；对于账面研发投入（$Inrd$）而言，交互项系数亦显著为正，表明在持续享受政策优惠的过程中，小规模企业账面研发投入增加的趋势较为明显。总体来看，与前面分析基本相符。

表 10 – 11   规模异质性回归结果

变量	RNm_R&D	REm_R&D	Inrd
	(1)	(2)	(3)
Persistent	0. 0019 ** (2. 2231)	0. 0010 ** (2. 4455)	0. 0031 *** (3. 0300)
Msize	− 0. 0005 (− 0. 4887)	0. 0007 (1. 3553)	− 0. 0003 (− 0. 2472)
Persistent × Msize	0. 0018 ** (2. 5294)	0. 0002 ** (2. 4016)	0. 0020 ** (2. 4024)
Lev	0. 0021 (1. 6352)	0. 0020 *** (3. 3895)	0. 0034 ** (2. 2878)
Size	− 0. 0033 *** (− 11. 4010)	− 0. 0001 (− 1. 0221)	− 0. 0035 *** (− 10. 1345)
Roa	0. 0667 *** (23. 8986)	− 0. 0114 *** (− 8. 7952)	0. 0554 *** (16. 8100)
Growth	− 0. 0008 * (− 1. 7426)	0. 0070 *** (31. 1367)	0. 0076 *** (13. 1903)
InExecutive_3	0. 0078 *** (22. 5764)	0. 0005 *** (3. 4263)	0. 0085 *** (20. 8236)
Dual	0. 0009 ** (2. 1135)	0. 0011 *** (5. 5763)	0. 0019 *** (3. 8881)
Hld_3	− 0. 0000 (− 0. 5285)	− 0. 0000 (− 1. 5946)	− 0. 0000 (− 1. 2560)
Bsize	− 0. 0001 (− 0. 7841)	− 0. 0000 (− 0. 6459)	− 0. 0001 (− 0. 5512)
Ind	0. 0001 ** (2. 3324)	− 0. 0000 (− 1. 0705)	0. 0001 * (1. 7255)
Cons	− 0. 0337 *** (− 4. 3120)	− 0. 0057 (− 1. 5654)	− 0. 0416 *** (− 4. 5015)
Year	控制		
Industry	控制		
观测值	8949	8949	8949
R − squared	0. 3310	0. 1077	0. 2804

注：括号内为 t 值；*** 、** 和 * 分别表示在 1% 、5% 和 10% 的水平上显著。
资料来源：本表由作者计算所得。

（2）基于融资约束异质性的分析。

企业开展研发活动需要大量资金的长期投入，在面临较高融资压力时，往往会减少研发投入（杨宗翰等，2020），转而投资于能够在短期内带来较多利润的项目，同时也会因操控成本增加而倾向于减少研发操纵活动（陈骏，2010；卢太平和张东旭，2014）。因此，本部分将分析融资约束程度差异下企业持续性享受加计扣除政策与其创新投资行为之间的关系。

本部分借鉴哈德洛克和皮尔斯（Hadlock & Pierce，2010）提出的 SA 指数来衡量企业的融资约束程度，参考鞠晓生等（2013）的研究，按照 SA 指数将企业受融资约束程度划分为四个等级：1/4 分位数以下视为受融资约束强，1/4～2/4 分位数视为受融资约束较强，2/4～3/4 分位数视为受融资约束较弱，3/4 分位数以上视为受融资约束弱。基于此，设置虚拟变量 Nqsa，若样本位于 3/4 分位数以上受融资约束弱的范围，则 Nqsa = 1；若样本位于 1/4 分位数以下受融资约束强的范围，则 Nqsa = 0；加入交互项 Persistent × Nqsa 再次进行回归，结果见表 10 – 12。

表 10 – 12　　　　　　　　　融资约束异质性回归结果

变量	RNm_R&D	REm_R&D	Inrd
	(1)	(2)	(3)
Persistent	0.0010 (0.7982)	0.0007 (1.2025)	0.0018 (1.2312)
Nqsa	− 0.0011 (− 0.8115)	− 0.0002 (− 0.3159)	0.0017 (1.0466)
Persistent × Nqsa	0.0055 *** (3.2271)	0.0010 ** (2.2391)	0.0074 *** (3.6418)
Lev	0.0043 ** (2.3084)	0.0016 * (1.7496)	0.0050 ** (2.2713)
Size	− 0.0033 *** (− 11.1330)	− 0.0003 ** (− 2.3065)	− 0.0035 *** (− 10.1725)
Roa	0.0690 *** (16.7942)	− 0.0110 *** (− 5.5743)	0.0586 *** (11.9615)

续表

变量	RNm_R&D	REm_R&D	Inrd
	(1)	(2)	(3)
Growth	− 0. 0015 **	0. 0080 ***	0. 0079 ***
	(− 2. 1072)	(23. 3903)	(9. 2396)
InExecutive_3	0. 0067 ***	0. 0005 *	0. 0073 ***
	(13. 2588)	(1. 9243)	(12. 1561)
Dual	0. 0018 ***	0. 0008 ***	0. 0025 ***
	(2. 9983)	(2. 8311)	(3. 4305)
Hld_3	0. 0000 *	− 0. 0000	0. 0000
	(1. 9224)	(− 0. 7479)	(1. 0232)
Bsize	− 0. 0001	0. 0000	− 0. 0000
	(− 0. 3234)	(0. 2359)	(− 0. 1141)
Ind	− 0. 0000	− 0. 0000	− 0. 0000
	(− 0. 2140)	(− 1. 5455)	(− 0. 6602)
Cons	− 0. 0202 **	0. 0005	− 0. 0228 **
	(− 2. 1399)	(0. 1164)	(− 2. 0250)
Year	控制		
Industry	控制		
观测值	4128	4128	4128
R − squared	0. 3633	0. 1267	0. 3115

注：括号内为 t 值；***、** 和 * 分别表示在 1%、5% 和 10% 的水平上显著。
资料来源：本表由作者计算所得。

其中，交互项 Persistent × Nqsa 的系数基本呈现正向显著，相关结果表明，相较于融资约束程度强的企业，融资约束程度较弱的企业享受政策优惠的持续性越强，所发生的实质性研发投入（RNm_R&D）、策略性创新投入（REm_R&D）及账面研发投入（Inrd）都显著更高。上述结果表明，企业受融资约束程度较弱时，持续享受加计扣除优惠更能够显著提升其创新意愿，促进其开展实质性创新活动，同时这类企业也会表现出一定的迎合效应，会进行"寻扶持"行为。但总体而言，从创新投入的层面来看，加计扣除政策对融资约束程度较弱的企业产生了更为显著的影响。

（3）基于行业异质性的分析。

创新活动具有较强的行业特征，特别是对于高科技行业尤为重要。目前关于创新导向政策对高科技行业的激励效果存在不同的结论。一方面，学者指出税收优惠政策对企业的创新投入和产出具有显著的激励效应（孙自愿等，2020；胡元木等，2016；寇明婷等，2019；甘小武和曹国庆，2020）；也有研究发现，在高科技企业中，企业会存在同时申请多个政策的情况，这可能会抵消政策的激励效果（贺康等，2020）。另一方面，针对政策在高科技行业中的迎合效应，也存在不同的结论。部分研究认为一些"伪高新企业"会通过研发操纵等手段来寻求政策的扶持、规避税收（杨国超等，2017；李维安等，2016；安同良等，2009）；亦有研究指出，高科技行业的税收规避动机弱于非高科技行业，会为了企业的长期发展而更加谨慎地进行研发操纵（万源星等，2020；贺亚楠等，2021）。基于此，本书从持续性角度出发，探讨研发费用加计扣除政策对不同行业企业创新投资行为的影响。

本部分参考蔡伟贤等（2022）的研究，根据国家统计局对高技术产业（制造业和服务业）的最新分类标准，将医药制造业（C27）、铁路、船舶、航空航天和其他运输设备制造业（C37）、计算机、通信和其他电子设备制造业（C39）、仪器仪表制造业（C40）、化学原料及化学制品制造业（C26）、化学纤维制造业（C28）、互联网和相关服务（I64）、软件和信息技术服务业（I65）、研究和试验发展（M73）、专业技术服务业（M74）、生态保护和环境治理业（N77）界定为高科技行业，其他行业为非高科技行业，建立虚拟变量 *Tech*。若企业所处行业为高科技行业，则取值为1，否则为0，观察交互项 *Persistent* × *Tech* 的回归结果，具体如表 10 – 13 所示。

表 10 – 13　　　　　　　　　　　行业异质性回归结果

变量	*RNm_R&D*	*REm_R&D*	*Inrd*
	（1）	（2）	（3）
Persistent	0.0012 （1.5496）	0.0010 *** （2.6326）	0.0023 ** （2.5393）
Tech	0.0054 *** （5.4854）	0.0019 *** （4.2107）	0.0073 *** （6.2485）

续表

变量	RNm_R&D	REm_R&D	Inrd
	(1)	(2)	(3)
Persistent × Tech	0.0038 *** (3.2585)	− 0.0002 (− 0.4495)	0.0041 *** (2.9618)
Lev	0.0040 *** (3.1819)	0.0025 *** (4.1358)	0.0059 *** (3.9571)
Size	− 0.0035 *** (− 16.7023)	− 0.0003 *** (− 3.0223)	− 0.0038 *** (− 15.2177)
Roa	0.0685 *** (24.9372)	− 0.0110 *** (− 8.5299)	0.0577 *** (17.8096)
Growth	− 0.0010 ** (− 2.1824)	0.0070 *** (31.0557)	0.0073 *** (12.9912)
InExecutive_3	0.0070 *** (20.6589)	0.0004 ** (2.4263)	0.0076 *** (18.7981)
Dual	0.0008 * (1.8917)	0.0011 *** (5.4668)	0.0018 *** (3.6831)
Hld_3	0.0000 (0.7605)	− 0.0000 (− 0.8977)	0.0000 (0.1156)
Bsize	− 0.0001 (− 0.6820)	− 0.0000 (− 0.5870)	− 0.0001 (− 0.4404)
Ind	0.0001 ** (2.1351)	− 0.0000 (− 1.0948)	0.0001 (1.5228)
Cons	− 0.0191 *** (− 3.0696)	0.0000 (0.0169)	− 0.0224 *** (− 3.0573)
Year	控制		
Industry	控制		
观测值	8949	8949	8949
R − squared	0.3522	0.1133	0.3057

注：括号内为 t 值；*** 、** 和 * 分别表示在 1%、5% 和 10% 的水平上显著。
资料来源：本表由作者计算所得。

Persistent × Tech 的系数在列（1）、列（3）中显著为正，结果表明，相较于非高科技行业，高科技行业企业持续享受加计扣除政策，其实质性研发投入（$RNm\_R\&D$）与账面研发投入（$Inrd$）有更为显著的提高，证明了持续享受加计扣除政策可以提升高科技行业的实质性创新意愿，最终表现为账面研发投入的增加；对于策略性创新行为（$REm\_R\&D$），交互项 $Persistent \times Tech$ 的系数则并不显著，表明加计扣除政策未导致高科技行业企业更明显的迎合效应。总体来看，本部分结论符合现实情况，对于高科技行业企业而言，研发创新的重要性不言而喻，因而总体来看，这些高科技行业内企业"寻创新"的动机更高。

10.3.6　进一步分析

（1）基于"净效应"的分析。

前述研究表明，企业持续享受加计扣除政策，同时存在"寻创新"和"寻扶持"的动机，那么随着企业享受的持续性程度增加，哪类动机更为占优？本部分将构建以下"净效应"指标（Vrd）作进一步探究分析：

$$Vrd_{i,t} = RNm\_R\&D_{i,t} - REm\_R\&D_{i,t} \tag{10.1}$$

该指标的构建逻辑为：如果企业发生的实质性研发投入（$RNm\_R\&D$）高于策略性研发投入（$REm\_R\&D$），则表明企业持续享受加计扣除政策总体可以产生积极的激励效应，此时净效应（Vrd）为正；同理，如果持续享受加计扣除产生的更多是消极的迎合效应，此时净效应为负。基于此，通过对净效应进行回归，观察随着享受加计扣除持续性的提高，净效应的变化趋势。

表 10 - 14 列示了回归结果，三项回归中，持续性指标（$Persistent$）的系数均显著为正，说明随着企业享受加计扣除优惠的持续性程度增加，净效应（Vrd）随之增加。该结果表明，企业持续性申请加计扣除优惠政策的动机较为复杂，在开展研发创新活动的同时，也会出于"寻扶持"目的策略性地操纵部分研发支出，使其能够通过税前加计扣除政策获得更多的节税现金流，但总体来看，持续性申请的动机依然是以"寻创新"为主，这意味着政策在长期的实施过程中，所带来的激励效应强于迎合效应，切实提高了企业的创新动力。

表 10 – 14　　　　　　　　　　基于净效应的回归结果

变量	Vrd		
	(1)	(2)	(3)
Persistent	0.0056 *** (7.2846)	0.0022 *** (3.0451)	0.0019 *** (2.9223)
Lev		−0.0033 ** (−2.1858)	0.0003 (0.2467)
Size		−0.0044 *** (−17.3842)	−0.0033 *** (−13.9075)
Roa		0.0726 *** (21.6926)	0.0784 *** (25.4924)
Growth		−0.0072 *** (−12.4062)	−0.0080 *** (−14.8812)
InExecutive_3		0.0084 *** (20.7527)	0.0072 *** (18.9726)
Dual		0.0005 (1.0289)	−0.0002 (−0.3920)
Hld_3		−0.0001 *** (−5.5156)	0.0000 (0.3242)
Bsize		−0.0003 (−1.4066)	−0.0001 (−0.4091)
Ind		0.0002 *** (3.1242)	0.0001 *** (2.7349)
Cons	0.0264 *** (43.3841)	0.0045 (0.6907)	−0.0265 *** (−3.8278)
Year	控制		
Industry	控制		
观测值	8949	8949	8949
R − squared	0.0058	0.1554	0.3056

注：括号内为 t 值；*** 、** 和 * 分别表示在 1% 、5% 和 10% 的水平上显著。
资料来源：本表由作者计算所得。

（2）基于策略性研发投入方向的分析。

前面所列策略性研发投入估计模型计算得出的数值可能为负。在本部分的研究场景下，当策略性研发投入为正时，表示企业具有对政策"寻扶持"的动机，如通过研发操纵将其他支出归集到研发支出下，造成研发支出大于正常值，借此享受更多的加计扣除额。基于此，本部分将样本限制为策略性研发投入为正的企业，重点关注企业在已经存在虚增研发投入的情况下，持续享受政策优惠，其实质性研发投入（RNm_R&D）、策略性研发投入（REm_R&D）、账面研发投入（Inrd）以及政策净效应（Vrd）如何变化，从而更准确地评价政策效果，回归结果见表 10 - 15。

表 10 - 15　　　　基于策略性研发投入方向的回归结果

变量	RNm_R&D	REm_R&D	Inrd	Vrd
	(1)	(2)	(3)	(4)
Persistent	0. 0033 *** (3. 4872)	0. 0010 *** (2. 6698)	0. 0048 *** (3. 9499)	0. 0024 ** (2. 4951)
Lev	- 0. 0034 * (- 1. 6760)	0. 0005 (0. 7031)	- 0. 0037 (- 1. 4493)	- 0. 0037 * (- 1. 8439)
Size	- 0. 0029 *** (- 8. 3074)	- 0. 0006 *** (- 4. 4918)	- 0. 0035 *** (- 7. 8079)	- 0. 0024 *** (- 6. 8353)
Roa	0. 0862 *** (22. 1833)	- 0. 0014 (- 0. 9545)	0. 0838 *** (17. 0409)	0. 0891 *** (23. 0588)
Growth	- 0. 0017 *** (- 2. 7156)	0. 0046 *** (18. 9014)	0. 0045 *** (5. 5637)	- 0. 0065 *** (- 10. 2052)
InExecutive_3	0. 0085 *** (15. 2281)	0. 0012 *** (5. 5211)	0. 0100 *** (14. 1823)	0. 0074 *** (13. 3760)
Dual	0. 0018 *** (2. 7365)	0. 0009 *** (3. 7959)	0. 0027 *** (3. 2520)	0. 0008 (1. 1690)
Hld_3	0. 0000 (0. 3711)	0. 0000 (0. 8239)	0. 0000 (0. 5109)	0. 0000 (0. 0844)

续表

变量	RNm_R&D	REm_R&D	Inrd	Vrd
	(1)	(2)	(3)	(4)
Bsize	− 0.0002 (− 0.6260)	− 0.0001 (− 0.5489)	− 0.0001 (− 0.4009)	− 0.0001 (− 0.4760)
Ind	0.0001 (1.2107)	0.0000 (1.0136)	0.0001 (1.5466)	0.0001 (0.8657)
Cons	− 0.0478 *** (− 4.8014)	− 0.0017 (− 0.4597)	− 0.0568 *** (− 4.5141)	− 0.0468 *** (− 4.7241)
Year	控制			
Industry	控制			
观测值	3962	3962	3962	3962
Adj. R^2	0.3663	0.1552	0.3285	0.3317

注：括号内为 t 值；*** 、** 和 * 分别表示在 1% 、5% 和 10% 的水平上显著。
资料来源：本表由作者计算所得。

将样本范围限制再次进行检验后，对于各类型研发投入水平而言，持续性指标（Persistent）的回归系数均在不同水平上显著为正，表明对于已经存在虚增研发投入行为的企业而言，随着享受政策持续性的增强，实质性创新行为得到促进，同时策略性创新行为也更加严重，而政策净效应亦呈现出显著的增加，说明总体来看，企业依然是以实质性创新为主，政策产生的激励效应依然强于迎合效应，"寻创新"动机占据主导，企业总体创新意愿保持上升。

10.4 政策申请持续性对创新绩效的实证结果分析

本部分基于手工搜索整理企业具体享受情况并构建持续性指标，实证检验企业对研发费用加计扣除政策申请享受的持续性差异是否对创新绩效有不同影响。

10.4.1　政策申请持续性与创新绩效

表 10 - 16 列示了企业研发费用加计扣除政策享受持续性对其专利申请数量的影响，列（1）~列（3）中，被解释变量分别为企业申请的专利总数（Lnpatent）、发明专利（Lnpatenti）及非发明专利（Lnpatentn）数量。回归结果显示，在控制行业和时间固定效应后，持续性指标的系数分别为0.1299、0.1318、0.0764，且在不同水平上显著为正，说明随着企业享受加计扣除政策的持续性增强，其专利申请总数、发明专利数以及非发明专利数均有所提升，这表明政策对创新绩效有积极作用，总体来看，表明企业对创新激励政策申请行为的持续性差异会影响其创新绩效。

表 10 - 16　　　　　　　政策享受持续性与创新绩效回归结果

变量	Lnpatent	Lnpatenti	Lnpatentn
	（1）	（2）	（3）
Persistent	0.1299 * (1.8907)	0.1318 ** (1.9847)	0.0764 ** (2.0764)
Lev	0.1083 (0.8244)	− 0.1115 （− 0.8836）	0.4238 *** (3.1936)
Size	0.6032 *** (25.8077)	0.6033 *** (25.4703)	0.5235 *** (21.9007)
Roa	0.9388 *** (3.9597)	0.6656 *** (3.0018)	0.8502 *** (3.5963)
Growth	0.0098 (0.2574)	0.0102 (0.2848)	0.0112 (0.3112)
InExecutive_3	0.2403 *** (6.3739)	0.2843 *** (8.0306)	0.1412 *** (3.5427)
Dual	0.0486 (1.1848)	0.0149 (0.3793)	0.0366 (0.8553)
Hld_3	− 0.0010 （− 0.6632）	− 0.0033 ** （− 2.2269）	0.0017 (1.0952)

变量	Lnpatent	Lnpatenti	Lnpatentn
	(1)	(2)	(3)
Bsize	0.0301 * (1.7993)	0.0309 * (1.7578)	0.0204 (1.2119)
Ind	0.0037 (0.8417)	0.0045 (1.0392)	0.0005 (0.1189)
Cons	-15.1242 *** (-23.5847)	-16.3482 *** (-26.2040)	-12.4496 *** (-18.6337)
Year	控制		
Industry	控制		
观测值	8949	8949	8949
R - squared	0.4387	0.3966	0.4323

注：括号内为 t 值；*** 、** 和 * 分别表示在 1% 、5% 和 10% 的水平上显著。
资料来源：本表由作者计算所得。

10.4.2 稳健性检验

（1）解释变量滞后一期。

企业创新绩效的表现同样会影响其申请政策的持续性，可能存在潜在的反向因果。因此，本部分对解释变量取滞后一期，再次进行回归，结果见表 10 - 17。由表 10 - 17 可知，无论对于哪类创新产出数量，回归系数均显著为正，系数值分别为 0.1282、0.1244、0.0810，前面的结论得到进一步验证。

表 10 - 17 　　　　　　　　解释变量滞后一期回归结果

变量	Lnpatent	Lnpatenti	Lnpatentn
	(1)	(2)	(3)
Persistent	0.1282 * (1.8194)	0.1244 * (1.8196)	0.0810 ** (2.0976)
Lev	0.1674 (1.1977)	-0.0802 (-0.6018)	0.4951 *** (3.4887)

续表

变量	Lnpatent	Lnpatenti	Lnpatentn
	(1)	(2)	(3)
Size	0.6034 ***	0.6099 ***	0.5169 ***
	(24.8333)	(24.8973)	(20.4664)
Roa	1.0076 ***	0.7066 ***	0.8852 ***
	(4.0046)	(3.0034)	(3.5203)
Growth	−0.0307	−0.0033	−0.0415
	(−0.7489)	(−0.0859)	(−1.0302)
InExecutive_3	0.2417 ***	0.2819 ***	0.1484 ***
	(5.9812)	(7.4761)	(3.4703)
Dual	0.0339	−0.0061	0.0338
	(0.7738)	(−0.1440)	(0.7391)
Hld_3	−0.0003	−0.0028 *	0.0028
	(−0.2034)	(−1.7760)	(1.6305)
Bsize	0.0274	0.0294	0.0183
	(1.5490)	(1.5909)	(1.0024)
Ind	0.0044	0.0049	0.0006
	(0.9381)	(1.0865)	(0.1229)
Cons	−14.9910 ***	−16.2919 ***	−12.2128 ***
	(−22.5808)	(−24.9042)	(−17.3429)
Year	控制		
Industry	控制		
观测值	6657	6657	6657
R−squared	0.4526	0.4114	0.4397

注：括号内为 t 值；***、** 和 * 分别表示在 1%、5% 和 10% 的水平上显著。
资料来源：本表由作者计算所得。

（2）变更创新绩效衡量方法。

王昱等（2022）、黎文靖和郑曼妮（2016）等认为从不发表发明专利、只发表实用新型和外观设计专利或者未有任何专利产出的企业只是为了迎合政府税收优惠政策，并非真正为了推动企业技术进步，提高自身竞争力。因此，发明专利更能反映企业的实质性创新。基于此，本部分构建虚拟变量 Lnpatentd 测度创新绩效重新回归，将发明专利申请数量不为 0 的企业用 1 来表示，否则为 0。从表 10 – 18 中结果可知，持续性指标（Persistent）的系数在 1% 水平上显著为正，表示企业的申请持续性增加，对发明专利的申请有促进作用，有力支持了本部分的逻辑，即持续性享受创新激励政策可以助力企业实质性创新能力的提升。

表 10 – 18　　　　　　　　变更创新绩效衡量方法回归结果

变量	Lnpatentd
Persistent	0. 0385 *** (2. 5801)
Lev	− 0. 0878 *** (− 2. 7430)
Size	0. 0597 *** (11. 4186)
Roa	0. 1777 *** (2. 9123)
Growth	0. 0121 (1. 2087)
InExecutive_3	0. 0284 *** (3. 5991)
Dual	0. 0154 * (1. 7610)
Hld_3	− 0. 0012 *** (− 3. 9208)
Bsize	0. 0050 (1. 5001)
Ind	− 0. 0010 (− 1. 0892)

续表

变量	Lnpatentd
Cons	−0.9373 *** (−6.3835)
Industry	控制
Year	控制
观测值	8949
R − squared	0.1352

注：括号内为 t 值；***、** 和 * 分别表示在 1%、5% 和 10% 的水平上显著。

资料来源：本表由作者计算所得。

（3）缩小样本范围。

本部分将样本限定于制造业企业，以排除前述结果由小样本驱动的可能性，具体结果见表 10 – 19 所示。从各列回归结果来看，持续性指标（Persistent）的系数皆为正，且分别在 1%、5% 水平上显著，表明对于数量众多的制造业企业而言，申请研发费用加计扣除政策的持续性程度越高，发明专利和非发明专利申请数量越多，再次证明了本书观点的可靠性。

表 10 – 19　　　　　　　　　制造业样本回归结果

变量	Lnpatent	Lnpatenti	Lnpatentn
	(1)	(2)	(3)
Persistent	0.1361 * (1.7951)	0.1525 ** (2.0447)	0.1017 ** (2.2424)
Lev	0.1942 (1.2912)	−0.0449 (−0.3054)	0.4544 *** (2.8160)
Size	0.5961 *** (22.4330)	0.6103 *** (21.9872)	0.5197 *** (18.6993)
Roa	1.0881 *** (3.6801)	0.8217 *** (2.9125)	1.0569 *** (3.4038)
Growth	−0.0358 (−0.8519)	−0.0151 (−0.3680)	−0.0429 (−1.0180)

续表

变量	Lnpatent	Lnpatenti	Lnpatentn
	(1)	(2)	(3)
InExecutive_3	0.2870 ***	0.3114 ***	0.2002 ***
	(6.9305)	(7.9828)	(4.3688)
Dual	−0.0027	−0.0129	−0.0022
	(−0.0608)	(−0.3030)	(−0.0454)
Hld_3	−0.0012	−0.0043 ***	0.0015
	(−0.7302)	(−2.6482)	(0.8381)
Bsize	0.0112	0.0211	0.0067
	(0.6322)	(1.0756)	(0.3562)
Ind	0.0014	0.0034	−0.0007
	(0.2953)	(0.7016)	(−0.1421)
Cons	−14.9579 ***	−16.5712 ***	−12.5521 ***
	(−22.3104)	(−24.4729)	(−17.0581)
Year	控制		
Industry	控制		
观测值	6835	6835	6835
R − squared	0.4342	0.3955	0.4101

注：括号内为 t 值；*** 、** 和 * 分别表示在 1%、5% 和 10% 的水平上显著。
资料来源：本表由作者计算所得。

（4）倾向得分匹配法。

为了缓解潜在的选择性偏误问题，本部分再次将年度内所有企业持续性的中位数作为标准进行分组，以区分处理组与控制组进行倾向得分匹配（PSM），分别以总专利申请数量、发明专利申请数量以及非发明专利申请数量作为结果变量进行 1∶1 匹配后，重新进行回归，结果如表 10 − 20 所示。列（1）和列（2）的结果显示 Persistent 的系数均在 5% 水平上显著为正，但持续性水平对非发明专利的申请数量（Lnpatentn）却未表现出显著影响，表明企业申请持续性越强，越能提高其实质性创新产出。总体来说，经过倾向得分匹配后，相关结果符合本部分的主要结论。

表 10 – 20　　　　　　　　　　　　样本匹配后回归结果

变量	Lnpatent	Lnpatenti	Lnpatentn
	（1）	（2）	（3）
Persistent	0. 1154 ** （2. 4378）	0. 1222 ** （2. 5428）	0. 0809 （0. 9853）
Lev	0. 2679 （1. 6368）	− 0. 0071 （ − 0. 0451）	0. 5945 *** （3. 5311）
Size	0. 5668 *** （19. 3171）	0. 5757 *** （19. 3231）	0. 5003 *** （16. 7398）
Roa	1. 1716 *** （3. 8943）	0. 7555 *** （2. 6094）	1. 0424 *** （3. 5270）
Growth	− 0. 0285 （ − 0. 5469）	− 0. 0220 （ − 0. 4524）	− 0. 0072 （ − 0. 1517）
InExecutive_3	0. 2427 *** （5. 1542）	0. 2785 *** （6. 1292）	0. 1442 *** （2. 9420）
Dual	0. 0195 （0. 3462）	− 0. 0166 （ − 0. 3044）	0. 0032 （0. 0559）
Hld_3	− 0. 0003 （ − 0. 1667）	− 0. 0020 （ − 1. 0267）	0. 0023 （1. 1315）
Bsize	0. 0439 * （1. 9591）	0. 0371 （1. 5937）	0. 0332 （1. 4588）
Ind	0. 0069 （1. 2550）	0. 0075 （1. 3850）	0. 0012 （0. 1949）
Cons	− 14. 5859 *** （ − 18. 2425）	− 15. 8562 *** （ − 20. 5675）	− 12. 2823 *** （ − 14. 9225）
Year	控制		
Industry	控制		
观测值	8949	8949	8949
R – squared	0. 4428	0. 3985	0. 4438

注：括号内为 t 值；*** 、** 和 * 分别表示在 1% 、5% 和 10% 的水平上显著。
资料来源：本表由作者计算所得。

10.4.3　机 制 检 验

（1）创新投入总量。

由前面分析可见，加计扣除税收优惠可以有效降低其创新成本，增加可用资金，持续性申请的企业在很大程度上创新意愿较强，可将政策优惠所带来的资金红利投资于企业创新活动。本部分参考宋清和杨雪（2021）的研究，使用企业账面研发投入（Inrd）作为中介变量，结果如表 10－21 所示。列（1）~列（3）将研发投入变量（Inrd）作为中介变量加入模型中进行回归后，Inrd 的系数分别为 0.4965、0.5144、0.3621，均在 1% 水平上显著为正，验证了企业政策申请持续性越强，研发投入总量越高，且可以进一步促进其创新绩效。

表 10－21　　　　　　基于创新投入总量机制的检验结果①

变量	Lnpatent	Lnpatenti	Lnpatentn
	（1）	（2）	（3）
Persistent	0.0007 (0.0106)	0.0138 (0.2319)	－0.0225 （－0.3299）
Inrd	0.4965 *** (18.2778)	0.5144 *** (18.0519)	0.3621 *** (14.0775)
Lev	0.1421 (1.1699)	－0.0734 （－0.6293）	0.4558 *** (3.5222)
Size	0.2078 *** (6.5952)	0.1950 *** (6.2131)	0.2369 *** (7.4841)
Roa	0.5641 ** (2.5015)	0.2864 (1.3607)	0.5831 ** (2.5189)
Growth	－0.0216 （－0.6410）	－0.0213 （－0.6655）	－0.0094 （－0.2776）

---

① 企业申请持续性程度对研发投入的影响在表 10－3 中已详细列示，此处不再赘述。

续表

变量	Lnpatent	Lnpatenti	Lnpatentn
	(1)	(2)	(3)
InExecutive_3	0.0721 **	0.1096 ***	0.0186
	(2.0201)	(3.2533)	(0.4790)
Dual	0.0065	−0.0187	0.0043
	(0.1716)	(−0.5195)	(0.1029)
Hld_3	−0.0004	−0.0028 **	0.0023
	(−0.2721)	(−2.0623)	(1.5050)
Bsize	0.0190	0.0222	0.0116
	(1.2961)	(1.4281)	(0.7341)
Ind	0.0014	0.0022	−0.0011
	(0.3528)	(0.5739)	(−0.2541)
Cons	−12.1323 ***	−13.3047 ***	−10.3035 ***
	(−21.3372)	(−23.1888)	(−16.2434)
Industry	控制		
Year	控制		
观测值	8949	8949	8949
R − squared	0.5007	0.4691	0.4637
Sobel 检验	0.0049 (Z = 7.3578, P = 0.0000)	0.0035 (Z = 6.3567, P = 0.0000)	0.0036 (Z = 7.3468, P = 0.0000)

注：括号内为 t 值；***、** 和 * 分别表示在 1%、5% 和 10% 的水平上显著。
资料来源：本表由作者计算所得。

（2）创新投入资金稳定性。

为刻画创新投入资金稳定性（Stability），本部分借鉴李姝（2013）、韦晓英（2021）的研究，首先计算企业研发投入三年滚动标准差来衡量其波动性，由于波动性为反向指标，本部分对其取倒数再对数化处理以使得数据更加平稳，相关结果见表 10 - 22。列（1）中将申请持续性指标对创新投入资金稳定性进行回归，持续性指标（Persistent）的回归系数为 0.1065，且在

5%水平上显著，说明企业随着对加计扣除政策申请的持续性程度增加，其研发创新投入的资金稳定性可以得到保障，表明税收激励政策可以有效支撑企业创新资金来源，降低其创新活动中现金流出的压力；列（2）~列（4）将创新投入稳定性（Stability）作为中介变量加入模型中进行回归后发现，这一变量的系数分别为 0.0717、0.0485、0.0817，均在 1% 水平上显著，表明企业对加计扣除政策申请的持续性增加可以提高创新投入资金的稳定性，进而促进创新绩效。

总体来看，假设 H_{10} 得到了强有力的验证。

表 10 – 22　　　　　　基于创新投入资金稳定性机制的检验结果

变量	Stability	Lnpatent	Lnpatenti	Lnpatentn
	（1）	（2）	（3）	（4）
Persistent	0.1065 ** (2.2730)	0.0683 (1.0131)	0.0857 (1.2938)	0.0237 (0.3347)
Stability		0.0717 *** (4.4527)	0.0485 *** (3.0385)	0.0817 *** (5.1222)
Lev	− 0.3461 *** (− 3.5197)	0.1169 (0.8841)	− 0.1110 (− 0.8629)	0.4459 *** (3.3229)
Size	0.0126 (0.7635)	0.6026 *** (25.8714)	0.6042 *** (25.4758)	0.5250 *** (21.9204)
Roa	0.5446 *** (2.9349)	0.8962 *** (3.7207)	0.6450 *** (2.8408)	0.7958 *** (3.3097)
Growth	− 0.4768 *** (− 14.1548)	0.0359 (0.9027)	0.0270 (0.7164)	0.0461 (1.2383)
InExecutive_3	0.0396 (1.5093)	0.2411 *** (6.4852)	0.2852 *** (8.0794)	0.1422 *** (3.5798)
Dual	− 0.0809 *** (− 2.6907)	0.0316 (0.7726)	0.0034 (0.0871)	0.0272 (0.6338)
Hld_3	− 0.0000 (− 0.0262)	− 0.0006 (− 0.3923)	− 0.0031 ** (− 2.0768)	0.0022 (1.3644)

续表

变量	Stability	Lnpatent	Lnpatenti	Lnpatentn
	（1）	（2）	（3）	（4）
Bsize	-0.0139 （-1.1318）	0.0232 （1.4206）	0.0262 （1.4950）	0.0148 （0.8958）
Ind	-0.0041 （-1.2421）	0.0034 （0.8030）	0.0043 （0.9897）	0.0005 （0.1203）
Cons	1.2054*** （2.7067）	-15.1936*** （-24.1439）	-16.4347*** （-26.1698）	-12.5988*** （-18.9817）
Industry	控制			
Year	控制			
观测值	8949	8949	8949	8949
R-squared	0.1222	0.4368	0.3912	0.4340
Sobel 检验		0.5686 （Z=8.3960, P=0.0000）	0.5679 （Z=6.9066, P=0.0000）	0.3685 （Z=9.2948, P=0.0000）

注：括号内为 t 值；***、** 和 * 分别表示在 1%、5% 和 10% 的水平上显著。
资料来源：本表由作者计算所得。

10.4.4 异质性分析

（1）基于融资约束异质性的分析。

如前所述，融资约束是影响企业创新行为的重要因素。例如，张帆（2022）认为，融资约束会抑制企业的创新，当企业面临较高的融资约束时，更加需要外部资源，财税激励政策的效果可能能够得到更好的发挥；贾洪文和程星（2022）提出当企业的融资约束程度较为严重时，反而不利于税收优惠政策对企业创新的提升。基于此，本部分检验不同融资约束企业内申请持续性对创新绩效的影响是否有所差异。

沿用前面的研究设计，本部分选取 SA 指数来衡量企业的融资约束程度，构建融资约束程度的虚拟变量 Nqsa，在此基础上，模型中加入持续性程度和融资约束的交互项（Persistent × Nqsa）再次进行回归，结果如表 10-23 所示。

在回归结果中，对于专利申请总数（Lnpatent）、发明专利申请数（Lnpatenti）、非发明专利申请数（Lnpatentn），交互项 Persistent × Nqsa 的系数均呈现正向显著，系数值分别为 0.0790、0.1054、0.0182，总体来看，研发费用加计扣除政策持续性对创新绩效的影响会随着融资约束程度的减弱而加强，即在融资约束较小的企业内，持续性申请加计扣除政策更能提高企业的创新绩效。这可能是因为，创新作为一种风险性高、成本高的投资活动，往往需要充足的现金流予以支撑，而融资约束较大意味着企业面临资金短缺的窘境，对于这类企业来说，虽然持续性享受加计扣除政策一定程度可以带来现金流的节约，但在进行投资排序时，基于风险性和资金安全性的考量，企业往往会偏向选择更稳妥且效益可观的投资项目，创新投入并不是该类企业的首选，因而相较于这类企业，融资约束较弱的企业持续性申请税收优惠所带来的创新绩效更为显著。

表 10 - 23　　　　　　　　　融资约束异质性回归结果

变量	Lnpatent	Lnpatenti	Lnpatentn
	(1)	(2)	(3)
Persistent	0.4347 (0.4302)	0.5384 (0.5582)	0.1471 (0.1333)
Nqsa	0.1215 (0.5747)	0.1116 ** (2.5696)	0.1543 (0.6731)
Persistent × Nqsa	0.0790 ** (2.3023)	0.1054 ** (2.4229)	0.0182 * (1.8636)
Lev	0.1138 (0.8675)	− 0.1056 (− 0.8388)	0.4286 *** (3.2344)
Size	0.6020 *** (26.0276)	0.6022 *** (25.7247)	0.5220 *** (22.1731)
Roa	0.9426 *** (3.9867)	0.6695 *** (3.0296)	0.8543 *** (3.6235)
Growth	0.0063 (0.1658)	0.0065 (0.1821)	0.0080 (0.2212)

续表

变量	Lnpatent	Lnpatenti	Lnpatentn
	（1）	（2）	（3）
InExecutive_3	0.2416 *** （6.3936）	0.2855 *** （8.0468）	0.1427 *** （3.5789）
Dual	0.0399 （0.9705）	0.0057 （0.1450）	0.0285 （0.6640）
Hld_3	-0.0014 （-0.9035）	-0.0037 ** （-2.4800）	0.0014 （0.8550）
Bsize	0.0317 * （1.8894）	0.0327 * （1.8433）	0.0217 （1.2933）
Ind	0.0036 （0.8322）	0.0045 （1.0312）	0.0005 （0.1057）
Cons	-14.6563 *** （-14.6654）	-15.9206 *** （-16.7546）	-11.8496 *** （-10.9876）
Year	控制		
Industry	控制		
观测值	4128	4128	4128
R-squared	0.4392	0.3974	0.4327

注：括号内为 t 值；***、** 和 * 分别表示在 1%、5% 和 10% 的水平上显著。
资料来源：本表由作者计算所得。

（2）基于地区异质性的分析。

我国地区经济发展不平衡，已有研究发现研发费用加计扣除政策的实施效果存在区域性差异（李坤和陈海声 2017，杨艳琳和胡曦，2021）。基于此，本部分设置地区定类变量（Region），将企业按照地区分为西部组、中部组、东部组并分别设置为 1、2、3，并将地区与持续性的交互项加入模型中（Persistent × Region），其回归结果如表 10 - 24 所示。交互项 Persistent × Region 的系数基本上能在 1% 或 10% 水平上显著为正，说明持续性享受加计扣除政策对专利申请数量的影响在不同地区存在差异，即相较于中西部地区，在东部地区，企业持续性申请加计扣除政策对创新绩效的促进作用更强，这也与已有结论一致。李坤等（2017）认为在经济发展水平较高的区域,加计扣除政策的执行效果更好。东部地区地理位置优越,经济发展速度快,基础设施完善,拥有先进的技术水平和高质量的人力资本,资金资源丰富,可以为企业创新提供更好的外部环境,企业的创新能力相对较高,创新投入的成果转化水平也较强,因而加计扣除政策可以为企业创新行为的实施提供更有力的支撑,更能提高其创新产出。

表 10 – 24 　　　　　　　　　　地区异质性回归结果

变量	Lnpatent	Lnpatenti	Lnpatentn
	(1)	(2)	(3)
Persistent	− 0. 6240 **	− 0. 2167	− 0. 7773 ***
	(− 2. 4383)	(− 0. 8721)	(− 2. 8438)
Region	− 0. 0980	− 0. 0374	− 0. 1104
	(− 1. 2882)	(− 0. 5169)	(− 1. 3536)
Persistent × Region	0. 2614 ***	0. 1146 *	0. 3030 ***
	(2. 7294)	(1. 8366)	(2. 9806)
Lev	0. 1191	− 0. 1121	0. 4496 ***
	(0. 8902)	(− 0. 8675)	(3. 3041)
Size	0. 6109 ***	0. 6112 ***	0. 5306 ***
	(26. 0453)	(25. 6869)	(21. 9013)
Roa	0. 9197 ***	0. 6720 ***	0. 8193 ***
	(3. 8238)	(2. 9702)	(3. 3810)
Growth	0. 0082	0. 0056	0. 0111
	(0. 2210)	(0. 1602)	(0. 3038)
InExecutive_3	0. 2268 ***	0. 2759 ***	0. 1255 ***
	(5. 9882)	(7. 7246)	(3. 1202)
Dual	0. 0128	− 0. 0108	0. 0088
	(0. 3124)	(− 0. 2735)	(0. 2047)
Hld_3	− 0. 0007	− 0. 0032 **	0. 0020
	(− 0. 4649)	(− 2. 1481)	(1. 2820)
Bsize	0. 0208	0. 0239	0. 0132
	(1. 2948)	(1. 3757)	(0. 7979)
Ind	0. 0028	0. 0041	− 0. 0003
	(0. 6445)	(0. 9589)	(− 0. 0621)

续表

变量	Lnpatent	Lnpatenti	Lnpatentn
	（1）	（2）	（3）
Cons	− 14.7005 *** （− 22.1592）	− 16.1919 *** （− 25.1344）	− 12.0023 *** （− 17.1105）
Year	控制		
Industry	控制		
观测值	8949	8949	8949
R − squared	0.4392	0.3935	0.4356

注：括号内为 t 值；***、** 和 * 分别表示在 1%、5% 和 10% 的水平上显著。
资料来源：本表由作者计算所得。

（3）基于生命周期异质性的分析。

已有研究证明，税收优惠对处在不同生命周期企业的创新绩效会有不同影响（陈红等，2019；刘诗源等，2020）。本书参考陈红等（2019）的研究，认为我国上市公司基本度过了初创期，因此将处于初创期的企业也归类为成长期，将处于其他期间的样本则归类到成熟期，并借鉴狄金森（Dickinson，2011）基于现金流的企业生命周期划分方法，判断企业所处的生命周期阶段，如表 10 − 25 所示。具体划分标准如下：处于成长期的企业经营和投资活动现金流为净流出、筹资活动现金流为净流入，或经营、筹资活动现金流为净流入、投资活动现金流为净流出；成熟期企业的经营活动现金流为净流入、筹资及投资活动现金流为净流出，或经营、投资、筹资活动现金流均为净流入，又或者经营、投资、筹资活动的现金流均为净流出。

表 10 − 25　　　　　　　　　**生命周期划分标准**

	成长期		成熟期		
经营活动现金流	−	+	+	+	−
投资活动现金流	−	−	−	+	−
筹资活动现金流	+	+	−	+	−

资料来源：本表由作者依据已有结论整理所得。

基于此，设置企业生命周期虚拟变量（*Lifec*），若企业处于成熟期的取值为1，否则为0，并将其与持续性的交互项（*Persistent* × *Lifec*）加入模型中再次检验，结果如表10-26所示。对于专利申请总数（Lnpatent）及发明专利申请数（Lnpatenti）来说，列（1）和列（2）中交互项 *Persistent* × *Lifec* 的系数均显著为正，表明企业生命周期对加计扣除政策持续性申请与创新绩效之间的关系总体上起到了正向调节作用，即相较于成长期企业，成熟期企业持续性申请研发费用加计扣除政策对创新绩效的提升效果会更强。这可能是因为：相较于成长期企业，成熟期的企业本身有稳定的经营模式和收入来源，丰富的创新平台和创新经验，因此，持续性申请加计扣除政策更可以起到"锦上添花"的作用。

表 10-26   企业生命周期异质性回归结果

变量	Lnpatent	Lnpatenti	Lnpatentn
	（1）	（2）	（3）
Persistent	0.0806 (0.9296)	0.0473 (0.5512)	0.0772 (0.8478)
Lifec	−0.1344 * (−1.8419)	0.1886 *** (2.7104)	−0.0385 (−0.4948)
Persistent × *Lifec*	0.0801 * (1.8788)	0.1393 * (1.8013)	−0.0030 (−0.0301)
Lev	0.0733 (0.5535)	−0.1513 (−1.1897)	0.4049 *** (3.0265)
Size	0.6016 *** (25.8304)	0.6014 *** (25.5167)	0.5227 *** (21.8699)
Roa	0.9114 *** (3.8336)	0.6315 *** (2.8358)	0.8383 *** (3.5283)
Growth	−0.0026 (−0.0692)	−0.0042 (−0.1185)	0.0048 (0.1340)
InExecutive_3	0.2423 *** (6.4260)	0.2866 *** (8.0985)	0.1423 *** (3.5708)

续表

变量	Lnpatent	Lnpatenti	Lnpatentn
	（1）	（2）	（3）
Dual	0.0431 （1.0546）	0.0083 （0.2124）	0.0340 （0.7952）
Hld_3	−0.0009 （−0.6004）	−0.0032** （−2.1654）	0.0018 （1.1339）
Bsize	0.0312* （1.8638）	0.0321* （1.8274）	0.0210 （1.2496）
Ind	0.0038 （0.8752）	0.0047 （1.0766）	0.0006 （0.1376）
Cons	−15.0439*** （−23.4047）	−16.2327*** （−25.9655）	−12.4294*** （−18.5256）
Year	控制		
Industry	控制		
观测值	8949	8949	8949
R−squared	0.4392	0.3976	0.4323

注：括号内为 t 值；***、** 和 * 分别表示在 1%、5% 和 10% 的水平上显著。
资料来源：本表由作者计算所得。

10.5　不同动机下创新投入对创新绩效的影响分析

基于前述结论可以看出，企业申请研发费用加计扣除政策既存在"寻创新"动机，又存在"寻扶持"动机，因而在政策激励下实质性研发投入及策略性研发投入均会提升。同时，持续性申请享受加计扣除政策也会促进企业创新绩效，表现为专利申请数量等创新产出的增加。创新产出作为创新活动的终端，是评价企业创新能力的重要指标，那么从整个创新链条来看，在政策激励下，不同动机的研发投入增加对创新产出的影响是否有所差异？特别是"寻扶持"动机下的策略性研发投入是否会折损政策效果？这是本书最终关心的问题。基于此，本部分对此问题展开具体分析。

10.5.1　基准检验

表10-27列示了不同类型创新投入对企业专利申请总数的回归结果。列（1）~列（4）为同期回归结果，考虑到企业创新投入到产出之间可能存在一定的滞后性，列（5）~列（8）则对解释变量取滞后一期。相关结果显示，首先，无论是同期还是滞后一期，实质性研发投入（*RNm_R&D*）、策略性研发投入（*REm_R&D*）及账面研发投入（*Inrd*）的回归系数均正向显著，表明企业的实质性创新行为、策略性创新行为均促进了年度专利的增加；其次，衡量净效益的变量*Vrd*的系数也显著为正，再次验证了政策产生的激励效应强于迎合效应，企业"寻创新"动机占据主导，总体来看创新产出水平显著增加。

表10-27　　　　　　　　创新投入与专利申请数量回归结果

变量	Lnpatent_t				Lnpatent_{t+1}			
	(1)	(2)	(3)	(4)	(5)	(6)	(7)	(8)
RNm_R&D	10.9011 *** (5.6199)				13.7638 *** (5.3921)			
REm_R&D		16.2338 *** (4.1321)				8.9335 * (1.8574)		
Inrd			10.6982 *** (6.6329)				11.0675 *** (5.2761)	
Vrd				6.0342 *** (3.4440)				9.0460 *** (3.9408)
Lev	0.1041 (0.4540)	0.0367 (0.1599)	0.1197 (0.5231)	0.0772 (0.3357)	0.3013 (1.0985)	0.2660 (0.9634)	0.2838 (1.0346)	0.3003 (1.0908)
Size	0.1152 *** (2.9142)	0.0864 ** (2.2079)	0.1187 *** (3.0143)	0.0956 ** (2.4231)	0.1366 *** (2.8732)	0.1012 ** (2.1370)	0.1372 *** (2.8811)	0.1160 ** (2.4481)
Roa	-0.0747 (-0.1284)	0.8329 (1.4648)	0.0850 (0.1487)	0.1843 (0.3148)	-0.1576 (-0.2203)	0.9806 (1.4109)	0.1462 (0.2079)	0.1008 (0.1401)

续表

变量	Lnpatent$_t$				Lnpatent$_{t+1}$			
	(1)	(2)	(3)	(4)	(5)	(6)	(7)	(8)
Growth	0.0682 (0.7431)	−0.0257 (−0.2706)	−0.0125 (−0.1348)	0.1029 (1.1103)	0.1912 (1.6436)	0.1108 (0.9260)	0.1227 (1.0536)	0.2265 * (1.9211)
lnExecutive_3	0.2883 *** (4.6564)	0.3617 *** (6.0052)	0.2790 *** (4.5314)	0.3311 *** (5.3832)	0.2373 *** (3.2337)	0.3139 *** (4.3424)	0.2399 *** (3.2694)	0.2768 *** (3.8004)
Dual	−0.0380 (−0.4942)	−0.0463 (−0.5998)	−0.0512 (−0.6675)	−0.0254 (−0.3295)	−0.0538 (−0.5776)	−0.0472 (−0.5035)	−0.0545 (−0.5850)	−0.0441 (−0.4718)
Hld_3	0.0017 (0.7265)	0.0024 (1.0004)	0.0019 (0.8096)	0.0018 (0.7352)	−0.0007 (−0.2342)	−0.0008 (−0.2571)	−0.0005 (−0.1695)	−0.0009 (−0.3153)
Bsize	0.0689 ** (2.4886)	0.0731 *** (2.6347)	0.0680 ** (2.4616)	0.0713 ** (2.5671)	0.0404 (1.2780)	0.0468 (1.4690)	0.0415 (1.3102)	0.0418 (1.3151)
Ind	0.0201 *** (2.6401)	0.0205 *** (2.6857)	0.0202 *** (2.6568)	0.0203 *** (2.6560)	0.0214 ** (2.3727)	0.0236 *** (2.6008)	0.0220 ** (2.4377)	0.0220 ** (2.4253)
Cons	−7.0632 *** (−6.8059)	−7.4107 *** (−7.1366)	−6.9912 *** (−6.7514)	−7.2315 *** (−6.9457)	−6.2295 *** (−4.8851)	−6.5778 *** (−5.1308)	−6.2831 *** (−4.9271)	−6.3399 *** (−4.9551)
Industry	控制							
Year	控制							
观测值	8916	8916	8916	8916	6638	6638	6638	6638
R − squared	0.0701	0.0652	0.0743	0.0634	0.0590	0.0464	0.0584	0.0524

注：括号内为 t 值；***、** 和 * 分别表示在 1%、5% 和 10% 的水平上显著。
资料来源：本表由作者计算所得。

进一步地，参考黎文靖和郑曼妮（2016）的研究，把企业发明专利定义为实质性创新成果，非发明专利（实用新型专利和外观设计专利）定义为策略性创新成果，部分探讨了不同类型创新投入对两类创新成果的影响，具体回归结果如表 10 - 28 所示。

表 10 - 28 中，列（1）~ 列（3）是对发明专利（Lnpatenti）进行回归的结果，其中，实质性研发投入（RNm_R&D）、账面研发投入（lnrd）以及净效应指标（Vrd）的系数分别为 14.0986、13.1255、8.4501，且均在 1%

水平上显著为正,不仅说明了扩大研发投入能够显著增加发明专利的数量,也更加证实了列入企业计划内的实质性创新投入确实能够促进发明专利的增加,带来企业创新质量与创新水平的实质性提升。列(4)~列(6)对非发明专利(Lnpatentn)进行回归,结果显示,仅策略性研发投入(REm_R&D)的系数在5%水平上显著为正,表明策略性研发投入的增加导致非发明专利的增加;同时列(5)及列(6)中,账面研发投入(Inrd)及净效应(Vrd)系数并不显著,表明企业为迎合政策而增加的策略性研发投入最终将引起低质量专利数量的增加。

表 10-28　　　　　创新投入与不同类型专利申请数量回归结果

变量	Lnpatenti			Lnpatentn		
	(1)	(2)	(3)	(4)	(5)	(6)
RNm_R&D	14. 0986 *** (7. 9450)					
REm_R&D				6. 3222 ** (1. 9611)		
Lnrd		13. 1255 *** (8. 9013)			1. 4678 (1. 1030)	
Vrd			8. 4501 *** (5. 2570)			− 0. 9991 (− 0. 6951)
Lev	− 0. 0519 (− 0. 2474)	− 0. 0367 (− 0. 1755)	− 0. 0831 (− 0. 3938)	0. 4324 ** (2. 2947)	0. 4457 ** (2. 3614)	0. 4300 ** (2. 2784)
Size	0. 1982 *** (5. 4805)	0. 2000 *** (5. 5572)	0. 1746 *** (4. 8259)	− 0. 1358 *** (− 4. 2291)	− 0. 1334 *** (− 4. 1062)	− 0. 1417 *** (− 4. 3788)
Roa	− 0. 0837 (− 0. 1575)	0. 1619 (0. 3098)	0. 1987 (0. 3700)	0. 3112 (0. 6669)	0. 1686 (0. 3575)	0. 3306 (0. 6884)
Growth	0. 0406 (0. 4827)	− 0. 0585 (− 0. 6920)	0. 0892 (1. 0483)	0. 0598 (0. 7686)	0. 0853 (1. 1180)	0. 0905 (1. 1900)
InExecutive_3	0. 2288 *** (4. 0387)	0. 2230 *** (3. 9622)	0. 2795 *** (4. 9531)	0. 2196 *** (4. 4428)	0. 2114 *** (4. 1621)	0. 2316 *** (4. 5904)

续表

变量	Lnpatenti			Lnpatentn		
	（1）	（2）	（3）	（4）	（5）	（6）
Dual	−0.0548 （−0.7798）	−0.0702 （−1.0010）	−0.0386 （−0.5454）	0.0403 （0.6363）	0.0449 （0.7095）	0.0485 （0.7668）
Hld_3	−0.0014 （−0.6193）	−0.0011 （−0.5034）	−0.0014 （−0.6114）	0.0046 ** （2.3381）	0.0045 ** （2.2575）	0.0045 ** （2.2841）
Bsize	0.0828 *** （3.2721）	0.0820 *** （3.2495）	0.0857 *** （3.3657）	−0.0091 （−0.3980）	−0.0097 （−0.4256）	−0.0086 （−0.3785）
Ind	0.0205 *** （2.9477）	0.0207 *** （2.9749）	0.0207 *** （2.9608）	0.0031 （0.5029）	0.0031 （0.4973）	0.0032 （0.5118）
Cons	−8.1388 *** （−8.5724）	−8.0755 *** （−8.5300）	−8.3339 *** （−8.7251）	−0.2993 （−0.3512）	−0.2494 （−0.2919）	−0.3458 （−0.4049）
Industry	控制					
Year	控制					
观测值	8916	8916	8916	8916	8916	8916
R−squared	0.0947	0.0999	0.0830	0.0315	0.0305	0.0303

注：括号内为 t 值；*** 、** 和 * 分别表示在 1% 、5% 和 10% 的水平上显著。
资料来源：本表由作者计算所得。

上述结果表明，总体来看，研发费用加计扣除政策下，企业虽然可能存在"寻扶持"行为，但该政策的激励效应强于迎合效应，可以提升企业实质性创新投入，而企业核心创新绩效的促进也主要来源于实质性创新投入，显现出"寻创新"的积极政策效果。但同时，策略性创新投入仅可以促进创新水平较低的非发明专利，一定程度上反映了政策激励效果的折损。总体来看，支持了假设 H_{11}。

10.5.2　稳健性检验

出于稳健，本部分将企业专利授权数量（Lnapatent）、发明专利授权数量（Lnapatenti）及非发明专利授权数量（Lnapatentn）作为创新绩效的代理变量，再次进行回归。

其中，创新投入与专利授权数量的回归结果见表 10-29。无论被解释变量是同期还是滞后一期，各类创新投入的系数基本都呈现正向显著，再次表明不同动机下研发投入均对企业创新产出有一定的影响，Vrd 的系数分别为 3.8561、3.7626，且均在 5% 水平上显著，支持了前述结论，即政策总体上体现为激励效应。

表 10-29　　　　　　　　创新投入与专利授权数量回归结果

变量	Lnpatent$_t$				Lnpatent$_{t+1}$			
	(1)	(2)	(3)	(4)	(5)	(6)	(7)	(8)
RNm_R&D	5.6208 *** (3.3848)				5.7666 *** (2.8072)			
REm_R&D		4.3479 ** (2.2639)				4.4177 (1.1017)		
Inrd			4.3974 *** (3.1091)				4.3885 ** (2.5711)	
Vrd				3.8561 ** (2.5628)				3.7626 ** (2.0323)
Lev	0.1211 (0.6138)	0.0841 (0.4255)	0.1147 (0.5817)	0.1186 (0.6007)	0.1308 (0.5588)	0.1076 (0.4593)	0.1260 (0.5385)	0.1289 (0.5503)
Size	0.1983 *** (6.1564)	0.1820 *** (5.7170)	0.1964 *** (6.1000)	0.1898 *** (5.9305)	0.1848 *** (4.8548)	0.1682 *** (4.4760)	0.1827 *** (4.8023)	0.1757 *** (4.6466)
Roa	−0.6597 (−1.3034)	−0.2126 (−0.4308)	−0.5096 (−1.0219)	−0.5742 (−1.1309)	−1.0064 (−1.6160)	−0.4899 (−0.8145)	−0.8534 (−1.3934)	−0.8754 (−1.4046)
Growth	−0.0158 (−0.2142)	−0.0438 (−0.5670)	−0.0504 (−0.6754)	0.0082 (0.1102)	0.0329 (0.3498)	−0.0097 (−0.0994)	0.0013 (0.0137)	0.0497 (0.5214)
lnExecutive_3	0.0589 (1.0985)	0.1027 ** (1.9767)	0.0651 (1.2182)	0.0760 (1.4304)	0.0954 (1.5525)	0.1328 ** (2.2187)	0.1002 (1.6338)	0.1139 * (1.8745)
Dual	−0.0746 (−1.1361)	−0.0725 (−1.1019)	−0.0764 (−1.1615)	−0.0713 (−1.0839)	−0.1360 * (−1.7524)	−0.1325 * (−1.7056)	−0.1363 * (−1.7557)	−0.1330 * (−1.7135)

续表

变量	$Lnpatent_t$				$Lnpatent_{t+1}$			
	(1)	(2)	(3)	(4)	(5)	(6)	(7)	(8)
Hld_3	0.0015 (0.7725)	0.0017 (0.8487)	0.0016 (0.8103)	0.0015 (0.7545)	0.0013 (0.5669)	0.0015 (0.6445)	0.0015 (0.6226)	0.0012 (0.5310)
Bsize	−0.0075 (−0.3270)	−0.0081 (−0.3544)	−0.0072 (−0.3160)	−0.0081 (−0.3557)	0.0193 (0.7532)	0.0186 (0.7259)	0.0195 (0.7607)	0.0187 (0.7307)
Ind	0.0067 (1.0904)	0.0072 (1.1693)	0.0067 (1.0875)	0.0071 (1.1465)	0.0200 *** (2.7858)	0.0208 *** (2.8952)	0.0201 *** (2.8017)	0.0204 *** (2.8379)
Cons	−3.5708 *** (−4.0787)	−3.7958 *** (−4.3394)	−3.6044 *** (−4.1175)	−3.6257 *** (−4.1385)	−4.4097 *** (−4.3515)	−4.5479 *** (−4.4869)	−4.4270 *** (−4.3677)	−4.4643 *** (−4.4032)
Industry	控制							
Year	控制							
观测值	3024	3024	3024	3024	2280	2280	2280	2280
R − squared	0.0461	0.0430	0.0456	0.0446	0.0510	0.0482	0.0505	0.0495

注：括号内为 t 值；*** 、** 和 * 分别表示在 1% 、5% 和 10% 的水平上显著。
资料来源：本表由作者计算所得。

考虑到不同专利类型的含金量不同，将其分为发明专利授权数量（Lna-patenti）及非发明专利授权数量（Lnapatentn）回归后，结果见表10 - 30。其中，列（1）~列（2）显示，企业账面研发投入变量（Inrd）、实质性研发投入（RNm_R&D）的系数均在 1% 水平上显著为正，再次验证了其可以有效促进发明专利数量；同时，净效应指标（Vrd）也在 1% 水平上显著为正，支持了政策的激励效应。列（4）~列（6）中，策略性研发投入（REm_R&D）及净效应指标（Vrd）的系数并不显著，表明该类研发投入甚至无法推动企业低质量创新产出，同时账面研发投入（Inrd）的系数出现了负向显著的异常结果，再次验证了前面的逻辑，即在加计扣除政策下，企业可能为了"寻扶持"增加策略性创新，导致政策效果的折损。

表 10 - 30 创新投入与不同类型专利授权数量回归结果

变量	Lnapatenti			Lnpaatentn		
	(1)	(2)	(3)	(4)	(5)	(6)
RNm_R&D	9. 7628 *** (7. 0630)					
REm_R&D				- 1. 6022 (- 0. 4862)		
Inrd		8. 2817 *** (7. 0363)			- 2. 8786 ** (- 2. 1234)	
Vrd			6. 6474 *** (5. 2927)			- 2. 1164 (- 1. 4676)
Lev	- 0. 2582 (- 1. 5725)	- 0. 2660 (- 1. 6204)	- 0. 2627 (- 1. 5939)	0. 6688 *** (3. 5348)	0. 6513 *** (3. 4450)	0. 6515 *** (3. 4422)
Size	0. 3333 *** (12. 4331)	0. 3325 *** (12. 4111)	0. 3184 *** (11. 9206)	- 0. 1427 *** (- 4. 6778)	- 0. 1528 *** (- 4. 9523)	- 0. 1474 *** (- 4. 8060)
Roa	- 1. 1508 *** (- 2. 7316)	- 0. 9278 ** (- 2. 2357)	- 0. 9982 ** (- 2. 3550)	0. 3274 (0. 6927)	0. 5105 (1. 0680)	0. 5187 (1. 0659)
Growth	- 0. 0663 (- 1. 0794)	- 0. 1315 ** (- 2. 1167)	- 0. 0249 (- 0. 4009)	0. 1132 (1. 5316)	0. 1256 * (1. 7553)	0. 0898 (1. 2582)
InExecutive_3	0. 0609 (1. 3644)	0. 0658 (1. 4796)	0. 0910 ** (2. 0514)	0. 0829 * (1. 6645)	0. 1082 ** (2. 1121)	0. 0980 * (1. 9243)
Dual	- 0. 1800 *** (- 3. 2904)	- 0. 1839 *** (- 3. 3610)	- 0. 1740 *** (- 3. 1716)	0. 0462 (0. 7333)	0. 0495 (0. 7858)	0. 0460 (0. 7305)
Hld_3	0. 0017 (1. 0296)	0. 0018 (1. 1090)	0. 0016 (0. 9905)	0. 0006 (0. 3250)	0. 0006 (0. 3404)	0. 0007 (0. 3720)
Bsize	0. 0286 (1. 5066)	0. 0292 (1. 5391)	0. 0275 (1. 4408)	- 0. 0692 *** (- 3. 1583)	- 0. 0699 *** (- 3. 1921)	- 0. 0692 *** (- 3. 1623)
Ind	0. 0180 *** (3. 4998)	0. 0179 *** (3. 4752)	0. 0186 *** (3. 6068)	- 0. 0152 ** (- 2. 5602)	- 0. 0148 ** (- 2. 4971)	- 0. 0151 ** (- 2. 5428)
Cons	- 7. 8891 *** (- 10. 8258)	- 7. 9214 *** (- 10. 8739)	- 7. 9866 *** (- 10. 9214)	4. 2677 *** (5. 0932)	4. 1461 *** (4. 9413)	4. 1767 *** (4. 9743)

续表

变量	Lnapatenti			Lnpaatentn		
	（1）	（2）	（3）	（4）	（5）	（6）
Industry	控制					
Year	控制					
观测值	3024	3024	3024	3024	3024	3024
$R-squared$	0.1225	0.1224	0.1162	0.0337	0.0351	0.0344

注：括号内为 t 值；*** 、 ** 和 * 分别表示在 1%、5% 和 10% 的水平上显著。
资料来源：本表由作者计算所得。

总体来看，相关结果较为稳健，支持了前述结论。

10.6　本章小结

创新导向激励政策的效果到底如何一直是产业政策之争的焦点之一。本章沿用前面的样本，量化企业申请政策的持续性程度，从创新投入与创新绩效两个方面，探讨了其对研发费用加计扣除政策申请的持续性差异下创新行为的不同表现，得到以下结论。

（1）从创新投入层面来看，随着企业享受加计扣除政策的持续性增强，不仅会出于"寻创新"动机增加实质性研发投入，也会出于"寻扶持"动机增加策略性研发投入，政策同时存在激励效应与迎合效应；进一步分析发现，随着享受政策持续性程度的增加，政策带来的激励效应逐渐强于迎合效应；异质性分析发现，上述情况在小规模企业、融资约束程度弱的企业以及高科技企业中更为明显。

（2）从创新绩效来看，研发费用加计扣除政策的申请持续性越强，对创新绩效的积极作用也越强，且该结论通过了稳健性检验。机制检验表明，一方面，政策申请持续性越高，企业的研发投入总量也越高，进而会提高企业的创新绩效；另一方面，加计扣除政策申请持续性的增加会提高企业研发投入资金的稳定性，进而促进创新绩效。异质性分析证明，融资约束、所处地区及企业生命周期不相同，企业享受加计扣除政策的持续性对创新绩效的影响效果迥异，具体而言，持续性享受对融资约束较低、处于东部地区、成熟期的企业激励作用更强。

（3）企业长期享受加计扣除优惠，虽然存在一定的"寻扶持"行为，但总体来看其创新意愿和创新能力均有所提高，能够坚持申请并享受政策优惠的企业，更多出于"寻创新"动机，表现为实质性创新投入的增加，进而促进企业发明专利数量。

第11章

结论与展望

本书以财税〔2018〕99 号文件出台，将研发费用税前加计扣除比例由 50% 提高到 75% 这一政策调整为契机，以 2016 ~ 2020 年 A 股上市公司作为原始样本，兼顾这一政策为企业带来的正面效应——税收成本节约、可能放大的负面"寻扶持"行为——研发操纵，并结合不同情境下的具体表现对这一政策的效果进行研究评价，最终归纳既具系统性又不失针对性的政策效果提升途径。

11.1 主 要 结 论

基于本书研究，得到以下结论。

第一，与以往相比，2018 年研发费用加计扣除政策调整是针对优惠力度层面的调整，且具有覆盖面广、普惠性强的特征，对于企业而言，本次调整作为一类外生冲击，为本书对该政策效果的评价提供了一个较好的研究场景。总体来看，研发费用加计扣除比例提高对企业创新投入、产出及效率均存在积极作用。研发费用加计扣除比例提高后，对企业创新投入的激励作用有一定的持续性，但对于创新产出及效率而言，政策实施第三年对创新产出并未像前两年一般带来积极作用，该政策对企业创新产出激励的持续性较弱，创新产出与效率未与创新投入同步增长。同时，财税〔2018〕99 号文件发布后，有效吸引了企业申报享受税收优惠。但是研发费用加计扣除对首次享受企业的创新投入、产出及效率的影响并不乐观。研究显示该政策仅激励了初次享受企业的创新投入，对创新产出和效率均带来消极影响。对于这一现象，本书认为可能首次享受加计扣除的企业对税收优惠额外收益管理能力较为欠缺、套取经济利益动机较高，因而有上述表现。进一步，以山西省制造业企业为样本进行区域内再检验后，相关结论依然与大样本一致，对于山西省这类经济欠发达地区，研发费用加计扣除政策亦可以对企业创新投入及产出发挥积极的促进作用，再次验证了该政策广泛的普惠性和深刻的影响性。

第二，为科学评估科技政策的真实效果，学者们在分析框架、研究方法、衡量指标等方面做了大量研究，昆塔斯和盖伊（1995）提出"增量"分析框架，布伊塞雷特等（1995）与乔治奥（1994）等认为"增量"效应衡量的是享受政策的企业能在多大程度上带动新的研发"增量"，而不是企业自身原有的研发活动。基于此，本书借鉴霍尔特等（2021）的研究设计，将"增量效应"分析框架与 PSM – DID 方法相结合，从行业特征、产权性质、企业规模、所处地区、市场竞争程度异质性方面测算政策的投入增量后发现：2018 年的研发费用加计扣除政策对企业创新活动有显著的影响，能够有效激励企业增加研发投入，受益于 2018 年政策调整，企业研发支出增加了 33.03%，意味着每减少 1 元的税收，就会在研发投资上增加投入 2.2元。加计扣除政策的投入增量效应在不同情境下有所差异，具体而言，对于高新技术企业、非国有企业、小规模企业、东部地区企业及面临高市场竞争的企业，其投入增量更为明显，激励作用更为显著。

第三，作为产业政策的一类，研发税收优惠同样具有产业政策普遍具有的弊端，研发费用加计扣除可观的税前扣减额以及研发操纵的隐蔽性也为企业迎合政策带来了可乘之机。同时，根据目前相关规定，是否符合研发费用加计扣除政策规定的条件由企业自行判断（见国家税务总局公告 2018 年第23 号），这使得这一政策在操作层面触发了企业"寻扶持"行为，且真实盈余管理、归类变更盈余管理、应计盈余管理的方式均存在。具体表现为：（1）在真实盈余管理方式下，对于持续享受加计扣除政策的企业而言，2018 年加计扣除比例提高后，随着企业实际享受优惠幅度增加、申请监管环境放松，将触发其更大程度虚增研发支出，表现出向上的研发操纵。进一步区分企业研发操纵的方向进行分组检验后，本书发现政策调整对异常性研发支出的影响仅在原本就存在虚增研发支出的企业内较为明显，根据以往的研究结论，这类企业大都盈利性较高，避税动机较强。此外，本书还探讨了2018年加计扣除比例提高后首次申请享受该政策的企业是否也存在虚增研发支出的"寻扶持"行为，并得到了支持性结论，且动态边际效应检验结果表明，上述影响随着政策的执行在后续期间越发凸显，反映了企业对政策的主动适应性逐渐增强。（2）归类变更盈余管理方式下，企业会少计生产成本而将其计入研发类成本，以此来虚增研发支出值。考虑到政策调整具有滞后性，于是将平均效应分解至每一个执行年份中，发现这种更加隐蔽的研发支出操纵行为具有一定的持续性，随着政策调整，管理层寻求政策扶持的操纵行为也逐渐熟练。2018年首次享受加计扣除政策的企业同样会进行归类变更盈余管理方式下的研发操纵，具有明显的避税动机，政策的动态边际效果呈现愈演愈烈的发展规律，这与在政策调整前就申请享受该政策的企业类似。（3）应计盈余管理方式下，当企业面临资金不足的压力时，会选择提高研发支出费用化比例，以当期全部获得加计扣除节税现金流，缓解企业短期资金压力；而当企业面临利润较低的压力时，则表现得不明显，同时，在过高的利润水平下，也会增加研发支出费用化比例平滑利润；此外，当面临资金压力时，高新技术企业更可能选择提高研发支出费用化比例，在企业利润较低时，高新和非高新企业表现一致；考虑到现金与利润的非同步性，本书进一步将企业细分为高现金流＆高利润、高现金流＆低利润、低现金流＆高利润及低现金流＆低利润四组后发现，无论利润水平如何，只要企业面临资金压力，则其倾向于选择将研发支出费用化，以快速获取节税现金流。

第四，在政策调整前后期间，企业持续性享受加计扣除优惠，虽然存在一定的"寻扶持"行为，但总的来看其创新意愿和创新能力均有所提高，能够坚持申请并享受政策优惠的企业，更多出于"寻创新"动机，具体表现为：从创新投入层面来看，随着企业享受加计扣除政策的持续性增强，不仅会出于"寻创新"动机增加实质性研发投入，也会出于"寻扶持"动机通过盈余管理增加策略性研发投入，政策同时存在激励效应与迎合效应。进一步分析发现，随着享受政策持续性程度的增加，政策带来的激励效应逐渐强于迎合效应；异质性分析发现，上述情况在小规模企业、融资约束程度弱的企业以及高科技企业中更为明显。从创新绩效来看，加计扣除政策的申请持续性越强，企业的研发投入总量越高、研发投入资金的稳定性越强，进而可以显著提升创新绩效，其中实质性创新投入的增加可以促进企业发明专利数量；异质性分析证明，融资约束、所处地区及企业生命周期不同，企业享受加计扣除政策的持续性对创新绩效的影响效果迥异，具体而言，对融资约束较低、处于东部地区且成熟期企业的激励作用更强。

综上所述，2018 年研发费用加计扣除政策的调整，对企业产生了复杂的影响，企业申请的动机同时表现为"寻创新"与"寻扶持"，但积极效应仍然占据主导地位，在该政策的激励下，企业"寻创新"动机加强，进一步激发了创新活力，提升了创新投入和绩效。

11.2　对策建议

根据以上结论，本书提出以下建议。

（1）坚持执行研发费用加计扣除政策，提高、扩大加计扣除的比例及范围。一方面，我国研发费用加计扣除比例尽管在近年开始逐步提升，但是相比于部分发达国家与具有竞争力的发展中国家仍存在一定差距。从企业享受情况来看，虽然加计扣除申请程序不断简化，但仍有大量符合条件的企业并未申请，这可能是由于企业对这一政策并未完全知情，或出于对申请中涉及的额外管理、会计处理、对接税务部门及后续税收监管等有关成本的考虑，因而在政策执行层面需要探索建立健全相关保障措施以确保政策落实到位。另一方面，由于企业创新活动无法一蹴而就，本书实证结果也发现该政策对企业创新投入、产出及效率的作用效果在短期内难以全面发挥，只有长期坚持政策实施，其积极效应才能充分释放。

具体可以从以下路径进行完善。其一，可以探索具有差异化的研发费用加计扣除政策。加计扣除政策具备的"普惠性"使得其拥有资源配置扭曲程度较低的优点，但本书发现这一政策对企业研发活动的效果受到企业产权性质与规模等因素的显著影响。为了提升研发费用加计扣除政策效果，需要避免盲目追求公平而实施"一刀切"政策，并且充分考虑市场竞争激烈、融资渠道较少的小规模企业、非国有企业，尝试探索具有差异化的加计扣除政策，或者配合其他"特惠性"政策，保障政策能够真正缓解企业融资困难，实现推进企业创新投入、产出与效率更大幅度提升的助力作用。

其二，研发费用加计扣除政策对企业预算管理能力提出新要求。初次享受研发费用加计扣除政策的企业可能会因缺乏相应管理经验而导致创新效率降低。为确保政策效果得以体现，可以考虑对研发费用加计扣除设置多个档次，对于首次享受政策企业提供较低的加计扣除比例，在此基础上逐步提升。该方式虽然可能在短期内难以大幅提升企业创新投入与产出，但是保障了企业所获资金的使用效率，同时也鼓励企业进行持续创新。

其三，构建良好的创新环境，确保企业基于创新持续发展。创新活动是由能够支付相关成本且拥有创新意愿的企业进行的，相关政策优惠仅解决了企业创新成本的问题。但是激发企业创新意愿，还需通过营造良好的法律和营商环境。因此，不同地区与部门需要紧密合作，完善以科技创新战略为中心的各类政府规章与规范性文件，为企业创新提供安心的环境；同时，各地区政府可以结合当地文化特色，制定良好的创新文化宣传策略并及时实施，使地区内形成支持创新、鼓励创新、参与创新的良好营商环境与氛围。

（2）如何缓解企业"寻扶持"行为，保障政策的积极效应得以体现也是本书的重要关注点之一。

本书认为，其一，需要减少信息不对称，建立政企信息"桥梁"。虽然财税〔2015〕119号文件规定除"负面清单"行业外企业均可享受加计扣除政策，但本书在搜集整理数据的过程中发现，控制组企业存在研发支出却未申请享受政策，可能是因为研发项目涉及公司的商业机密，企业不愿意披露相关研发信息，所以尽管有申请资格却不愿申请。此外，尽管加计扣除政策施行已久，但一些公司可能仍未意识到其存在及其潜在优势，所以未申请（徐海峰等，2022；Czarnitzki et al.，2011）。因此，政府应该加大加计扣除等创新导向减税政策的宣传力度，不局限于传统的网站发布，可以结合当前时代发展特征，创新宣传渠道与方式，利用媒体报道、短视频App、微信公众号等多种方式宣传税收优惠政策内容，除了传统的文字内容，也可以采用时下最热门的直播等方式来吸引企业深入了解并参与享受，从而惠及更多企业，使政策更具普惠性。另外，在发现企业违反政策规定，为获取税收优惠而虚增研发支出等具有严重影响的现象时，政府可以联合媒体曝光非法"典型"案例，起到威慑作用，同时也为违法企业其他相关利益者提供参考信息，避免其作出错误决策，减小其危害性。

其二，需要关注不同享受主体，助力政策再"加码"。从本书的研究结论来看，无论是持续申请享受加计扣除政策的企业，还是受 2018 年加计扣除比例大幅提升而首次申请享受政策的企业，均存在虚增研发支出进行研发操纵的"寻扶持"行为。根据以往研究，在高加计扣除比例下才进行税收优惠申请的企业可能属于创新意愿较弱、套取相关经济利益动机较强的类型（Labeaga et al.，2021）。因此，加计扣除政策在后续修订和完善时可以考虑针对不同的享受主体出台更具针对性的政策，如加强对首次申请享受政策企业的研发项目的审核，避免该类企业为"寻扶持"而申请政策而不是出于真正的创新动机，完善政策的相关条例予以进一步补充，辅助主要政策的施行。

其三，需要加强监督和审查，有效识别"伪创新"。企业在申请享受政策的过程中，为了获取减税降费等政策红利，会操纵研发支出来寻求政策扶持。为获得加计扣除政策可观的税前扣减额，企业可能会虚增研发支出，如企业通过招聘并不真正参与研发的新员工、购买不会用于未来研发的设备等，或将非研发支出归类为研发支出，这些所谓的研发支出并不是真正的创新投资，从而造成企业"伪创新"的假象。因此，政府可以完善企业申请政策的审核机制，加强对关键项目的监督与审查，有效识别企业"伪创新"，将资源投入真正进行研发创新的企业，避免税负的扭曲。

其四，需要引导企业规范研发成本管理，避免政策大打"折扣"。首先，在出台政策后，政府应该联合相关部门完善跟踪服务，为企业有效享受政策提供保障，重点要引导企业注重研发成本管理，避免企业对研发项目的操纵。近年来，国家税务总局连续出台各项规定，对于企业研发费用加计扣除政策的申请流程不断趋于简化，如《关于修订企业所得税年度纳税申报表有关问题的公告》（国家税务总局 2019 年第 41 号）第二条规定，企业申报享受研发费用加计扣除政策时，取消《研发项目可加计扣除研究开发费用情况归集表》填报和《"研发支出"辅助账汇总表》报送要求。但简化申报手续，并不等同于放宽了研发费用归集、核算要求，在享受政策的过程中，相关部门应引导企业重视研发立项规划工作、按照财税文件留存研发项目立项决议、研发人员工时分配表、研发领料单等各项明细信息，保障备查资料完整性，在事前降低政策准入门槛的同时注重事中引导与控制，以保证政策初衷得以实现。其次，相关部门应当强化服务意识，帮助企业深入了解并申请享受政策，如定期去企业集中的科技产业园区为其讲解政策内容，梳理申请程序、解答疑难困惑，在施行政策的过程中，建立其反馈机制，畅通沟通建议渠道，注重企业在申请享受过程中所出现的问题，搜集企业对政策的建议及意见，以此获取真实有效的政策评价，不断优化完善政策。此外，按现行要求，当企业进行申报的研发费用没有正确归集、隐含虚假的费用或者相关资料不完整时，主管税务机关主要对其进行调整，并没有针对性的惩处条例，企业即使进行研发操纵，违规成本也较低。因此，为规范企业研发行为，减少其研发操纵的倾向，相关部门可以有选择性地强化处罚条例，加大企业违法成本，从而使其自觉规范研发项目的处理，从源头避免其操纵行为。

（3）对政策效果的理解，需要结合企业的申请行为及自身特征。从研发费用加计扣除政策效果评价的角度来看，在政策执行后进行"事后评价"的同时，需要考察企业的不同申请动机来从"事前"进行一定的研判，这不仅有助于深入了解政策效果差异的原因，更可以为相关部门从源头引导、落实加计扣除政策、保证政策效果提供一定的启发和参考。从税收监管角度来看，加计扣除政策申请中断的企业很可能自身创新意愿较弱，相关部门可以基于现有监管规定加强监管力度，如在政策申请前准确、严谨地核实企业相关项目信息，申请后及时进行事后抽查，有效避免企业出于其他投机动机的"寻扶持"行为。从政策效果环境保障角度来看，政策效果的差异性在一定程度上取决于企业自身及外部环境影响，在通过税收优惠等宏观政策进行资金支持时，需要协同其他手段助力企业增强创新能力。例如，对于本身创新能力较低、创新平台较弱的企业，地方政府可以着力健全融资市场，为企业拓展更多的融资渠道，积极组织开展创新交流活动，实现企业间创新经验、信息的有效传递，推行"产学研"一体化，整合高科技人才及创新资源等。

11.3 研究不足

纵观整体研究内容，存在的不足之处主要有以下几点。

（1）样本数据覆盖范围有所欠缺。

本书在研究设计初期，将科技型中小企业也纳入了研究范围，拟以财税〔2017〕34号文件将科技型中小企业享受研发费用加计扣除比例由50%提高到75%作为契机，以2017年为政策干预时点，使用双重差分模型进行大样本分析。但在项目执行的过程中，经过搜寻整理，同时满足科技型中小企业兼上市公司这一条件的企业样本数量较少，具体情况如下。根据《科技型中小企业评价办法》（国科发政〔2017〕115号）和《科技型中小企业评价工作指引（试行）》（国科火字〔2017〕144号）可知，我国对科技型中小企业详细信息的披露是从2017年开始的，作者通过科技型中小企业服务官网（http://www.innofund.gov.cn/）的公示信息分别查询了2017年和2018年公示的科技型中小企业。在此基础上通过企查查、天眼查、新浪财经等筛选了公示的科技型中小企业中的上市公司，以保证其他财务数据的可得性。经过搜集整理发现，我国科技型中小企业大多在新三板、新四板上市，通过整理上市的科技型中小企业名单，得到科技型中小企业2017年的上市公司数为11家，2018年的上市公司数为35家，由于样本量较少，无法通过大样本检验得到稳健的结论，稍显遗憾。但值得说明的是，本书既有样本包括了高科技行业企业、高新技术企业等，该类企业与科技型中小企业在创新投入的积极性、创新活动的重要性方面有一定的相似性，在一定程度上也弥补了上述不足。

（2）研发操纵程度测度模型无法精确。

关于企业三类盈余管理方式下研发操纵程度的估计，虽然借鉴了目前主流的模型方法，但是该方法是否适用于所有企业却无法进行论证，且相关模型自身也处于不断完善成熟阶段，未来的研究需要借鉴和使用国内外更为科学合理的计量工具，进行更大范围的样本测试。另外，在创新导向税收激励政策下，对于企业进行研发操纵的过程中是否对三类盈余管理方式有一定的倾向性选择，目前暂未提供较为系统的结论。因此在未来的研究中，需要对此进行更为精准的概念界定以及指标维度的检验。

（3）最新政策调整并未跟踪。

2022 年《关于进一步提高科技型中小企业研发费用税前加计扣除比例的公告》（财政部　税务总局　科技部公告 2022 年第 16 号）将 100% 扣除比例适用范围扩大至科技型中小企业，2023 年《关于进一步完善研发费用税前加计扣除政策的公告》（财政部　税务总局公告 2023 年第 7 号）则将 100% 这一加计扣除比例的适用范围扩容至所有符合条件的企业，执行期过后，这一比例是否继续上调？这是企业和政策制定部门均要面临的问题，需要依赖当前政策的执行效果判断决策。这虽不是本书的计划任务，但无论从理论还是实践来看，依然是值得关注的选题。

11.4　研究展望

（1）政策评价的视角与逻辑。

基于前述结论，本书认为，对于研发费用加计扣除的政策效果应进行思辨性评价。正如张维迎教授和林毅夫教授在"产业政策之争"中提到的，政府的计算能力和判断能力是十分有限的，而具有明确盈利动机和责任承担能力的企业家与政府相比则更加警觉，更具想象力和判断力，因而在获取当地信息上更有优势。因此，在推行诸如补贴这类产业政策时，政府更无从知道申请补贴的企业是真的希望吃到第一只螃蟹，还是希望骗取政府的补贴。本书的实证结果也验证了这一观点，当然，本书并非否定研发费用加计扣除政策的积极效果，而在于启示后续研究在对加计扣除等这类创新导向政策的效果进行评价时，应兼顾这一政策为企业带来的正面效应——税收成本节约激励下的"寻创新"行为和可能存在的负面"寻扶持"行为，基于此形成政策评价在未来相关研究中的全新视角与逻辑。

（2）政策搭配实施的设计与思考。

研发费用加计扣除政策的激励方式主要基于创新活动的最前端，即企业研发投入的水平决定了其能够获取税收收益的多寡，这在一定程度上决定了该政策对企业创新过程、创新结果的激励不足，也导致了企业对研发投入进行操纵的行为。因而如何设计更为合理的激励模式或者寻求与其他激励政策的有效搭配组合，是未来可以关注的重点，如在创新的投入与产出阶段，将研发费用加计扣除政策与技术转让过程中的优惠有效联动、整合、衔接，可以形成覆盖整个创新活动的税收激励"组合"政策，克服当前研发费用加计扣除政策下由企业"寻扶持"导致的政策效果折损现象。因此，对这一问题的探索具有更加长远的理论意义和实践价值。

（3）税收征管制度的优化与探索。

总体而言，研发税收激励政策的复杂效应，特别是潜在的负面效应不仅在发达国家普遍存在，在中国等许多新兴市场也很普遍。相较于发达国家，创新能力薄弱已被证明是新兴市场核心竞争力有限的主要原因，而研发投资和相关税收优惠政策也在这些市场中处于前所未有的重要地位。因此，本书基于我国 A 股上市公司，得到关于研发费用加计扣除政策存在潜在负面效果的结论是有意义的。戴和查普曼（Dai & Chapman，2022）指出，在实施研发激励政策的过程中，可能会施加一些更难操纵的要求，如与知识产权、高科技产品（服务）销售比例、研发人员比例相关的要求。那么当地政府可以从这些角度出发，利用其地理邻近性和监管灵活性的优势，探索和发展各自不同侧重点的税收征管制度，这也可以形成未来的研究方向。

参 考 文 献

[1] 安同良，周绍东，皮建才. R&D 补贴对中国企业自主创新的激励效应 [J]. 经济研究，2009，44（10）：87 - 98 + 120.

[2] 白俊红，江可申，李婧. 应用随机前沿模型评测中国区域研发创新效率 [J]. 管理世界，2009（10）：51 - 61.

[3] 卜美文. 公司诚信文化与创新研发操纵行为 [J]. 当代财经，2020（11）：88 - 99.

[4] 蔡春，黄益建，赵莎. 关于审计质量对盈余管理影响的实证研究——来自沪市制造业的经验证据 [J]. 审计研究，2005（2）：3 - 10.

[5] 蔡伟贤，沈小源，李炳财，等. 增值税留抵退税政策的创新激励效应 [J]. 财政研究，2022（5）：31 - 48.

[6] 蔡小平. 研发支出税收筹划的运用 [J]. 财经界，2011（8）：263.

[7] 陈朝龙，李军辉. 会计事务所规模对上市公司审计质量的影响——基于国有企业与非国有企业盈余管理视角 [J]. 软科学，2013，27（1）：116 - 122.

[8] 陈红，张玉，刘东霞. 政府补助、税收优惠与企业创新绩效——不同生命周期阶段的实证研究 [J]. 南开管理评论，2019，22（3）：187 - 200.

[9] 陈骏. 基于债务契约的银行监督有效吗？——来自盈余管理视角的经验证据 [J]. 中央财经大学学报，2010（12）：84 - 90.

[10] 陈强远，林思彤，张醒. 中国技术创新激励政策：激励了数量还是质量 [J]. 中国工业经济，2020，4：79 - 96.

[11] 程玲，汪顺，刘晴. 融资约束与企业研发操纵的经济学分析 [J]. 财贸经济，2019，40（8）：67 - 82.

[12] 程曦，蔡秀云. 税收政策对企业技术创新的激励效应——基于异质性企业的实证分析 [J]. 中南财经政法大学学报，2017 (6)：94 - 102 + 159 - 160.

[13] 程瑶，闫慧慧. 税收优惠对企业研发投入的政策效应研究 [J]. 数量经济技术经济研究，2018，35 (2)：116 - 130.

[14] 储德银，纪凡，杨珊. 财政补贴，税收优惠与战略性新兴产业专利产出 [J]. 2017 (4)：99 - 104.

[15] 楚有为. 审计委员会专业背景与企业研发活动盈余操纵 [J]. 现代财经 (天津财经大学学报)，2018，38 (10)：96 - 113.

[16] 崔也光，王京. 基于我国三大经济区的所得税研发费用加计扣除政策实施效果研究 [J]. 税务研究，2020 (2)：92 - 98.

[17] 党晶晶，王艳，孙斌. 区域创新环境评价指标体系构建与实证 [J]. 统计与决策，2018，34 (18)：66 - 69.

[18] 邓子基，杨志宏. 财税政策激励企业技术创新的理论与实证分析 [J]. 财贸经济，2011 (5)：5 - 10 + 136.

[19] 董屹宇，郭泽光. 风险资本与企业技术创新——基于要素密集度行业差异性的研究 [J]. 财贸研究，2021，32 (8)：99 - 110.

[20] 杜倩倩，李琪琦. 研发费用加计扣除、融资约束与企业全要素生产率 [J]. 金融理论与实践，2022 (8)：81 - 91.

[21] 杜瑞，李延喜. 企业研发活动与盈余管理——微观企业对宏观产业政策的适应性行为 [J]. 科研管理，2018，39 (3)：122 - 131.

[22] 范宝学，周莹. 研发费用加计扣除、研发投入与企业价值间的关系研究 [J]. 科技促进发展，2021，17 (2)：293 - 300.

[23] 冯泽，陈凯华，戴小勇. 研发费用加计扣除是否提升了企业创新能力？——创新链全视角 [J]. 科研管理，2019，40 (10)：73 - 86.

[24] 甘小武，曹国庆. 研发费用加计扣除政策对高新技术企业研发投入的影响分析 [J]. 税务研究，2020 (10)：100 - 106.

[25] 高雨，闫绪奇. 上市公司分类转移盈余管理研究——基于政策监管视角 [J]. 会计与经济研究，2014，28 (1)：32 - 42.

[26] 高玥，徐勍. R&D 税收优惠政策效果研究——企业研发费用加计

扣除政策改革的一项准自然实验 [J]. 产经评论, 2020, 11 (3): 139 – 147.

[27] 郭健, 刘晓彤, 宋尚彬. 企业异质性、研发费用加计扣除与全要素生产率 [J]. 宏观经济研究, 2020 (5): 130 – 144.

[28] 郭炬, 叶阿忠, 陈泓. 是财政补贴还是税收优惠? ——政府政策对技术创新的影响 [J]. 科技管理研究, 2015, 35 (17): 25 – 31 + 46.

[29] 郭珂, 郭雪萌, 周煜皓. 地方政府补助双重性与企业 R&D 投入——基于 A 股上市企业的经验证据 [J]. 北京交通大学学报 (社会科学版), 2022, 21 (4): 113 – 123.

[30] 郭玥. 政府创新补助的信号传递机制与企业创新 [J]. 中国工业经济, 2018 (9): 98 – 116.

[31] 韩忠雪, 王晓青, 夏文蕾. 外部投资者、分红政策与公司技术效率——以民营制造和信息技术业上市公司为例 [J]. 南京审计大学学报, 2019, 16 (5): 43 – 54.

[32] 贺康, 王运陈, 张立光, 等. 税收优惠、创新产出与创新效率——基于研发费用加计扣除政策的实证检验 [J]. 华东经济管理, 2020, 34 (1): 37 – 48.

[33] 贺亚楠, 靳羽欣, 薛海燕. 创新导向减税会触发企业 "寻扶持" 行为吗? ——基于研发费用加计扣除政策调整的准自然实验 [J]. 产业经济研究, 2022, 118 (3): 128 – 142.

[34] 贺亚楠, 杨紫琼, 郝盼盼. 加计扣除对上市公司真实盈余管理行为的影响——基于 R&D 操纵的视角 [J], 中国科技论坛, 2021 (9): 52 – 61.

[35] 贺亚楠, 袁春生, 冯晓宇. 真实盈余管理动机下 R&D 削减行为与创新产出——数量、质量与效率 [J]. 科技进步与对策, 2020, 37 (7): 95 – 104.

[36] 胡华夏, 洪荭, 肖露璐, 等. 税收优惠与研发投入——产权性质调节与成本粘性的中介作用 [J]. 科研管理, 2017, 38 (6): 135 – 143.

[37] 胡俊南, 王振涛, 陈一卓. 研发费加计扣除政策对企业创新能力促进作用的分析——基于江西省的问卷调查 [J]. 财会通讯, 2022 (6): 88 – 96.

[38] 胡兰, 胡轩于. 税收视角下企业研发支出资本化对宏观经济变量的影响 [J]. 云南财经大学学报, 2018, 34 (12): 88-95.

[39] 胡善成, 靳来群, 魏晨雨. 政府所得税减免促进高新技术企业创新了吗? [J]. 浙江社会科学, 2022 (9): 24-35+156-157.

[40] 胡元木, 纪端. 技术非执行董事与真实盈余管理研究——基于倾向得分匹配法 (PSM) 的检验 [J]. 东岳论丛, 2017, 38 (3): 147-154.

[41] 胡元木, 刘佩, 纪端. 技术独立董事能有效抑制真实盈余管理吗? ——基于可操控 R&D 费用视角 [J]. 会计研究, 2016, 3: 29-35+95.

[42] 贾洪文, 程星. 政府税收优惠对企业创新的影响研究——基于融资约束视角 [J]. 税务与经济, 2022 (4): 10-18.

[43] 江静. 公共政策对企业创新支持的绩效——基于直接补贴与税收优惠的比较分析 [J]. 科研管理, 2011, 32 (4): 1-8+50.

[44] 江希和, 王水娟. 企业研发投资税收优惠政策效应研究 [J]. 科研管理, 2015, 36 (6): 46-52.

[45] 蒋义宏, 王丽琨. 非经常性损益缘何经常发生——来自亏损上市公司年报的证据 [J]. 证券市场导报, 2003 (6): 9-13.

[46] 金献坤, 宋成俭. 浅议研究开发费用税前加计扣除政策 [J]. 中国注册会计师, 2016 (11): 110-113.

[47] 鞠晓生, 卢荻, 虞义华. 融资约束、营运资本管理与企业创新可持续性 [J]. 经济研究, 2013, 48 (1): 4-16.

[48] 寇明婷, 魏建武, 马伟楠. 国家研发财税政策是否促进了企业的 R&D 活动 [J]. 管理评论, 2022, 34 (1): 92-105.

[49] 寇明婷, 魏建武, 肖明, 等. 双管齐下是否更优? 企业研发税收优惠政策组合一致性研究 [J]. 科学学研究, 2019, 37 (8): 1394-1404.

[50] 雷根强, 郭玥. 高新技术企业被认定后企业创新能力提升了吗——来自中国上市公司的经验证据 [J]. 财政研究, 2018 (9): 32-47.

[51] 黎文靖, 郑曼妮. 实质性创新还是策略性创新? ——宏观产业政策对微观企业创新的影响 [J]. 经济研究, 2016, 51 (4): 60-73.

[52] 李秉祥, 薛思珊. 基于经理人管理防御的企业投资短视行为分析 [J]. 系统工程理论与实践, 2008, 28 (11): 55-61.

[53] 李坤，陈海声．我国不同地区企业研发费用税前加计扣除政策实施效果对比——基于创业板公司的经验证据［J］．科技管理研究，2017，37（9）：21-28．

[54] 李莉，曲晓辉，肖虹．R&D 支出资本化：真实信号传递或盈余管理？［J］．审计与经济研究，2013（1）：60-69．

[55] 李世新，张燕．盈余管理、信号传递与研发支出资本化［J］．科技进步与对策，2011（5）：14-19．

[56] 李姝．多元化、盈余波动性及公司治理的调节效应［J］．山西财经大学学报，2013，35（12）：104-112．

[57] 李万福，杜静．税收优惠，调整成本与 R&D 投资［J］．会计研究，2016（12）：58-63．

[58] 李万福，林斌，杜静．中国税收优惠政策的激励效应研究［J］．管理世界，2013（6）：174-175．

[59] 李维安，李浩波，李慧聪．创新激励还是税盾？—高新技术企业税收优惠研究［J］．科研管理，2016（11）：61-70．

[60] 李香菊，杨欢．"一带一路"倡议下激励科技创新的税收政策研究［J］．经济体制改革，2019（1）：154-160．

[61] 李新，汤恒运，陶东杰，等．研发费用加计扣除政策对企业研发投入的影响研究——来自中国上市公司的证据［J］．宏观经济研究，2019（8）：81-93+169．

[62] 李彦龙．税收优惠政策与高技术产业创新效率［J］．数量经济技术经济研究，2018（1）：60-76．

[63] 李宜航，许英杰，郭晓，等．研发费用加计扣除政策对制造业企业研发投入的影响分析［J］．税务研究，2022（4）：121-129．

[64] 李宇轩．研发费用加计扣除政策实施对企业的创新绩效影响分析——以药明康德为例［J］．湖北经济学院学报（人文社会科学版），2023，20（1）：48-50．

[65] 李云鹤，王文婷．风险投资介入、投资策略与企业异质 R&D 创新——基于创业新兴指数样本公司的实证研究［J］．科技进步与对策，2014，31（21）：76-82．

[66] 李彰，苏竣. 增量效应与信号功能：理解政府科技计划的两个前沿问题 [J]. 科学学与科学技术管理，2017，38（7）：3 – 14.

[67] 李真，李茂林. 减税降费对企业创新的激励机制与调节效应 [J]. 上海经济研究，2021（6）：105 – 117.

[68] 刘端，陈收. 中国市场管理者短视、投资者情绪与公司投资行为扭曲研究 [J]. 中国管理科学，2006，14（2）：16 – 23.

[69] 刘放，杨筝，杨曦. 制度环境、税收激励与企业创新投入 [J]. 管理评论，2016，28（2）：61 – 73.

[70] 刘明慧，王静茹. 企业异质性视角下税收优惠对研发投入的激励效应研究 [J]. 财经论丛，2020，259（5）：32 – 42.

[71] 刘诗源，林志帆，冷志鹏. 税收激励提高企业创新水平了吗？——基于企业生命周期理论的检验 [J]. 经济研究，2020，55（6）：105 – 121.

[72] 刘晔，林陈聃. 研发费用加计扣除政策与企业全要素生产率 [J]. 科学学研究，2021，39（10）：1790 – 1802.

[73] 刘永涛. 研发费用税前加计扣除政策及会计政策研析 [J]. 税务研究，2018（1）：118 – 121.

[74] 刘运国，刘雯. 我国上市公司的高管任期与 R&D 支出 [J]. 管理世界，2007（1）：128 – 136.

[75] 柳光强. 税收优惠、财政补贴政策的激励效应分析——基于信息不对称理论视角的实证研究 [J]. 管理世界，2016（10）：62 – 71.

[76] 娄贺统，徐浩萍. 政府推动下的企业技术创新：税收激励效应的实证研究 [J]. 中国会计评论，2009，7（2）：191 – 206.

[77] 娄贺统，徐恬静. 税收激励对企业技术创新的影响机理研究 [J]. 研究与发展管理，2008，20（6）：88 – 94.

[78] 卢方元，李彦龙. 政府支持有助于提升高技术产业 R&D 效率吗？ [J]. 科学学研究，2016，34（12）：1800 – 1829.

[79] 卢太平，张东旭. 融资需求、融资约束与盈余管理 [J]. 会计研究，2014（1）：35 – 41 + 94.

[80] 鲁桐，党印. 公司治理与技术创新：分行业比较 [J]. 经济研究，

2014，49（6）：115－128.

[81] 鲁志国. R&D 投资作用于技术创新的传导机制分析 [J]. 深圳大学学报（人文社会科学版），2005（5）：25－28.

[82] 罗锋，杨丹丹，梁新怡. 区域创新政策如何影响企业创新绩效？——基于珠三角地区的实证分析 [J]. 科学学与科学技术管理，2022，43（2）：68－86.

[83] 罗迎，吴秋生. 研发支出、盈余水平与企业避税 [J]. 财会通讯，2018（3）：123－129.

[84] 马晶梅，赵雨薇，王成东，等. 融资约束、研发操纵与企业创新决策 [J]. 科研管理，2020，41（12）：171－183.

[85] 马如飞. 管理者收益、R&D 支出与盈余管理——中国上市公司的实证分析 [J]. 江西社会科学，2012，32（2）：246－250.

[86] 孟庆玺，尹兴强，白俊. 产业政策扶持激励了企业创新吗？——基于“五年规划”变更的自然实验 [J]. 南方经济，2016（12）：1－25.

[87] 彭华涛，吴瑶. 研发费用加计扣除、融资约束与创业企业研发投入强度：基于中国新能源行业的研究 [J]. 科技进步与对策，2021，38（15）：100－108.

[88] 钱晓烨，迟巍，黎波. 人力资本对我国区域创新及经济增长的影响——基于空间计量的实证研究 [J]. 数量经济技术经济研究，2010，27（4）：107－121.

[89] 乔羽堃. 研发费用加计扣除政策对企业金融化的影响——基于 A 股上市公司数据的实证研究 [J]. 经济问题，2022（9）：67－75.

[90] 任灿灿，郭泽光，田智文. 研发费用加计扣除与企业全要素生产率 [J]. 华东经济管理，2021，35（5）：119－128

[91] 任海云，宋伟宸. 企业异质性因素、研发费用加计扣除与 R&D 投入 [J]. 科学学研究，2017，35（8）：1232－1239.

[92] 史方. 研发操纵与税负扭曲——基于中国 A 股上市公司的经验证据 [J]. 云南财经大学学报，2021，37（6）：67－80.

[93] 宋璐，李端生. 业绩期望落差、金融化程度与归类变更盈余管理——来自 A 股实体上市公司的经验证据 [J]. 统计学报，2020，1（4）：

69 – 80.

[94] 宋清, 杨雪. 税收优惠、营商环境与企业创新绩效 [J]. 中国科技论坛, 2021 (5): 99 – 107.

[95] 苏敬勤, 耿艳. 政策作用下创新意愿转化为创新行为的机理研究 [J]. 科学学与科学技术管理, 2014, 35 (5): 27 – 34.

[96] 粟立钟, 张润达, 王靖宇. 研发激励型产业政策具有两面性吗——来自研发费用加计扣除政策的经验证据 [J]. 科技进步与对策, 2022, 39 (3): 118 – 128.

[97] 孙自愿, 梁晨, 卫慧芳. 什么样的税收优惠能够激励高新技术企业创新——来自优惠强度与具体优惠政策的经验证据 [J]. 北京工商大学学报 (社会科学版), 2020, 35 (5): 95 – 106.

[98] 唐明, 旷文雯. 研发费用加计扣除是否激励了企业创新产出——基于研发投入中介效应的分析 [J]. 税收经济研究, 2021, 26 (1): 23 – 33.

[99] 唐跃军, 左晶晶. 所有权性质、大股东治理与公司创新 [J]. 金融研究, 2014, 6: 177 – 192.

[100] 万源星, 许永斌. 高新认定办法、R&D 操纵与企业技术创新效率 [J]. 科研管理, 2019 (4): 54 – 62.

[101] 万源星, 许永斌. 加计扣除政策、研发操纵与民营企业自主创新 [J]. 科研管理, 2020, 41 (2): 83 – 93.

[102] 万源星, 许永斌, 许文瀚. 加计扣除政策、研发操纵与民营企业自主创新 [J]. 科研管理, 2020, 41 (2): 83 – 93.

[103] 王福胜, 吉珊珊, 程富. 盈余管理对上市公司未来经营业绩的影响研究——基于应计盈余管理与真实盈余管理比较的视角 [J]. 南开管理评论, 2014, 17 (2): 95 – 106.

[104] 王海明, 曾德明. 管理者短视偏差对企业投资行为影响研究——一个基于股东短期利益压力视角的实证 [J]. 财经理论与实践, 2013, 31 (181): 34 – 38.

[105] 王俊. 我国政府 R&D 税收优惠强度的测算及影响效应检验 [J]. 科研管理, 2011, 32 (9): 157 – 164.

[106] 王亮亮. 公司避税能降低权益资本成本吗？——基于中国资本

市场的证据 [J]. 会计与经济研究, 2021, 35 (5): 3-24.

[107] 王亮亮. 研发支出资本化或费用化: 税收视角的解释 [J]. 会计研究, 2016 (9): 17-24.

[108] 王妹禧. 企业研发支出的会计政策选择问题研究 [J]. 财会通讯, 2018 (4): 29-33.

[109] 王松, 李萍, 李芳. 分析师盈余预测对企业盈余管理方式选择的影响研究——基于三种盈余管理替代的视角 [J]. 山东科技大学学报 (社会科学版), 2018, 20 (4): 100-109.

[110] 王文慧, 孙光国. 执行董事双重身份与公司研发活动盈余管理——基于董事身份认同和管理层内部制衡的机制考察 [J]. 财经问题研究, 2021, 449 (4): 80-89.

[111] 王玺, 刘萌. 研发费用加计扣除政策对企业绩效的影响研究——基于我国上市公司的实证分析 [J]. 财政研究, 2020 (11): 101-114.

[112] 王玺, 张嘉怡. 促进企业研发创新的税收政策探析 [J]. 税务研究, 2015 (1): 28-33.

[113] 王晓亮, 梁丹阳, 独正元. 研发费用加计扣除政策能够抑制实体企业金融化吗? [J]. 现代财经, 2023 (2): 54-74.

[114] 王艳, 冯延超, 梁莱歆. 高科技企业 R&D 支出资本化的动机研究 [J]. 财经研究, 2011 (4): 103-111.

[115] 王艳. 企业研发支出资本化和费用化的价值分析 [J]. 财经界, 2019 (3): 33-34.

[116] 王燕妮, 张书菊, 王方. 资本化与费用化政策选择的影响因素研究 [J]. 科学学研究, 2013 (4): 546-553.

[117] 王昱, 黄真瑞, 胡腾. 政策迎合能否兼顾高质量发展?——制造业企业的研发操纵与生产率 [J]. 科学学研究, 2022, 40 (9): 1562-1573.

[118] 王芸, 陈蕾. 研发费用加计扣除优惠强度、研发投入强度与企业价值 [J]. 科技管理研究, 2016, 36 (5): 18-22+29.

[119] 王再进, 方衍. 企业研发费加计扣除政策实施问题及对策研究 [J]. 科研管理, 2013, 34 (1): 94-98.

[120] 王钊, 王良虎. 税收优惠政策对高技术产业创新效率的影响——

基于断点回归分析 [J]. 科技进步与对策, 2019, 36 (11): 109 – 116

[121] 韦晓英. 非财务信息披露、超额薪酬与企业盈余波动性 [J]. 财会通讯, 2021 (8): 100 – 103.

[122] 魏涛, 陆正飞, 单宏伟. 非经常性损益盈余管理的动机、手段和作用研究——来自中国上市公司的经验证据 [J]. 管理世界, 2007 (1): 113 – 121 + 172.

[123] 温忠麟, 张雷, 侯杰泰, 等. 中介效应检验程序及其应用 [J]. 心理学, 2004, 36 (5): 614 – 620.

[124] 吴秋生, 冯艺. 加计扣除、费用归类操控与企业研发投入效率 [J]. 财贸研究, 2020, 31 (7): 100 – 110.

[125] 吴秋生, 王婉婷. 加计扣除, 国家审计与创新效率 [J]. 审计研究, 2020 (5): 32 – 42.

[126] 吴溪. 盈利指标监管与制度化的影响: 以中国证券市场 ST 公司申请摘帽制度为例 [J]. 中国会计与财务研究, 2006 (4): 95 – 137.

[127] 吴祖光, 万迪昉, 王文虎. 税收优惠方式对研发投入激励效果的实验研究 [J]. 系统工程理论与实践, 2017, 37 (12): 3025 – 3039.

[128] 肖海莲, 周美华. R&D 支出与盈余管理——基于 R&D 会计政策变更的经验证据 [J]. 证券市场导报, 2012 (10): 48 – 54.

[129] 谢德仁, 张新一, 崔宸瑜. 经常性与非经常性损益分类操纵——来自业绩型股权激励"踩线"达标的证据 [J]. 管理世界, 2019, 35 (7): 167 – 181 + 204.

[130] 徐海峰, 冯丽红, 张梦婷. 研发费用加计扣除政策的落实机制与模式研究 [J]. 科学管理研究, 2022, 40 (4): 61 – 68.

[131] 徐晓, 李远勤. 研发费加计扣除政策的实施效果与存在问题分析——以上海市为例 [J]. 科技进步与对策, 2011, 28 (19): 97 – 101.

[132] 许罡, 朱卫东. 管理当局、研发支出资本化选择与盈余管理动机——基于新无形资产准则研发阶段划分的实证研究 [J]. 科学学与科学技术管理, 2010, 31 (9): 39 – 43.

[133] 许国艺, 史永, 杨德伟. 政府研发补贴的政策促进效应研究 [J]. 软科学, 2014, 28 (9): 30 – 34.

[134] 许丽, 黄国俊. 研发费用加计扣除操作乱象 [J]. 企业管理, 2017 (10): 52-55.

[135] 薛薇, 王晓冬. 研发费用加计扣除政策研究 [J]. 国际税收, 2022, 110 (8): 20-28.

[136] 杨国超, 刘静, 廉鹏, 等. 减税激励、R&D 操纵与研发绩效 [J]. 经济研究, 2017, 63 (8): 110-124.

[137] 杨国超, 芮萌. 高新技术企业税收减免政策的激励效应与迎合效应 [J]. 经济研究, 2020, 55 (9): 174-191.

[138] 杨国超, 张李娜. 产业政策何以更有效? ——基于海量媒体报道数据与研发操纵现象的证据 [J]. 经济学 (季刊), 2021, 21 (6): 2173-2194.

[139] 杨瑞平, 李喆赟, 刘文蓉. 加计扣除政策改革与高新技术企业研发投入 [J]. 经济问题, 2021 (8): 110-120.

[140] 杨艳琳, 胡曦. 税收优惠与企业创新绩效——基于研发投入和非研发创新投入的双重中介效应 [J]. 产经评论, 2021, 12 (1): 85-103.

[141] 杨宗翰, 雷良海, 廖东声. 研发操纵行为是否抑制上市公司高质量发展? [J]. 系统工程, 2020, 38 (4): 19-32.

[142] 姚林香, 冷讷敏. 财税政策对战略性新兴产业创新效率的激励效应分析 [J]. 华东经济管理, 2018, 32 (12): 94-100.

[143] 叶康涛, 臧文佼. 外部监督与企业费用归类操纵 [J]. 管理世界, 2016 (1): 121-128.

[144] 于未东, 胡耀丹, 王稳华. 党组织嵌入对高新技术企业研发操纵的抑制作用分析 [J]. 云南社会科学, 2022, 246 (2): 121-131.

[145] 余明桂, 范蕊, 钟慧洁. 中国产业政策与企业技术创新 [J]. 中国工业经济, 2016 (12): 5-22.

[146] 喻凯, 冯敏. 盈余管理约束对归类变更的影响探讨 [J]. 财会月刊, 2017 (6): 54-58.

[147] 喻凯, 谢卓瞻. 企业生命周期视角下的归类变更盈余管理——来自中国制造业上市公司的经验证据 [J]. 湖南科技大学学报 (自然科学版), 2018, 33 (3): 102-108.

[148] 袁业虎, 沈立锦. 研发费用加计扣除政策促进了企业降杠杆吗?——基于医药制造业上市公司双重差分模型的检验 [J]. 税务研究, 2020 (10): 92 - 99.

[149] 苑泽明, 史方, 金宇. 政府创新补助的激励扭曲效应——基于我国上市公司研发操纵行为的检验 [J], 软科学, 2020a, 34 (2): 39 - 43 + 58.

[150] 苑泽明, 王培林, 富钰媛. 高管学术经历影响企业研发操纵了吗? [J]. 外国经济与管理, 2020b, 42 (8): 109 - 122.

[151] 约瑟夫·熊彼特 (Joseph Alois Schumpeter). 经济发展理论 [M]. 商务印书馆, 1990.

[152] 岳树民, 肖春明. 研发费用加计扣除与中小企业发展能力——基于新三板的实证检验 [J]. 国际税收, 2022, 108 (6): 10 - 24.

[153] 张丹丽, 陈海声. 企业研发费用加计扣除的动机和效果 [J]. 科技管理研究, 2017, 37 (19): 38 - 46.

[154] 张帆. 财税激励政策对企业创新效率的影响研究——基于行业性质与融资约束的调节作用 [J]. 财会通讯, 2022, 18: 110 - 114.

[155] 张杰, 陈志远, 杨连星, 等. 中国创新补贴政策的绩效评估: 理论与证据 [J]. 经济研究, 2015, 50 (10): 4 - 17 + 33.

[156] 张杰, 郑文平, 翟福昕. 竞争如何影响创新: 中国情景的新检验 [J]. 中国工业经济, 2014 (11): 56 - 68.

[157] 张俊瑞, 陈怡欣, 汪方军. 所得税优惠政策对企业创新效率影响评价研究 [J]. 科研管理, 2016, 37 (3): 93 - 100.

[158] 张凯, 吴松彬. 企业异质性与加计扣除政策研发激励: 来自中国高新技术企业的实证 [J]. 科技进步与对策, 2018, 35 (17): 119 - 124.

[159] 张信东, 贺亚楠, 马小美. R&D 税收优惠政策对企业创新产出的激励效果分析——基于国家级企业技术中心的研究 [J]. 当代财经, 2014 (11): 35 - 45.

[160] 张信东, 吴静. 海归高管能促进企业技术创新吗? [J]. 科学学与科学技术管理, 2016, 37 (1): 115 - 128.

[161] 张志昌, 任淮秀. 政府补贴、寻租与企业研发人力资本投入 [J]. 云南财经大学学报, 2020, 36 (3): 92 - 103.

[162] 张子余,张天西."特殊损失项目"与"核心费用"之间的归类变更盈余管理研究 [J].财经研究,2012,38 (3):70-80.

[163] 赵婉楠.新型举国体制视角下促进企业技术创新的税收政策研究 [J].宏观经济研究,2022 (12):83-97.

[164] 郑飞,石青梅,李腾,等.财政补贴促进了企业创新吗——基于产业生命周期的经验证据 [J].宏观经济研究,2021 (2):41-52+161.

[165] 郑礼明,李明,李德刚.创新导向减税与就业结构升级——基于研发费用加计扣除的检验 [J].学术月刊,2021,53 (6):87-98.

[166] 郑榕.对所得税中两种R&D税收激励方式的评估 [J].财贸经济,2006 (9):3-8+96.

[167] 周华伟.企业R&D税收激励政策效应分析 [J].财政研究,2013 (8):63-66.

[168] 周夏飞.归类变更盈余管理:影响因素与经济后果 [D].杭州:浙江大学,2017.

[169] 周夏飞,魏炜.非经常性损益披露监管与归类变更盈余管理——来自中国上市公司的证据 [J].浙江大学学报 (人文社会科学版),2015,45 (5):119-132.

[170] 朱红军,王迪,李挺.真实盈余管理动机下的研发投资决策后果——基于创新和税收的分析视角 [J].南开管理评论,2016,19 (4):36-48.

[171] 朱平芳,徐伟民.政府的科技激励政策对大中型工业企业R&D投入及其专利产出的影响:上海市的实证研究 [J].经济研究,2003 (6):45-53.

[172] 宗文龙,王睿,杨艳俊.企业研发支出资本化的动因研究——来自A股市场的经验证据 [J].中国会计评论,2009,7 (4):439-454.

[173] Abernathy J L, Beyer B, Rapley E T. Earnings management constraints and classification shifting [J]. Journal of Business Finance & Accounting, 2014, 41 (5-6): 600-626.

[174] Acconcia A, Cantabene C. Liquidity and firms' response to fiscal stimulus [J]. The Economic Journal, 2018, 128 (613): 1759-1785.

［175］Aghion P，Bloom N，Griffith R，Howitt P，Blundell R W. Competition and innovation：An inverted-U relationship［J］. The Quarterly Journal of Economics，2005，120（2）：701 – 728.

［176］Akerlof，G A. The market for lemons：Quality uncertainty and the market mechanism［J］. Quarterly Journal of Economics，1970，84（3）：488 – 500.

［177］Anandarajan A，Chiang S，Lee P. R&D tax credit and operating performance：Implications for managers［J］. Management Decision，2010，48（7 – 8）：1198 – 1211.

［178］Angrist J D，Pischke J S. Mastering'metrics：The path from cause to effect［M］. Princeton：Princeton University Press，2014.

［179］Arrow K J. The economic implications of learning by doing［J］. The Review of Economic Studies，1962，29（3）：155 – 173.

［180］Asker J，Farre – Mensa J，Ljungqvist A P. Does the stock market harm investment incentives？［EB/OL］. C. E. P. R. Discussion Papers，https：// cepr. org/publications/DP7857，2010.

［181］Baber W R，Fairfield P M，Haggard J A. The effect of concern about reported income on discretionary spending decisions：The case of research and development［J］. The Accounting Review，1991，66（4）：818 – 829.

［182］Baghana R，Mohnen P. Effectiveness of R&D tax incentives in small and large enterprises in Québec［J］. Small Business Economics，2009，33：91 – 107.

［183］Baker M，Stein J C，Wurgler J. When does the market matter？ Stock prices and the investment of equity-dependent firm［J］. Quarterly Journal of Economics，2003（3）：203 – 218.

［184］Bange M M，De Bondt W F M. R&D budgets and corporate earnings targets［J］. Journal of Corporate Finance，1998，4（2）：153 – 184.

［185］Barker Ⅲ V L，Muller G C. CEO characteristics and firm R&D spending［J］. Management Science，2002，48（6）：782 – 801.

［186］Barnea A，Ronen J，Sadan S. Classificatory smoothing of income with extraordinary items [J]. The Accounting Review, 1976, 51 (1): 110 – 122.

[187] Barua A, Lin S, Sbaraglia A M. Earnings management using discontinued operations [J]. The Accounting Review, 2010, 85 (5): 1485 – 1510.

[188] Bebchuk L A, Stole L A. Do Short-term objectives lead to under-or over-investment in long term projects [J]. The Journal of Finance, 1993, 48 (2): 719 – 729.

[189] Behn B K, Gotti G, Herrmann D, Kang T. Classification shifting in an international setting: Investor protection and financial analysts monitoring [J]. Journal of International Accounting Research, 2013, 12 (2): 27 – 50.

[190] Bens D A, Nagar V, Skinner D J, Wong M H F. Employee stock options, EPS dilution, and stock repurchases [J]. Journal of Accounting and Economics, 2003, 36 (1 – 3): 51 – 90.

[191] Bereskin F L, Hsu P H, Rotenberg W. The real effects of real earnings management: Evidence from innovation [J]. Contemporary Accounting Research, 2018, 35 (1): 525 – 557.

[192] Berger P. Explicit and implicit tax effects of the R&D tax credit [J]. Journal of Accounting Research, 1993, 31 (2): 131 – 171.

[193] Bergh D, Ketchen D, Orlandi I, Heugens P, Boyd BK. Information asymmetry in management research: Past accomplishments and future opportunities [J]. Journal of Management, 2019, 45 (1): 122 – 158.

[194] Bernard V L, Thomas J K, Abarbanell J. How sophisticated is the market in interpreting earnings news? [J]. Journal of Applied Corporate Finance, 1993, 6 (2): 54 – 63.

[195] Bloom N, Griffith R, Van Reenen J. Do R&D tax credits work? Evidence from a panel of countries 1979 – 1997 [J]. Journal of Public Economics, 2002, 81 (1): 1 – 31.

[196] Bozio A, Irac D, Py L. Impact of research tax credit on R&D and innovation: evidence from the 2008 French reform [EB/OL]. Working Papers, DOI: 10. 2139/ssrn. 2544604, 2014.

［197］Bradshaw M T, Slonan R G. GAAP versus the street: An empirical assessment of two alternative definitions of earnings ［J］. Journal of Accounting Research, 2002, 40 (1): 41 – 66.

［198］Brown J R, Fazzari S M, Petersen B C. Financing innovation and growth: Cash flow, external equity, and the 1990s R&D boom ［J］. The Journal of Finance, 2009, 64 (1): 151 – 185.

［199］Brown P R. Earnings management: A subtle (and troublesome) twist to earnings quality ［J］. Journal of Financial Statement Analysis, 1999, 4 (2): 61 – 63.

［200］Buisseret T J, Cameron H M, Georghiou L. What difference does it make? Additionality in the public support of R&D in large firms ［J］. International Journal of Technology Management, 1995, 10 (4 – 6): 587 – 600.

［201］Burgstahler D, Dichev L. Earnings Management to avoid earnings decreases and losses ［J］. Journal of Accounting and Economics, 1997, 24 (1): 99 – 126.

［202］Bushee B. The Influence of institutional investor on myopic R&D investment behavior ［J］. The Accounting Review, 1998, 73 (3): 305 – 333.

［203］Canace T G, Jackson S B, MA T. R&D investments, capital expenditures, and earnings thresholds ［J］. Review of Accounting Studies, 2018, 23 (1): 265 – 295.

［204］Cappelen A, Raknerud A, Rybalka M. The effects of R&D tax credits on patenting and innovations ［J］. Research Policy, 2012, 41 (2): 334 – 345.

［205］Cazavan – Jeny A, Jeanjean T, Joos P. Accounting choice and future performance: The case of R&D accounting in France ［J］. Journal of Accounting and Public Policy, 2010, 30 (2): 145 – 165.

［206］Cheng S. R&D expenditures and CEO compensation ［J］. The Accounting Review, 2004, 79 (2): 305 – 328.

［207］Chen L, Yang W. R&D tax credits and firm innovation: Evidence from China ［J］. Technological Forecasting and Social Change, 2019, 146: 233 – 241.

[208] Chen M C, Gupta S. The incentive effects of R&D tax credits: An empirical examination in an emerging economy [J]. Journal of Contemporary Accounting & Economics, 2017, 13 (1): 52 – 68.

[209] Chen S, Chen X, Cheng Q, Shevlin T. Are family firms more tax aggressive than non-family firms? [J]. Journal of Financial Economics, 2010 (1): 41 – 61.

[210] Cohen D A, Zarowin P. Accrual-based and real earnings management activities around seasoned equity offerings [J]. Journal of Accounting and Economics, 2010, 50 (1): 2 – 19.

[211] Cooper J C, Selto F H. An experimental examination of the effects of SFAS NO. 2 on R&D investment decisions [J]. Accounting, Organizations and Society, 1991, 16 (3): 227 – 242.

[212] Czarnitzki D, Hand P, Rosa J M. Evaluating the impact of R&D tax credits on innovation: A micro econometric study on Canadian firms [J]. Research Policy, 2011, 40: 217 – 229.

[213] Czarnitzki D, Toole A. Patent protection, market uncertainty, and R&D investment [J]. Review of Economics and Statistics, 2011, 93 (1): 147 – 159.

[214] Daivs A K. The value relevance of revenue for internet firms: Dose reporting grossed up or barter revenue make a difference? [J]. Journal of Accounting Research, 2002, 40 (2): 445 – 477.

[215] Dai X Y, Chapman G. R&D tax incentives and innovation: Examining the role of programme design in China [J]. Technovation, 2022, 113: 102419.

[216] Darrough M, Rangan S. Do insiders manipulate earnings when they sell their shares in an initial public offering? [J]. Journal of Accounting Research, 2005, 43 (1): 1 – 33.

[217] David P A, Hall B H, Toole A. Is public R&D a complement or substitute for private R&D? A review of the econometric evidence [J]. Research Policy, 2000, 29 (4 – 5): 497 – 529.

[218] Dechezleprêtre A, Einiö E, Martin R, Nguyen K T, Van Reenen J. Do tax incentives for research increase firm innovation? An RD design for R&D [EB/OL]. Working Paper, available at: http: //vatt - old. posp. fi/file/vatt_ publication_pdf/wp73. pdf, 2016.

[219] Dechow P M, Skinner D J. Earnings management: Reconciling the views of accounting academics, practitioners and regulators [J]. Accounting Horizons, 2000, 2: 235 - 250.

[220] Dechow P M, Sloan R G. Executive incentives and the horizon problem: An empirical investigation [J]. Journal of Accounting and Economics, 1991, 14 (1): 51 - 89.

[221] Dechow P M, Sloan R G, Sweeney A M. Detecting earnings management [J]. The Accounting Review, 1995, 72 (2): 193 - 225.

[222] Desai M, Hines J R. Expectations and expatriations: Tracing the causes and consequences of corporate inversions [J]. National Tax Journal, 2002, 55 (3): 409 - 440.

[223] Dickinson V. Cash flow patterns as a proxy for firm life cycle [J]. The Accounting Review, 2011, 86 (6): 1969 - 1994.

[224] Duguet E. The effect of the incremental R&D tax credit on the private funding of R&D an econometric evaluation on french firm level data [J]. Revue d économie politique, 2012, 122 (3): 405 - 435.

[225] Eberhart A, Maxwell W, Siddique A. A reexamination of the tradeoff between the future benefit and riskiness of R&D increases [J]. Journal of Accounting Research, 2008, 46 (1): 27 - 52.

[226] Finley A, Lusch S, Cook K. The effectiveness of the R&D tax credit: Evidence from the alternative simplified credit [J]. The Journal of the American Taxation Association, 2015, 37 (1): 157 - 181.

[227] Georghiou L. Impact of the framework programme on European industry [M]. Brussels: European Commission, 1994.

[228] Goel A, Thakor A. Why do firms smooth earnings? [J]. The Journal of Business, 2003, 1: 151 - 192.

[229] Gracia E. Corporate short-term thinking and the winner-take-all market [EB/OL]. Working Paper, DOI: org/10. 2139/ssrn. 445260, 2003.

[230] Graham J, Harvey C. How do CFOs make capital budgeting and capital structure decisions? [J]. Journal of Applied Corporate Finance, 2002, 15 (1): 8 – 23.

[231] Gunny K. The Relation between earnings management using real activities manipulation and future performance: Evidence from meeting earnings benchmarks [J]. Contemporary Accounting Research, 2010, 27 (3): 855 – 888.

[232] Gupta S, Hwang Y, Schmidt A P. Structural change in the research and experimentation tax credit: Success of failure? [J]. National Tax Journal, 2011, 64 (2): 285 – 322.

[233] Hadlock J C, Pierce R J. New evidence on measuring financial constraints: Moving beyond the KZ index [J]. The Review of Financial Studies, 2010, 23 (5): 1909 – 1940.

[234] Hall B H, Harhoff D. Recent research on the economics of patents [J]. Annual Review of Economics, 2012, 4 (1): 541 – 565.

[235] Hamberg D. Size of firm, oligopoly, and research: The evidence [J]. The Canadian Journal of Economics and Political Science, 1964, 30 (1): 62 – 75.

[236] Haw I M, Qi D, Wu D, Wu W. Market consequences of earnings management in response to security regulations in Chain [J]. Contemporary Accounting Research, 2005, 22 (1): 95 – 140.

[237] Healy P M, Wahlen J M. A Review of the earnings management literature and its implications for standards setting [J]. Accounting Horizons, 1999, 4: 365 – 383.

[238] He Y N, Zhang X D, Hao P P, Dai X Y. A new broom sweeps clean: Evidence of the inhibiting effects of returnee managers on R&D manipulation [J]. Innovation: Organization & Management, 2020, 22 (3): 290 – 315.

[239] Holt J, Skali A, Thomson R. The additionality of R&D tax policy: Quasi-experimental evidence [J]. Technovation, 2021, 107: 102 – 293.

[240] Howitt P, Aghion P. Capital accumulation and innovation as complementary factors in long-run growth [J]. Journal of Economic Growth, 1998 (3): 111 – 130.

[241] Ivus O, Jose M, Sharma R. R&D tax credit and innovation: Evidence from private firms in India [J]. Research Policy, 2021, 50 (1): 104 – 128.

[242] Jaffe A B. Demand and supply influences in R&D intensity and productivity growth [J]. Review of Economics and Statistics, 1988, 70 (3): 431 – 437.

[243] Jensen M C, Meckling W H. Theory of the firm: Managerial behavior, agency costs and ownership structure [J]. Journal of Financial Economics, 1976, 3 (4): 306 – 360.

[244] Jieun C. Do government incentives to promote R&D increase private R&D investment? [J]. The World Bank Research Observer, 2022, 37 (2): 204 – 228.

[245] Jones A. Earnings management during import relief investigations [J]. Journal of Accounting Research, 1991, 29 (2): 193 – 228.

[246] Kasahara H, Shimotsu K, Suzuki M. Does an R&D tax credit affect R&D expenditure? The Japanese R&D tax credit reform in 2003 [J]. Journal of the Japanese & International Economies, 2014, 31: 72 – 97.

[247] Klassen K, Pittman A J, Reed P M, Fortin S. A cross-national comparison of R&D expenditure decisions: Tax incentives and financial constraints [J]. Contemporary Accounting Research, 2004, 21 (3): 639 – 680.

[248] Knoeber C R. Golden parachute, shark repellents, and hostile tender Offers [J]. American Economic Review, 1986, 76 (1): 155 – 167.

[249] Kobayashi Y. Effect of R&D tax credits for SMEs in Japan: A microeconometric analysis focused on liquidity constraints [J]. Small Business Economics, 2014, 42 (2): 311 – 327.

［250］Koga T. Firm size and R&D tax incentives ［J］. Technovation, 2003, 23 (7): 643 –648.

［251］Kothari S P, Leone A J, Wasley C E. Performance matched discretionary accrual measures ［J］. Journal of Accounting and Economics, 2005, 39 (1): 163 –197.

［252］Labeaga J M, Martínez – Ros E, Sanchis A, Sanchis J A. Does persistence in using R&D tax credits help to achieve product innovations? ［J］. Technological Forecasting and Social Change, 2021, 173: 121065.

［253］Landry S, Callimaci A. The effect of management incentives and cross-listing status on the accounting treatment of R&D spending ［J］. Journal of International Accounting, Auditing & Taxation, 2003, 12 (2): 131 –152.

［254］Laplante S K, Skaife H A, Swenson L A, Wangerin D D. Limits of tax regulation: Evidence from strategic R&D classification and the R&D tax credit ［J］. Journal of Accounting & Public Policy, 2019, 38 (2): 89 –105.

［255］Lassen A H, Gersten F, Riis J O. The nexus of corporate entrepreneurship and radical innovation ［J］. Creativity and Innovation Management, 2006, 15 (4): 359 –372.

［256］Laverty K J. Managerial myopia or systemic short-termism?: The importance of managerial system in valuing the long term ［J］. Management Decision, 2004, 42 (8): 949 –962.

［257］Leibenstein H. Allocative efficiency Vs 'X – efficiency' ［J］. American Economic Review, 1966, 56 (3): 392 –415.

［258］Leifer R. Radical innovation: How mature companies can out smart up stars ［M］. Boston: Harvard Business School Press, 2000.

［259］Lundstrum L L. Corporate Investment myopia: A Horse race of the theories ［J］. Journal of Corporate Finance, 2002 (8): 353 –371.

［260］Magrath L, Weld L. Abusive earnings management and early warning signs ［J］. The CPA Journal, 2002, 8: 50 –55.

［261］Malikov K, Gaia S. Do CEO social connections promote corporate malpractices? Evidence from classification shifting ［J］. Accounting Forum,

2022, 46 (4): 369 - 393.

[262] Mande V, Flle R G, Kwak W. Income smoothing and discretionary R&D expenditures of Japanese firms [J]. Contemporary Accounting Research, 2000, 17 (2): 263 - 302.

[263] Manu F A. Innovation orientation, environment and performance: A comparison of U. S. and European markets [J]. Journal of International Business Studies, 1992, 23 (2): 333 - 359.

[264] March J G. Exploration and exploitation in organizational learning [J]. Organization Science, 1991, 2 (1): 71 - 87.

[265] Markarian G, Pozza L, Prencipe A. Capitalization of R&D costs and earnings management: Evidence from Italian listed companies [J]. The International Journal of Accounting, 2008, 43 (3): 246 - 267.

[266] Martin D R, Aldhizer Ⅲ G R, Campbe J L, Baker T A. When earnings management becomes fraud [J]. Internal Auditing, 2002, 17: 14 - 21.

[267] Martínez Ros, Ester, Corchuelo B. The effects of fiscal incentives for R&D in Spain [EB/OL]. Working Paper, DOI: http: //hdl. handle. net/10016/3870, 2009.

[268] McVay S E. Earnings management using classification shifting: An examination of core earnings and special items [J]. The Accounting Review, 2006, 81 (3): 501 - 531.

[269] Merchant K A, Bruns W J. Measurements to cure management myopia [J]. Business Horizons, 1986, 29 (3): 56 - 64.

[270] Merchant K A. The Effects of financial controls on data manipulation and management myopia [J]. Accounting, Organizations and Society, 1990, 15 (4): 297 - 313.

[271] Narayanan M P. Managerial incentives for short-run results [J]. Journal of Finance, 1985, 40 (5): 1469 - 1484.

[272] Nelson M W, Elliott J A, Tarpley R L. Evidence from auditors about managers' and auditors' earnings management decisions [J]. The Accounting Re-

view, 2002, 77: 175 – 202.

[273] Noe T H, Rebello M J. Renegotiation, investment horizons and managerial discretion [J]. Journal of Business, 1997, 70 (3): 385 – 407.

[274] Olena I, Manu J, Ruchi S. R&D tax credit and innovation: Evidence from private firms in India [J]. Research Policy, 2021, 50 (1): 104 – 128.

[275] Osma B G, Young S. R&D expenditure and earnings targets [J]. European Accounting Review, 2009, 18 (1): 7 – 32.

[276] Perry S, Grinaker R. Earnings expectations and discretionary research and development spending [J]. Accounting Horizons, 1994, 8 (4): 43 – 51.

[277] Porter M E. Capital disadvantage: America's failing capital investment system [J]. Harvard Business Review, 1992, 70: 65 – 82.

[278] Prawitt D F, Smith J L, Wood D A. Internal audit quality and earnings management [J]. The Accounting Review, 2009, 84 (4): 1255 – 1280.

[279] Quintas P, Guy K. Collaborative, pre-competitive R&D and the firm [J]. Research Policy, 1995, 24 (3): 325 – 348.

[280] Rao N. Do tax credits stimulate R&D spending? The effect of the R&D tax credit in its first decade [J]. Journal of Public Economics, 2016, 140: 1 – 12.

[281] Richardson V J. Information asymmetry and earnings management: Some evidence [J]. Review of quantitative finance and accounting, 2000, 15: 325 – 347.

[282] Rodrik D. Industrial policy for the twenty-first century [EB/OL]. C. E. P. R. Discussion Papers, DOI: 10. 1515/9781400829354 – 006, 2004.

[283] Rosenbaum P R, Rubin D B. The central role of the propensity score in observational studies for causal effects [J]. Biometrika, 1983, 70 (1): 41 – 55.

[284] Roychowdhury S. Earnings management through real activities manipulation [J]. Journal of Accounting and Economics, 2006, 42 (3): 335 – 370.

[285] Scherer F M. Size of firm, oligopoly, and research: A comment [J]. Canadian Journal of Economics and Political Science, 1965, 31 (2): 256 – 266.

［286］Schipper K. Commentary on earnings management ［J］. Accounting Horizons, 1989, 4: 91 – 102.

［287］Seru A. Firm boundaries matter: Evidence from conglomerates and R&D activity ［J］. Journal of Financial Economics, 2014, 111 (2): 381 – 405.

［288］Shleifer A, Vishny R W. Management entrenchment: The case of manager-specific investments ［J］. Journal of Financial Economics, 1989, 25 (1): 123 – 139.

［289］Skaife H, Swenson L, Wangerin D. Classification shifting of R&D expense ［EB/OL］. Working Papers, 2013, DOI: 10. 2139/ssrn. 1823726.

［290］Smith C, Watts R L. The investment opportunity set and corporate financing, dividend, and compensation policies ［J］. Journal of Financial Economics, 1992, 32 (3): 263 – 292.

［291］Stein J C. Rational capital budgeting in an irrational world ［J］. Journal of Finance, 1996, 69: 429 – 455.

［292］Stein J C. Takeover threats and managerial myopia ［J］. Journal of Political Economy, 1988, 96 (1): 61 – 80.

［293］Sun Z, Lei Z, Yin Z F. Innovation policy in China: Nationally promulgated but locally implemented ［J］. Applied Economics Letters, 2018, 25 (21): 1481 – 1486.

［294］Usman M, Ezeani E, Salem R, et al. The impact of audit characteristics, audit fees on classification shifting: Evidence from Germany ［J］. International Journal of Accounting & Information Management, 2022, 13 (2): 6 – 25.

［295］Von Brasch T, Cappelen A, Hungnes H, Skjerpen T. Modeling R&D spillovers to productivity: The effects of tax credits. ［J］. Economic Modelling, 2021, 101: 105 – 545.

［296］Warda J. Tax treatment of business investments in intellectual assets: An international comparison ［EB/OL］. Working Paper, OECD, 2006.

［297］Watts R L, Zimmerman J L. Positive accounting theory: A ten-year perspective ［J］. The Accounting Review, 1990, 1: 131 – 156.

［298］ Yang C, Huang C, Hou T C. Tax incentives and R&D activity: Firm-level evidence from Taiwan ［J］. Research Policy, 2012, 41 （9）: 1578 – 1588

［299］ Zalata A, Roberts C. Internal corporate governance and classification shifting practices: An analysis of UK corporate behavior ［J］. Journal of Accounting, Auditing & Finance, 2016, 31 （1）: 51 – 78.

［300］ Zang A Y. Evidence on the trade-off between real activities manipulation and accrual-based earnings management ［J］. The Accounting Review, 2012, 87 （2）: 675 – 703.

［301］ Zarowin P, Oswald D R. Capitalization vs expensing of R&D and earnings management ［EB/OL］. Working Paper, available at SSRN: http: // ssrn. com/abstract = 739225, 2005.

［302］ Zhang X D, He Y N. R&D – based earnings management, accounting performance and market return: Evidence from national-recognized enterprise technology centers in China ［J］. Chinese Management Studies, 2013, 7 （4）: 572 – 585.

［303］ Zhao Y J, Chen K H, Zhang Y Q, Davis M. Takeover protection and managerial myopia: Evidence from real earnings management ［J］. Journal of Accounting and Public Policy, 2012, 31 （1）: 109 – 135.

附　　录

附表 1　　研发费用加计扣除政策享受披露的具体形式及频数（2020 年）

披露形式	披露频数
研发费用加计扣除	415
研发费用加计扣除的影响	253
研究开发费加成扣除的纳税影响	151
研发费用加计扣除	135
研发费加计扣除的影响	122
研发费用加计扣除的影响	83
研发费加计扣除	77
研发费用加计扣除影响	63
研发加计扣除	55
研发加计扣除的影响	55
研究开发费加成扣除的纳税影响	44
研发费加计扣除的影响	38
技术开发费加计扣除的影响	29
研发加计扣除的影响	25
研发支出加计扣除	24
研发费用加计扣除影响	23
研发费加计扣除	22
研发加计扣除	21
研发支出加计扣除的影响	18
研发加计扣除影响	17
研发费加计扣除影响	16
技术开发费加计扣除	13
研究开发费加计扣除的影响	13

续表

披露形式	披露频数
研发支出加计扣除的影响	12
研究开发费用加计扣除的影响	11
研发加计扣除影响	9
研究开发费加计扣除的纳税影响	9
技术开发费加计扣除影响	9
研发费用等费用项目加计扣除	8
研究开发费加成扣除的纳税影响（以"－"填列）	8
研究开发费用加计扣除	7
研究开发费加计扣除	7
研究开发费加成扣除的纳税影响（以"－"填列）	7
研发费加计扣除影响	6
研发费用等加计扣除的影响	6
加计扣除的技术开发费用	6
研发支出加计扣除影响	6
技术开发费加计扣除的影响	5
研发费用加计扣除金额	5
研发费用加计扣除优惠	5
研究开发费加成扣除的纳税影响（以"－"填列）	5
研发费用的加计扣除	4
研究开发费加计扣除影响	4
研发费加计扣除对所得税的影响	4
研发费加计扣除对所得税的影响	4
研发加计扣除及其他	4
研发费用加计扣除的纳税影响	4
研发费用加计扣除对所得税的影响	4
本期研发费用加计扣除的影响	3
研究开发费等加计扣除的纳税影响	3
高新技术企业研发费用加计扣除	3

续表

披露形式	披露频数
研发支出加计扣除	3
加计扣除的研发费用	3
研发费加计扣除的税额影响	3
研发费用加计扣除金额的影响	3
其他（研发费用加计扣除）	3
高新技术企业技术开发费加计扣除的影响	3
研究开发费加计扣除的影响	3
按税费规定的技术开发费加计扣除	3
加计扣除研发费用	3
研究开发费加计扣除	3
技术研发费加计扣除的影响	3
研发费用	3
加计扣除的技术开发费用	3
研究开发费加计扣除的纳税影响	3
研发费用加计扣除对税额的影响	3
研发费用加计扣除等纳税调减额的影响	2
新产品技术开发费用加计扣除的税额影响	2
研发支出加计扣除纳税调整额的影响	2
当年研发费加计扣除的影响	2
研究开发费用加计扣除所得税影响	2
研发费用加计扣除抵减所得税	2
研发费用加计扣除等	2
技术开发费加成扣除影响	2
研发支出加计扣除对所得税的影响	2
税法规定的额外可扣除费用——研发费用加计扣除	2
研发费用及其他费用加计扣除影响	2
研发经费等加计扣除影响	2
研究开发费加计扣除数的影响	2

披露形式	披露频数
技术研发费加计扣除的影响	2
研究开发费用加计扣除影响	2
技术开发费加成扣除	2
研究开发费用加计扣除的影响	2
研究开发费加计扣除影响	2
研发费用加计扣除对所得税费用的影响	2
技术开发费加计扣除影响	2
按税法规定的技术开发费加计扣除	2
研发费用的加计扣除的影响	2
研发费用加计扣除费用的影响	2
研发费加计扣除的税额影响	2
额外可扣除费用的影响（研发费用加计扣除）	2
研发加计扣除费用	2
技术开发费用加计扣除	1
研发经费加计扣除的影响	1
可加计扣除的研发费用	1
所得税加计扣除（研发费用）	1
技术开发费加计扣除等的影响	1
研发费用的加计扣除影响数	1
研发支出加计扣除等调减事项产生的影响	1
技术研发费加计扣除之纳税影响	1
研发费加计扣除的影响	1
研发加计扣除及其他	1
税法规定研发支出可加计扣除的影响	1
技术开发费加计扣除纳税影响金额	1
研发加计扣除的纳税影响	1
税法规定的额外可扣除费用（研发费）	1
额外扣除费用1：研发费加计扣除	1

续表

披露形式	披露频数
研发费加计扣除等	1
研发费用等扣除的影响	1
科研经费加计扣除	1
研发费加计扣除所得税的影响	1
研发费用75%加计扣除的影响	1
研发费用、小微企业加计扣除	1
对于研发支出加计扣除和无形资产加计摊销的所得税影响	1
研发费用等费用项目加计扣除	1
研发费用等加计扣除纳税调减的影响	1
高新技术企业研发费用加计扣除的影响	1
高新企业研发支出加计扣除项	1
研发费用加计扣除优惠的影响	1
研发加计扣除费用的影响	1
研究开发费等加成扣除的纳税影响	1
研发费用加计扣除影响额	1
研发费用加诸扣除影响	1
研发加计扣除对所得税影响	1
研发加计扣除数	1
研发费用等加计扣除	1
技术开发费加成扣除影响	1
研发支出加计扣除费用的影响	1
技术服务费加扣	1
研发费用加计扣除损的影响	1
技术开发费加计扣除影响金额	1
研发费用加计扣除税收影响	1
研发费用等加计扣除影响	1
研发费用加减扣除	1
技术开发加计扣除	1

续表

披露形式	披露频数
研发支出影响	1
研究开发费加成等扣除的纳税影响	1
研发费用加计抵扣影响	1
研发费用加计扣除纳税调整额	1
税法规定的额外可扣除费用 – 研发费加计扣除	1
额外可扣除费用（研发开支）的影响	1
对于研发支出加计扣除所得税的影响	1
研发费用及其他项加计扣除	1
研发费用按 175% 加计扣除之纳税影响	1
研发加计扣除的汇算清缴差异	1
额外可扣除费用的影响（研发费用加计扣除）	1
研发费用加及扣除	1
研发费用加计扣除税务影响	1
研发费用的加计扣除的影响	1
研究开发费加计扣除的税额影响	1
研发费用加计扣除费用的影响	1
研发加计扣除项目	1
其他（研发费用加计扣除的影响）	1
其他 2：研发费加计扣除	1
研发费用等加计扣除项目的影响	1
研发等其他加计扣除影响	1
研发费加计	1
研发费用计价扣除	1
研发费的加计扣除	1
其他 – 研发加计扣除的税额影响	1
研究开发费加计扣除的税额影响	1
税法规定的额外可扣除费用（研发加计）	1
研发加计扣除及其他调减事项的影响	1

披露形式	披露频数
研究开发成本加计扣除	1
研究开发成本加计扣除的影响	1
研发费支出加计扣除影响	1
准予加计扣除的研发费用	1
研发费用加计的扣除影响	1
其他－研发费用加计扣除	1
研发费用等加计扣除	1
研发费等加计扣除影响	1
加计扣除、加计摊销等税法规定的额外可扣除费用的影响	1
研发费用的加计扣除	1
其他－研发加计扣除影响等	1
对于研发支出加计扣除和无形资产加计摊销的所得税影响的披露	1
其他（研究开发费加计扣除等的影响）	1
研发费用加计扣除项目的影响	1
高新技术企业加计扣除的影响	1
研究开发费用加计扣除及其他	1
研发经费加计扣除的影响	1
研发加计扣除所得税的影响	1
研发费用加计扣除税收影响	1
研究开发费用加计扣除的纳税影响	1
研发加计扣除等调整	1
研发项目费用支出加计扣除的影响	1
税法规定的额外可扣除费用（如：加计扣除金额）	1
税收优惠其中：研发费用加计扣除	1
科技开发费用加计扣除	1
加计扣除之研发费用	1
研发费加计扣除等的影响	1
研发费加计扣除纳税调减	1

续表

披露形式	披露频数
加计扣除研发费的影响	1
研发等加计扣除的影响	1
研发费加计扣除对企业所得税的影响	1
研发加计扣除影响数	1
研究开发费用附加扣除额	1
其他（研发费用加计扣除等）	1
额外可扣除费用的影响（研发加计扣除等）	1
高新技术企业技术研发费加计扣除	1
研发费用的影响	1
研发费用加计扣除的税额影响	1
其他（注）注1：报告期内研发加计扣除金额对企业所得税的影响数	1
税法规定的额外可扣除费用（研发费用－加计扣除）	1
高新技术企业研发费用加计扣除	1
研发费用加计扣除数影响	1
研发费加计扣除的影响（注）	1
研发费用加计扣除数	1
研发费用加计扣除数的影响	1
研发费用加计扣除及其他	1
研发费等加计扣除的影响	1
研发费加计扣除等税收优惠	1
技术研发费加计扣除	1
研发加计扣除及其他税法规定的额外可扣除费用	1
研发支出加计扣除数的影响	1
研发费等费用加计扣除费用的影响	1
对于研发支出加计扣除和无形资产加计摊销的所得税影响的披露	1
减：加计扣除费用的影响	1
税法规定的可扣除项目（研发加计扣除等）	1
可加计扣除的研发支出	1

披露形式	披露频数
高新技术企业研发费加计扣除	1
研发加计扣除（残疾人加计扣除另算）	1
加计扣除研发费用的影响	1
研发费用加计扣除的影响	1
其他（加计扣除）	1
加计扣除研发费的影响	1
加计扣除的研发费用影响	1
技术开发费加计扣除	1
研发费用加计扣除的纳税影响	1
对于研发支出加计扣除和无形资产加计摊销的所得税影响	1
准予加计扣除的研发费（注）	1
科研费用75%加计扣除	1
可抵扣的研发加计扣除影响	1
加记扣除的研发费用	1
研发费加计抵扣	1
研究开发费用加计扣除的税额影响	1
税法规定的可扣除费用（研发加计扣除等）	1
研发费用及其他可加计扣除的影响	1
研发费加计扣除及减免税	1
研发费加计扣除的所得税影响	1
技术研发费加计扣除	1
研究开发费用	1
研发费用之加计扣除	1
研发费用加计扣除等	1
其他（研发费用加计扣除影响额）	1
研发支出加计扣除和无形资产加计摊销的所得税影响	1
研发加计扣除金额影响	1
满足条件的研发费用加计扣除之纳税影响	1

披露形式	披露频数
其他税收优惠（注）注：其他税收优惠主要为技术研发费加计扣除	1
研究开发费附加扣除额	1
税法规定可额外扣除的研发费用的影响	1
研发项目可加计扣除的影响	1
研发费加计扣除的纳税影响	1
技术开发费加计扣除等的影响	1
研发费用加计扣除产生的所得税影响	1
加计扣除（研发费用）	1
研究开发费用附加扣除额的影响	1
研发费用加计扣除等的影响	1
税法规定的额外可扣除费用（研究开发费用加计扣除）	1
研发费加计扣除的影响额	1
研发支出等加计扣除项目的影响	1
研发费加计扣除纳税调整额	1

资料来源：本表由作者整理所得。

附表2　　　　研发费用加计扣除政策享受情况分年度描述性统计

Panel A 研发费用加计扣除纳税调整额（ln$Credit$）① 分年度描述性统计

年度	N	Mean	Sd	Min	P50	Max
2016	960	14.87	1.262	9.53	14.81	19.86
2017	1299	14.96	1.242	9.58	14.93	20.05
2018	1347	15.51	1.281	10.18	15.45	20.35
2019	1633	15.60	1.264	9.06	15.56	20.20
2020	1801	15.70	1.265	9.39	15.61	21.26
Total	7040	15.39	1.305	9.06	15.35	21.26

①　由于企业研发费用加计扣除纳税调整额（$Credit$）量纲较大，因此在此处描述性统计时，对其取对数处理。

续表

Panel B 研发加计扣除纳税调整率（*Creditr*）分年度描述性统计

年度	N	Mean	Sd	Min	P50	Max
2016	960	0.16	0.16	0.00	0.12	0.99
2017	1299	0.16	0.16	0.00	0.12	0.99
2018	1347	0.24	0.21	0.00	0.18	1.00
2019	1633	0.26	0.21	0.00	0.19	1.00
2020	1801	0.26	0.21	0.00	0.20	1.00
Total	7040	0.23	0.20	0.00	0.16	1.00

资料来源：本表由作者计算所得。

附表3　　　研发费用加计扣除政策享受情况分地区描述性统计

Panel A 研发费用加计扣除纳税调整额（*Credit*）分地区描述性统计

省份	N	Mean	Sd	Min	P50	Max
上海	448	15.50	1.23	10.21	15.48	20.27
云南省	41	15.12	1.40	11.63	15.61	16.86
内蒙古自治区	25	15.35	1.26	13.11	15.25	17.43
北京	504	15.64	1.63	9.06	15.49	21.26
吉林省	60	15.29	1.48	11.62	15.52	19.39
四川省	200	15.08	1.32	9.70	14.98	18.54
天津	56	15.87	1.15	13.67	15.65	18.59
宁夏回族自治区	7	13.07	2.36	10.16	12.77	15.61
安徽省	237	15.61	1.22	12.62	15.62	18.65
山东省	414	15.47	1.35	10.27	15.52	19.18
山西省	26	14.98	1.51	11.05	15.43	17.13
广东省	1366	15.47	1.24	10.18	15.40	20.28
广西壮族自治区	39	15.34	1.19	13.28	15.21	18.66
新疆维吾尔自治区	33	15.40	2.11	11.82	14.67	18.56
江苏省	961	15.19	1.17	11.79	15.12	20.05
江西省	105	15.14	1.31	11.27	15.09	18.19

续表

Panel A 研发费用加计扣除纳税调整额（*Credit*）分地区描述性统计

省份	N	Mean	Sd	Min	P50	Max
河北省	102	15.11	1.21	11.39	15.12	19.28
河南省	153	15.74	1.17	11.99	15.86	19.10
浙江省	1251	15.53	1.19	9.39	15.45	20.03
海南省	27	14.50	1.30	12.04	14.45	17.07
湖北省	146	15.51	1.60	10.95	15.48	19.39
湖南省	215	14.93	1.24	10.77	15.01	18.41
甘肃省	26	14.66	1.76	10.07	14.55	18.17
福建省	202	15.35	1.29	12.48	15.29	19.56
西藏自治区	36	14.30	1.42	11.02	14.58	16.90
贵州省	32	14.71	0.97	11.92	14.99	16.06
辽宁省	109	15.22	1.09	13.32	15.09	17.49
重庆	67	15.32	1.57	10.59	15.16	18.84
陕西省	84	15.05	1.24	10.49	15.10	18.01
青海省	14	14.99	2.08	11.00	15.14	17.67
黑龙江省	54	15.13	1.20	11.79	15.17	17.54
Total	7040	15.39	1.31	9.06	15.35	21.26

Panel B 研发费用加计扣除纳税调整率（*Creditr*）分地区描述性统计

省份	N	Mean	Sd	Min	P50	Max
上海	448	0.25	0.21	0.00	0.19	0.99
云南省	41	0.16	0.19	0.00	0.08	0.73
内蒙古自治区	25	0.20	0.23	0.01	0.09	0.82
北京	504	0.24	0.21	0.00	0.17	0.98
吉林省	60	0.19	0.18	0.00	0.13	0.98
四川省	200	0.20	0.20	0.00	0.13	0.90
天津	56	0.25	0.19	0.02	0.18	0.74
宁夏回族自治区	7	0.08	0.07	0.00	0.06	0.19
安徽省	237	0.25	0.21	0.00	0.18	0.94

续表

Panel B 研发费用加计扣除纳税调整率（*Creditr*）分地区描述性统计

省份	N	Mean	Sd	Min	P50	Max
山东省	414	0.20	0.20	0.00	0.14	0.99
山西省	26	0.18	0.18	0.01	0.11	0.74
广东省	1366	0.26	0.21	0.00	0.19	0.99
广西壮族自治区	39	0.19	0.16	0.01	0.13	0.63
新疆维吾尔自治区	33	0.19	0.19	0.00	0.16	0.78
江苏省	961	0.21	0.18	0.00	0.17	1.00
江西省	105	0.22	0.20	0.00	0.15	0.96
河北省	102	0.17	0.19	0.00	0.10	0.99
河南省	153	0.24	0.21	0.00	0.18	0.94
浙江省	1251	0.22	0.19	0.00	0.17	0.98
海南省	27	0.14	0.15	0.01	0.09	0.51
湖北省	146	0.24	0.23	0.00	0.17	1.00
湖南省	215	0.20	0.18	0.01	0.13	0.90
甘肃省	26	0.18	0.18	0.00	0.12	0.68
福建省	202	0.22	0.21	0.00	0.15	0.94
西藏自治区	36	0.13	0.16	0.01	0.06	0.64
贵州省	32	0.12	0.11	0.01	0.08	0.37
辽宁省	109	0.22	0.22	0.00	0.14	0.92
重庆	67	0.20	0.19	0.00	0.13	0.88
陕西省	84	0.18	0.20	0.00	0.10	0.84
青海省	14	0.11	0.12	0.00	0.06	0.36
黑龙江省	54	0.19	0.19	0.00	0.12	0.75
Total	7040	0.23	0.20	0.00	0.16	1.00

Panel C 研发费用加计扣除政策享受持续性（*Persistent*）分地区描述性统计

省份	N	Mean	Sd	Min	P50	Max
上海	186	0.84	0.27	0.00	1.00	1.00
云南省	19	0.75	0.32	0.17	1.00	1.00

Panel C 研发费用加计扣除政策享受持续性（*Persistent*）分地区描述性统计

省份	N	Mean	Sd	Min	P50	Max
内蒙古自治区	11	0.74	0.33	0.22	1.00	1.00
北京	232	0.79	0.31	0.00	1.00	1.00
吉林省	25	0.82	0.33	0.08	1.00	1.00
四川省	83	0.75	0.31	0.17	1.00	1.00
天津	27	0.55	0.38	0.00	0.41	1.00
宁夏回族自治区	4	0.67	0.35	0.17	0.75	1.00
安徽省	96	0.83	0.26	0.17	1.00	1.00
山东省	155	0.79	0.29	0.00	1.00	1.00
山西省	17	0.58	0.43	0.00	0.40	1.00
广东省	509	0.81	0.28	0.00	1.00	1.00
广西壮族自治区	16	0.74	0.33	0.25	1.00	1.00
新疆维吾尔自治区	18	0.58	0.47	0.00	0.83	1.00
江苏省	359	0.83	0.27	0.00	1.00	1.00
江西省	48	0.65	0.30	0.00	0.67	1.00
河北省	43	0.80	0.29	0.17	1.00	1.00
河南省	58	0.78	0.31	0.11	1.00	1.00
浙江省	404	0.81	0.28	0.00	1.00	1.00
海南省	11	0.76	0.30	0.25	0.90	1.00
湖北省	63	0.74	0.33	0.00	1.00	1.00
湖南省	78	0.77	0.31	0.11	1.00	1.00
甘肃省	14	0.79	0.35	0.00	1.00	1.00
福建省	100	0.84	0.27	0.20	1.00	1.00
西藏自治区	13	0.80	0.29	0.33	1.00	1.00
贵州省	15	0.77	0.34	0.20	1.00	1.00
辽宁省	41	0.76	0.30	0.08	1.00	1.00
重庆	29	0.75	0.34	0.00	1.00	1.00
陕西省	31	0.87	0.20	0.33	1.00	1.00

续表

Panel C 研发费用加计扣除政策享受持续性（*Persistent*）分地区描述性统计

省份	N	Mean	Sd	Min	P50	Max
青海省	7	0.71	0.33	0.33	0.83	1.00
黑龙江省	22	0.80	0.31	0.17	1.00	1.00
Total	2734①	0.80	0.29	0.00	1.00	1.00

资料来源：本表由作者计算所得。

附表 4　　　研发费用加计扣除政策享受情况分行业描述性统计

Panel A 研发费用加计扣除纳税调整额（*Credit*）分行业描述性统计

行业	N	Mean	Sd	Min	P50	Max
专用设备制造业	581	15.34	1.16	11.18	15.24	19.42
交通运输、仓储和邮政业	64	14.25	1.56	9.39	14.21	19.08
仪器仪表制造业	155	15.13	1.10	12.33	15.20	17.68
信息传输、软件和信息技术服务业	692	15.58	1.19	10.21	15.51	19.41
其他制造业	27	14.40	0.72	12.95	14.32	16.22
农、林、牧、渔业	24	14.78	1.40	11.82	14.69	17.90
农副食品加工业	85	14.61	1.53	10.27	14.73	17.96
化学原料和化学制品制造业	501	15.20	1.21	11.01	15.22	19.18
化学纤维制造业	55	15.83	1.68	11.28	16.13	19.95
医药制造业	646	15.36	1.31	10.49	15.39	20.05
卫生和社会工作	16	15.55	1.41	13.58	15.70	17.96
印刷和记录媒介复制业	41	14.72	1.16	12.32	14.68	16.94
家具制造业	76	15.59	0.85	14.28	15.46	17.54
居民服务、修理和其他服务业	2	14.34	0.29	14.14	14.34	14.54
废弃资源综合利用业	9	15.50	0.75	14.10	15.39	16.86
建筑业	177	15.50	2.09	9.53	15.21	21.15
教育	13	14.65	1.69	11.93	14.92	17.36

---

① 由于研发费用加计扣除政策享受持续性为截面数据，因此观测值与其他表格不同，下同。

Panel A 研发费用加计扣除纳税调整额（*Credit*）分行业描述性统计

行业	N	Mean	Sd	Min	P50	Max
文教、工美、体育和娱乐用品制造业	31	14.65	1.37	12.01	14.57	18.27
有色金属冶炼和压延加工业	135	15.25	1.24	10.07	15.34	18.37
木材加工和木、竹、藤、棕、草制品业	11	14.86	1.12	12.58	14.93	16.48
橡胶和塑料制品业	199	15.30	1.09	11.90	15.22	18.69
水利、环境和公共设施管理业	103	15.10	0.97	11.50	15.01	17.43
汽车制造业	340	15.79	1.31	9.06	15.69	20.28
电力、热力、燃气及水生产和供应业	85	14.36	1.48	9.70	14.49	18.83
电气机械和器材制造业	616	15.60	1.17	11.67	15.49	19.56
皮革、毛皮、羽毛及其制品和制鞋业	27	15.04	0.48	13.92	15.05	15.68
石油加工、炼焦和核燃料加工业	20	14.87	1.09	12.67	15.03	16.68
科学研究和技术服务业	133	15.19	1.15	10.18	15.22	17.25
纺织业	89	1.08	11.41	15.23	17.38	
纺织服装、服饰业	58	14.94	1.42	10.72	15.08	17.96
综合	21	15.49	1.17	12.73	15.66	17.22
计算机、通信和其他电子设备制造业	894	15.77	1.32	12.45	15.66	20.27
通用设备制造业	338	15.38	1.08	11.28	15.25	18.56
造纸和纸制品业	71	15.60	1.21	11.71	15.66	18.73
酒、饮料和精制茶制造业	49	14.46	1.37	10.69	14.50	17.20
采矿业	70	15.49	1.78	12.02	15.52	18.92
金属制品业	164	15.04	1.14	10.59	15.12	17.46
金融业	5	15.15	0.83	13.79	15.40	15.99
铁路、船舶、航空航天和其他运输设备制造业	115	15.71	1.46	12.35	15.47	21.26
非金属矿物制品业	162	15.02	1.18	10.16	14.92	18.09
食品制造业	96	14.92	1.09	12.13	14.81	18.03
黑色金属冶炼和压延加工业	44	16.46	1.42	13.19	16.69	18.66
Total	7040	15.39	1.31	9.06	15.35	21.26

Panel B 研发费用加计扣除纳税调整率（*Creditr*）分行业描述性统计

行业	N	Mean	Sd	Min	P50	Max
专用设备制造业	581	0.25	0.20	0.00	0.19	0.93
交通运输、仓储和邮政业	64	0.07	0.11	0.00	0.02	0.59
仪器仪表制造业	155	0.24	0.17	0.01	0.19	0.82
信息传输、软件和信息技术服务业	692	0.33	0.23	0.00	0.28	0.99
其他制造业	27	0.17	0.19	0.01	0.09	0.70
农、林、牧、渔业	24	0.20	0.25	0.00	0.08	0.80
农副食品加工业	85	0.08	0.08	0.00	0.07	0.37
化学原料和化学制品制造业	501	0.17	0.14	0.00	0.14	1.00
化学纤维制造业	55	0.14	0.12	0.00	0.11	0.54
医药制造业	646	0.16	0.15	0.00	0.12	0.94
卫生和社会工作	16	0.09	0.09	0.02	0.04	0.35
印刷和记录媒介复制业	41	0.15	0.17	0.01	0.09	0.82
家具制造业	76	0.21	0.18	0.01	0.15	0.89
居民服务、修理和其他服务业	2	0.29	0.13	0.20	0.29	0.38
废弃资源综合利用业	9	0.21	0.22	0.04	0.11	0.63
建筑业	177	0.15	0.16	0.00	0.10	0.85
教育	13	0.14	0.18	0.00	0.09	0.56
文教、工美、体育和娱乐用品制造业	31	0.28	0.27	0.00	0.19	0.97
有色金属冶炼和压延加工业	135	0.17	0.15	0.00	0.13	0.89
木材加工和木、竹、藤、棕、草制品业	11	0.06	0.03	0.01	0.04	0.11
橡胶和塑料制品业	199	0.22	0.19	0.02	0.16	0.97
水利、环境和公共设施管理业	103	0.15	0.14	0.00	0.11	0.64
汽车制造业	340	0.25	0.19	0.00	0.20	0.93
电力、热力、燃气及水生产和供应业	85	0.08	0.13	0.00	0.03	0.68
电气机械和器材制造业	616	0.25	0.20	0.00	0.19	0.98
皮革、毛皮、羽毛及其制品和制鞋业	27	0.13	0.15	0.03	0.10	0.79
石油加工、炼焦和核燃料加工业	20	0.06	0.06	0.01	0.05	0.23
科学研究和技术服务业	133	0.21	0.17	0.01	0.16	0.89
纺织业	89	0.15	0.13	0.00	0.11	0.58

续表

Panel B 研发费用加计扣除纳税调整率（*Creditr*）分行业描述性统计

行业	N	Mean	Sd	Min	P50	Max
纺织服装、服饰业	58	0.10	0.08	0.00	0.08	0.32
综合	21	0.16	0.13	0.00	0.08	0.42
计算机、通信和其他电子设备制造业	894	0.32	0.23	0.00	0.25	1.00
通用设备制造业	338	0.23	0.18	0.02	0.19	1.00
造纸和纸制品业	71	0.23	0.19	0.01	0.18	0.86
酒、饮料和精制茶制造业	49	0.03	0.03	0.00	0.02	0.14
采矿业	70	0.14	0.16	0.00	0.09	0.97
金属制品业	164	0.22	0.21	0.00	0.14	0.96
金融业	5	0.27	0.28	0.04	0.20	0.75
铁路、船舶、航空航天和其他运输设备制造业	115	0.24	0.19	0.02	0.19	0.85
非金属矿物制品业	162	0.17	0.15	0.00	0.13	0.84
食品制造业	96	0.12	0.11	0.01	0.08	0.51
黑色金属冶炼和压延加工业	44	0.15	0.20	0.00	0.08	0.92
Total	7040	0.23	0.20	0.00	0.16	1.00

Panel C 研发费用加计扣除政策享受持续性（*Persistent*）分地区描述性统计

行业	N	Mean	Sd	Min	P50	Max
专用设备制造业	228	0.79	0.30	0.00	1.00	1.00
仪器仪表制造业	34	0.71	0.38	0.00	1.00	1.00
其他制造业	56	0.84	0.26	0.08	1.00	1.00
信息传输、软件和信息技术服务业	285	0.79	0.30	0.00	1.00	1.00
其他制造业	12	0.81	0.30	0.25	1.00	1.00
农、林、牧、渔业	13	0.80	0.28	0.33	1.00	1.00
农副食品加工业	30	0.82	0.29	0.25	1.00	1.00
化学原料和化学制品制造业	207	0.82	0.28	0.00	1.00	1.00
化学纤维制造业	21	0.75	0.31	0.08	0.83	1.00
医药制造业	223	0.75	0.31	0.00	1.00	1.00
卫生和社会工作	5	0.88	0.28	0.38	1.00	1.00

Panel C 研发费用加计扣除政策享受持续性（*Persistent*）分地区描述性统计

行业	N	Mean	Sd	Min	P50	Max
印刷和记录媒介复制业	13	0.87	0.23	0.38	1.00	1.00
家具制造业	21	0.86	0.24	0.25	1.00	1.00
居民服务、修理和其他服务业	1	0.67	—	0.67	0.67	0.67
废弃资源综合利用业	5	0.75	0.35	0.33	1.00	1.00
建筑业	66	0.81	0.29	0.00	1.00	1.00
教育	7	0.62	0.30	0.33	0.67	1.00
文教、工美、体育和娱乐用品制造业	11	0.70	0.38	0.33	1.00	1.00
有色金属冶炼和压延加工业	55	0.77	0.33	0.00	1.00	1.00
木材加工和木、竹、藤、棕、草制品业	4	0.64	0.26	0.40	0.58	1.00
橡胶和塑料制品业	78	0.78	0.30	0.00	1.00	1.00
水利、环境和公共设施管理业	44	0.84	0.26	0.17	1.00	1.00
汽车制造业	124	0.82	0.27	0.17	1.00	1.00
电力、热力、燃气及水生产和供应业	37	0.68	0.32	0.17	0.67	1.00
电气机械和器材制造业	216	0.80	0.29	0.00	1.00	1.00
皮革、毛皮、羽毛及其制品和制鞋业	8	0.91	0.21	0.42	1.00	1.00
石油加工、炼焦和核燃料加工业	11	0.83	0.25	0.25	1.00	1.00
科学研究和技术服务业	50	0.92	0.20	0.33	1.00	1.00
纺织业	34	0.78	0.35	0.00	1.00	1.00
纺织服装、服饰业	26	0.73	0.34	0.00	1.00	1.00
综合	6	0.76	0.32	0.33	0.92	1.00
计算机、通信和其他电子设备制造业	357	0.83	0.28	0.00	1.00	1.00
通用设备制造业	123	0.80	0.29	0.00	1.00	1.00
造纸和纸制品业	26	0.85	0.26	0.17	1.00	1.00
酒、饮料和精制茶制造业	23	0.84	0.26	0.17	1.00	1.00
采矿业	36	0.65	0.37	0.00	0.78	1.00
金属制品业	58	0.79	0.30	0.00	1.00	1.00
金融业	2	1.00	0.00	1.00	1.00	1.00
铁路、船舶、航空航天和其他运输设备制造业	51	0.76	0.34	0.00	1.00	1.00
非金属矿物制品业	67	0.78	0.28	0.08	1.00	1.00

Panel C 研发费用加计扣除政策享受持续性（*Persistent*）分地区描述性统计

行业	N	Mean	Sd	Min	P50	Max
食品制造业	40	0.79	0.31	0.08	1.00	1.00
黑色金属冶炼和压延加工业	20	0.62	0.34	0.00	0.67	1.00
Total	2734	0.80	0.30	0.00	1.00	1.00

资料来源：本表由作者计算所得。

附表 5　　　　　　　　　　**共同支撑假设结果（2017～2018 年）**

处理结果分配	共同支撑域		总计
	On support	Off support	
处理组	775	5	780
控制组	852	18	870
总计	1627	23	1650

资料来源：本表由作者计算所得。

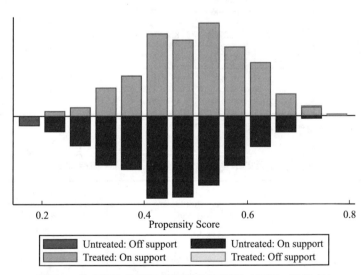

附图 1　处理组和控制组倾向得分值范围（2017～2018 年）

资料来源：本图由作者使用 stata 软件计算绘制。

附表6　　　　　　　　平行假设检验结果（2017～2018年）

协变量	样本	均值		偏差（%）	偏差减少（%）	t检验
		处理组	控制组			P值
Lev	匹配前	0.386	0.441	−28.9	91.5	0.000
	匹配后	0.388	0.392	−2.5		0.612
Size	匹配前	22.248	22.575	−27.2	98.1	0.000
	匹配后	22.259	22.265	0.5		0.913
Roa	匹配前	0.041	0.027	18.6	78.2	0.000
	匹配后	0.041	0.038	4.1		0.406
Growth	匹配前	0.225	0.191	9.6	97.5	0.052
	匹配后	0.225	0.226	−0.2		0.964
InExecutive_3	匹配前	14.538	14.597	6.1	77.8	0.215
	匹配后	14.534	14.543	−1.4		0.786
Dual	匹配前	0.286	0.240	10.4	80.2	0.035
	匹配后	0.285	0.276	2.1		0.2692
Hld_3	匹配前	46.547	46.950	−2.9	−28.3	0.562
	匹配后	46.606	46.089	3.7		0.464
Bsize	匹配前	8.276	8.445	−10.6	88.2	0.031
	匹配后	8.277	8.257	1.3		0.798
Ind	匹配前	37.961	37.910	0.9	−263.0	0.193
	匹配后	37.973	37.787	3.3		0.673

资料来源：本表由作者计算所得。

附表7　　　　　创新产出及效率全样本回归结果（2017～2018年）

变量	Lnpatent	Efficiency
Treat × Time	0.2301 ** (2.0747)	0.0248 ** (2.1146)
Lev	−0.9098 (−0.9516)	−0.1275 (−1.3311)
Size	−0.8950 *** (−2.8916)	−0.1430 *** (−4.3032)

续表

变量	Lnpatent	Efficiency
Roa	2. 8275 *** (2. 7811)	0. 3273 *** (3. 2097)
Growth	0. 4898 *** (3. 3749)	0. 0474 *** (3. 0248)
InExecutive_3	0. 3191 * (1. 6955)	0. 0358 * (1. 7335)
Dual	− 0. 3895 ** (− 2. 2607)	− 0. 0513 *** (− 2. 6137)
Hld_3	− 0. 0115 (− 0. 6047)	− 0. 0019 (− 0. 8232)
Bsize	− 0. 1819 *** (− 3. 0424)	− 0. 0228 *** (− 3. 2676)
Ind	− 0. 0194 (− 1. 2431)	− 0. 0020 (− 1. 2247)
Cons	24. 1213 *** (3. 3442)	3. 6314 *** (4. 7128)
时间固定效应	控制	
个体固定效应	控制	
行业时间趋势	控制	
观测值	1627	1627
R − squared	0. 1423	0. 1783

注：括号内为 t 值；*** 、** 和 * 分别表示在 1% 、5% 和 10% 的水平上显著。
资料来源：本表由作者计算所得。

附表 8　　创新产出及效率分行业回归结果（2017 ~ 2018 年）

变量	Lnpatent		Efficiency	
	非高新	高新	非高新	高新
Treat × Time	− 0. 0154 (− 0. 0873)	0. 4338 *** (2. 6993)	− 0. 0055 (− 0. 3053)	0. 0501 *** (2. 8457)
Lev	0. 5304 (0. 2975)	− 1. 3501 (− 1. 1703)	− 0. 0126 (− 0. 0746)	− 0. 1666 (− 1. 3773)

续表

变量	Lnpatent		Efficiency	
	非高新	高新	非高新	高新
Size	− 1.0162 * (− 1.8207)	− 0.6374 (− 1.6471)	− 0.1561 *** (− 2.7196)	− 0.1171 *** (− 2.8733)
Roa	4.1109 ** (2.2797)	2.6755 ** (1.9786)	0.4664 *** (2.7929)	0.3088 ** (2.1213)
Growth	0.5032 ** (2.0799)	0.3967 ** (1.9925)	0.0483 ** (1.9681)	0.0382 * (1.7095)
InExecutive_3	0.1784 (0.5443)	0.4157 * (1.7861)	0.0251 (0.7276)	0.0396 (1.4966)
Dual	− 0.3666 (− 1.4426)	− 0.4935 ** (− 2.1433)	− 0.0445 (− 1.4096)	− 0.0592 ** (− 2.2445)
Hld_3	− 0.0339 (− 0.7799)	− 0.0069 (− 0.3228)	− 0.0059 (− 1.0678)	− 0.0001 (− 0.0437)
Bsize	− 0.2410 *** (− 3.4108)	− 0.0815 (− 0.8481)	− 0.0270 *** (− 3.4421)	− 0.0132 (− 1.1292)
Ind	− 0.0090 (− 0.4507)	− 0.0067 (− 0.3023)	− 0.0008 (− 0.3728)	− 0.0008 (− 0.2956)
Cons	28.8143 ** (2.1804)	12.9519 (1.4433)	4.1962 *** (3.0904)	2.2799 ** (2.3615)
时间固定效应	控制			
个体固定效应	控制			
行业时间趋势	控制			
观测值	712	915	712	915
R − squared	0.2087	0.2044	0.2340	0.2474

注：括号内为 t 值；***、** 和 * 分别表示在 1%、5% 和 10% 的水平上显著。
资料来源：本表由作者计算所得。

附表 9　　　　创新产出及效率分产权回归结果（2017～2018 年）

变量	Lnpatent		Efficiency	
	非国有	国有	非国有	国有
Treat × Time	0. 3817 *** (2. 7238)	− 0. 0132 (− 0. 0710)	0. 0396 *** (2. 6675)	0. 0061 (0. 2974)
Lev	− 0. 8105 (− 0. 7285)	− 0. 6120 (− 0. 3540)	− 0. 1233 (− 1. 0854)	− 0. 0399 (− 0. 2212)
Size	− 0. 8695 ** (− 2. 1438)	− 1. 2481 ** (− 2. 3166)	− 0. 1520 *** (− 3. 6582)	− 0. 1818 *** (− 3. 1543)
Roa	2. 1640 * (1. 7085)	5. 6478 ** (2. 5271)	0. 2770 ** (2. 1512)	0. 5796 *** (2. 9601)
Growth	0. 3373 ** (2. 0566)	0. 8270 *** (2. 8072)	0. 0293 * (1. 7312)	0. 0846 *** (2. 6453)
InExecutive_3	0. 1475 (0. 6666)	0. 5759 (1. 6467)	0. 0248 (0. 9156)	0. 0605 * (1. 6638)
Dual	− 0. 5143 ** (− 2. 4650)	− 0. 4441 (− 1. 4616)	− 0. 0620 *** (− 2. 6428)	− 0. 0484 (− 1. 4754)
Hld_3	− 0. 0016 (− 0. 0656)	− 0. 0055 (− 0. 2112)	− 0. 0021 (− 0. 7198)	0. 0007 (0. 2631)
Bsize	− 0. 0131 (− 0. 1638)	− 0. 3305 *** (− 3. 8291)	− 0. 0061 (− 0. 6614)	− 0. 0393 *** (− 3. 8011)
Ind	− 0. 0549 ** (− 2. 1605)	0. 0032 (0. 1856)	− 0. 0046 ** (− 1. 9886)	− 0. 0001 (− 0. 0657)
Cons	28. 1764 *** (2. 9328)	27. 4737 ** (2. 1950)	4. 2777 *** (4. 3009)	3. 9660 *** (3. 0789)
时间固定效应	控制			
个体固定效应	控制			
行业时间趋势	控制			
观测值	1114	513	1114	513
R − squared	0. 1701	0. 3202	0. 1995	0. 3310

注：括号内为 t 值；***、** 和 * 分别表示在 1%、5% 和 10% 的水平上显著。
资料来源：本表由作者计算所得。

附表 10   创新产出及效率分规模回归结果（2017～2018 年）

变量	Lnpatent		Efficiency	
	小规模	大规模	小规模	大规模
Treat × Time	0.4597 ** (2.5124)	0.1110 (0.8097)	0.0552 *** (2.7280)	0.0051 (0.3871)
Lev	0.7851 (0.6230)	-0.9040 (-0.6089)	0.0794 (0.5584)	-0.1678 (-1.3291)
Size	-1.9173 *** (-4.1971)	-0.6794 (-1.3937)	-0.2910 *** (-5.5535)	-0.0684 (-1.5270)
Roa	3.4978 ** (2.5871)	4.5083 ** (2.2884)	0.4981 *** (3.4334)	0.2681 * (1.6554)
Growth	0.3740 ** (1.9692)	0.4611 ** (2.0167)	0.0389 * (1.7315)	0.0432 * (1.9591)
InExecutive_3	0.0611 (0.1983)	0.4312 * (1.7693)	0.0142 (0.3730)	0.0385 * (1.6569)
Dual	-0.7140 *** (-2.7465)	-0.1230 (-0.6025)	-0.0858 *** (-2.9104)	-0.0154 (-0.8177)
Hld_3	-0.0575 * (-1.8194)	0.0105 (0.5930)	-0.0077 * (-1.7635)	0.0000 (0.0209)
Bsize	-0.0822 (-0.5547)	-0.1847 *** (-3.2279)	-0.0152 (-0.8319)	-0.0193 *** (-3.2412)
Ind	-0.0258 (-0.8368)	-0.0074 (-0.4127)	-0.0021 (-0.6608)	-0.0013 (-0.5772)
Cons	48.9147 *** (4.6186)	18.1842 (1.5863)	7.0419 *** (5.5929)	1.9637 * (1.9128)
时间固定效应	控制			
个体固定效应	控制			
行业时间趋势	控制			
观测值	813	814	813	814
R - squared	0.1928	0.2733	0.2378	0.2876

注：括号内为 t 值；***、** 和 * 分别表示在 1%、5% 和 10% 的水平上显著。
资料来源：本表由作者计算所得。

附表 11　　　创新产出及效率分地区回归结果（2017～2018 年）

变量	创新投入			创新产出		
	中部	东部	西部	中部	东部	西部
$Treat \times Time$	0.0636 (0.1759)	0.2780 ** (2.1364)	−0.0894 (−0.2759)	0.0224 (0.5579)	0.0260 * (1.9155)	−0.0003 (−0.0087)
Lev	0.8319 (0.2574)	0.8347 (0.7362)	−4.1159 ** (−2.3799)	0.0682 (0.2030)	0.0080 (0.0682)	−0.3389 * (−1.7549)
$Size$	−2.1360 * (−1.8361)	−0.6619 * (−1.8971)	−1.7977 ** (−2.0601)	−0.3119 ** (−2.3825)	−0.1062 *** (−3.0061)	−0.2450 ** (−2.4965)
Roa	0.4826 (0.1742)	3.8875 *** (3.1971)	0.4346 (0.1593)	0.1076 (0.3749)	0.4281 *** (3.6675)	−0.0181 (−0.0587)
$Growth$	0.8138 (1.5956)	0.2342 * (1.6891)	1.1607 ** (2.3866)	0.0879 (1.5460)	0.0127 (0.9133)	0.1461 *** (3.0101)
$InExecutive\_3$	0.7416 (1.4729)	0.0696 (0.3054)	1.2371 *** (2.9319)	0.0825 (1.4373)	0.0125 (0.4732)	0.1249 *** (2.8939)
$Dual$	−0.4081 (−0.7863)	−0.2097 (−1.0443)	−1.0114 (−1.0535)	−0.0326 (−0.5888)	−0.0376 * (−1.6851)	−0.1371 (−1.0401)
Hld_3	0.0164 (0.3827)	−0.0035 (−0.1577)	−0.0379 (−0.8282)	0.0025 (0.4907)	−0.0007 (−0.3343)	−0.0053 (−0.8326)
$Bsize$	−0.0568 (−0.1578)	−0.0916 (−1.3657)	−0.4557 ** (−2.2429)	−0.0308 (−0.7002)	−0.0116 (−1.6107)	−0.0638 ** (−2.4613)
Ind	0.0434 (0.7642)	−0.0172 (−0.7281)	−0.0324 (−1.0998)	0.0038 (0.5073)	−0.0012 (−0.5786)	−0.0054 (−1.2671)
$Cons$	37.9723 (1.4897)	21.0724 ** (2.5159)	37.1356 * (1.7338)	6.0677 ** (2.0603)	2.9566 *** (3.5366)	5.3914 ** (2.1904)
时间固定效应	控制					
个体固定效应	控制					
行业时间趋势	控制					
观测值	258	1127	242	258	1127	242
$R-squared$	0.3047	0.1405	0.4713	0.4024	0.1291	0.4330

注：括号内为 t 值；***、** 和 * 分别表示在 1%、5% 和 10% 的水平上显著。
资料来源：本表由作者计算所得。

附表 12　　　创新产出及效率分竞争程度回归结果（2017～2018 年）

变量	Lnpatent		Efficiency	
	低市场竞争程度	高市场竞争程度	低市场竞争程度	高市场竞争程度
Treat × Time	0.1655 (1.0108)	0.2286* (1.8272)	0.0106 (0.6035)	0.0190 (1.3462)
Lev	−2.2510* (−1.9360)	0.3632 (0.2400)	−0.2607** (−2.4597)	−0.0015 (−0.0086)
Size	−0.9730** (−2.0824)	−1.0737** (−2.3325)	−0.1365*** (−2.9124)	−0.1734*** (−3.3277)
Roa	2.2784 (1.3112)	3.7079*** (2.9128)	0.2596 (1.6029)	0.4331*** (3.0000)
Growth	0.4824** (2.1641)	0.5289** (2.5573)	0.0490** (2.0319)	0.0494** (2.4051)
InExecutive_3	0.4951* (1.7201)	0.0232 (0.0902)	0.0574* (1.8445)	0.0048 (0.1849)
Dual	−0.4153 (−1.4401)	−0.4126** (−1.9985)	−0.0551* (−1.6496)	−0.0550** (−2.2837)
Hld_3	−0.0013 (−0.0726)	−0.0370 (−1.0436)	−0.0004 (−0.2309)	−0.0063 (−1.4245)
Bsize	−0.0873 (−1.1935)	−0.2171*** (−2.7049)	−0.0083 (−1.0436)	−0.0286*** (−2.9962)
Ind	0.0470** (2.4142)	−0.0222 (−1.0598)	0.0055*** (2.6284)	−0.0038 (−1.4739)
Cons	18.0513* (1.6586)	31.2820*** (2.9306)	2.5459** (2.3179)	4.8427*** (4.1038)
时间固定效应	控制			
个体固定效应	控制			
行业时间趋势	控制			
观测值	771	879	771	879
R − squared	0.1142	0.1147	0.1532	0.1428

注：括号内为 t 值；***、**和*分别表示在 1%、5%和 10%的水平上显著。
资料来源：本表由作者计算所得。

附表 13　　　　　　　　　　　　**共同支撑假设结果**

处理结果分配	共同支撑域		总计
	On support	Off support	
处理组	2654	18	2672
控制组	2272	2	2274
总计	4926	20	4946

资料来源：本表由作者计算所得。

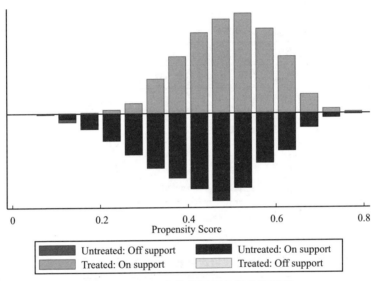

附图 2　处理组和控制组倾向得分值范围

资料来源：本图由作者使用 stata 软件计算绘制。

附表 14　　　　　　　　　　　　**平行假设检验结果**

协变量	样本	均值		偏差（%）	偏差减少（%）	t 检验
		处理组	控制组			P 值
Lev	匹配前	0.383	0.445	−31.9	90.4	0.000
	匹配后	0.383	0.389	−3.1		0.280
Size	匹配前	22.118	22.610	−38.4	985	0.000
	匹配后	22.119	22.111	0.6		0.821

续表

协变量	样本	均值		偏差（%）	偏差减少（%）	t检验
		处理组	控制组			P值
Roa	匹配前	0.045	0.029	22.0	75.2	0.000
	匹配后	0.045	0.041	5.4		0.053
Growth	匹配前	0.165	0.140	7.4	95.7	0.009
	匹配后	0.165	0.164	0.3		0.916
InExecutive_3	匹配前	14.562	14.550	1.7	80.9	0.555
	匹配后	14.562	14.560	0.3		0.913
Dual	匹配前	0.320	0.249	15.8	77.6	0.000
	匹配后	0.320	0.303	3.5		0.247
Hld_3	匹配前	46.413	48.667	-8.4	40.3	0.003
	匹配后	46.404	45.655	5.0		0.079
Bsize	匹配前	8.210	8.537	-20.2	97.9	0.000
	匹配后	8.212	8.219	-0.4		0.877
Ind	匹配前	37.976	37.873	1.9	-135.8	0.512
	匹配后	37.980	37.736	4.4		0.129

资料来源：本表由作者计算所得。

附表15　　　　　平行假设检验结果（首次享受）

协变量	样本	均值		偏差（%）	偏差减少（%）	t检验
		处理组	控制组			P值
Lev	匹配前	0.407	0.447	-20.2	99.1	0.000
	匹配后	0.408	0.408	-0.2		0.972
Size	匹配前	22.096	22.604	-40.7	98.6	0.000
	匹配后	22.098	22.105	-0.6		0.911
Roa	匹配前	0.047	0.028	25.2	82.5	0.000
	匹配后	0.046	0.043	4.4		0.393
Growth	匹配前	0.199	0.143	14.7	79.1	0.001
	匹配后	0.195	0.183	3.1		0.597

续表

协变量	样本	均值		偏差 (%)	偏差减少 (%)	t 检验 P 值
		处理组	控制组			
InExecutive_3	匹配前	14.507	14.545	-5.5	82.0	0.220
	匹配后	14.507	14.5	1.0		0.859
Dual	匹配前	0.364	0.250	24.9	80.1	0.000
	匹配后	0.363	0.340	5.0		0.401
Hld_3	匹配前	47.226	48.645	-10.0	84.7	0.032
	匹配后	47.223	47.005	1.5		0.776
Bsize	匹配前	8.323	8.538	-13.1	99.0	0.004
	匹配后	8.325	8.327	-0.1		0.981
Ind	匹配前	37.31	37.847	-10.2	95.2	0.030
	匹配后	37.312	37.287	0.5		0.927

资料来源：本表由作者计算所得。

附表 16　　区分异常性研发支出方向的检验（首次享受）

变量	政策效果检验		动态边际效应	
	$REm\_R\&D > 0$	$REm\_R\&D < 0$	$REm\_R\&D > 0$	$REm\_R\&D < 0$
	(1)	(2)	(3)	(4)
$Treat \times Time$	0.0092 * (1.7028)	0.0011 (0.6165)		
$Treat \times Time^{2018}$			0.0025 (0.4648)	0.0009 (0.2984)
$Treat \times Time^{2019}$			0.0108 * (1.6497)	-0.00110 (-0.4240)
$Treat \times Time^{2020}$			0.0147 ** (2.3261)	0.0044 (1.2395)
Lev	-0.0095 (-0.9452)	-0.0001 (-0.0506)	-0.0088 (-0.8942)	-0.0001 (-0.1008)

续表

变量	政策效果检验		动态边际效应	
	$REm\_R\&D > 0$	$REm\_R\&D < 0$	$REm\_R\&D > 0$	$REm\_R\&D < 0$
	(1)	(2)	(3)	(4)
Size	0.0109 **	0.0012 ***	0.0106 **	0.0011 ***
	(2.2895)	(4.4168)	(2.2628)	(3.9919)
Roa	− 0.0493 ***	− 0.0070 ***	− 0.0489 ***	− 0.0079 ***
	(− 3.0211)	(− 3.1309)	(− 3.0006)	(− 3.2741)
Growth	0.0091 ***	0.0003	0.0090 ***	0.0003
	(3.2152)	(0.9114)	(3.1992)	(0.9429)
InExecutive_3	0.0003	0.0005 *	0.0002	0.0005 *
	(0.1366)	(1.7309)	(0.0939)	(1.7365)
Dual	− 0.0068 **	0.0001	− 0.0068 **	0.0001
	(− 2.0812)	(0.1428)	(− 2.0625)	(0.1920)
Hld_3	− 0.0002	0.0000	− 0.0002	0.0000
	(− 0.8976)	(0.5298)	(− 0.7733)	(0.9330)
Bsize	0.0014	0.0000	0.0014	0.0000
	(1.2602)	(0.4818)	(1.2016)	(0.5718)
Ind	0.0005 *	0.0000	0.0005	0.0000
	(1.7329)	(0.7200)	(1.5902)	(0.7207)
Cons	− 0.2383 **	− 0.0381 ***	− 0.2306 **	− 0.0383 ***
	(− 2.4292)	(− 4.8737)	(− 2.3767)	(− 4.5244)
时间固定效应	控制			
个体固定效应	控制			
行业时间趋势	控制			
观测值	2282	1040	2282	1040
$R - squared$	0.0722	0.0646	0.0803	0.1147

注:括号内为 t 值;*** 、** 和 * 分别表示在 1% 、5% 和 10% 的水平上显著。
资料来源:本表由作者计算所得。

附表 17　　　　　　　　　　　　　　**共同支撑假设结果**

处理结果分配	共同支撑域		总计
	On support	Off support	
处理组	1746	2	1748
控制组	1465	3	1468
总计	3211	5	3216

资料来源：本表由作者计算所得。

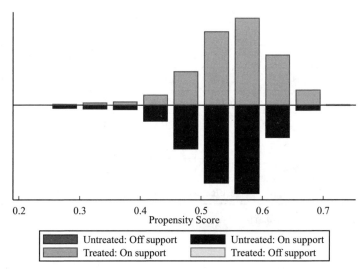

附图 3　处理组和控制组倾向得分值范围

资料来源：本图由作者使用 stata 软件计算绘制。

附表 18　　　　　　　　　　　　　　**平行假设检验结果**

协变量	样本	均值		偏差（%）	偏差减少（%）	t 检验 P 值
		处理组	控制组			
Lev	匹配前	0.377	0.410	−17.8	89.8	0.000
	匹配后	0.377	0.380	−1.8		0.582
Size	匹配前	22.070	22.196	−12.1	91.1	0.001
	匹配后	22.072	22.083	−1.1		0.746

续表

协变量	样本	均值		偏差 （%）	偏差减少 （%）	t 检验
		处理组	控制组			P 值
Roa	匹配前	0.043	0.024	22.2	85.9	0.000
	匹配后	0.043	0.040	3.1		0.305
Growth	匹配前	0.171	0.150	5.8	95.5	0.102
	匹配后	0.171	0.172	−0.3		0.939
InExecutive_3	匹配前	14.547	14.581	−5.0	78.5	0.158
	匹配后	14.547	14.554	−1.1		0.752
Dual	匹配前	0.362	0.332	6.2	79.8	0.078
	匹配后	0.362	0.356	1.3		0.712
Hld_3	匹配前	46.274	45.064	8.9	68.7	0.012
	匹配后	46.265	45.886	2.8		0.414
Bsize	匹配前	8.097	8.108	−0.8	97.7	0.816
	匹配后	8.097	8.097	0		0.995
Ind	匹配前	38.082	37.764	6	88.7	0.091
	匹配后	38.076	38.040	0.7		0.843

资料来源：本表由作者计算所得。